오늘의 농업을 이야기하다

농업 전문 칼럼니스트 황의영 박사

오늘의 농업을 이야기하다

농업 전문 칼럼니스트 황의영 박사

황의영 지음

청어람 M&B

저는 한동안 봄에 가장 늦게 잎이 나오는 나무가 대추나무인 줄 알았습니다. 그런데 대추나무보다도 더 늦게 잎이 나오는 나무가 있다는 것을 한참 후에 알게 됐습니다. 그 나무가 바로 배롱나무입니다.

저는 초등학교 때 글을 써 보고 그 이후로는 글을 써 보지 않았습니다. 그저 평범한 사람으로 직장 생활에 몰두했습니다. 그런데 2007년 농협중앙회 전북도본부장으로 근무하면서 신문사 요청으로 칼럼을 쓰기 시작했습니다. 매월 고정적으로 쓰는 신문사도 있었고 어쩌다 청탁을 받는 신문사도 있었습니다. 농업과 관련된 직장에서 일을 하다 보니 농업인이 하고 싶은 얘기를 저에게 대신하라는 것으로 알고 농업과 관련된 글을 주로 썼습니다.

먼저 농업인의 어려움에 대하여 썼습니다. 쌀값이 떨어져서 농업인들이 고통을 받을 때 그 아픔을 제 아픔이라 여겼습니다. 쌀값이 최소한의 영농비는 보상되는 선에서 결정돼야 한다고 강조했습니다.

쌀 소비도 적극적으로 홍보했습니다. 어린 자녀들의 두뇌 발전을 위해서도 아침밥은 꼭 먹여 학교에 보내자고 학부모에게 호소했습니다. 배추값이 떨어져 농업인들이 트랙터로 배추밭을 갈아엎을 때는 쓰라린 심정으로 김치를 더 담가 농업인들을 돕자고 썼습니다. 배추값이 올라 언론에서 김치가 금치라며 소비자 물가 인상의 주범이라도 되는 양 호들갑을 떨 때도 농업인의 입장을 대변했습니다. 가물고 날씨가 더워서 배추가 자라지 못해 그렇지 농업인들이 배추를 쌓아놓고 시장에 내지 않아서 값이 올라가는 것이 아니니, 다소 어렵더라도 이 시기만 넘기자고 소비자들에게 호소했습니다. 정책 당국자들에게도 생산 조정 등 적극적인 수급 정책 수립과 대비를 촉구하기도 했습니다.

농산물을 수출하는 무역회사에 근무할 때는 외국의 바이어들을 찾아다니며 우리 농산물과 그 가공품을 팔기 위하여 5대양 6대주를 날아다녔습니다. 우리 농산물의 우수성을 홍보하면서 적극적으로 시장을 개척해 나갔습니다.

미국, 중국, 일본에는 지사를 세우고 우리 농산물을 수출했습니다. 그때 있었던 얘기도 썼습니다. 농촌에서 태어나 자라고 농업과 관련된 직장에서 일했기 때문에 농업, 농촌, 농업인에 대하여 깊이 생각하며 썼습니다. 이렇게 10여 년 쓴 글을 모아 이번에 책으로 엮어 내게 됐습니다.

칼럼은 수필이나 소설, 시와 같은 문학 작품과 달리 감미롭거나 가슴을 설레게 하거나 독자에게 큰 감동을 주지 못합니다. 경제 문제 칼럼은 통계가 동원되고 비율 등 수치를 나열해야 하니 글이 더욱 딱딱해집니다. 칼럼은 시대적 이슈가 있을 때 이를 분석하고 문제점을 도출해서 해결 방안을 제시합니다.

저도 농업 부문에 관해서만은 그렇게 하도록 노력했습니다. 그리고 관계자에게는 제시된 해결책을 실행하도록 촉구했습니다. 저의 작은 외침이 즉각적으로 정책을 바꾸거나 소비형태를 변형시키지는 못했을 것입니다. 그러나 나비 효과가 되어 결국에는 정부와 행정, 농업인, 소비자의 행동을 변하게 했으리라 믿습니다. 새로운 변화를 이루기 위해서는 누군가가 이를 촉구하고 앞장서서 이끌어야 개선되고 바르게 될 것입니다. 변화는 시간이 지난다고 거저 얻어지는 것이 아니라 관심과 열정, 땀이 있어야 이루어지는 것입니다.

농업이 경제의 중심에서 변방으로 밀려나기까지 채 반세기의 시간이 걸리지 않았습니다. 국민총생산(GDP)에서 차지하는 농업 생산액의 비율이 줄어들고 농민 수가 감소하면서 정치·경제에서 차지하는 비중도 급격히 감소했습니다.

농업은 국가가 존립하기 위해서는 결코 포기할 수 없는 산업입니다. 식량은 어느 것보다도 강력한 힘을 가진 무기이기 때문입니다. 식량무기는 핵무기 체계도 무너뜨릴 수 있는 힘이 있습니다. 우리는 소련이 붕괴하는 과정을 똑똑히 봤습니다. 동서고금을 막론하고 농업이 발전하지 않고서는 강대국이 될 수 없었습니다. 지금도 미국이나 프랑스 같은 강대국은 농업 선진국입니다. 국민의 식량 안보를 다른 어느 나라에도 맡길 수 없기 때문입니다. 농업은 한 국가의 최고 안보로 보호되고 관리돼야 할 것입니다. 이런 의미에서 이 책에서는 농업의 중요성을 강조했습니다.

이 책의 구성은 다음과 같습니다.
먼저 제1장은 보약보다도 더 몸에 좋은 우리 농산물에 관한 내용입니다. 고구마, 도라지, 무, 쌀, 인삼, 콩나물, 포도 등 우리 농산물과 건강에 관하여 썼습니다.

　제2장에서는 쌀에 대한 제반 대책에 관하여 정부와 농업인, 소비자들에게 건의하고 행동에 동참할 것을 촉구했습니다. 우리 생명을 이어 준 쌀이 남아돌아 지청구가 되었으나 결코 우리가 포기할 수 없는 것이 쌀이기 때문입니다.

　제3장은 세계 농업의 흐름을 읽고 새로운 농업을 추진함으로써 농업에 활력을 불어넣기 위해 쓴 칼럼을 묶었습니다. 농업의 완전 개방으로 농업인들은 벼랑 끝으로 몰리고 농업인의 고령화로 농업은 점점 더 희망을 잃어 가고 있습니다. 이에 정부는 농업인들에게 희망을 주는 농정을 추진해 나가야 함을 강조했습니다.

　제4장은 붕괴 직전인 우리나라 농업의 한쪽 기둥을 붙들고 발버둥 치는 농가에 희망을 주기 위해 국민적 컨센서스(consensus)를 이루자는 내용입니다. 나라가 건전하게 발전하려면 실핏줄 같은 산업 뿌리가 여러 방면으로 튼튼하게 땅속에 내려져야 합니다. 농업은 국가라는 나무의 소중한 뿌리입니다. 농업인들이 산업 역군으로서 자부심을 가지고 열심히 일할 수 있도록 여건을 만들어 줘야 합니다.

제5장에는 농산물 유통에 관한 내용을 모았습니다. 농산물 유통은 생산자인 농업인과 도시에 사는 소비자들의 유기적 결합에 의해 시너지 효과를 창출해 낼 수 있습니다. 적정한 이익이 보장되는 선에서 농산물 가격이 형성돼야 농업인들이 안정적으로 농사를 지을 수 있습니다. 그래야 소비자들도 저렴한 가격으로 농산물을 구입해 생활해 나갈 수 있습니다. 농업인이나 소비자 누구도 유통 과정에 중간 상인이 많이 개재돼 부당한 이익을 챙기는 것을 원하지 않습니다. 유통 단계의 과감한 축소도 농산물 유통의 핵심적인 과제입니다.

제6장에서는 축산 농가에 희망을 불어넣어 주자고 했습니다. 축산 부문의 생산액이 경종 농업 부문 생산액을 넘어선 지 오래됐습니다. 이렇게 농업의 큰 축을 이루고 있는 축산 분야도 AI(조류인플루엔자), 구제역 등의 질병이 발생하여 재앙이 되고 있으며, 축산 농업인들은 큰 고통에 시달리고 있습니다.

제7장은 조상들의 지혜와 숨결이 묻어 있는 농가 가공식품에 대하여 쓴 내용을 모았습니다. 농산물은 그 자체로도 중요하지만 가공했을 때 더 큰 부가가치가 창출됩니다. 고추장, 김치, 두부, 된

장, 막걸리 등 농가공품에 관해 이야기했습니다.

제8장에는 개방화 시대의 농업이 나아가야 할 바에 대한 칼럼을 묶었습니다. FTA 이후 모두 개방되다시피 한 농산물 시장 속에서 우리 농업의 희망과 위기를 진단하고 대책을 주장했습니다.

제9장은 농산물 수출을 전담하는 무역회사의 경영을 맡아 우리 농산물을 세계 시장에 내다 팔면서 일어났던 일과 수출 증대를 위한 대책을 썼습니다. 우리 시장이 완전히 개방되듯 상대방 시장도 개방됐습니다. 적극적으로 생각해 보면 우리 농산물 시장이 그만큼 더 넓어졌다고 볼 수 있습니다. '과연 이 커진 시장에서 우리 농산물을 어떻게 팔아야 할 것인가?'가 지금 이 시대를 살고 있는 우리에게 주어진 과제가 아닐 수 없습니다.

제10장은 농업인의 마지막 보루인 농협의 역할에 대한 내용입니다. 저는 농협에서 40여 년을 일했습니다. 이를 바탕으로 농협에 관련된 내용을 묶었습니다.

농업, 농촌, 농업인에 관심이 있는 분들은 이 책을 한 번쯤 읽을 필요가 있다고 생각합니다. 농업인의 애로사항을 느끼고 그들에게 희망과 용기를 줄 수 있도록 우리 농산물을 애용해 주시기를 바랍니다. 그리고 농업, 농촌, 농업인과 관련된 기관이나 기업에 종사하는 사람들은 이 책을 읽고 농업인에 대한 따뜻한 마음과 애정을 담아 맡은 업무를 더욱 적극적으로 추진해 주시기를 바랍니다. 그러면 칼럼을 10여 년에 걸쳐 쓴 필자의 노력이 헛되지 않으리라고 생각합니다.

　여하튼, 농민들의 얼굴에 웃음이 가득한 그날이 어서 오기를 독자 여러분과 함께 기대해 봅니다.

　이 책이 나올 수 있도록 배려해 주신 도서출판 청어람 서경석 대표님께 감사드립니다. 그리고 지금은 하늘나라에서 편히 쉬고 계실 나를 낳아 주시고 길러 주신 부모님, 나와 가정을 이루고 인생을 함께해 준 아내 조순진 님, 사랑하는 아들 옥연, 딸 정연에게도 고맙다는 인사를 드립니다.

　독자 여러분! 늘 건강하시고 행복하시길 기원합니다.

2017년 겨울을 맞으며

황의영

책을 내면서

차례

제1장
보약(補藥)같은 우리 농산물, 농식품

제2장

우리 생명을 이어준 쌀, 어떻게 하나?

제3장

벼랑 끝에 선 농업, 희망의 농정이 되길

제4장

농민은 나라의 뿌리, 농가를 든든하게

제5장

농가와 소비자 모두에게 이익이 되는 농산물 유통

제6장

고통 받는 축산농가에게 용기를

제7장

우리 농산물 가공, 국민 건강 지킨다

제8장

개방시대의 농업과 대응

제9장
농민의 활로(活路) 농산물 수출

제10장

농민을 위한 농협이

제1장

보약(補藥)같은
우리 농산물, 농식품

약(藥)이 되는 농산물들

© 전북도민일보(2016년 4월 14일 목요일 황의영 경제학박사)

꽃비가 내린다. 길 양편 터널을 이룬 아름드리 벚나무가 꽃잎을 뿌린다. 한겨울에 흰 눈이 내리듯 꽃잎이 쏟아져 내린다. 산기슭 드넓은 과수원에는 연분홍 복숭아꽃과 새하얀 배꽃이 다시금 들녘을 아름답게 물들인다. 어느덧 봄의 한가운데에 내가 서 있다. 일렁이는 비닐하우스의 은빛 물결이 눈을 시리게 한다. 비닐하우스 안에서는 초록의 생명이 기지개를 켜고 일어나 활기찬 생명력으로 키 재기 경쟁을 한다. 겨우내 상큼함을 식탁 위에 올려 주던 딸기가 서서히 빨간빛을 잃어 가고 샛노란 참외빛이 비닐하우스를 짙게 채색한다. 동네 마트에선 딸기가 끝물이라 자리를 내놓고 참외는 단내를 풍기며 자리를 넓히고 소비자를 유혹한다. 마트 과일 코너에서 우리 농산물인 딸기, 방울토마토, 오이, 참외, 토마토 등이 자리를 넓히고 봄의 향기를 내뿜으며 미각을 자극하고 있다.

2016년 4월 어느 TV 방송에서 변비와 설사 환자를 대상으로 어떤 차와 주스를 마시게 하고 그 결과를 발표하는 내용을 방영하기에 유심히 시청했다. 심한 변비와 설사로 고생하는 환자 10여 명에게 차와 주스를 마시게 하고 일정 시간 경과 후 그 증상이 해소되는 것을 임상 시험에 참가한 사람들이 증언한 뒤, 의사·한의사·식품영양학과 교수 등이 참여자들의 증상이 개선되는 현상에 대하여 자세히 설명하는 방법으로 프로그램을 진행했다.

먼저 변비 환자들에게 식후에 '초피꿀차'를 한 잔씩 매일 마시게 했다. 환자에 따라서 다르게 반응하였지만 3일 지나서부터 변비 문제가 해결되기 시작했다고 한다.

'초피꿀차'는 초피가루와 마른 인삼, 마른 생강을 넣고 1시간 정도 끓이는데, 꿀은 끓이기 시작하고 40분이 지난 다음에 넣는다고 한다. 이때 마른 인삼과 마른 생강은 끓이기 전에 1시간 정도 물에 불린 다음에 초피가루와 함께 넣고 끓인다고 한다. 이들은 따뜻한 성질의 약재들이다. 손발이 차고 냉하며 돼지고기가 안 맞는 사람들이 변비 때문에 고생을 주로 하는데, 이에 '초피꿀차'가 효험이 크다고 한다. 시험에 참여했던 사람 모두가 효험을 봤다고 증언했다.

다음으로 설사로 고생하는 사람들에게는 딸기, 바나나, 오이,

청포도, 키위를 믹서에 넣고 갈아 주스를 만들어 아침 공복에 한 잔씩 매일 마시게 했다. 그다음 날부터 바로 효험을 보기 시작한 사람에서부터 2~3일 후까지 임상 시험에 참석한 사람 모두 효험을 봤다고 했다. 일반적으로 변비에는 식이섬유가 많이 들어 있는 양배추, 브로콜리, 콩, 수박, 사과, 배, 복숭아 등이 좋은 것으로 알려져 있다. 그러나 변비, 복통, 설사 등의 증상은 포드맵 — FODMAP, -Fermentable(발효당), Oligosaccharide(올리고당), Disaccharides(이당류), Monosaccharides(단당류), And Polyols(당 알코올)의 영문 머리글자 — 의 영향에 예민한 사람들이 주로 일으킨다고 한다. 그렇기에 저(低)포드맵 식단은 변비, 복통, 설사 등의 증상을 완화할 수 있다고 한다.

저(低)포드맵 과일류는 귤, 딸기, 레몬, 바나나, 블루베리, 오렌지, 키위, 파인애플, 포도 등이 있고 채소류는 가지, 녹색 콩, 당근, 무, 순무, 시금치, 양배추, 양상추, 오이, 죽순, 콩나물, 토마토, 피망, 호박 등이 있다. 김과 같은 해조류도 저(低)포드맵 식품이다. 육류에는 계란, 닭고기, 돼지고기, 쇠고기, 양고기, 칠면조 고기가 있고 생선, 조개류도 그에 해당한다. 감자, 땅콩, 쌀, 옥수수, 콩 등 곡류와 특작류, 두유 제품, 락토스 프리 유제품 등도 저(低)포드맵 식품이라고 한다.

변비와 설사 때문에 고생하는 사람들은 전문가의 도움을 받아

'초피꿀차'나 포드맵이 적은 과일과 채소로 주스를 만들어 마시면 증상이 쉽게 완화될 수 있다고 생각한다. 스트레스를 많이 받는 현대인들은 이러한 증상이 있건 없건 간에 포드맵이 적은 우리 농산물을 애용함으로써 현재나 미래에 질병의 고통에서 벗어날 수 있다고 하는 임상 시험이었다. 그렇기에 관심을 가지고 시청했고 관련 자료를 정리하여 이 글을 쓰게 됐다.

저(低)포드맵 식품을 보면 주변에서 쉽게 구입할 수 있는 우리 농산물들이다. 매일 아침밥을 꼭 챙겨 먹고 삼시 세끼 끼니를 거르지 않고 우리 과일과 채소도 적절하게 먹는다면, 적어도 변비, 복통, 설사 등의 소화기 질환은 예방할 수가 있고 이렇게 섭생(攝生)을 잘한다면 다른 질병도 예방할 수 있을 것이다.

백 세 시대를 맞이하여 건강하게 오래 사는 것이 우리가 꿈꾸는 행복이 아니겠는가? 병상에 누워 백 살까지 산들 그것이 무슨 의미가 있을까? 건강을 지키기 위하여 안전한 우리 농산물을 꾸준히 애용하면 내 건강을 지키는 것은 물론이고 어려운 여건 속에서도 내가 떠난 고향을 지켜 주는 고마운 농업인들에게 용기를 불어넣어 주는 길이 될 것이다. 약(藥)이 되는 우리 농산물을 많이 애용하자. 그리고 건강한 백 세 미래를 기약하자.

아침밥이 보약(補藥)이다
꼭 먹도록 하자

ⓒ 전북도민일보(2015년 9월 2일 수요일 황의영 전북대학교 무역학과 강의전담교수)

2015년 9월 모 일간지가 「굿모닝 아침밥」이란 제목으로 '아침밥의 중요성'에 대하여 네 번에 걸쳐 연속으로 보도했다. 눈에 번쩍 띄어 모두 몰입하여 보았다. 전 직장에서 근무할 때 '아침밥 먹기 운동'을 전개했던 기억이 생생하게 떠올라 더욱 관심이 갔다. 당시, 많이 먹고 잘 자라야 할 성장기에 있는 학생들이 아침밥을 거르고 학교에 간다고 해서, 이른 아침에 <주부교실연합회>와 공동으로 어느 중학교에 김이 무럭무럭 나는 쌀밥과 반찬을 해 가서 직접 학생들에게 나누어 주며 "아침밥을 거르지 말고 꼭 먹자."고 계도한 적이 있었다. 아침밥을 거르지 말자고 신문에 기고문을 쓴 적도 있었다.

이번 보도에 의하면 현재 "우리나라 성인 3명 중 1명꼴로 아침밥을 먹지 않는다."고 한다. 보도한 신문사와 여론 조사 기관이 20~50대 성인 남녀 3,000명을 대상으로 설문 조사한 결과, '평소 아침 식사를 하느냐?'는 질문에 3명 중 1명(33.6%)이 '주 2회 이하로 거의 먹지 않는다.'고 답했다. '주 5회 이상 대부분 챙겨 먹는다.'는 43.5%로 절반에 못 미쳤다. 아침 식사를 거의 안 한다고 답한 이들(1,008명)은 아침 식사를 거르는 이유가, '안 먹는 것이 습관이 돼서'(53.7%), '시간이 없어서'(25.7%), '식사 준비가 번거로워서'(15.3%)였다.

배고픈 시기를 겪은 사람들에게는 아침 식사를 거르는 이유가 참으로 어처구니없게 들릴 것이다. "복에 겨워하는 짓이다."고 조소(嘲笑)를 보낼 수도 있다. 이런 설움, 저런 설움 해도 가장 큰 설움은 배고픈 설움이라고 하지 않던가. "3일 굶으면 남의 집 담을 넘지 않을 사람이 없다."는 옛 얘기도 있다. 배고픈 고통이 그만큼 크다는 얘기다. 그런데 '습관이 안 돼서', '시간이 없어서', '식사 준비가 번거로워서'라고 하니 기가 찰 노릇이다. 배고픈 설움을 겪어 보지 않았기 때문일 것이다.

매일 거르지 않고 아침 식사를 하는 것이 건강에 결정적 역할을 한다는 연구 결과가 많다. 전문가들은 아침밥을 먹어야 두뇌 활동에 필요한 에너지가 공급되고 비만, 고혈압, 당뇨병 같은 만성적

질환을 예방하는 데도 도움이 된다고 한다. 사람이 아침에 일어나 활동하려면 에너지가 많이 필요하기 때문에 아침 식사를 하는 것이 매우 중요하다. 어릴 때부터 아침 식사를 하는 습관을 들여 주는 것이 좋다. 뇌의 에너지원(源)인 포도당은 식후 12시간 정도가 지나면 거의 다 소모된다. 즉, 아침에 일어나면 전날 저녁에 섭취한 포도당은 다 써 버린 상태라 아침 식사로 섭취해 줘야 한다. 아침 식사를 거르게 되면 뇌가 가장 먼저 타격 받는다. 뇌의 무게는 1.5kg 정도로 사람 몸무게의 2% 정도밖에 안 되지만, 소모하는 에너지는 하루 평균 300~500kcal로 전체 에너지의 20%쯤 된다.

우리 쌀로 지은 아침밥만큼 좋은 보약은 없다.

아침밥을 먹지 않으면 두뇌 회전에 필요한 에너지가 부족해 집중력과 사고력이 떨어진다. 쉽게 피로하고 짜증 나며, 두통을 일으키기도 한다. 아침밥을 먹는 것은 특히 자라나는 청소년들에게 매우 중요하다. 아침 결식(缺食)은 아이들의 두뇌 발달을 저해(沮害)한다. 인지력이 떨어져 제대로 학습이 안 되고 욕구 불만이나 우울감(憂鬱感)을 느낄 수 있다고 한다.

어린아이 때부터 아침밥을 챙겨 먹이는 어머니가 자식을 잘 키우는 어머니이지, 이 학원 저 학원 학원만 많이 보낸다고 훌륭한 어머니가 되는 것이 아니다. '미인(美人)이 되기 위해서는 날씬해야 하고, 살이 찌지 않기 위해서는 덜 먹어야 한다.'고 믿고 아침밥을 거르는 사람이 많다. 그러나 전문가들은 다이어트를 할 때 아침밥을 먹는 것이 효과적이라고 한다. 국민대 정상진 교수팀이 성인(20~64세) 1만 1,801명의 아침 식사와 건강 상태를 조사한 결과, 아침 식사를 거른 사람은 쌀밥과 반찬 3가지 이상을 아침으로 먹는 이들보다 비만율 13%, 복부 비만율 20%, 대사증후군 위험도 20% 이상이 높은 것으로 나타났다. 우리 몸은 굶거나 한 끼를 덜 먹으면 당 흡수를 늘리고 간에서 콜레스테롤을 더 만들어 낸다고 한다. 아침 식사를 적게 하거나 걸러 열량이 모자라면 몸은 지방을 더 축적하려는 경향이 생겨 살 빼기가 더 어려워진다고 한다.

여러 연구 결과를 살펴보면 아침 식사를 걸렀을 때 심장병 발병률
이 높아지고 당뇨병에 걸릴 위험도 훨씬 커진다고 한다.

　가난할 때는 없어서 못 먹었다. 이제는 먹는 것이 지천으로 남
아도는데 왜 아침 식사를 거르는가? 여러 가지 잘못된 이해와 습
관 때문에 아침 식사를 거른다고 하지만 가장 큰 이유는 게으름
때문이 아닐까? 사랑하는 자식에게 보약을 사 먹이려 하지 말고,
아침밥을 먹이는 것이 보약이다. 아침 식사로 빵을 먹을 수 있겠
지만 빵보다는 밥이 더욱 좋다. 빵을 먹을 경우 나트륨 섭취가 많
을 가능성이 높기 때문이다. 다만, 밥을 먹을 때 국물을 다 마시지
않는다는 조건하에서 말이다. 밥을 먹을 때는 반찬을 통해 식이섬
유와 비타민 등 무기질을 섭취할 수 있어서 좋다고 한다.
　우리 쌀로 지은 아침밥을 먹는다면, 사랑하는 가족의 건강은 물
론 어려운 여건 속에서 묵묵히 농사에 진력하고 있는 우리 농업인
들도 돕게 되는 것이다. 이것이 일거양득(一擧兩得), 도랑 치고 가재
잡는 일이 아닌가?

'인삼'의 면역력
증강 효과

ⓒ 전북도민일보(2009년 10월 14일 수요일 황의영 농협중앙회 상호금융총본부장)

　신종 인플루엔자 A(H1N1, 신종 플루) 공포가 확산하고 있다. 우리나라뿐만 아니라 세계 도처에서 환자가 급격히 증가하고 있어 방역 당국이 초비상 상태에 놓여 있다. 더욱 염려스러운 점은 앞으로 기온이 떨어지면 더욱 확산할 거라는 보건 당국의 예측이다. 실제로 우리나라에서도 2009년 10월, 2개월 된 신생아가 사망하는 등 희생자 수가 늘어나고 있어 국민이 불안해하고 있다.

　신종 인플루엔자 A를 예방하는 여러 가지 방법이 있다. 손을 깨끗이 씻는 등 감염 균의 전파를 막는 활동과 백신의 예방 접종, 면역력을 증대시키는 식품 섭취 등의 수단이 있다. 그런데 최근에 신종 인플루엔자 A와 관련해 인삼 제품이 불티나게 팔리고 있다.

보약(補藥)같은
우리 농산물, 농식품

〈농협 한삼인〉의 경우 2009년 9월 매출액이 지난해보다 50% 이상 증가했다. 또한, 인삼 제품 생산업체 대부분 생산 설비를 완전 가동하고 있는데도 주문량을 제때 소화하지 못하고 있다 한다. 인삼이 면역력을 증대시키는 데 탁월한 효과가 있기 때문이다. 농가에서 태어나 인삼 농사짓는 것을 보고 자란 필자로서는 여간 반가운 소식이 아닐 수 없고 인삼에 대한 자부심으로 가슴이 벅차오름을 억제할 수가 없다.

인삼에 대한 역사적 첫 기록은 중국 전한 원제(前漢 元帝) 시대(B.C.48~B.C.33) 사유(史遊)의 《급취장(急就章)》에 '삼(蔘)'이라고 나와 있고, 후한 헌제(後漢 獻帝) 건안연대(196~220) 장중경(張仲景)의 《상한론(傷寒論)》에도 인삼의 처방에 관한 기록이 있다고 한다. 우리가 건강을 위하여 인삼을 활용한 것이 2,000년이 넘는다는 얘기다. 또한, 송대(宋代)에 이르러서는 고려 인삼이 최고의 품질로 인정을 받았으며 그 이후 중국과의 무역에서 중요한 품목으로 자리매김하게 되었다. 중국이나 북아메리카에서도 인삼이 자라기는 하지만 약효가 우리 인삼보다 못하다고 하는데 기후와 토양의 차이때문이 아닌가 생각한다.

인삼은 서늘한 기후에서 잘 자라기 때문에 우리 고장 전북 동부

산악지대에서 재배되는 것이 품질이 우수하고 유명하다. 바로 캔 뿌리 상태를 수삼(水蔘)이라 하고 말린 것을 백삼(白蔘)이라 한다. 수증기로 쪄서 검붉게 색이 나도록 말려 가공한 것은 홍삼(紅蔘)이라 한다. 홍삼의 원료로는 주로 6년근 인삼을 쓴다. 홍삼은 1895년(고종 32년)에 포삼(包蔘)법이 공포되고, 1908년에 「홍삼전매법」이 시행되어 정부만이 제조할 수 있었으나 1996년에 전매법이 폐지되어 일반에서도 제조, 판매할 수 있게 됐다. 100년이 넘게 정부가 독점적으로 생산했던 것은 홍삼이 그만큼 가치 있는 소중한 식품이기 때문일 것이다.

면역력을 증대시키는 데 탁월한 효과가 있다는 인삼

보약(補藥)같은
우리 농산물, 농식품

홍삼에는 백삼과 같이 배당체(glycosides), 인삼향 성분(panacen), 폴리아세틸렌계 화합물, 함질소 성분, 플라보노이드, 비타민(B군), 미량원소, 효소, 항산화 물질과 유기산 및 아미노산 등이 함유되어 있다. 또한, 중추 신경에 대해 진정 작용과 흥분 작용이 있으며 순환계에 작용하여 고혈압이나 동맥 경화 예방 효과도 있다고 한다. 그러면서도 조혈 작용과 혈당치를 저하해 주고 간을 보호하며, 내분비계에 작용하여 생식 효과 등에 유효하게 작용하며 항염(抗炎) 및 항종양 작용과 방사선에 대한 방어 효과, 피부를 부드럽게 하는 작용도 한다고 한다. 또한, 홍삼의 효과 중 중요한 것은 어댑토겐(adaptogen:適應素) 효과로써 주위 환경으로부터 오는 각종 유해 작용인 누병(淚炳), 스트레스 등에 대해 방어 능력을 증가시켜 생체가 더욱 쉽게 작용하도록 하는 능력이 과학적으로 입증되고 있다.

신종 플루가 세계인을 공포로 몰고 가고 있는 이때, 홍삼의 효능에 대한 과학적 입증으로 우리의 홍삼이 더욱 호황을 누리고 있다. 홍삼이 세계인의 더 큰 사랑을 받게 되면 우리 인삼 농가가 돈을 벌게 되고 농촌 경제가 윤택해지는 데 기여하리라 본다.

그런데 최근 일부 홍삼 제조업체에서 홍삼 제조 과정 중 법으로 허용되지 않은 타르 색소를 첨가하여 문제가 되고 있다고 한다.

먹는 음식을 대상으로 해서는 안 되는 부도덕한 일이다. 하지만 대다수 유력 홍삼 제조업체에서는 법 규정을 준수하여 무관하다고 하니 참 다행스러운 일이다. 부디, 이번 홍삼에 대한 새로운 조명이 수입 농산물 증가 등으로 어려움을 겪고 있는 우리 농가 경제를 활성화하는 디딤돌이 됐으면 한다.

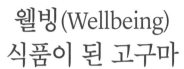

웰빙(Wellbeing)
식품이 된 고구마

ⓒ 전북도민일보(2014년 10월 27일 월요일 황의영 전북대학교 무역학과 강의전담교수)

"나는 밥보다 고구마가 더 좋아요. 고구마만 있으면 밥을 먹지 않아도 좋아요." "택배 중에 고구마 택배가 제일 좋더라." 며칠 전 고구마 택배를 받으며 아내가 날아갈 듯 기뻐한다. 아내는 고구마를 매우 좋아한다. 고구마가 있으면 하루 한 끼는 고구마로 때운다. 아이들이 어렸을 땐 간식거리로 '고구마맛탕'을 즐겨 만들어 먹였다. 딸아이는 지금도 "어릴 적 엄마가 해 준 '고구마맛탕'이 참으로 맛있었다."고 추억을 얘기하곤 한다.

나는 고구마에 대한 추억이 그리 아름답지 않다. 내가 어릴 적에는 식량이 부족하던 때여서 겨울철 농촌에서는 끼니를 고구마로 많이 때웠다. 겨울에는 해가 짧아서 두 끼만 먹는 집이 많았다. 그중 한 끼는 고구마를 쪄서 무김치와 같이 먹거나 고구마죽을 끓여 먹었다. 김치를 숭덩숭덩 썰어 넣고 쌀을 조금 넣은 다음 고구마를 잘라서 넣고 죽을 끓였다. 김칫국 맛과 고구마의 달콤함이 조화를 이루어 그런대로 맛이 좋았다. 그러나 한두 끼는 맛있게 먹을 수 있었지만, 매일같이 계속 먹으면 물리고 고구마 자체가 싫어지는 것이 나만의 추억은 아니었을 성싶다. 그 시절 고구마는 농가의 겨울철 소중한 양식이었기에 집집이 봄까지 먹을 수 있도록 넉넉하게 고구마 농사를 지었다. 5월 하순에서 6월 하순까지 보리를 베어 낸 밭에 두 잎이 붙게 자른 고구마 줄기를 심는다. 여름내 자라고 늦가을 서리가 내려 고구마 순이 삶아지면 고구마가 얼기 전에 캔다. 캔 고구마는 불을 드리는 방에 수수깡으로 통가리를 만들고 그 안에 가득 담아 천장에 닿을 듯 보관하면서 쌀독에서 쌀을 퍼내듯 조금씩 꺼내서 먹었다.

고구마 원산지는 멕시코에서 남아메리카 북부지역으로 추정되고 원종(原種)도 명확히 밝혀지지 않았다. 약 2,000년 전부터 중·남아메리카에서 재배한 것으로 추측한다. 신대륙 발견 시 원주민들이 널리 재배하고 있었는데 '크리스토퍼 콜럼버스'에 의하여 스페인에 전해졌고 그 뒤 필리핀, 중국의 푸젠성(福建省)에 전해졌으며 점차 아시아 각국으로 퍼져 나갔다. 우리나라에는 1763년 조선 통신사 정사(正使)로 일본에 갔던 조엄(1719~1777 : 대사간, 이조판서, 제학, 평안감사 등 역임)이 종자를 들여와 동래와 제주도에 재배하게 하였다. 그 이후 전국으로 재배 지역이 확대되었다.

고구마의 성분은 수분 69.39%, 당질 27.7%, 단백질 1.3% 등이며 주성분은 녹말이다. 해방 전에는 주로 식용으로 소비됐으나 최근에는 식용으로는 40% 정도 사용되는데 예전처럼 주식을 보조하는 식품이 아니라 주로 부식 또는 간식으로 이용한다. 공업용으로 30% 정도 사용하고 엿, 포도당, 과자류, 식용 가공품, 의약품, 화장품, 알코올, 위스키, 소주 등의 원료로 많이 쓰인다. 감자보다 당질과 비타민 C가 많고 열량이 낮다. 삶거나 굽는 것 외에도 튀김이나 죽으로 조리한다. 서양에서는 버터구이, 파이, 프라이 스위트 포테이토 등으로 만들어 먹는다.

고구마는 여러 종류가 있으나 일상에서 밤고구마와 호박고구마로 대분(大分)한다. 고구마를 삶았을 때 속살이 밤처럼 비교적 흰색이 나고 포근포근하면 밤고구마, 노란 호박 속 색이 나고 물기가 많은 고구마를 호박고구마라고 한다. 밤고구마는 팍팍하여 먹을 때 목이 메기 때문에 나는 물기가 촉촉하여 먹기 좋고 당도가 높은 호박고구마를 더 좋아한다.

고구마가 이렇게 대중 속에 깊이 자리 잡게 된 것은 경제적으로 여유가 생겨 건강에 관심을 두면서부터다. 섬유질이 풍부하여 배변 활동을 좋게 하고 열량이 높지 않아 많이 먹어도 살이 찌지 않기 때문이다. 나아가 고구마 유통 단계가 최소화되는 택배 제도가 발달하여 소비자와 생산자가 직결되었고 홈페이지를 만들어 자기가 생산한 농산물을 인터넷에 올려 소비자들에게 직접 판매하는 젊은 농업인도 늘어났다. 고구마를 세척한 후 낱개로 포장하여 대형 매장에서 판매하는 등 판로가 다양해진 것도 고구마가 많이 소비되는 요인 중의 하나다.

상강(霜降)이 지난 이맘때가 고구마 수확 철이다. 요즘 고구마가 웰빙(wellbeing) 식품으로 많은 사람의 사랑을 받고 있다. 농업인은 이런 추세를 그냥 흘려보내지 말고 우수한 품질의 고구마를 많이 생산하여 소비자의 수요에 부응하여 공급한다면 새로운 소득원으로써 손색이 없을 것 같다. 농협 등 생산자 단체나 유통업계에서도 유통 과정에서 품질이 떨어지지 않도록 하여 모처럼 일기 시작한 고구마 소비에 대한 열풍이 사그라지지 않도록 각별한 관심과 노력을 강구했으면 좋겠다. 우리 어디 한번, 이번 기회에 고구마로 부농(富農)의 꿈을 이루어 보자.

신이 내린 고귀한 선물,
포도를 많이 먹자

ⓒ 전북도민일보(2011년 9월 21일 수요일 황의영 NH무역 대표이사)

"내 고장 칠월은 청포도가 익어 가는 시절, 이 마을 전설이 주저리주저리 열리고 먼데 하늘이 꿈꾸며 알알이 들어와 박혀……" 독립운동가인 민족 시인 이육사의 시 '청포도'의 도입부다. 칠팔월 무더위에 알알이 영근 포도가 지금 시장에 출하되고 있다. 긴 장마에 가려져 햇볕을 받지 못해 충실한 결실을 보지 못하지는 않을까 농업인의 가슴을 졸이게 하던 포도가 이제 소비자의 식탁에 오르게 된 것이다. 역경을 딛고 성공한 사람이 더욱 우러러 보이듯 악조건하에서 이루어 낸 결실이기에 이번 가을(2011년)의 포도가 우리에겐 더욱 소중하게 느껴진다.

포도는 신이 오래전에 인류에게 선물한 귀한 과일이다. 크로마뇽인들이 라스코(Lascaux)동굴 벽화에 그린 포도 그림을 통해 역사가들이 짐작해 보건대 인류가 최초로 포도를 활용한 시기는 3~4만 년 전으로 추정하고 있다. 포도를 재배하기 시작한 것은 기원전 3,000여 년부터인 것으로 알려져 있다. 원산지는 러시아 코카서스 지방과 카스피해 연안이다. 우리나라에는 고려시대 때 중국에서 들여온 것으로 추측되며《조선왕조실록》등에도 포도에 관한 기록이 있다. 그러나 본격적인 재배는 1906년 서울 뚝섬에 원예모범장을 설립하면서부터 시작되었다. 근래 세계에서는 한 해에 약 6,000만 톤가량의 포도를 생산하는데, 이는 세계 과일 생산량의 1/3을 차지한다.

포도에는 심장병과 암 등 성인병을 예방하는 성분이 있다.

보약(補藥)같은
우리 농산물, 농식품

주요 생산국은 이탈리아, 프랑스, 에스파냐 등이며 총생산량의 약 35%를 차지한다. 우리나라는 연간 약 33만 톤 정도를 생산하는데 주요 생산지는 경북 영천·상주, 충북 영동·옥천, 충남 천안, 경기 안성 등이다.

포도에는 풍부한 영양소가 많이 함유되어 있다

포도는 생과(生果)로 먹거나 건포도, 병조림, 술, 식초, 잼, 젤리, 주스 등을 만들어 먹기도 한다. 포도에는 포도당과 과당이 많이 들어 있어 피로 회복에 좋고 비타민 A·B·B₂·C·D 등이 풍부해서 신진대사를 원활하게 한다. 그 밖에 칼슘·인·철·나트륨·마그네슘 등의 무기질도 들어 있다.

포도는 알칼리성 식품으로 근육과 뼈를 튼튼하게 하고 이뇨 작용을 하여 부종을 치료하는 데 도움이 된다. 또, 생혈과 조혈 작용을 하여 빈혈에 좋고 바이러스 활동을 억제하여 충치를 예방하며, 레스베라트롤이라는 항암 성분이 있어 암의 억제에도 효과가 있다. 신경 세포를 만드는 신경 효소의 활동과 효능을 증진하여 알츠하이머병이나 파킨슨병 등의 퇴행성 질병을 예방하는 데도 도움을 준다.

2011년 7월 말경 모(某) 공영방송에서 포도의 효능에 대하여 방영한 적이 있다. 심장병과 암을 앓고 있는 환자들이 포도를 먹으면서부터 건강이 회복되고 있다는 내용이다. 포도는 자외선과 곰팡이, 병균 등을 이겨 내기 위해 스스로 항 스트레스 물질을 만들어 내는데 이것이 바로 레스베라트롤이다. 이 성분은 원활한 혈류를 도와 혈관 문제로 인해 발생할 수 있는 질병을 예방하고, 특히 암 예방에도 효과가 있는 것으로 알려졌다.

지금까지 우리는 포도를 먹을 때 알맹이만 먹고 껍질과 씨는 먹지 않고 뱉어 냈다. 그러나 그렇게 포도를 먹는 것은 잘못됐다고 한다. 껍질과 씨를 같이 씹어 먹는 것이 올바른 방법이라고 한다. 이는 포도의 좋은 영양분이 껍질과 씨에 더 많이 함유되어 있을 뿐만 아니라 비타민 C의 효능에 버금가는 항산화 효과까지 가지고 있기 때문이라고 한다. 이 프로그램에서는 국내외 의료 기관에서 연구한 결과를 토대로 포도의 질병 예방에 따른 효력과 그 치료 효과를 증명하면서 수확기 제철 동안만이라도 포도를 많이 먹기를 권하고 있었다.

포도와 포도로 만든 제품을 많이 먹자

포도는 우리 주변에서 관심만 있으면 쉽게 구할 수 있고 먹을 수 있는 일반적인 과일이다. 남원과 김제 등지에서도 양질의 포도가 생산된다. 가을로 접어드는 지금이야말로 포도가 생산되는 수확기이다. 시장이나 마트에 가서 알알이 열매가 꽉 차 탐스럽게 익은 송이의 포도를 구입해 온 식구가 같이 먹자.

좀 더 안전하고 질 좋은 포도를 구입하고자 하면 가까이 있는 농협에 가서 상담하여 산지농협에 구입을 신청할 수 있고 우수 농가를 추천받아 직접 주문할 수도 있다. 연중 가격이 가장 저렴한 수확기인 요즘, 충분히 구입하여 생으로 먹고 즙을 짜서 두고두고 마실 수도 있다. 애주가라면 포도주를 담가 평소 조금씩 마시면 건강에 좋다고 한다.

신이 인간에게 내린 아주 소중한 선물, 심장병과 암 등 성인병을 예방하는 성분이 있는 것으로 임상 시험 결과로 증명되고 있는 포도를 많이 먹자. 우리의 건강을 지키고 농가의 소득도 높여주기 때문에 이것이야말로 생산자와 소비자가 상생(相生)하는 좋은 사례가 될 것이라고 생각한다.

도라지, 꽃도 보고
건강도 챙기시길……

© 전북도민일보(2010년 8월 30일 월요일 황의영 농협중앙회 상무)

"도라지 도라지 도라지 심심산천의 백도라지……" 아리랑 다음으로 많이 불리는 도라지 타령은 조선 후기에 생긴 신민요(新民謠)다. 요즘 산에 가면 도라지꽃을 많이 볼 수 있다. 도라지는 초롱꽃과의 여러해살이풀이다. 우리나라 어느 산에서나 흔하게 자라며 일본과 중국 등지에서도 자생한다. 여름에 흰색과 보라색의 꽃이 피며 뿌리는 식용으로 한다.

필자는 산골에서 나고 자라서 도라지를 많이 접했다. 우연히 어느 명장(明匠)의 강의를 듣고부터 도라지에 관심을 갖게 되었다. "공장 주변에 도라지를 심고 가꾸는데 꽃이 아름다워 보는 이들에게 행복을 느끼게 하고 뿌리는 수확하여 식용으로 동료들에게 나누어 주니 일석이조(一石二鳥)였다."고 했다.

보약(補藥)같은
우리 농산물, 농식품

필자도 농업인을 대상으로 하는 교육원에서 근무한 적이 있었는데 그때 원내(院內) 공지에 도라지를 많이 심었다. 도라지꽃이 만발한 교육원으로 가꾸어서 교육생들에게 도라지의 꽃말인 '영원한 사랑'을 느끼게 하고, 도라지를 수확하여 동료들과 나누어 진한 동료애도 키웠다.

원래 '도랏'이었던 것을 '도라지'라 부르게 되었으며 '도래', '돌가지', '도레' 등이라고도 부르며 한자로는 길경(桔梗), 백약(白藥), 경초(梗草), 고경(苦梗) 등으로 쓴다. 뿌리는 인삼 모양으로 굵고 줄기는 곧게 자란다. 뿌리를 자르면 흰색 즙액이 나온다. 높이는 40~100㎝가 된다. 잎은 어긋나고 긴 달걀 모양 또는 넓은 바소꼴로 가장자리에 톱니가 있다. 꽃은 7~8월에 위를 향하여 끝이 퍼진 종 모양으로 핀다. 꽃은 지름 4~5㎝이며 끝이 5개로 갈라진다. 꽃받침도 5개로 갈라지고 그 갈래는 바소꼴이다. 열매는 삭과로서 달걀 모양이고 꽃받침조각이 달린 채로 익는다. 번식은 종자로 잘 된다. 흰색 꽃이 피는 것이 백도라지, 꽃이 겹으로 되어 있는 것을 겹도라지, 흰색 꽃이 피는 겹도라지를 흰겹도라지라고 한다.

우리 몸에 좋은 도라지의 효능

도라지는 맛이 쓰고 성질은 약간 따뜻하며 독이 없다. 주성분은 트리테르페노이드(triterpenoid)계 사포닌 성분을 약 2% 함유하고 있다. 사포닌 성분은 홍삼, 콩, 칡, 더덕 등에도 함유된 성분으로 거담, 항염, 항궤양, 부신 피질 호르몬 분비 촉진, 기도 점액 분비, 타액 분비 촉진 등의 약리 작용을 나타내며 면역력을 나타내는 영양소이다. 기침을 멎게 하고 가래를 삭이기 때문에 기관지염은 물론 편도선염, 인후염 등에 약으로 쓰인다. 감기의 해소와 해열, 진통, 거담, 부종, 배농, 폐결핵 등에 효능이 탁월하다. 기혈을 보강해 주고 배 속의 냉기를 덜어 주어 심장 쇠약, 설사, 주독 등에도 효과가 좋다.

아름다운 보랏빛을 띠는 도라지꽃

옛 문헌을 보면, 《향약집성방(鄕藥集成方)》에 도라지는 맛이 맵고 온화하며 햇볕에 말린 것은 인후통을 잘 다스린다고 하였다. 《동의보감(東醫寶鑑)》에는 허파, 목, 코, 가슴의 병을 다스리고 독을 내린다고 하였는데 3,000여 개의 처방 중 3백여 개에 도라지 처방을 하였다. 《본초서(本草書)》에는 천식과 인후통, 코 막힌 병, 치통, 폐농양, 설사, 복통 등을 다스리며 충독을 없애고 피를 좋게 한다고 기록돼 있다.

봄, 가을에 뿌리를 채취하여 날것으로 먹거나 나물로 많이 먹는다. 도라지는 반찬, 차, 즙을 내어 복용하면 몸에 좋다고 한다. 반찬으로 김치, 나물, 생채, 장아찌 등을 만들어 먹는다. 김치는 껍질을 벗긴 도라지를 쓴맛을 빼고 쪽파, 김치 양념과 함께 버무려 깍두기처럼 담근다. 도라지의 향과 쌉싸름하고 아린 맛이 항염증, 거담, 항궤양, 진해, 해열, 진통 등에 좋은 작용을 한다. 나물은 도라지를 다듬고 끓는 물에 살짝 데쳐 물기를 꼭 짜서 프라이팬에 기름을 두르고 볶은 다음 양념을 넣고 소금으로 간을 맞춘다. 생채로 만들 때는 가늘게 찢어서 소금을 넣고 주무른 다음 재운 후에 양념한다. 장아찌는 도라지를 달인 간장에 담가 먹거나 고추장에 박아 갖은양념을 하여 먹는다. 도라지를 끓여 먹으면 약효가 강해 먹기 힘들기 때문에 다른 약재와 혼합해 먹으면 좋다. 오미자와

함께 묽게 끓이는 길경오미자차, 감초와 같이 끓이는 길경감초차
도 수시로 마시면 감기, 기침 등 호흡기 질환에 좋다. 배 속을 파내
고 도라지와 꿀을 넣고 중탕을 한 배꿀도라지즙도 기관지와 감기
에 좋다.

일거양득! 건강도 지키고 마음도 풍요롭게……

도라지는 건강을 지켜 주기도 하지만 여름엔 아름다운 꽃을 피
워 우리의 마음을 맑고 풍요롭게 해 준다. 주위의 빈터에 도라지
를 심어 도라지 동산을 만들고 농가에서도 도라지를 많이 재배하
여 소득 작목으로 육성하면 어떨까 하는 제안을 해 본다. 또한, 가
정에서도 건강에 도움을 많이 주는 도라지를 원료로 한 음식을 많
이 만들어 먹는다면 가족의 건강도 지키고 점점 더 어려워지고 있
는 농촌 경제에 활력을 불어넣게 되어 일거양득, 꿩 먹고 알 먹는
일이 아닐까 하고 생각해 본다.

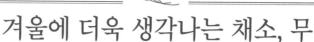

겨울에 더욱 생각나는 채소, 무

© 진안신문(2014년 12월 15일 월요일 황의영 전북대학교 무역학과 강의전담교수)

"무나물이 다네요! 왜 이렇게 달고 맛있어요? 뭇국도 맛있고, 무말랭이도 어쩜 이렇게 아삭아삭하며 달아요?" "저도 무나물도 맛있고 무로 만든 음식이 달고 맛있어서 좋아요." 부창부수(夫唱婦隨)라고 했던가? 삼십칠 년을 함께 살아온 부부로서 입맛이 동화(同化)되었기 때문이리라. 할아버지 제사를 지낸 다음 날 제사상에 올렸던 무나물과 쇠고기 뭇국을 먹으며 집사람과 나눈 대화다. 평소에도 우리 가족은 무로 만든 음식을 좋아한다. 무생채, 깍두기, 무쪽김치, 무말랭이무침, 동치미, 총각김치 등 여러 종류의 김치를 만들어 먹는다. 김장 김치를 담글 때도 무채를 많이 넣어 김칫소을 만든다. 그러면 김치가 더 시원해진다. 김장 김치 포기와 포기 사이에 무쪽을 넣으면 김치를 시원하게 하고 무쪽이 별미의 무김치가 된다. 고등어, 꽁치, 갈치 등을 조릴 때도 무를 넣고 겨울철 별미인 생명태국, 물오징어국, 생대구탕을 끓일 때도 무를 넣으면 시원하고 들척지근해서 입맛을 돋운다.

어릴 때 무에 대한 추억이 아련히 떠오른다. 6·25전쟁이 끝난 지 얼마 되지 않던 50, 60년대의 농가에서는 부식을 완전히 자급자족했다. 집마다 자기들이 먹을 채소를 직접 재배했다. 봄에 서리가 그치면 상추와 배추, 무, 파, 쑥갓, 아욱 등의 씨를 뿌렸다. 고추씨도 뿌리고 고추밭 이랑 사이에 열무씨도 뿌렸고 물외씨도 심었다. 그리고 여름, 가을 내내 이 채소로 부식을 조리해 먹었다. 그중에서도 무에 대한 추억이 유독 많고 뚜렷하게 남아 있다. 김장 무인 가을 무는 지금처럼 둥글고 뭉툭한 조선무가 없었고 단무지를 주로 담는 굵고 길쭉한 왜무가 많이 재배됐다. 화학 비료도 부족하여 무에는 화장실 거름을 주곤 했다. 학교 갔다 집에 돌아오면서 무를 뽑아 먹으며 시장기를 달래기도 했다. 재수 없으면 채독이 걸려 입술이 부르트기도 했다.

무는 한겨울 소중한 양식이었다. 가을걷이를 마치고 추워지면 김장을 하는데 배추김치도 담지만, 무김치도 담고 동치미, 깍두기, 무채김치도 담근다. 땅에 옹기 독을 묻고 김치를 보관하면 겨우내 먹고 주모 있는 집에서는 늦은 봄까지도 가을 김장 김치가 떨어지

무김치, 동치미, 깍두기, 무채김치 등 한겨울 소중한 양식이 되어 주는 무

지 않았다. 동치미는 푸른 고추와 같이 담갔는데 국물이 시원하고 연탄가스에 중독됐을 때는 동치미 국물이 해독제가 됐다. 술을 마시고 나서 속이 좋지 않을 때도 동치미 국물은 좋은 치료제가 됐다. 김장을 하고 남은 무는 마당 양지바른 곳에 구덩이를 파서 묻어 두고 겨우내 조금씩 꺼내 먹었다. 겨울철 긴긴밤에 시장기를 느끼면 무를 꺼내다 깎아 먹기도 했다. 시원하고 달착지근한 것이 좋았다. 무를 채 썰어 쌀과 같이 무밥을 지어 먹기도 했다.

　무는 십자화과에 속하는 초본식물로 지역에 따라 무수, 무시라고 부르기도 하며 한자로는 나복(蘿蔔)이라고 한다. 크기는 20~100㎝에 달한다. 뿌리는 원형, 원통형, 세장형 등 여러 종류가 있고 빛깔도 흰색, 보라색, 붉은색 등 다양하다. 원산지는 지중해 연안으로 알려져 있으며 실크로드를 통해 중국에 전래됐다고 한다. 중국은 기원전 400년경 기록에 무가 나왔다고 한다. 우리나라는 불교의 전래와 함께 삼국시대에 재배되기 시작했으며, 고려시대에는 중요 채소로 취급됐다. 재배 면적이 넓어서 5만ha에 220만 톤이 생산되고 있다. 무에는 인체에 필요한 여러 가지 영양소가 많이 들어 있고 좋은 약효도 지니고 있다. 무 잎 속에는 카로틴이 들어 있는데 이것은 체내에서 비타민 A로 변한다. 칼슘과 비타민 C도 풍부하게 들어 있다. 여러 가지 소화 효소와 전분 분해 효소인 아밀라아제가 많아서 천연의 소화제라 일컬어진다. 떡이나 밥을 과식했을 때 무로 만든 음식을 먹으면 소화가 잘 되는 것도 이 때문이다.

무는 소화 불량, 만성 기관지염, 천식, 구토, 기침 등에 좋을 뿐만 아니라 건위, 거담, 이뇨 및 소염제의 약효도 지니고 있다. 무즙은 소화 촉진과 함께 니코틴 독을 없애 주고 지해, 지혈, 소독, 해열 작용도 한다. 담즙과 함께 담석을 용해하는 작용도 한다. 예로부터 속병이 깊은 사람이 무를 상식했는데 그 이유는 무 속에 있는 전분의 분해 요소인 디아스타아제, 글리코시다아제 등이 소화를 돕는 데 중요한 역할을 하기 때문이다. 무즙의 수분은 장에 습기를 더해 주고, 식이섬유가 풍부하여 장내의 익균(益菌)을 증식시킨다. 이렇게 해서 늘어난 익균에 의해 노폐물 배설이 활발하게 촉진되어 비만이 해소된다. 무는 칼로리가 매우 적어 포만감을 느낄 정도로 먹어도 살찌는 걱정을 하지 않아도 된다. 무의 매운맛은 시니그린 성분 때문인데 점막을 자극하여 수성점액 분비를 촉진해 가래를 엷게 하고 기관지에 붙어 있는 이물질을 제거한다. 무는 소염 작용을 하므로 술로 인한 위의 염증을 치료할 수 있고 소화 배변을 촉진해 숙취를 해소한다.

위와 같은 여러 성분 때문에 무는 우리에게 매우 유익한 채소다. 일상에서 무로 만든 여러 가지 음식을 많이 먹는다면 건강도 지키고 농업인을 경제적으로 돕게 될 것이다. 지금부터라도 식탁에 무김치, 깍두기, 무채나물, 동치미, 무말랭이무침, 뭇국 등 무로 만든 음식을 많이 올리자.

콩나물과 추억

ⓒ 전북도민일보(2015년 5월 6일 수요일 황의영 전북대학교 무역학과 강의전담교수)

"어이 시원하다." "자알 먹었다." 콩나물국밥을 먹고 나서 친구와 함께 행복에 젖어 한마디 한다. 콩나물국밥은 얼큰하고 시원하다. 그리고 깔끔하다. 전날 과음하여 속풀이라도 할라치면 콩나물국밥만 한 것도 없다. 콩나물국밥 하면 전주의 특산 음식으로 여겨 전주에 가야 맛있는 국밥을 먹을 수 있다고 생각했지만 이제는 대중화가 되어 내가 사는 경기도의 한 신도시에도 '전주 콩나물국밥'이라는 문구가 들어간 간판의 국밥집이 여럿 있다. 이곳에 사는 동향(同鄕) 친구와 함께 콩나물국밥집에 자주 가곤 하는데 전주에서 먹는 국밥보다는 못해도 그런대로 맛이 있다.

콩은 한반도 북부지방과 중국 화북지방이 원산지로 중국에서는 4,000년 전부터, 우리나라에서는 삼국시대(B.C.1세기 초)부터 재배했다는 기록이 전해진다. 콩은 식생활과 밀접한 관계를 가진다. 콩은 영양소가 풍부하다. 특히 단백질이 많이 함유되어 있어 예부터 '밭의 고기'라고 불리어 왔다.

콩은 두부로 만들거나 밥에 놓아 먹거나 된장을 담가 먹기도 한다. 콩나물을 만들어 채소로 먹기도 한다. 콩에는 완두콩, 강낭콩, 흰콩(메주콩), 서리태(밤콩, 서리밤콩), 쥐눈이(약콩, 서목태), 울타리콩, 작두콩, 콩나물콩 등 여러 종류가 있다.

콩나물콩은 크기가 메주콩보다 작은데 노란색이나 푸른색을 띠는 것이 보통이나 검은색 콩도 있다. 콩나물은 콩을 물에 담가 하루쯤 불린 다음 시루에 볏짚을 깔고, 그 위에 불린 콩을 넣고 어두운 곳에서 고온 다습하게 하여 싹을 틔운다. 마르지 않도록 물을 자주 주고 콩나물이 5~7㎝가량 자랐을 때 먹기 시작한다. 콩나물은 흰색이나 담황색을 띠는 것이 좋고 비타민 C가 많이 들어 있다.

내가 어릴 적에는 가을부터 봄까지 채소가 부족했기 때문에 집마다 콩나물을 길러 먹었다. 뜨겁지 않은 윗목에 물을 담은 옹기 함지를 놓고 나무 받침대를 올려놓은 다음, 그 위에 콩나물시루를 올려놓는다. 적당한 시간 간격을 두고 물을 준다. 대엿새 되면 뽑아 먹기 시작하는데 콩나물밥을 해 먹거나, 콩나물국, 콩나물김칫국을 끓여 먹기도 하고 콩나물을 데쳐서 나물로도 먹는다. 콩나물밥을 양념간장에 비벼 먹으면 맛이 좋아 가반(加飯)하기가 일쑤였다. 콩나물국은 말갛게 끓여 먹거나 냉국으로 먹으면 시원하고 맛있다. 감기라도 들라치면 콩나물국에 고춧가루를 듬뿍 넣어 빨개진 국물을 마시곤 했다. 김치를 넣은 콩나물김칫국은 김치맛과 어우러져 입맛을 더욱 돋운다. 명절에도 콩나물 요리가 빠질 수 없다. 떡을 먹을 때 떡이 잘 넘어가도록 콩나물국을 마셨다.

지금은 결혼식에 돈으로 부조하지만 가난했던 내 어린 시절에는 동네에 혼사가 있는 집이 있으면 콩나물을 길러 한 동이씩 부조를 했다. 콩나물은 예부터 우리 서민들과는 때려야 뗄 수 없는 소중한 음식이었다. 내가 대학교에 다닐 때인 1970년대 초반에도 전주에서는 콩나물국밥이 소시민들의 사랑을 듬뿍 받았다.

전날 술을 많이 마셔 속이 안 좋을 때면 콩나물국밥집에 갔다. 콩나물국을 끓이는 솥 가에 고추를 널어 말리면서 국밥에 말리던 통고추를 부수어서 넣고 새우젓을 한 숟가락 푹 떠 넣어 간을 맞추면 참으로 맛있었다. 여기에 날달걀을 깨어 넣고 휘휘 저어 먹으면 금상첨화였다. 먹다 부족하다 싶어 국물을 더 달라고 하면

주인아주머니는 주저 없이 한 국자 국물을 떠서 더 주었다. 땀을 뻘뻘 흘리면서 콩나물국밥을 먹고 나면 언제 그랬느냐는 듯 배 아픈 것이 씻은 듯이 사라졌다.

지금 전주에는 한 집 건너 한 집이 콩나물국밥집이라고 해도 과언이 아닐 정도로 콩나물국밥집이 많다. 콩나물국밥집을 체인점으로 만들어 기업화하기도 했다. 콩나물 재배업자도 많이 늘어나고 돈도 많이 번다고 한다. 나는 콩나물국밥을 자주 먹는데 1970년대 먹었던 그 콩나물국밥 맛은 아니다. 지금 먹는 콩나물국밥에 영양분이 더 많이 들어 있는지는 모르겠다. 그러나 음식을 만드는 사람의 정성은 그때보다 많이 부족한 것 같다. 그때 콩나물국밥집 아주머니는 우리를 자기 자식처럼 여기고 정성을 다하여 국을 끓여 주셨다. 콩나물국밥에는 '자식을 사랑하는 어머니의 마음'이라는 양념이 듬뿍 들어가 있었는데 지금은 아닌 것 같다. 혹시 돈을 많이 벌어야겠다는 마음이 양념으로 들어간 것은 아닌지 하는 마음이 들어 약간은 씁쓸하다. 국민 음식으로 자리 잡은 전주 콩나물국밥이 오래오래 서민들의 사랑을 받기를 바란다.

한더위에 먹는 우리 음식에는
어떤 것이 좋은가?

ⓒ 진안신문(2016년 8월 22일 월요일 황의영 경제학박사)

"뛰이 뛰이, 뛰이 뛰이……." 재난 경고 문자가 휴대전화에 들어온다. 광복절인 2016년 8월 15일 오전 11시에 '날씨가 더워 폭염주의보가 발령됐으니 외출을 삼가고 더위에 주의하라.'고 한다. 기상청은 "전국에 폭염 특보가 내려진 가운데 8월 12일 경북 경산시 하양읍 기온이 40.3도까지 올라갔는데 기상 관측 사상 역대 최고 기온"이라고 한다. 지금까지 공식적인 역대 최고 기온은 1942년 8월 1일 대구에서 기록한 40도였다고 한다. 8월 13, 14일에도 더위는 더욱 기승을 부려 전국 대부분 지역에 폭염 특보가 내렸다. 폭염 경보와 폭염 주의보가 내려지는 것을 폭염 특보라고 한다. 폭염 경보는 낮 최고 기온이 35도 이상, 폭염 주의보는 낮 최고 기온이 33도 이상인 날이 이틀 연속 계속될 것으로 예상될 때

발령된다. 기상청은 "지난달 하순부터 맹위를 떨친 올여름 폭염(暴炎)이 15일이나 16일을 기점으로 한풀 꺾일 것"으로 예보했다. 그러나 더위는 아직도 기세가 꺾이지 않고 있다.

덥기는 참 덥다. 방안에서 문을 열어 놓고 선풍기를 틀어도 겨드랑이와 등줄기에서 땀이 비 오듯 줄줄 흐른다. 못 견디게 덥다. 에어컨을 켜려 해도 전기료 폭탄이 무서워 조금 켰다가 바로 끈다. 내가 어릴 적엔, 한여름 더울 때는 시냇가 봇물을 가두어 놓은 곳에 가서 멱을 감으며 물놀이를 했다. 자맥질하며 물도 마시고 바위에서 뛰어 내리면서 돌에 스쳐 정강이에 상처가 나고 귓속에 물이 들어가기도 했다. 한나절 물속에서 질펀하게 놀다가 서산에 해가 지면 소를 몰고 집에 돌아오곤 했다. 밤에는 생풀로 모깃불을 피워 놓고 평상에 앉아 찐 옥수수를 먹으며, 머리 위에서 곧 쏟아져 내릴 듯 무수히 반짝이는 별들의 바다를 보고 별자리를 찾으며 "저 별은 네 별이고 이 별은 내 별인데 내 별이 더 크네." "아니야, 내 별이 더 크네."라며 형제간에 다투기도 했다.

여름에는 보리밥을 많이 먹었는데 보리밥을 부드럽게 하려고 감자를 넣고 보리밥과 같이 치대서 먹기도 했다. 열무를 숭덩숭덩 손으로 잘라서 된장국과 고추장, 들기름을 넣고 비벼 먹기도 했다. 날씨가 더우니 오이채를 썰어 우물에서 갓 길어온 시원한 물로 냉국을 해 먹었다. 가지를 밥솥에서 쪄 낸 다음 손으로 찢어서 가는 파를 썰어 넣고 깨소금과 간장, 참기름을 넣고 무쳐서 만든 가지무침과 오이장아찌를 곁들여 먹으면 보리밥도 꿀맛이었다. 산해진미(山海珍味)가 따로 없었다. 텃밭에서 따온 토마토와 참외, 수박은 어린 우리 마음을 사로잡을 만했다. 어쩌다 재수 좋은 날이면 광주리를 이고 다니는 아주머니에게 보리를 주고 교환한 자두와 복숭아를 먹기도 했다.

복날에는 복달임을 한다고 집에서 기르는 닭을 잡아 황기와 마늘을 까서 넣고 푹 고아, 온 집안 식구들이 나누어 먹었다. 비록 가난했던 시절이었지만 형제간의 우애, 가족 간의 사랑은 흘러넘쳤다. 지금은 나 어릴 때보다 열 배, 백 배는 더 잘사는 것 같은데 사람 사는 맛은 그때보다 못한 것 같다. 인간미가 없다. 낭만이 없다. 아파트 숲, 콘크리트 장막 우리 속에 갇혀 있는 것 같다. 그러니 더 덥다. 이렇게 더울 때는 땀을 많이 흘리게 되어 체력 소모가 크다. 이럴 때 영양 관리를 잘해 주지 못 하면 식욕을 잃고 무기력해지기 쉽다. 더위를 먹게 되면 일에 대한 의욕도 없어지고 졸음만 오게 된다. 심해지면 판단력과 기억력이 감퇴하기까지 한다.

더위 먹지 않도록 적절히 대응하고 여름을 이기게 하는 음식을 먹는 것이 도움이 된다. 대표되는 음식이 삼계탕이다. 삼계탕은

더위 먹지 않고 여름을 이기게 해 주는 대표 보양식 삼계탕

대추, 마늘, 인삼, 황기, 밤, 찹쌀을 넣어 끓인 고단백, 고영양식으로 위장 기능이 약해지기 쉬운 여름철에 좋은 보양식이다. 여름에 추어탕도 많이 먹는다. 미꾸라지는 단백질과 비타민 A가 풍부하게 들어 있어 피부 미용에 좋고 칼슘, 비타민 A·B·C가 풍부하여 원기를 회복해 주는 역할을 하는 반면에 지방이 적어서 열량을 걱정할 필요 없이 먹을 수 있는 다이어트 식품이다.

옛날 여름철에 임금님이 즐겨 드셨다는 민어탕도 여름철 보양식 중 하나다. 《동의보감》에 민어탕은 맛이 달고 성질이 따뜻하여 오장육부의 기운을 돋우고 뼈를 튼튼하게 하는 음식이라는 기록이 전한다.

　우리 농촌에서 쉽게 먹을 수 있었던 콩국수, 수제비, 미숫가루도 좋은 여름철 보양식이다. 또한, 여름철 채소와 과일은 형형색색 아름다운 색(色) 속에 필요한 영양소와 에너지를 담고 있어 삼복더위를 넉넉하게 이길 수 있도록 도와주는 보양식이다. 토마토는 비타민 B·C, 칼륨, 구연산 등이 풍부하여 피로 회복, 동맥 경화 예방, 체력 증진에 좋다. 스트레스로 인한 신장 기능 약화에는 토마토에 수박, 샐러리를 넣어 주스로 마시면 도움이 된다. 피부 미용엔 파프리카가 좋고, 특히 열이 많은 사람에겐 보랏빛 가지가 보양식이다. 갈증 나고 식욕이 없을 땐 오이가, 피로 회복과 혈액 순환에는 복숭아가 좋다.

　여름철에 좋은 음식을 말하려면 한도 끝도 없다. 다만 분명한 것은 우리 땅에서 제철에 나는 채소와 과일, 곡식으로 만든 우리 음식이면 우리 몸에 다 좋다는 것이다. 아무리 여름이 덥다고 해도 말복이 지났으니 귀뚜라미가 울고 가을이 성큼 다가올 것이다. 그때까지 더위를 이겨 내자. 건강을 지키자. 우리 논밭에서 나는 우리 과일과 채소, 곡식으로 만든 우리 음식을 먹으면서.

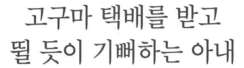

고구마 택배를 받고
뛸 듯이 기뻐하는 아내

ⓒ진안신문(2015년 11월 16일 월요일 황의영 전북대학교 무역학과 강의전담교수)

고구마 택배가 왔다. 내 고향 진안에서 생산한 호박고구마다. 진안 출신 사람들로 구성된 운동 모임에서 공동으로 구매한 것이다. 고구마 상자를 받아 든 아내가 뛸 듯이 기뻐한다. 아내는 고구마를 유별나게 좋아한다. 아내는 고구마 수확 철인 가을뿐만 아니라 사철 사다가 먹는다.

요즘은 저장 기술이 발달하여 사시사철, 금방 캔 고구마처럼 보관을 잘 한다. 마트에 가면 고구마가 항상 있다. 내가 어릴 적에는 가을철 서리가 내려 줄기가 삶기어 말라 버리면 고구마를 캔다. 캔 고구마는 가마니에 담거나 바지게에 담아 지게로 져서 집으로 나른다. 쇠죽을 끓이는 사랑방에 수수깡으로 통가리를 만들어 보관한다. 늦은 봄까지 보관하면서 소중한 양식으로 활용한다. 날씨가 추워 외풍이 심할 때는 고구마가 얼기도 한다. 언 고구마는 얼마 안 가 썩는다. 얼지 않았더라도 아침저녁으로 쇠죽을 끓이는 사랑방에 보관하니 뜨거워진 구들과 방안의 높은 온도 때문에 고구마의 습기가 증발해 말라 버리기도 한다. 예전엔 고구마를 오랫동안 보관해 놓고 먹기가 쉽지 않았다. 그러나 요즘은 봄, 여름, 가을, 겨울이 항상 가을이다. 보관을 잘 하므로 싱싱한 고구마를 언제든지 사 먹을 수 있다.

  아내는 요즘 하루에 한 끼는 고구마로 때운다. 맛있단다. 좋단다. 섬유질이 많아 소화를 촉진하고 성인병을 예방할 뿐만 아니라 다이어트에도 좋다고 한다. 내게도 매일 고구마를 먹으라고 한다. 그러나 나는 밥 대신 고구마로 끼니를 때우는 것은 싫다. 어릴 때 고구마를 끼니로 많이 먹었기 때문에 고구마에 대한 선입견이 좋지 않다. 입동(立冬)이 지나 겨울이 깊어 가면 낮이 짧아진다. 농한기 농촌에서는 별로 하는 일이 없다. 땔감을 하거나 새끼를 꼬고 가마니를 쳤다. 우리 집은 인삼 농사를 지었기 때문에 미덥을 베다가 새끼를 꼬아 삼장 발을 쳤다. 덮발도 엮었다. 별로 힘 드는 일이 아니었기 때문에 식사도 가볍게 때웠다.
  점심으로 대부분 고구마를 찌어 무김치하고 같이 먹거나 고구마를 두세 쪽으로 조각내고 김치를 숭덩숭덩 썰어 약간의 쌀과 같이 넣고 죽을 끓여 먹었다. 한두 번은 모르겠는데 점심으로 매일 고구마를 먹으면 고구마가 보기조차 싫어진다. 아직도 어릴 적 기억이 남아 있어 고구마를 썩 먹고 싶지는 않다. 그러나 가끔 먹으면 달고 맛있다. 쇠죽 끓이는 아궁이에 할아버지가 구워 주시던 달착지근하고 뜨끈뜨끈한 고구마의 맛은 지금도 잊을 수 없다. 게다가 어릴 때 삶아 먹던 고구마는 그렇게 썩 달진 않았는데 요즘 호박고구마는 매우 달다. 호박고구마에는 물기가 많이 있어 밤고구마처럼 목이 메지 않고 잘 넘어가 먹기가 좋다. 종자를 개량하여 먹기 좋게 만들었기 때문이다.

고구마에는 섬유질이 많고 살을 찌게 하는 영양분이 많지 않아서 비만 예방에 좋다. 그래서 날씬한 몸매를 갈망하는 여인들에게 인기 만점이다. 전에는 농가에서 겨울나기에 중요한 식량으로 고구마를 재배하였으나 지금은 판매를 목적으로 하는 상업용으로 재배를 많이 한다. 인터넷 홈페이지를 구축하여 원근(遠近) 지역 구분 없이 주문자들에게 택배로 보내어 판매한다. 넓은 황토밭 지역에서는 광작(廣作)하여 저온저장고에 보관하고, 대형 유통업체에 납품하면서 연중 판매를 하기도 한다. 고구마를 완전히 세척하고 소포장하여 판매하는 곳도 있는데, 세척·포장하고도 일정 기간 수분이 마르지 않고 신선도를 유지해주는 특별한 기술을 개발한 결과라고 한다.

식이섬유소가 많은 영양 간식, 고구마

고구마는 멕시코에서부터 남아메리카 북부에 이르는 지역이
원산지로 추정된다. 신대륙을 발견할 당시에 원주민들이 널리 재
배하고 있었는데, 크리스토퍼 콜럼버스(Christopher Columbus,
1451~1506)가 에스파냐에 전했고 그 뒤 필리핀, 중국의 푸젠성에
전해졌으며 점차 아시아 각국에 전해졌다. 우리나라에는 1763년
조선 통신사 정사(正使)로 일본에 갔던 조엄(1719~1777)이 들여왔
다.

고구마에는 인, 칼륨, 비타민 C, 식이섬유소, 베타-카로틴 등 많

은 무기물질이 들어 있어 다이어트와 변비를 예방하고, 항암 효과가 있어 위암과 폐암을 예방하며, 노화 방지와 피부 미용에 좋고, 알칼리성 식품으로 풍부한 칼륨은 혈압 상승의 원인 물질인 나트륨을 몸 밖으로 배출시켜 혈압 조절에 효과적이라고 한다. 요즘 많은 사람이 간식을 넘어 끼니로 고구마를 먹고 있다. 고구마를 많이 먹으면 건강해지는 것은 물론이고 고구마 가격이 비교적 좋은 편이기 때문에 고구마 농사를 짓는 농업인도 돕게 된다.

내 고향 진안은 산간지역이어서 과거에도 논보다 밭이 더 많았었는데 용담댐 건설로 많은 논이 물에 잠겨 버린 지금은 논보다 밭이 훨씬 더 많다. 이 많은 밭에 고구마 농사를 지어 농업인들이 돈을 많이 벌었으면 좋겠다. 진안에서 생산된 양질의 고구마가 도시민들에게 택배로 많이 보내져서 진안 사람들에게는 돈이 쌓이고 진안산 고구마를 많이 먹은 도시민들에게는 건강한 체력이 쌓였으면 좋겠다. 이것이야말로 상생(相生)의 본보기로, '누이 좋고 매부 좋고', '도랑 치고 가재 잡고', '마당 쓸고 엽전 줍는 격'이 아니겠는가? 내 아내처럼 진안산 고구마 택배를 받고 뛸 듯이 기뻐하는 주부들의 수가 많이 늘어나기를 기대하는 것이 허망한 나만의 꿈이 아니길 간절히 빌어 본다.

제2장

우리 생명줄을 이어준 쌀, 어떻게 하나?

천덕꾸러기가 돼 버린
우리의 생명줄 '쌀'

© 전북일보(2009년 8월 19일 수요일 황의영 농협중앙회 상호금융총본부장)

'보릿고개', '초근목피', '장리쌀', '부황' 등은 1960년대 이전 우리의 생활 속에서 자주 들었던 말이다. 당시 우리 경제는 먹기 위한 몸부림들이 대부분이었다. 늙으신 부모님께 하얀 쌀밥 한 그릇 지어 올리는 것이, 사랑하는 자식에게 쌀밥 한 그릇 배불리 먹이는 것이 자식들의 효도요, 부모들의 희망이었다. 한마디로 쌀이 우리의 '삶' 그 자체였다.

그런데 최근 웃지 못할 희한한 일이 벌어지고 있다. 소중한 쌀이 곳간에 가득 쌓여 있어 농민들이 더욱 어려운 상황에 빠지고 있으니……. 일반적으로 생각하면 창고에 쌀이 그득한 것이 얼마나 좋은 일인가? 사람들이 살아가는 데 기본적으로 필요한 의(衣),

식(食), 주(住) 중에 으뜸인 먹을거리가 풍족하니 말이다.

그러나 현실은 그렇지 않다. 작년에 풍년이 들어 쌀이 더 많이 생산됐다. 통상적으로 쌀값은 수확기가 지나면서 서서히 올라가는 게 정상이다. 하지만 한 달만 지나면 이른 햅쌀이 나올 단경기인데도 지금 쌀값은 작년에 수매한 가격 아래로 떨어져 있다. 그런데도 팔리지 않아 지금 농협 창고 안에는 쌀이 가득 쌓여 있다. 공기나 물이 살아가는 데 꼭 필요하지만, 평소 그 소중함을 느끼지 못 하듯 쌀이 너무 많다 보니 소중함을 느끼기는커녕 푸대접을 받는 천덕꾸러기가 돼 버린 것이다.

쌀이 이렇게 남아도는 것은 풍년에 따른 공급량 증가가 주원인이다. 여기에 우루과이라운드(UR) 협상 이후 의무적으로 수입해야 하는 최소시장접근(MMA) 물량 증가도 영향을 미쳤다. 반면, 2008년 연간 국민 1인당 쌀 소비량이 75.8kg으로 2001년 대비 13.1kg 감소했고, 대북 지원도 끊기는 등 소비량도 줄었다. 그러다 보니 쌀값은 떨어지고 농협은 많은 재고로 손실을 감수하고라도 판매할 수 없는 몹시 어려운 상황에 처하게 된 것이다. 앞으로 특단의 대책 없이 이런 상태가 매년 계속된다면 쌀 재고 부담으로 점점 더 깊은 어려움의 수렁으로 빠져들지 않을까 우려된다.

그렇다면 대안은 없는 것일까? 6,000년 동안 우리 민족의 삶을

우리 생명줄을 이어준 쌀,
어떻게 하나?

쌀이 소비량 감소 등의 이유로 푸대접을 받고 있다.

지탱해 준 소중한 먹을거리를 이대로 방치할 수는 없기 때문이다. 그 대안으로 필자는 먼저 전 국민이 적극적으로 쌀 소비에 참여해야 한다고 생각한다. 이는 쌀에 대한 적정한 가격이 보장되는 시장을 제대로 작동하게 하여 농민들이 안정적으로 농사를 지을 수 있게 하기 때문이다.

또한, 쌀 소비는 국민 건강에도 큰 도움이 된다. 사실 쌀은 '영양의 보고'이고 '다이어트 식품'이며 성인병 예방에도 큰 효과가 있다고 알려져 있다. 이는 쌀눈에 있는 가바(GABA) 성분이 혈액의 중성지방을 줄이고 스트레스를 억제하며 간 기능을 좋게 하기 때문이라고 한다. 또, 뇌에 산소 공급을 늘리고 신경 안정 및 집중력을 높여 줘 특히 공부하는 학생들에게 좋다고 한다.

우리 모두 아침밥 먹기부터 떡은 물론 쌀빵, 쌀라면, 떡볶이, 쌀 음료까지도 즐겨 먹고 마시는 쌀 소비 운동에 동참해 개인 건강은 물론 국가 경제에도 도움이 됐으면 좋겠다.

최근 정부는 농협중앙회로 하여금 10만 톤의 쌀을 매입, 시장 격리토록 하는 계획을 발표하였는데 이번 조치가 쌀값 안정에 큰 도움이 될 것이다. 또한, 보다 근본적인 해결을 위해 쌀 소비 진작 방안에 대해서도 정부에서 적극적으로 검토한다고 하니 정말 다행스러운 일이다.

내가 어릴 때 어쩌다 수챗구멍에 몇 알의 밥알이라도 보이면 할아버지께서 여지없이 야단치시며 "쌀은 생명줄이다. 귀하게 알아라."고 하시던 말씀이 귓가에 맴돈다. 그렇다. 쌀은 우리에게 생명줄이다. 할아버지가 귀하게 여기셨던 쌀이 앞으로도 귀하게 대접받는 시절이 반드시 다시 돌아올 것이라는 확신을 하는 것이 나만의 기대일까?

우리 생명줄을 이어준 쌀,
어떻게 하나?

쌀! 정말로 지청구인가?

ⓒ 전북도민일보(2016년 10월 12일 수요일 황의영 경제학박사)

지난 개천절(2016년)에 고향에 다녀왔다. 비 갠 다음이어서 쾌청하다. 하늘이 드높고 푸르다. 길가엔 코스모스가 한들거리고 들녘은 온통 황금물결이 일렁인다. 풍요롭다. 올해는 벼의 생육 조건이 양호하여 잘 자라고 낟알도 충실하다. 출수(出穗) 후 날씨도 좋아 잘 여물었다. 풍년이다. 옛날 같았으면 이렇게 대풍이 들면 격양가가 울려 퍼지고 태평성대가 열린다. 그러나 지금 고향 마을은 침울하다. 농민들은 쌀값이 떨어져 누런 들녘을 봐도 신이 나지 않는다고 한다. 이런 가을을 언제까지 맞이해야 하는지 답답하다고 한다. 농촌 사회가 이런 상태로 언제까지 지탱될 수 있을까? 불안하다고 한다.

지난 2016년 9월 15일 기준 산지 쌀값이 80kg 한 가마에 13

만 5,544원으로 한 달 전보다 6,140원(4.3%) 떨어졌고, 수도권의 대형매장에는 20kg 한 포대에 2만 9,980원짜리 쌀마저 등장했다. 이렇게 쌀값이 떨어지는 이유는 쌀이 남아돌기 때문이다. 9월 말 현재 쌀 재고가 175만 톤인데 올해도 쌀 수확량이 430만 톤 이상 될 것이란 전망이다. 쌀 재배 면적이 2만 600여ha가 줄었는데도 수확량은 전년과 비슷하다. 더욱이 우리는 과거 20년 동안 쌀 시장 개방을 유예받으며 의무적으로 수입해 와야 할 최소시장접근(MMA) 물량 40만 9,000톤이 있다. 쌀이 남아도는 또 하나의 이유는 소비가 계속 줄고 있다는 것이다. 2015년 기준 1인당 쌀 소비량은 62.9kg이다. 쌀 소비가 매년 3%씩 줄어든다고 한다. 농산물은 가격에 대한 수요의 탄력성이 크다. 시장에 공급이 늘고 소비는 줄어드니 가격은 내려갈 수밖에……. 지금과 같은 공급 초과 시장에서 쌀값이 떨어지는 것은 경제학에서 볼 때 지극히 당연한 현상이다.

국가가 내놓은 쌀 대책은 인위적으로 시장을 왜곡하려고 하니 뾰족한 답이 될 수 없다. 농민들 눈치 보랴 식량 안보라는 대의명분에도 자신이 없기 때문이다. 매년 쌀 대책을 미봉책으로 일관해 왔기 때문에 원천적으로 해결이 안 되고 연례행사처럼 되풀이되고 있다. 흉년이나 곡물 부족 사태가 두려워 생산에 대한 적극적인 조정 대책은 손을 못 대고 소비 확대 방안 위주의 대책을 내놓았는데 성과가 미미하다. 식량 안보는 국가 경영에서 매우 중요하다. 우리는 전쟁을 겪으며 배고픈 설움을 경험했기에 식량의 소중함을 어느 나라 국민보다도 더 잘 알고 있다. 농사짓기는 자연조건에 의해 풍흉이 크게 좌우되기 때문에 쌀 목표 생산량을 정하는 데는 더욱 신중하고 많은 사람의 지혜가 필요하다. 정부는 하루라도 빨리 공급과 소비가 두루 포함된 장기적인 식량 대책을 수립하여 가을만 되면 쌀값 때문에 걱정해야 하는 농민들의 시름을 덜어 줘야 한다.

향후 식량 대책을 수립할 때는 청와대가 컨트롤타워가 되어 농림축산식품부, 재정경제부, 보건복지부, 건설교통부, 행정자치부 등 농업, 농촌, 농민과 관계되는 모든 부처가 참여하여 국민이 배곯지 않고 살아갈 수 있도록 식량을 확보하고, 농민들이 적정한 소득을 얻도록 해 줘야 한다. 생산량도 과감하게 조절해야 한다. 논에다 우리가 수입(輸入)을 많이 해 오는 콩이나 옥수수 같은 대체 작물을 심도록 하자. 거기에는 적절한 재정적(財政的) 뒷받침이 있어야 한다.

쌀이 남아돈다고 식량 안보에 대한 적절한 대책 없이 절대농지를 줄이겠다고 하는 등의 단견을 가지고 식량 문제를 해결하려고 해서는 결코 안 된다. 훼손된 농지는 되돌리는 데 많은 시간과 비용이 필요하다. 외국에서 식량을 수입해 올 수 없는 특별한 상황이 발생하더라도 우리 국민이 먹고사는 데 필요한 농지는 어떤 상황에서도 훼손하지 않고 유지하면서 휴경제도나 대체 작물 재배 등의 방법으로 쌀 생산량을 조절해야 한다. 국민이 먹고사는 문제인데 어찌 쉬울 수만 있겠는가? 또한, 통일 후에 적정 식량 확보도 고려되어야 할 것이다. 쌀 문제만은 정부가 주체가 되어 대책을 수립하고 확고하게 이를 유지해 나가야 한다. 역사적으로 보면 잘 먹이지 못 하는 군주는 오래가지 못했다. 치자(治者)의 제일 덕목은 백성을 배불리 먹이는 것이기 때문이다.

이제 식량 문제를 더는 미루지 말자. 20년이나 미적거리다가 매년 40만 9,000톤의 쌀을 수입해야 하는 부담을 후손들에게 지웠다. 이는 후손들에게 죄를 지은 것이나 진배없다. 후손들에게 부끄럽지 않은 선조가 되자. 국가 식량 문제를 제도적으로 완벽하게 정립하여 국민도 확고한 식량 안보의 보호 속에서 행복한 삶을 누리고, 농민들도 쌀 문제로 가슴앓이하지 않게 하기를 바란다.

쌀 시장 빗장이 열리는데······

ⓒ 전북도민일보(2014년 8월 24일 일요일 황의영 전북대학교 무역학과 강의전담교수)

정부는 지난 7월 18일(2014년) 열린 대외 경제장관회의에서 내년 1월부터 쌀 시장을 개방하기로 했다. 번복하지 않는다면 내년부터는 누구든지 관세만 지불하면 자유롭게 외국산 쌀을 수입할 수 있게 된다. 유사 이래 처음으로 쌀 시장이 개방되는 것이다. 처음 겪게 되는 일이기에 직접적인 이해 당사자인 농업인들은 걱정이 이만저만이 아니다.

1995년 세계무역기구(WTO)가 출범하면서 당시 주요 교역품이던 상품 이외에도 지적재산권이나 농산물을 포함하여 더 넓은 범위에서 교역을 확대하고자 합의하였다. 하지만 우리나라는 쌀 만큼은 문화와 정신, 식량 안보, 국민적 정서 등의 중요성을 강조하여 개방을 10년간 유예받았고 다시 10년을 더 연장했다. 개방을 유예받으면서 소비 여부를 떠나 매년 1988년부터 1990년까지 3년간의 평균 소비량의 일정 비율의 쌀을 의무적으로 수입해야 하는데 이제 그 비율이 7.96%로, 이 최소시장접근(MMA) 물량 쌀이 40만 9,000톤까지 이르게 됐다. 지난해(2014년) 우리나라 쌀 생산량이 423만 톤이었기 때문에 9.7%에 해당하는 쌀을 올해에 무조건 수입해야 한다. 이렇게 늘어난 최소시장접근 물량은 앞으로 우리 농업에 큰 부담이 될 것이다.

정부는 관세율을 300~500%로 하면 수입 쌀 가격이 높아져 국산 쌀값이 폭락하는 일은 없을 것이라고 한다. 그러나 언제까지 이렇게 고율 관세를 부과하여 수입 쌀의 국내 시장 진입을 막을 수 있다고 보는가? 우리에게 쌀을 수출하려고 하는 나라에서 이를 넘지 못할 벽으로 알고 가만히 있겠는가? 불을 보듯 뻔한 일이 아닌가? 머지않아 관세율이 낮아져 우리 시장에 수입 쌀이 밀물같이 들어오리라는 것은 삼척동자도 다 알 수 있다. 이때를 대비하여 우리는 대책을 수립하여야 할 것이다. 어떤 대책을 수립할 때는 최악의 경우를 상정해서 대비하면 실패를 최소화할 수 있다는 것은 역사를 통해서 배워 잘 알고 있는 사실이다. 정부에서도 적극적으로 대책을 수립해야 하겠지만 농업인들도 외국의 농업인들과의 경쟁에서 이길 수 있도록 정신을 가다듬고 대비를 철저히 해야 우리 쌀이 이 땅에서 살아남을 수 있다.

이를 위해 먼저 정부는 쌀 시장 개방 협상 경과와 전망, 국가적 득실, 준비 상황 등에 대하여 솔직하게 국민과 농민들에게 상세하게 알려 불안해하지 않도록 해 줘야 한다. 경기(競技)나 경쟁에서 자만하면 안 되지만 자신감이 없으면 반드시 패하기 때문에 우리 농업인들에게도 비록 쌀 시장이 열리지만, 우리 쌀이 결코 경쟁에서 지지 않는다는 확신을 심어 주어야 한다. 그렇기 때문에 앞으로 발표될 정부의 '쌀 산업 발전 대책'에 쏠리는 국민과 농업인의 관심이 높을 수밖에 없다.

쌀 산업 발전 대책에는 먼저 안정적 생산 기반을 유지하겠다는 정부의 확고한 의지가 담겨야 한다. 가격이 하락하여 경작을 포기하면 논은 황무지가 되고 우리 농업은 무너지게 될 것이다. 다음으로 농가 소득을 안정시키는 정책이 담겨야 한다. 「휴경 보상제」와 일정 가격 이하로 쌀 가격이 내려갔을 때 보상해 주는 「가격 보상제」를 도입하여 농가를 보호하여야 한다. 또한, 농가의 경쟁력을 강화하기 위해 규모화, 집단화, 품질 개선 등을 위한 대책이 포함돼야 한다.

또한, 수입 쌀의 부정 유통을 방지하기 위한 시장 감시 기능을 강화해야겠다. 국산 쌀과 수입 쌀이 혼합되어 유통되는 사례가 발생하지 않도록 해야 한다. 특히 식당이나 쌀 가공업체에서 수입 쌀이 국산 쌀로 둔갑하지 않도록 정부와 민간의 감시 기능이 활발하게 작동되어야 한다. 이러한 정책이 순조롭게 시행되기 위해서는 주무부처인 농림축산식품부뿐만 아니라 재정과 산업을 담당하는 부처를 포함하여 범정부적인 관심과 지원이 있어야 가능할 것이다. 우리와 같은 여건임에도 먼저 쌀 시장을 개방한 일본이나 대만의 사례를 연구하여 잘하는 것은 받아들이고 잘못된 것은 수정해서 받아들이면 될 것이다. 정부는 쌀 시장 개방을 계기로 농업을 국가 경제의 '신성장 산업'으로 도약시킬 수 있는 비전을 반드시 만들어야 한다.

농업인들도 패배 의식에 젖어 있을 수만은 없다. 어떻게 하면 좋은 쌀을 낮은 가격에 생산해 낼 것인가를 연구하고 이를 실행하기 위해 노력을 기울여야 한다. 지금까지 정부와 사회의 보호와 사랑 속에 별걱정 없이 벼농사를 지어 왔는데, 이제는 냉엄한 시장에서 경쟁해야만 한다. 농협도 농업인과 함께 국산 쌀 경쟁력 제고를 위해 총력을 쏟아야 할 것이다. 이번 쌀 시장을 개방하면서 농업인과 농협, 정부가 한마음 한뜻으로 똘똘 뭉쳐서 쌀 산업을 한 단계 더 발전시킬 수 있는 계기를 만들어야만 할 것이다.

쌀값 이래도 좋은가?

ⓒ 전북도민일보(2010년 5월 21일 금요일 황의영 농협중앙회 상무)

　구매자(購買者)의 입장에서 보면 값이 쌀수록 좋다. 그러나 한계가 있다. 생산비가 보전되고 적정한 생산자의 이윤이 보장되는 선 이내(以內)에서다. 값이 내려가 생산자가 손해를 보고 망하게 되면 소비자는 더 비싼 가격을 지불하여야 하기 때문이다. 즉, 가격은 공급자와 구매자 각각의 잉여(剩餘)가 보장되는 선에서 결정되는 최적 상황이 유지되는 것이 이상적이다.

　요즘(2010년 5월) 쌀값을 보면 걱정을 넘어 불안감을 느끼게 한다. 지난해 이맘때인 5월 초에 80㎏ 한 가마에 16만 6,484원 하던 것이 수확 철인 11월에 14만 2,292원 이후 계속 떨어져 최근에는 13만 6,484원까지 떨어졌다. 추곡수매제도 폐지 이후 가장 낮았던 2006년 5월 5일의 13만 7,276원보다도 더 떨어졌다. 그래서 정부에서는 쌀값을 지지하기 위하여 20만 톤을 시장에서 격리하도록 하고 1차로 5월 7일에 10만 톤, 5월 14일에 나머지 10만 톤을 매입하였다. 수매 후 시장 상황을 분석해 본 결과, 산지 쌀값 하락 폭이 다소 둔화하고는 있으나 하락이 멈춰지거나 상승 국면으로 돌아서지 못하고 있다. 조속히 쌀값이 종전의 가격 구조로 회복되어 농가의 시름이 잦아졌으면 한다.

정부가 수매했다고 해서 원천적으로 쌀값 문제가 해결되는 것은 아니다. 시장에 출하되는 물량을 잠시 격리하여 출하를 지연시켰을 뿐 근본적인 대책이 될 수 없기 때문이다. 이렇게 쌀값이 떨어진 이유를 보면 2년 연속 대풍으로 생산량은 증가했지만 소비량은 지속해서 감소하여 재고량이 증가하였기 때문이다. 즉, 쌀이 남아돌아 처치 곤란이기 때문이다. 2009년도에 우리나라의 쌀 생산량이 전년 대비 7만 3,000톤이 증수된 491만 6,000톤이었으며 1인당 소비량은 2009년 74.0kg에서 2010년 72.0kg으로 감소하였다. 올해(2010년) 3월 말 농협 창고에 전년 대비 13만 2,000톤이 더 많은 99만 2,000톤의 쌀이 쌓여 있다.

적절한 가격이 유지되는 적정 재고를 보유한다는 것은 쉬운 일이 아니다. 쌀은 생존과 직결되는 재화이기 때문에 가격탄력성이 매우 높다. 즉, 재고가 조금 부족하면 가격이 폭등하고 재고가 조금만 남아도 폭락한다는 의미다. 쌀값 안정은 적정 재고 유지가 관건인데 쌀 생산은 기온과 날씨, 비바람 등 자연조건이 결정해 주기 때문에 인위적으로 생산량을 조절하기가 쉽지 않다. 소비량을 고려하여 생산량을 계획하고 농사를 지었는데 자연조건이 좋지 않아 흉년이 들어 생산량이 적어지면 가격이 폭등하게 된다. 그렇기 때문에 세계 여러 나라에서는 충분한 식량 확보에 국가적 역량을 기울이고 있다.

지금처럼 남아도는 쌀 문제를 해결하기 위해서는 먼저 소비 증대 활동에 사회적 공감대를 형성하고 국민적인 운동으로 추진해야 할 것이다. 쌀 소비를 위해서 국가와 민간에서 각각 해야 할 역할이 있을 것이다. 정부는 주류·식품업체가 국내산 쌀을 원료로 사용하여 제품을 만들도록 촉구하여야 한다. 국산 쌀을 사용하여 막걸리, 소주, 과자, 국수, 라면, 빵, 떡볶이 등을 만드는 회사에 금융·세제상의 혜택을 주어 이를 조장하여야 한다. 민간에서는 쌀밥을 비롯하여 우리 쌀 제품의 식품을 적극적으로 애용하여 이들 제품을 만드는 기업들이 성장하도록 만들어 주어야 한다. 그래야 쌀 소비가 늘어날 것이다.

공급 측면에서도 개선이 절실하다. 공급량을 줄이기 위해서는 먼저 재배 면적을 줄여야 한다. 그런데 이는 기본적으로 식량 안보와 연결되기 때문에 신중한 접근이 필요하다. 그럼에도 정부에서는 내년도에 대체 작물 재배를 권장하는 정책 변화의 조치를 했다.

우리 농가에서도 수확량 중심의 재배 방법에서 품질 중심의 재배로 전환해야 한다고 생각한다. 고품질 쌀을 생산하기 위해서는 여러 가지 방법이 있다. 저농약·친환경·유기농 쌀 생산을 늘리고 비싼 값으로 판매하는 농업 경영의 변화가 필요하다고 본다. 소비자는 조금 비싸더라도 고품질 쌀을 소비함으로써 지금 우리가 안고 있는 쌀값 하락으로 농민이 받는 고통을 덜어 줄 수 있을 것이다.

지금이야말로 식량 과부족 문제를 해결하고 농민들의 아픔 또한 해소할 수 있는 생산자, 소비자, 정부 당국의 3자가 새로운 지혜를 모아야 할 때라고 생각한다. 주린 배를 움켜쥐고 보릿고개를 넘던 배고픈 시절을 생각하면서…….

우리 생명줄을 이어준 쌀,
어떻게 하나?

모를 얼마나 심어야 할까,
농민들은 불안하다

ⓒ 전북도민일보(2017년 3월 29일 수요일 황의영 경제학박사)

우리 아파트 정원에 노란 산수유 꽃이 피더니 이를 시샘이라도 하듯 바로 하얀 매화가 꽃망울을 터트렸다. 이어서 목련이 붓 머리 모양의 새하얀 꽃봉오리를 내밀고 있다. 미적거리던 겨울도 화신(花信)에 화들짝 놀라 꼬리를 사리며 슬금슬금 물러간다. 겨우내 그렇게 기다리던 만물이 약동(躍動)하는 봄이 드디어 오고 있다. 봄이 오면 농민들은 희망에 차 가슴이 설레고 바쁘다. 겨우내 설계한 영농 계획을 한 가지 한 가지씩 실행에 옮긴다. 어느 논에는 언제 무슨 나락을 얼마를 심고, 어디 어디 밭에는 무슨 곡식과 채소를 어떻게 심어야겠다는 계획에 따라 이를 준비하고 실행하면서 1년 농사를 짓게 된다. 그런데 봄이 오는데도 희망에 차 설레기는커녕 농민들의 가슴은 답답하고 어깨는 마냥 무겁기만 하다.

농사를 지으면서 어느 것 한 가진들 농업인들이 근심하지 않고 짓는 농사가 없겠지만, 지금 벼농사가 가장 많은 걱정을 끼치고 있다. 솔직히 어떻게 해야 할지 가늠이 서지 않는다고 한다. 자신도 없고 가슴이 먹먹하고 걱정만 든다고 한다. 지난해 산지 쌀값이 폭락하여 20년 전인 1996년의 13만 3,603원보다도 낮은 수준으로 떨어졌다. 급기야는 정부가 공공비축미를 매입할 때 수확기 농가의 자금 사정을 덜어 주기 위해 매입가격이 확정되기 전에 매입대금 일부를 미리 지급해 주는 우선지급금 4만 5,000원보다도 적은 4만 4,140원으로 매입가격이 확정됐다. 농가는 40kg 한 포대 당 860원을 정부에 되돌려 줘야 한다. 대부분 정산할 때는 나머지 부문을 추가로 더 받는 것이 일반적인데 이번에는 거꾸로 게워 내야 하니 농민들 심사가 뒤틀리지 않을 수 없다.

시장에서 가격이 내려가는 것은 수요보다 공급이 많기 때문이다. 쌀 가격이 이렇게 내려간 것은 쌀이 남아돌기 때문이다. 2016년에 쌀이 419만 7,000톤 생산됐고 수확기인 2016년 9월 말에 재고미가 175만 톤이나 있었다. 엎친 데 덮친 격으로 과거 20년 동안 쌀 개방을 유예받으면서 매년 의무적으로 저율 관세로 수입해야 할 물량이 40만 9,000톤이나 된다. 소비는 줄어드는데 생산량이 줄지 않으니 공급량이 늘어 가격이 내려갈 수밖에 없다. 쌀 1인당 연간 소비량이 2000년 93.6kg에서 2016년 61.9kg으로 약 34%가 줄었다. 쌀 소비가 줄어드는 것이 큰 문제다.

쌀 가격을 안정시키고 쌀 문제를 해결하기 위해서는 공급과 수요, 두 측면에서 대책을 강구해야 한다. 우선 감산(減産)으로 공급을 줄여야 한다. 정부가 올해 재배 면적을 3만 5,000ha를 감축한다고 한다. 작년과 같은 작황을 가정해서 생산량이 5% 줄어도 400만 톤의 쌀이 생산될 것이다. 적정 재고량을 추산해 보면 매년 의무 수입량은 공업용으로 활용하여 식용으로 쓰지 않는다는 전제하에 5,000만 명이 연간 약 62kg(1인 소비량)씩 먹으니 310만 톤이면 되고 목표 비축량 약 53만 톤(식용 소비량의 17%)을 합하면 올해에 363만 톤 정도 보유하는 것이 적정하다고 본다. 그러나 지금 보관 중인 지난해 재고미 175만 톤과 지난해 생산량이 약 420만 톤이었으니 올해도 보관미는 더 늘어날 것이다.

쌀값을 안정시키려면 재배 면적을 더 줄여야 할 것이다. 외화를 들여 수입해 오는 콩, 옥수수, 사료 작물 등을 논에 심어 쌀 생산도 줄이고 외화도 절약했으면 한다.

다음으로 수요를 증대시켜야 한다. 우선 '아침밥 먹기 운동'을 적극적으로 전개하자. 성장기에 있는 학생들은 아침밥을 거르거나 아침밥으로 다른 대용식을 먹는 것보다 쌀밥을 먹으면 뇌 활동을 활성화해 공부를 잘할 수 있다고 한다. 쌀국수, 쌀라면, 쌀빵, 쌀막걸리, 쌀소주 등 쌀 가공식품을 적극 개발하여 소비를 증대시키도록 하자. 쌀 소비 증대 정책은 단기적으로 실시하는 것보다 장기적으로 추진하는 것이 성과가 더 크게 나타날 것이다. 또, 현재 재고미의 상태를 보아 사료용으로 전환하거나 식량이 부족한 나라에 유·무상 원조를 통해 보관량을 줄였으면 한다.

확고한 신념을 가지고 재고미를 줄이는 정책을 도입하지 않으면 올해(2017년)에도 쌀값 하락 현상은 면하기 어려울 것이다. 그렇기에 지금 농민들은 모내기를 해야 할지, 말아야 할지 불안하기만 하다. 모내기를 한다면 무슨 품종의 벼를 얼마나 심어야 할지 갈피를 잡지 못하고 있다. 재배 면적을 확 줄여 공급을 획기적으로 감소시키는 데는 정부도 자신이 없을 것이다. 만약에 자연재해로 흉년이 든다면 쌀값이 폭등할 테니 말이다. 지금이야말로 쌀에 대한 솔로몬의 지혜가 필요한 때다. 주무부서인 농림축산식품부뿐만 아니라 범정부적으로 쌀 문제 해결에 나서야 한다. 다만 한 가지 더 분명한 것은 소비자들도 '쌀 소비 운동'에 적극적으로 팔을 걷어붙이고 나서 준다면 쌀 문제 해결에 큰 도움이 될 것이다.

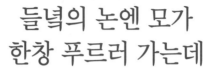

들녘의 논엔 모가
한창 푸르러 가는데

ⓒ 전북도민일보(2014년 6월 17일 화요일 황의영 전북대학교 무역학과 강의전담교수)

일주일에 네댓 번씩 고속도로를 이용한다. 경기도, 충청도를 지나 전주에 다녀가곤 한다. 울긋불긋 산과 들에 꽃이 피었는가 싶더니 어느덧 녹음이 짙어가는 초여름이다. 강원도, 경기도부터 시작된 모내기가 충청도, 경상도, 전라도로 이어지며 들녘의 푸르름이 짙어 가고 있다.

어릴 적 내 고향에서는 모내기 철이 되면 화학 비료가 흔치 않을 때라 '풀령(인근 마을이 동시에 산에서 풀을 베는 것을 허가하는 것)'이 나면 산에서 풀을 베어다 논에다 넣고 갈아엎어 써레질하고 모를 심었다. 가뭄이 들면 천수답이 대부분인 산간부에서는 모내기를 하지 못한다. 모내기는 망종(芒種)에 시작해서 하지(夏至)를 지나고 소서(小暑)까지 진행됐다. 이때까지도 모내기를 하지 못하면 이제는 모내는 것을 포기하고 메밀이나 조, 콩을 심는다. 모내기는 마을의 중요한 행사다. 두레패는 벌판에 농기(農旗)를 휘날리고 풍물패가 농악을 울리며 풍성한 수확을 기원했다. 신명 나는 농악 가락은 온 들녘에 울려 퍼지며 농업인의 흥을 돋우고 모심는 손놀림을 빠르게 하여 삽시간에 온 들녘을 연초록으로 채색해 놓았다.

지금의 모내기는 하는지, 하지 않는지 잘 모르겠다. 넓은 들녘에 트랙터 한두 대가 논을 갈고 무논을 썰어 놓으면 이앙기가 모를 심는다. 논에는 사람은 보이지 않고 갈고 써레질하는 트랙터와 모를 심는 이앙기만 보일 뿐이다. 이렇게 삼사일이 지나면 온 들판이 푸르러진다. 남쪽으로 내려오며 진행되던 모내기도 6월 하순이 되면 이모작 논에도 모를 심어 우리나라의 모내기가 완료될 것이다. 모를 심기는 심는데 모내기하는 농업인의 마음은 속이 속이 아니라 두엄자리다. 솔직히 두려움이 엄습해 온다. 날씨가 좋아 농사가 잘될지? 다 지어 놓은 농사가 태풍과 폭우로 쓸려가지나 않을까? 추수 후 쌀값은 좋을지? 하는 지엽적인 걱정이 아니다. 1995년 이후 20여 년간 유지되던 쌀 개방 유예 기간이 2014년 말로 종료되는데 재연장 될 것인가? 아니면 관세화로 개방될 것인가? 초미의 관심사가 이제 얼마 남지 않았다. 단군 이래 최초로 우리의 주식인 쌀 시장을 개방할지도 모를 농업 분야의 위기가 서서히 다가오고 있기 때문이다. 내년에도 아무런 걱정 없이 모내기를 할 수 있을까 하는 두려움을 감출 수가 없다.

세계무역기구(WTO) 원칙에는 '개발도상국 우대 원칙'이 있어 쌀 시장 개방을 10년씩 두 번을 연기 받았는데, 이번에도 다시 같은 조항의 혜택을 받아 연기할 수 있을까? 우리를 불안하게 만든다. 우리는 지난해 5,596억 달러의 수출을 하고 440억 달러의 무역수지 흑자를 기록한 8대 무역 대국이다. 이런 우리를 개발도상국으로 인정해 줄 것인가? 정부 당국자도 통상 관련 학자도 농학자도 이에 대해 말을 아끼고 있다. 우리는 20년 동안 쌀 시장을 개방치 않으면서 최소시장접근(MMA) 물량이 40만 9,000톤까지 올라가 있다. 우리는 매년 의무적으로 1988년부터 1990년까지 3년간 평균 소비량의 7.96%의 쌀을 수입해야 한다. 지난해 쌀 생산량이 423만 톤이기 때문에 생산량의 9.7%에 해당하는 쌀을 소비가 있건 없건 간에 무조건 수입해 와야 한다. 이 또한 향후 농업에 큰 부담으로 작용할 것은 논란의 여지가 없다.

2014년 상반기 지방자치 선거가 있어 쌀 개방 문제가 여론화되지 않은 듯하다. 대단히 예민한 문제이기 때문이다. 고양이 목에 방울 달기다. 너무나 어려운 문제이기 때문에 신중히 처리하는 것은 좋으나 연말까지 시간이 없다. 정부에서는 우선 쌀 개방 연기를 위해 세계무역기구(WTO)와 협상을 하여야 할 것이다. 협상은 상대가 있기 때문에 상대가 반대하면 우리가 원하는 대로 재연기가 안 될 수도 있다. 그러면 세계무역기구를 탈퇴하거나 아니면 쌀을 관세화할 수밖에 없을 것이다. 현실적으로 우리나라가 세계무역기구를 탈퇴하기는 어려울 것이다. 이에 대한 지혜를 모아야 하는데 어떻게 대응하겠다고 하는 정책 당국의 방향도 설정되어 있지 않은 듯하고 농업인이나 국민을 설득하려고 하는 어떠한 움직임도 없다. 20년 관세화 유예 기간에 쌀 경쟁력 강화를 위하여 어떠한 정책을 추진하여 어느 정도 경쟁력을 갖추었는지도 알려야 한다. 그리고 개방과 연기 시, 각각 어떤 문제점이 있고 얼마만큼의 피해를 보게 될 것인가에 대한 연구기관의 결과도 발표하여 농업인과 국민의 공감을 얻어야 할 것이다.

이제는 과감히 밝힐 것은 밝히고 설득할 것은 설득하고 안심시킬 것은 안심시켜야 한다. 무작정 깔고 앉아 시간만 죽인다고 될 일이 아니다. 불안에 떨고 있는 농업인들에게 불안해하지 말라고 정부의 대안과 대책을 제시하여 설득하고 이해시켜야 한다. 우리 농업이 붕괴하지 않으며 우리 식량창고의 열쇠를 남의 나라 농업인에게 절대로 넘겨줄 수 없다고 하는 우리의 대책을 농업인과 국민에게 설명하여야 한다. 우리 민족이 영원히 이 나라에서 생산되는 쌀로 식량을 하도록 해야 한다. 이런 어려운 일을 하기엔 연말까지 시간이 참으로 부족하다.

쌀 자급률 하락이 주는 메시지

ⓒ 전북도민일보(2012년 10월 15일 월요일 황의영 NH무역 대표이사)

"설움, 설움 온갖 설움 중에 제일 큰 설움은 배곯는 설움이다. 쌀을 귀하게 여기고 농업을 하늘같이 떠받들어야 하느니라!" 어린 적 할아버지께서 들려주시던 말씀이 아직도 귓전에 맴돈다. 내가 유년기를 보낸 6·25전쟁 직후 우리나라 경제는 매우 궁핍했고 농촌에서는 끼니를 때우기가 힘들었다. 특히 할아버지가 사셨던 구한말(舊韓末)과 일제 강점기 시절에는 살기가 더욱 어려웠다고 들었다. 먹지 못해 부황이 나기도 하고, 많은 사람이 소나무 껍질을 벗겨 송기떡을 해 먹고 쑥버무리로 끼니를 때우는 그야말로 초근목피(草根木皮)로 목숨을 이었다고 한다.

초봄이 되면 식량이 떨어져 장리쌀을 내어 연명하고 가을에 추수하여 빌린 쌀의 1.5배를 갚아야 하니 미국의 경제학자 넉시

(Nurkse, R.)가 주장한 '빈곤의 악순환'이 이어질 수밖에 없었다. 당시 많은 서민이 살아가는 최고의 가치는 "어떻게 하면 굶지 않고 밥을 먹을 수 있을까?"였을 것이다. 할아버지가 사셨던 그 시절, 많은 사람이 먹고살기 위해서 정든 고향을 떠났고 조국을 등지고 만주와 연해주 등으로 떠나갔다고 역사가 말해 주고 있다.

해방 후 이어진 쌀 부족 현상은 다수확 품종인 '통일벼'의 개발로 해소될 수 있었다. 꾸준한 품종 개량과 영농 기술의 발달로 곡물자급도가 형편없이 낮음에도 쌀만은 자급도가 100% 이상을 유지하게 되었다. 이후 우리는 쌀에 대한 고마움과 그 진정한 가치를 잊고 쌀을 하대(下待)하기 시작했다. 소비자들의 한 끼 쌀값이 자판기 커피 한 잔 값도 안 되는 300원에도 미치지 못하니 아예 경제재로서의 가치마저도 인정하려고 하지 않는 기미를 보이기 시작한 것이라고 말해도 과하지 않다.

남기는 음식물 쓰레기가 넘쳐나기 시작하여 지자체에서는 이를 처리하기 위하여 골머리를 앓고 있다. 농정을 끌어가는 정책 입안자들도 남아도는 쌀 때문에 고생을 많이 하고 있다. 특히 외국에서 경제학을 공부한 사람들은 "왜 농업에 그 많은 돈을 쏟아붓고 있느냐, 부족하면 외국에서 사다 먹으면 되지."라고 알량한 신자유주의 경제를 부르짖었다. 언론에서도 덩달아 "쌀이 남아도는데 왜 정부가 비싼 보관료를 들여가며 창고에 쌀을 쌓아 두고 있느냐? 필요하면 수입해 먹으면 되지."라고 하면서 국가의 쌀 정책에 대해 비판을 가했다. 이러한 여건은 매년 수만ha의 논을 줄어들게 하는 등 쌀 생산량을 감소시켰다.

최근 농림식품부가 잠정 집계한 "2011년 양곡연도(2010년 11월부터 2011년 10월까지의 기간)의 쌀 자급률이 83%로 전년도보다 21.6% 하락하였다."고 하는 충격적인 소식을 접했다. 실로 하늘이 노래지고 땅이 꺼질 것 같은 경천동지(驚天動地)의 두려움이 온몸을 엄습해 왔다. "어릴 때 먹고살기 힘들었던 그 시절로 회귀(回

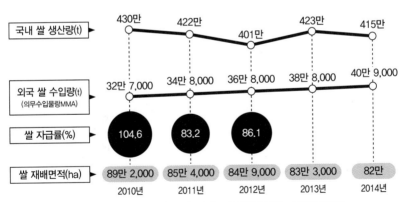

국내 쌀 수급 현황

국내 쌀 생산량(t)	430만	422만	401만	423만	415만
외국 쌀 수입량(t) (의무수입물량MMA)	32만 7,000	34만 8,000	36만 8,000	38만 8,000	40만 9,000
쌀 자급률(%)	104.6	83.2	86.1		
쌀 재배면적(ha)	89만 2,000	85만 4,000	84만 9,000	83만 3,000	82만
	2010년	2011년	2012년	2013년	2014년

2011년 양곡연도의 쌀 자급률이 약 83%로 전년도(2010년)보다 약 21% 하락하였다.(자료 : 농림축산식품부)

우리 생명줄을 이어준 쌀,
어떻게 하나?

歸)하지는 않을까?" 하는 염려가 머리를 스친다. 그렇게야 되지는 않겠지만 염려가 드는 것만은 어쩔 수 없다. 극심한 냉해로 쌀 자급률이 66.2%로 떨어졌던 1981년도 이후 30년 만에 최저치를 기록한 것이다. 2010년산 쌀 생산량은 재배 면적이 감소했고 태풍 '곤파스'로 인한 단수(段收) 감수 등의 요인으로 전년 대비 62만 톤 줄어들었다. 또 하나 중요한 요인은 2010년산 쌀 수요량이 518만 톤으로 전년보다 47만 톤 증가했기 때문이다. 쌀 자급률은 생산량을 국내 수요량으로 나누어서 계산하는데 분자인 생산량이 줄어들거나 분모인 국내 수요량이 많아지면 자급률이 낮아지는 것이다.

최근 지구 온난화 등의 기후 변화로 인해 곡물 생산량이 감소하고 바이오 연료 생산을 위한 곡물의 수요가 급증하고 있다. 축산물 소비 선호로 인한 사료 작물의 수요가 증가하고 있으며 급기야 투기 자금까지도 유입되면서 국제 곡물 가격이 최고가를 경신하며 요동치고 있다. 또한, 전 세계적으로 농산물에 대한 인식 변화가 일어났다. 수요와 공급 측면에서 모두 일어났는데, 수요 측면에서 보면 곡물이 에너지와 결합하면서 곡물의 기본 문제가 '과잉'에서 '부족'으로 전환됐다. 그리고 공급 측면에서는 농업 생산에 필요한 토지, 물, 비료(인광석) 등 농업 자원의 '유한성'에 대한 인식이 높아졌다. 대규모 관개 농업에 따른 지하수위의 급격한 저하, 토양 침식, 사막화, 중요한 비료인 인광석의 한계성 등이 주목을 받으면서 농산물 자체도 다른 지하 광물 자원과 같이 '유한 자원'이라는 인식의 변화가 있었다. 이런 인식의 변화는 중장기 수익 목적의 인덱스펀드에 농산물을 광물 자원과 같은 유한성이 있는 것으로 판단하여 농산물지수에 대한 본격적인 투자가 이루어지고 있다.

세계 식량 수급에 대한 장기적인 전망이 불확실하고 국제 곡물 가격의 불안정성이 심화되는 상황 속에서는 우리나라와 같은 식량 부족 국가는 비관적인 국제 식량 수급 사정을 전제로 한 정책을 추진해 나가야 한다. 또한, 국내의 농업 부존 자원을 가능한 한 잘 유지하고 활용해야 할 것이다. 더욱이 쌀 자급률 때문에 곡물 자급률 20%대를 겨우 지탱하고 있는데 이제 쌀마저도 자급이 안된다면 식량 안보에 큰 구멍이 뚫릴 수밖에 없다. 불행한 사태가 발생하지 않도록 조속히 쌀 자급률을 높이는 방향으로 식량정책이 전환되어야겠다. 악몽과 같았던 식량이 없어 굶주리던 과거로 되돌아갈 수는 없다. 동서고금(東西古今)을 막론하고 백성들의 배를 곯게 하고 태평성대(太平聖代)를 구가한 국가가 없었다는 사실을 정책 입안자들은 타산지석(他山之石)으로 삼아야 할 것이다.

우리 생명줄을 이어준 쌀,
어떻게 하나?

'일본 쌀 수급 정책'을 보고 나서, 우리는 앞으로 어떻게?

ⓒ 전북도민일보(2016년 2월 1일 월요일 황의영 전북대학교 무역학과 강의전담교수)

2016년 연말 일본에 연수 갔을 때 12월 24일 자 요미우리신문(讀賣新聞)에 「일본의 쌀 수급 정책」이 6단 기사로 대서특필되었다. 우리나라에서도 쌀에 대한 정책이 뜨거운 감자가 되어 이러지도 저러지도 못하고 어물거리고 있기 때문인지 기사가 눈에 확 들어와 관심 있게 읽었다.

일본도 우리나라와 마찬가지로 쌀이 남아돌아서 문제다. 일본 정부는 1971년부터 '쌀 생산 조정(コメの生産調整 ; 減反) 정책'을 쓰고 있다. 쌀 생산량이 수요량을 초과하면 가격이 폭락하기 때문에 국가가 주도하여 생산량을 감축시키는 정책이다. 국내 소비가 감소하고 생산 기술이 향상되어 쌀이 크게 남아돌기 때문에 도입된 정책이다.

　정부가 수요를 예측하여 생산량을 결정하여 지자체인 각 도도부현(都道府縣)에 할당한다. 이 정책에 협력한 농가에는 교부금을 지급하고 전작(轉作)에 응한 농가는 작물의 종류에 따라 보조금을 받는다. 이러한 보호 정책을 중시하던 일본이 농가의 자립을 촉구하는 방향으로 전환했다. 2015년 주식용 쌀 생산량(744만 톤)이 국내 소비 감소가 반영되어 쌀 생산 조정 목표량(751만 톤)을 하회했다.

　감반(減反) 목표가 2004년 이래 처음 달성됐다. 빵과 면류 수요가 증가했지만 쌀 수요가 감소해 농가가 생산 면적을 축소했기 때문이다. 일본 정부는 감반 정책을 2018년부터 폐지하고 농가 스스로 생산량을 자주적으로 결정토록 하겠다고 한다. 감반에 협력하는 생산자에게 지급하던 교부금(10아르당 7,500엔)도 중지한다. 다만, 생산자에게 감수액(減收額)의 9할을 보전하는 제도나 쌀 보호 정책은 잔류한다. 환태평양경제동반자협정(TPP)으로 미국과 호주로부터 수입하기로 한 최대 8만 톤은 정부 비축미 수매 시 추가로 더 수매하여 가격 폭락을 방지할 계획이다.

　TPP 협약 이행으로 브랜드화, 수출, 가공 판매 등「돈 버는 벼농사」의 대응을 서두르며 판로 확대에 진력하고 있다. 니가타현

(新潟縣) 사토시(佐渡市) 거주 농민 아이다(相田) 씨는 '사토아이다라이스팜(佐渡相田ライスファ-ミング)'이라는 회사를 만들어 2015년산 쌀 2.7톤을 홍콩의 스시(すし, 초밥) 가게에 수출했다. 그는 중간상을 거치지 않고 인터넷에서 영어로 고객에게 직접 판매 공세를 취했다. 연간 쌀 93톤을 생산하는 그는 처음으로 수출했는데 "지금은 수출이 미미하지만, 앞으로 생산량의 30%까지 증가할 계획"이라고 하며 "국내 소비가 줄어드는 상황에서 쌀로 돈을 벌려면 해외에서 승부를 걸 수밖에 없다."고 했다.

브랜드 쌀 경쟁도 치열하다. 아오모리현(青森縣)은 현내(縣內) 생산 신품종 '아오텐노 헤기레기(青天の 霹靂[へきれき])'의 홍보 담당 직원만 12명을 확보하고 판로 개척에 나섰다. 일본 곡물 협회 식미(食味)랭킹 최고 등급인 '특A'를 2014년에 획득하고 판매에 역점을 두고 있다.

농가의 기업 참가도 이루어졌다. 편의점 대기업인 로손(Lawson)은 지난해 3월 니가타시 농민들과 합병 회사를 설립했다. 고시히카리(コシヒカリ) 햅쌀을 사용하여 오니기리(おにぎり, 주먹밥)를 11월부터 생산·판매하기 시작했다. 이는 판로 확대, 생산비 절감 등을 위해 이루어진 것으로 더욱 확대될 전망이다.

일본의 쌀 정책을 요약하면 정부가 강제하던 생산 면적 할당의 감산 정책은 2018년부터 폐지하고 지자체와 농가가 합심하여 좋은 쌀 생산과 판로 확대에 매진하는데 국내 소비 감소분을 외국에 적극적으로 수출하여 대체하겠다는 것이다. 쌀농사의 짐을 정부가 벗어서 농가의 어깨에 올려놓는 정책의 변화라고 이해하면 되겠다.

우리나라는 어떤가? 쌀 수급 상황이 일본과 비슷한 궤도를 가고 있다. 국내 소비는 감소하고 물량은 남아돌아 창고에 쌓이고 41만 톤의 최소시장접근(MMA) 물량은 매년 들여와야 하고 관세화하여 시장은 개방되고, TPP 가입은 신청해 놓은 상태고, 첩첩산중이다. 이만저만 골칫거리가 아니다. 그렇다. 난마(亂麻)다. 놓고 갈 수도, 쥐고 갈 수도 없는 형국이다. 그렇다고 지금 바로 일본과 같은 방향으로 가서는 안 된다. 일본은 관세화를 받아들이고 20년이 지났다. 그동안 개방에 대한 대응과 농가 자립을 위한 정책을 병행 추진하면서 쌀 농가의 자립력을 높였다. 우리는 지난 20년 동안 관세화를 유예받으면서도 변변한 농가 경쟁력 제고 정책을 실행하지 못했다. 이제 우리에게도 시간이 없다. 우리에겐 1980년대 초반 쌀이 절대적으로 부족해 세계 쌀 시장을 기웃거리며 비싼 값에 사 온 아픈 추억이 있다. 다시는 그런 아픔을 되풀이해서는 안 된다. 어려울수록 기본에 충실해야 한다. 바늘허리에 실을 매어 옷을 지을 수는 없다. 개방에도 끄떡없이 우리 농가가 쌀농사를 지어 우리 식탁에 계속 올릴 수 있게 하는 정책을 추진해야 한다. 주무부서는 물론이고 재정을 담당하는 부처도 국회도 지방 자치단체도 머리를 맞대고 대책을 마련해 내야 한다.

2016년 1월 30일 자 모든 중앙 일간지에 중국에 쌀을 처음으로 수출하는 컨테이너 앞에서 관계자들이 찍은 사진이 났다. 일과성 행사가 아니라 계속해서 쌀을 선적할 수 있도록 해야 한다. 중국 사람들에게 우리 쌀을 주식으로 삼게 할 수만 있다면 우리 쌀 농사는 '계속 쾌청'의 기상 정보를 이어 갈 수 있지 않을까?

전북 쌀 산업 경쟁력 제고를 위한 제언

ⓒ전북도민일보(2007년 7월 17일 화요일 황의영 농협전북본부장)

한국 농업·농촌의 많은 변화 가운데 우리 농업의 미래를 가장 걱정하게 만드는 위협 요인 중 하나가 농업 인구의 감소 및 고령화·노령화 문제일 것이다. 우리 사회의 공통된 문제라 할지 모르지만, 선진 거대 농업국과의 자유무역협정(FTA)이 빠르게 진행되면서 그 걱정과 피해가 커지고 있는 농업에서는 직접 영농비용의 증가 및 생산성의 감소로 이어지기 때문이다. 개방화 시대의 농업 경쟁력은 농산물의 품질 향상과 생산비 절감이라는 두 가지 문제로 귀결된다고 볼 수 있다.

컴퓨터 및 첨단 과학 기술의 발달은 농업 분야에 기계화를 통한 기술집약적농업으로 전환할 수 있게 하여 품질 향상과 농업 생산에 획기적 변화를 가져왔다. 특히 농업 생산의 주를 이루고 있는 쌀 산업에서 이앙과 수확 부문은 농업기계화의 진전으로 노동력 및 생산비 절감을 통한 생산성 향상에 많은 성과를 보이지만 육묘 과정과 비료, 농약 등 자재 살포에서는 아직도 농업 노동력의 의존도가 크다고 볼 수 있다. 오늘날 고품질 쌀 생산을 통한 품질 향상과 생산비 절감을 위한 여러 가지 대안들이 강조되면서 통합된 미곡종합처리장을 중심으로 한 규모화된 고품질 생산 단지가 조성되고, 생산에서부터 수확에 이르기까지 계약재배를 통한 일관된 계열화사업, 품종 통일 등 많은 노력이 진행되고 있다.

무인 헬기를 이용한 항공 자재 살포로 노동력 부족 해소

최근에는 농촌의 고령화로 인한 농업 노동력의 부족을 해소하고 농약의 안전 사용 도모와 생산비 절감을 위하여 무인 헬기를 이용한 항공 자재 살포에 대한 필요성이 강조되면서 전라북도와 농협에서는 이 사업에 대해 많은 관심과 투자를 표명하고 있다. 특히 지난 2~3년간 국내에서 시범 사업을 통해 농업용 무인 헬기를 이용한 항공 방제의 효과가 검증되고 호응과 관심이 높아지고 있다. 지난 7월 13일(2007년)에 김제 들녘에서 무인 헬기를 활용한 항공 방제 시연회가 있었다. 비용적인 측면에서 농약비와 살포 비용이 관행 농법보다 각각 1/3수준, 1/2수준으로 절감된다는 분석 결과가 나타나고 있고, 고른 살포 및 단지별 살포 단위가 이루어져 효과도 매우 좋은 것으로 증명되고 있다.

특히 노동력 부족으로 어려움을 겪고 있는 쌀 생산 농가의 입장에서는 시간, 노동력, 비용 등을 획기적으로 줄여 주는 효과가 있어 매우 반가워하고 있다. 농약도 적정 사용량을 안전하게 살포할 수 있고 향후 친환경 농업 자재용 등 다양한 용도로 활용할 수 있어 가치가 매우 높을 것으로 여겨지고 있다.

김제평야를 중심으로 한 너른 평야지에서는 무인 헬기를 이용한 항공 방제가 절실히 필요한 사업이 아닌가 싶다. 이번에 전라북도에서 특별히 관심을 가지고 생산 농가를 비롯한 농업 관련 모든 주체가 함께 참여한 자리에서 무인 헬기 항공 방제 시연회를 개최한 것은 쌀 산업의 경쟁력 제고에 대해 정책적 관심과 애정이 매우 높음을 볼 수 있다. 최근 우리 쌀이 미국을 비롯한 많은 국가로의 수출이 봇물 터지듯 이루어지고 있다. 그렇다. 이것은 본격적인 쌀 시장의 실질적 개방이 시작되었다는 신호탄으로 보아야 하며, 예전보다 훨씬 빠른 속도로 개방될 것이라 본다.

쌀의 경쟁력을 높이기 위해 어떻게 준비하고 행동해야 하는가?

생산 현장에서의 품질 향상과 생산비 절감을 위한 노력이 동시에 병행되어야 한다. 품질 향상에 관한 부문은 많은 전문가나 정책 담당자들이 강조하고 현장에서 끊임없는 노력과 실천이 이루어지고 있지만, 생산비 절감을 위한 노력은 다소 소홀하게 다루어진 측면이 있다. 최근에 전라북도에서 타도에 앞서 추진하고 있는 공동 육묘장 사업과 농업용 무인 헬기 도입 사업은 전북 쌀 산업의 경쟁력 향상에 크게 기여할 것으로 생각한다. 특히 두 가지 사업 모두가 공동 작업·공동 이용의 형태로 이루어지기 때문에 작업의 효율성과 생산비 절감에 크게 기여할 것으로 본다.

앞으로 이 사업에 대한 지자체의 정책적인 지원이 이루어지고 농협이 운용 프로그램을 준비하여 농가와 함께 협력한다면 세계 최고의 쌀을 지향하는 전라북도의 쌀 산업이 더 크게 발전할 것이라 기대한다.

개방시대의 전북 쌀
경쟁 우위로 가는 길

ⓒ 전북도민일보(2007년 4월 20일 금요일 황의영 전북농협 본부장)

최근(2007년 4월) 한미 FTA 협상 타결에 따른 농업 분야의 피해가 클 것이라는 분석 하에 정부, 지자체, 농업 관련 기관들이 미칠 영향 분석과 대응책 마련에 부심하고 있다. 그중에서도 쌀이 양허 대상에서 제외되었다는 내용과 함께 다른 품목의 생산 및 소득 감소가 쌀 농업에까지 적지 않은 영향을 미칠 것이라는 다양한 평가와 분석을 내놓고 있다. 정도의 차이는 있겠지만 간접적인 영향을 받을 것은 분명하다.

특히, 전북지역은 쌀농사가 전국 생산의 15% 이상을 차지하고, 미곡의 농업 소득 비중이 57%(전국 32.5%)를 차지하고 있는 것을 볼 때 결코 간과할 일이 아니다. 축산, 보리, 과수 분야에 대한 영

우리 생명줄을 이어준 쌀,
어떻게 하나?

향이 쌀 품목에 미치는 파장과 규모를 예측하여 치밀한 준비와 대응이 필요하다. 근래에 생산 기술의 향상과 품질 향상을 위한 노력에 힘입어 전북 쌀의 소비자 평가가 경기미와 품질면에서 대등하게 유지되고 가격면에서도 많은 격차를 줄였다는 분석과 평가가 나오고 있다. 김제지역의 공덕농협의 '상상예찬' 유기농 쌀의 경우 한국 소매 시장의 대표격인 양재하나로클럽에서 최고가 및 재구매율 1위 품목으로 자리매김하는 성과를 거두고 있다.

비결은 무엇인가?

생산에서 판매에 이르기까지 철저한 품질 관리를 바탕으로 하고 있다는 결론을 얻고 있다. 우수한 품질 관리가 상품의 품질 경쟁력을 높이고 시장에서 가격 경쟁력으로 이어져 높은 가격을 받을 수 있다는 얘기다. 전북 쌀의 경쟁력은 한두 개의 산지농협이 만들어 낼 수는 없다. 전북 쌀을 선도하는 1등 브랜드도 필요하지만, 전체 산지 농협미곡종합처리장(RPC)이 함께 노력하고 풀어가야 할 몇 가지 공통 과제가 있다. 그동안 지적되어 온 몇 가지 문제점을 보면 품종 통일, 수매, 저장, 가공 시설의 부족과 개선이 제시됐다. 건조 저장 시설의 확충이나 가공 시설의 현대화 사업은 매우 중요하다. 그러나 이제는 품종이나 생산 시설에 대한 개선 등 하드웨어적인 투자는 물론이고 RPC를 중심으로 생산 및 판매 단계를 연결하는 전후방적인 체계적 개선이 이루어져야 한다.

필자는 시장 개방시대에 전북 쌀의 시장 경쟁력을 향상하기 위해 몇 가지 준비하고 실천에 옮겨져야 할 과제를 제시해 본다.

첫째, 땅심을 높이는 흙 살리기가 중요하다. 땅심은 본래의 흙이 가지는 자생력, 저항력, 자연 순환 능력을 말한다. 화학 비료와 농약 등 인위적인 생산 자재가 과다하게 투입되어 땅심이 약해져 흙의 자생적 기능이 약해진 부분을 친환경적인 농법과 유기질 비료 투입을 통해 땅심을 회복시켜야 한다. 그래서 땅에서 생산된 유기 자원을 다시 땅으로 되돌려 주는 작업과 과정이 필요하다. 볏짚을 수확기에 다시 논에 깔아 퇴비화를 통해 땅심을 높이는 볏짚 환원 운동이 매우 중요하다고 본다.

둘째, 내실 있는 계약 재배 사업의 추진이다. 계약 재배 사업의 내실화를 기하기 위해서는 우선 RPC를 주체로 한 농가의 조직화와 체계적인 지도 관리가 전제되어야 한다. 조직화한 농가에 대한 품종 통일, 재배 기술, 자재 사용 지도, 품질 관리 교육 등 관련 기관들과 유기적인 네트워크를 구축하여 지원돼야 한다. 조직화란 품목 단위 생산 농가가 조직적으로 작목반을 구성하고 이를 중심으로 각 농업 관련 주체들이 생산에서 판매에 이르기까지 유기적으로 협력하고, 역할을 분담하여 문제를 해결하고 발전해 나가는 것을 의미한다. 이 과정을 통해 RPC가 목표하는 수준의 균질한 고품질 쌀이 생산되도록 노력하여야 한다.

최근에 이 과정을 효과적으로 지원해 주고 있는 사업이 벼 공동 육묘장 사업이다. 지난해 정읍농협과 백산농협이 도내 농협 중 처음으로 벼 공동 육묘장을 도입하여 농가들로부터 큰 호응을 얻었고, 올해부터는 전라북도에서 전북 쌀 경쟁력 제고 사업을 적극적으로 지원하고 있다. 농촌의 노동력이 고령화되고 일손 부족 현상이 심각하다. 단지별 품종 통일도 공동으로 육묘 체계를 가져가지 않으면 어려운 일이다. 그렇기 때문에 단지별로 공동 육묘장을 운영하는 것은 고품질 쌀 생산의 출발점이며 중요한 생산 기반 시설이라고 할 수 있다.

셋째, 수확 후 관리 시스템 개선이다. 다시 말하면 수매저장가공시설에 대한 투자가 절실하다. 도내 농협의 RPC 시설은 대부분 10년 전에 지어진 시설이다. 1992년도에 시작하여 15년을 경과한 곳이 5개소나 되며, 80% 이상이 10년을 경과한 노후화된 시설이다. 물론, 대부분 RPC 시설 적자가 누적되다 보니, 재투자의 여력이 없었던 것도 사실이다. 투입구가 평균 2개 정도 밖에 되지 않고, 저장 사이로가 부족하여 품종별 구분 수매 및 구분 저장이 되지 않아 품질 관리에 문제점으로 지적됐다. 건조 시설과 저장 시설이 2005년 기준으로 생산량 대비 46%와 22%에 머물고 있어 건조 저장 시설의 보완이 고품질 쌀 생산의 큰 걸림돌로 지적되고 있다.

최근 들어 전라북도를 중심으로 시·군 지자체에서 발 벗고 나서고 있지만, 한정된 예산으로 현장 수요를 충족시키기에 부족한 게 현실이다. 수확기 수매 집중기에 투입구 부족은 구분 수매를 어렵게 하고 산물벼 반입 대기 시간이 길어지게 하는 등 품종 혼입율이 높아져 미질 저하의 주된 요인으로 나타나고 있다. 따라서 산지 RPC에서는 건조 저장 시설의 투자와 병행하여 품종의 통일과 규모화된 생산 단지를 통해 품질 관리를 뒷받침하는 공동의 노력이 필요하다고 본다. 또, 수확기 이전에 예약 수매제를 실시하여 단지별로 품종과 반입 일자를 사전에 협의 안내하여 일시에 집중되지 않고 분산, 반입되도록 조정하는 역할도 중요한 대안이 되리라고 본다.

노후 시설 개보수 및 가공 라인의 현대화도 매우 시급하다

아무리 우수한 쌀을 생산, 수매하여도 가공 시설이 노후화되어 싸라기가 많이 발생한다거나 품위가 나빠지면 시장에서 고품질 쌀로 인정받을 수 없다. 완전미 시설은 기본이다. 같은 값이면 싸라기가 없는 완전미가 상품성이 있어 좋은 가격을 받을 수 있고 도정 수율도 향상되어 RPC의 가공 효율이 높아진다. 올해에는 전라북도와 공동으로 매월 품질 관리 체계를 구축하여 품질을 평가하고 해당 RPC에 피드백하여 보완, 개선하는 노력을 진행하고 있다.

마지막으로 마케팅 역량을 집중해 나가는 일이다

강점이 있는 시장에 집중하고, 차별화된 마케팅 수단과 방법을 개발해야 한다. 경쟁력이 있는 차별화된 유통 경로를 선택하여 집중하고 시장을 확고하게 선점하는 게 중요하다. 전라북도와 전북 농협은 쌀이 거의 생산되지 않는 제주도에 현지 공장을 만들어 새로운 시장을 확보하는 등 100억 원 대의 신시장을 창출한 성공 신화를 갖고 있다. 또, 인터넷 시장에서 고정 고객을 확보하여 매출을 집중한다거나 대형 유통업체와 전략적으로 상생의 파트너십을 유지하여 시장을 확대하는 등 차별화된 마케팅 경로 선택과 시장 창출이 필요하다.

최근, 친환경 쌀에 대하여 전북농협이 연합 마케팅을 선언하고 나섰다

친환경 쌀 생산 기반이 형성되어 있는 지역을 중심으로 참여 RPC가 계약 재배를 통해 수매하고 친환경 쌀 전문 RPC를 통해 가공된 후 지역본부 연합마케팅사업단을 통해 소비 시장을 공략한다는 계획이다. 타도(他道)에서 경험해 보지 않은 새로운 형태의 마케팅전략이지만, 이번 년도 '새별가리'와 '상상예찬' 브랜드에 대한 시범 마케팅을 거쳐 내년도에는 본격적인 시장 확대를 기대하고 있다. 이번 한미 FTA 협상 타결과 관련하여 많은 사람이 염려하고 걱정하는 것은 사실이다. 하지만 걱정만 한다고 해결되지 않는다. 우리 농업에 미칠 영향을 정확하게 예측, 분석하고 대응책을 마련하여 먼저 실행에 옮기는 것이 중요하다고 본다. 생산 농가와 농업 관련 모든 주체가 같은 생각을 가지고 뜻과 지혜를 모아 노력한다면, 새로운 길이 열릴 것이라 믿는다.

보리가 사라진다면……

ⓒ 전북도민일보(2010년 4월 9일 금요일 황의영 농협중앙회 상무)

지난 2009년 겨울에는 유난히도 눈이 많이 내렸다. 옛날 우리 농촌에서는 눈이 많이 오면 보리가 풍년이 든다고 했다. 추운 겨울 눈이 이불이 되어 보리를 보호하기 때문이다. 지난겨울에 눈이 많이 내렸기 때문에 올해엔 보리가 풍년이 들 것이란 생각이 든다. 쌀이 자급되기 이전에는 논밭에 보리를 많이 재배했으나 지금은 호남지방의 일부 평야 지대에서나 재배하고 있다. 전북지방에서도 서해안과 접해 있는 군산·김제 등에서 재배하고 있다.

보리는 인류가 재배한 가장 오래된 작물 중의 하나로 알려져 있다. 대체로 7,000~1만 년 전에 재배가 시작된 것으로 추측한다. 보리의 원산지에 대해서는 여러 학설이 있다. 야생종이 발견된 지역을 토대로 여섯줄보리는 중국 양쯔강 상류의 티베트 지방, 두줄보리는 카스피해 남쪽의 터키 및 인접 지역을 원산지로 보는 설이 가장 유력하다. 우리나라에는 중국으로부터 전파된 것으로 보이며 일본에는 4~5세기경에 우리나라로부터 전파되었다고 한다.

보리는 종자에 껍질이 붙었느냐 떨어졌느냐에 따라서, 겉보리와 쌀보리로 나뉜다. 이삭에 달린 씨알의 줄 수에 따라서 여섯줄보리와 두줄보리로 나누어진다. 성숙한 뒤에 외영(外穎)과 내영(內穎)이 종자에 밀착되어 떨어지지 않는 것을 겉보리(皮麥)라고 하고, 영이 잘 떨어지는 것을 쌀보리(裸麥)라고 한다.

파종 시기에 따라 추파형(가을보리)과 춘파형(봄보리)으로 구분하는데, 한국에서는 대개 추파형으로 재배한다. 이 밖에도 몇 가지 품종을 분류하는 방법이 있다. 보리는 식량, 사료, 공업 원료용으로 소비된다. 밀을 재배하여 빵을 주식으로 하는 유럽이나 미국에서는 보리를 주로 사료용으로 재배한다. 그러나 쌀을 주식으로 하는 한국이나 일본 등 동양권에서는 식량으로 재배한다. 식량으로 쓰일 때는 쌀과 섞어 밥으로 지어 먹는 혼식 방법이 일반적이며 공업 원료로서의 주 용도는 맥주 양조의 원료로 이용한다. 그 밖에 소주·위스키·된장·고추장 제조에도 이용된다. 엿기름을 만들어 엿, 감주를 만들기도 하며, 볶아서 보리차로 쓰인다.

'보릿고개'라는 얘기는 사라졌지만 식량이 부족했던 시절, 보리밥으로 허기를 달래며 많이 먹었다. 먹기가 쌀보다 부드럽지 못해서 좋아하지는 않았지만 우리 민족의 기아를 덜어 준 소중한 식량이었다. 보리라는 말은 '검투사가 먹는 식품'이라는 데서 나왔다고 한다. 보리는 특히 남자들에게 좋은 강정(强精) 식품이다. 보리밥에는 비타민 B_1·B_2가 쌀밥보다 많아 각기병 예방에 좋고 섬유질이 많아 변비에도 효과적이다. 단백질 등 전반적인 영양가도 쌀밥만큼 우수하다고 한다. 얼마 전까지만 해도 거리에 나가면 볼 수 있었던 보리밥집도 거의 다 사라지고 눈에 띄지 않는다.

"검투사가 먹는 식품"이라는 강정(强精) 식품, 보리

근래에는 보리의 소비가 크게 둔화되고 재고량은 늘어나고 있다. 2010년 2월 말 현재 재고는 13만 톤에 이른다. 2012년에는 정부 수매 제도도 폐지될 예정이다. 보리 가격도 생산비 보전이 안 될 정도로 낮다. 이런 상태가 오래 이어지면 농가에서는 보리 생산을 포기하게 될 것이고 우리 곁에서 보리가 사라질 수도 있다.

보리가 사라지지 않도록 해야 한다. 우리 모두 영양가 많은 보리밥을 가끔은 먹도록 하자. 그리고 흰 쌀밥만 먹기보다는 보리를 비롯한 여러 가지 잡곡을 혼합해 지은 잡곡밥을 먹도록 하여 건강도 지키고 보리의 명맥도 유지해 언젠가 닥칠지 모를 식량난에 대비해야겠다. 보리로 제조되는 식품의 소비도 적극적으로 늘려 나갔으면 한다. 정부 당국에서도 보리 소비를 진작시키고 농가에서 계속해 보리농사를 지을 수 있도록 정책적 배려를 아끼지 말았으면 한다. 보리가 사라진 황량한 우리의 들녘을 생각해 보자. 보리 피리 불면서 뛰어놀고 보리 서리하면서 검댕이 묻은 얼굴을 서로 바라보면서 웃어 대던 어릴 적 우리의 추억은 어디에서 회상할 수 있을까?

제3장

벼랑 끝에 선 농업,
희망의 농정이 되길

'농업인에게 웃음 주는
2017년 농정' 추진되길

ⓒ 전북도민일보(2017년 1월 23일 월요일 황의영 경제학박사)

지난 1월 6일 농림축산식품부는 '2017년 업무보고'를 했다. 조류인플루엔자(AI), 쌀 수급 등 당면 현안의 근본적인 해결 방안을 마련하고 국정 핵심 과제를 차질 없이 마무리하여, 농식품산업을 미래의 성장 산업으로 전환하려는 방안을 보고했다. AI·쌀 수급 등 당면 현안에 적극적으로 대응하여 농업인과 국민의 불편을 최소화하면서, 제도 개선을 통해 현안에 대한 근본적인 해결 방안을 마련하겠다는 것이다. 수출 확대, 정보 및 ICT(인지기술, Information & Cognition Technology) 융·복합 확산, 농업의 6차 산업화 등 그동안의 국정 핵심 과제 성과를 확산하겠다고 한다. 또한, 청년 창업 확대, 식품·외식 산업 및 농생명 바이오 등 신산업 육성, 농촌 개발에 디자인 개념을 도입하겠다고 한다. 이들을 통해 농식품산업을 미래 성장 산업으로 전환하겠다는 것이다. 이번 보고가 차질 없이 시행되어 농축·식품 산업의 발전을 견인하기를 바란다.

그러나 우리 농업이 직면하고 있는 제반 난제(難題)가 절대 녹록 하지만은 않다. 철저한 상황 파악과 적절하고 세심한 대책을 수립 하고 총력 추진해야 할 것이다. 우선 AI만 보더라도 언제 종결될 지 알 수 없고 조치해야 할 일들이 너무 방대하여 완벽한 대응이 실질적으로 어렵다. 아직도 호수 주변에서 채취되는 철새 분변(糞 便)에서 AI 바이러스가 검출되고 있다(2017년 1월). 3,202만 수의 가금류를 살처분, 매몰하고 계란을 수입해 오는 등 유사 이래 가 장 큰 피해를 보고 있다. 최근 발생 신고가 하루에 한두 건으로 진 정 추세에 있기는 하나 H5N6형은 병원성이 강하고 AI 바이러스 가 농장 등 주변에 산재해 있을 수 있어 결코 긴장을 늦출 수 없다.

2017년 쌀 수급 안정 대책을 달성하는 일도 호락호락한 일이 아니다. 올해에 벼 재배 면적 3만 5,000ha를 감축해서 생산을 줄 이고, 쌀 가공 산업을 육성하여 수요를 창출하고, 전년도보다 37 만 9,000톤 많은 47만 톤을 사료용으로 전환하는 등 쌀 공급을 확대하여 쌀 수급 안정을 달성하겠다고 한다. 직불제 개편을 통해 쌀 적정 생산을 유도하고 농가 소득 안정을 도모하는 중장기 쌀 수급 안정을 위한 근본 대책도 마련하겠다는 것이다. 식량 안보에 적합한 생산과 재고 유지 설정, 이에 대한 정부 부처 간 합의, 농업인 이해 설득 등 절대 쉽지만은 않은 일들이다.

화훼·한우·외식 산업 등 농식품 분야의 청탁 금지법 피해 최소화를 위한 소비 촉진과 산업 경쟁력을 제고시키는 일도 어려운 일이다. 공급자가 시장에서 소비자 조건을 변경시키겠다고 하는 것인데 자본주의 경제 체제 하에서 쉽지 않은 일이다.

농식품 수출 100억 달러 시대를 열겠다고 했는데 농식품 수출을 일선 현장에서 직접 수행해 본 사람으로서 과거 경험에 비추어 보면 농식품 수출을 늘리기가 참으로 쉽지 않은 일이다. 일본, 중국, 동남아, 미국, 유럽 등에 우리 과일, 채소, 식품을 팔기 위하여 문화와 습성, 수입국 소비자의 기호, 공급 가격 등 여러 가지 제한 요소들을 뚫고 외국 시장에 진출하는 것은 그야말로 피와 땀의 결정(結晶)이다.

ICT 융복합을 통한 첨단 농업 육성과 농업의 6차 산업화로 패러다임을 전환하여 농업 생산성과 농가 소득 증가를 도모하고 농산물 수급 안정과 유통 구조 개선으로 국민 경제에 기여하겠다고 한다. 정부가 이를 적극적으로 추진하여 농업 발전을 견인하는 역할을 다할 것을 기대하고 응원한다. 농식품 분야 청년 일자리 창출과 전문 인력을 육성하고 식품·외식 산업 경쟁력 강화, 종자·농생명 등 신산업 육성, 농촌 공간의 자원화를 통한 가치 제고 등 미래 성장 기반을 확충하겠다고 한다. 이러한 농정 추진을 통해 국민과 함께하는 '국민 농업 시대'를 열어가겠다는 것이다. 어느 것 하나 쉬운 과제가 없다.

정책 추진은 미사여구의 나열이나 듣기 좋은 말로 하는 것이 아니다. 농림축산식품부가 업무보고에서 밝힌 여러 정책은 우리 민족의 미래 먹을거리를 위하고 농업인과 농업을 위해 참으로 소중한 과제들이다. 이들 변화를 추구하는 새로운 정책들을 시행하기 위해서는 기득권, 편견, 방관, 반대 등 많은 걸림돌과 부딪치게 될 것이다. 정책을 추진하는 것이 옳고 미래를 위해서 가야 할 길이라면 어떠한 난관이 있더라도 굽히지 말고 불도저처럼 밀고 나가서 기필코 실현해야 할 것이다. 열악한 정책 환경 속에서도 산과 들, 논과 밭, 사무실에서 농업인의 삶의 질 향상과 국민 경제 발전을 위해 불철주야 노고를 아끼지 않고 열심히 일하고 있는 농림축산 식품 관련 공직자들에게 격려와 감사의 박수를 보낸다. 여러분의 노고가 농업인의 웃음으로 보상되기를 기대한다.

새해 농정에 대한 희망과 기대

ⓒ 전북도민일보(2008년 12월 16일 화요일 황의영 전북농협 본부장)

한해 추수를 마무리한 들녘 한가운데 차가운 겨울바람 속에서 파릇한 보리 싹이 봄을 기다리며 강인한 생명력을 피워 내고 있다. 보릿고개를 넘으면서 품종 개량과 생산 기술의 눈부신 발전을 통해 생산성 향상이 공급 과잉이란 풍요 속의 빈곤을 초래하면서 농산물의 가격 불안이 커지고 있다. 추석을 전후해 산지 배 가격이 폭락하여 지난 10월(2008년)에 44억 원을 들여 산지 폐기를 하였는데, 이번에는 김장 배추의 생산 확대와 작황 호조로 가격이 폭락하여 급기야 10만 톤의 산지 폐기라는 극단적인 수단을 택하고야 말았다. 공급 과잉 속에서 품목별 수급 불안과 가격 폭락이 매년 반복되고 있어 산지 폐기보다는 소비 촉진에 초점을 두어야 한다는 여론이 일고 있다.

한해 농사가 흉작이면 흉작이어서 걱정, 풍작이면 가격이 폭락하여 걱정, 농가들이 어느 장단에 맞추어야 하는지 안타깝기만 하다. 농가의 살림살이를 나타내는 농가교역조건도 지난해보다 10% 가까이 하락한 84.1%를 보인다. 이는 비료값을 비롯한 영농 자재 가격이 큰 폭으로 올랐지만, 농산물 판매 가격은 제자리걸음인 것으로 분석되고 있으며, 특히 쌀값 상승을 제외하고는 대부분 하락한 것으로 나타나고 있다. 미국발 금융 위기가 전 세계 경기를 위축시키면서 실물 경제 어려움을 가중하고 소비를 위축시켜 소비자들이 지갑 문을 닫아 놓고 있어 우리 먹을거리 시장에서도 적지 않은 영향이 예상된다.

한미 FTA 비준을 두고 정치권에서는 공방이 뜨겁다. 개방화 시대 무역 자유화의 물결을 거스를 수 없다면, 피해 산업인 농업 분야에 대해서는 대책이 있어야 한다고 본다. 정부에서 많은 정책과 대책을 마련하여 시행하고 있지만, 농민들에게는 피부에 와 닿지 못하고 있는 것이 현실이다.

2007년 6월에는 「농업·농촌 기본법」을 「농업·농촌 및 식품산업 기본법」으로 개정하고 '농림부' 명칭을 '농림수산식품부'로 바꾸는 등 농정의 틀을 1차 산업인 농림업에서 식품 산업까지 확대하는 새로운 방향과 틀을 마련하였다. 그렇게 함으로써 우리 농축산물이 식품 가공 분야의 원료로 사용할 수 있게 되어 농업 부문 전체적으로 부가가치를 확대하는 효과를 가지게 되었다. 그러나 현실적으로 이익을 추구하는 식품 가공업자들이 값싼 수입산을 요구하고 있어 우리 농업과 식품 산업과의 연계라는 정책적 효과는 실효를 거두지 못하고 있는 것이 현실이다. 국산 원재료를 구입하여 사용하는 식품 가공업체에 대해서는 세제 지원이나 저리 자금 지원 등 정책적 수단과 산업 간 더 많은 이해와 노력이 필요하다고 본다.

또, 2008년 10월 13일 '건강한 식품 아름다운 음식'이란 주제로 열린 '코리아푸드 엑스포 2008'에서 한식 세계화를 선포한 적이 있다. 콩을 원료로 하는 된장·간장·고추장과 김치 등 발효 식품이 잘 발달한 우리 음식 문화를 세계 5대 음식으로 발전시킨다는 구상이다. 우리의 전통 음식은 깨끗한 우리 농산물을 원료로 하므로 우리 농산물을 기초로 한 식품 산업과 연계, 추진되어야 우리의 한식 문화가 고유의 맛과 독창적 가치를 유지, 발전할 수 있으리라 본다. 또, 입법 예고된 가칭 '식생활 교육 기본법'에서도 농업·농촌에 대한 희망과 상생의 의지를 담아내야 한다. 우리 농산물을 사용한 전통식 문화 발전, 농축산물 소비 기반 확대 및 농

독보적인 기술력으로 세계를 제패한 우리나라 컬러 선인장

촌의 다양한 체험 등을 통한 농업·농촌의 가치 향상, 도농 교류를 통한 농촌의 활성화 방안 등이 법안에 내포되어야 한다.

수출 농업에서도 새로운 활로를 열어 갈 다양한 방법이 모색되어야 한다

컬러 선인장의 유럽 수출이나 고흥의 유자, 청도의 팽이버섯이 세계 각국으로 활발하게 수출되고 있음을 주목해 볼 필요가 있다. 다른 지역이 아닌 가까운 우리 지역에서도 볼 수 있다. 우리나라 장미 수출의 70%를 차지하고 있는 '로즈피아'와 '임실장미'가 법인을 통합하여 브랜드를 단일화하고 품질 관리 시스템을 통일하여 획기적인 비용 절감과 수출 경쟁력을 높여 가고 있는 것을 볼 수 있다. 해외 시장에서의 경쟁력은 브랜드 인지도 향상뿐만 아니라 통일화되고 단일화된 유통 경로 등을 통해 시장 교섭력을 높이고, 산지에서의 규모화·조직화 등 품질 관리를 체계적으로 지원하여 원가 절감과 품질 향상이 뒷받침돼야 가능하리라고 본다.

근래에 제시된 이러한 일련의 노력과 정책들은 분명 새로운 농정의 방향과 틀을 제시하고 있는 것만은 분명하다. 다만 중요한 것은 얼마나 실효성 있는 정책적 수단과 도구를 마련하고 사용할 수 있느냐 하는 점이다. 또한, 참여하는 농업 관련 기관이나 단체 그리고 직접 당사자인 우리 농업인들이 정책을 이해하고 공감하며 사업에 적극적으로 참여해 주느냐가 성공의 열쇠라고 생각한다.

농업의 위기, 기회로 활용

ⓒ 전북도민일보(2008년 7월 1일 화요일 황의영 전북농협 본부장)

전 세계적으로 진행되고 있는 달러화 약세와 고유가 현상이 국내경제 전반에 파급되고 있고 특히 농업 생산 부문에 큰 부담으로 이어지고 있다. 2007년 말까지만 해도 1달러당 930원에 불과했던 환율이 최근 1,040원까지 치솟았고, 기름값도 지난해 2007년 1월 리터(L)당 590원이었던 면세유 경유 가격이 최근 1,200원대가 넘어섰다. 농업 생산에 필요한 비료, 농약, 파이프, 비닐을 만드는 원자재가 대부분 수입되고 있어 환율 상승이 농기 자재 생산업체들의 수입 원자재 가격 상승, 제조 원가의 상승으로 이어져 결국은 최종 소비자인 농가의 영농 자재 구입비 증가로 이어지고 있다.

벼랑 끝에 선 농업,
희망의 농정이 되길

축산 농가의 걱정도 이만저만이 아니다

지난 2007년부터 세계 곡물 부족 현상이 심화하면서 끝없이 오르고 있는 사료 가격 상승이 사육 농가의 생산비에 심각한 어려움을 주고 있고, 조류인플루엔자 사태 및 광우병 논란으로 닭과 오리고기 및 쇠고기의 소비가 위축돼 가격 하락으로 이어져 농가의 어려움이 더해지고 있다. 문제는 물가와 환율 인상 그리고 국제 원유가(原油價) 상승이 더 지속할 것인지 예측하기가 어렵다는 것이다. 다양한 국제적 변수들이 작용하고 있기 때문이다. 특히 미국이 무역수지 개선을 위해 약달러 기조를 유지하고 국제 곡물 부족 현상이 지속하고 중국, 인도 등 신흥 개발도상국의 가파른 경제 성장이 지속한다면 향후 국제 유가가 배럴당 200달러를 넘어설 것이라는 전망이 현실로 이어질 수도 있다는 것이다. 분명한 것은 우리가 이러한 외적인 거시적 요인들을 통제하거나 조정할 수 없다는 것이다.

농업의 체질 개선과 경쟁력 향상의 기회로 활용

이러한 상황을 비관적으로 받아들이고 "어쩔 수 없지 않느냐."라고 말하기보다는 오늘의 어려움을 이겨 나갈 수 있는 지혜와 노력을 모아 대안을 찾아내고 실천해 나가는 일이 무엇보다도 중요하다. 생산 부문에서의 투입 비용을 줄이고 농업 부문에서 새로운 이익을 찾아내는 데 발 벗고 나서 각각의 지혜가 모이고 더해져서 의외의 성과를 만들어 낼 수도 있을 것이다.

  농업의 체질 개선과 경쟁력 향상을 위해 먼저 생산 부문에서 비용을 줄여 생산의 효율성을 높여 가는 노력이 중요하다.

  유류를 많이 사용하는 시설 농가는 저가이거나 고효율 에너지 시설로 대체한다거나 저온 재배 기술을 개발, 보급할 필요가 있다. 고정비가 많이 드는 대형농기계에 대해서는 공동 이용 등을 통해 농기계 이용의 효율성은 높이고 농가의 과다한 투자를 방지하는 노력도 중요하다고 본다. 또, 화학 비료 가격이 큰 폭으로 올라 농업 경영비에 큰 부담을 주고 있는데, 이 부문에 대해서는 적정 수준의 비료 시비를 지도하고 가능한 한 토양 보전과 친환경 농업의 확대를 위해 정책적 지원이 확대되고 있는 유기질비료 및 퇴비의 사용을 확대하는 것이 바람직하다고 본다. 배합사료를 대체할 수 있는 조사료 확보를 위해서는 청보리 등 사료 작물 재배를 늘려 사료 구입 비용을 대체하는 노력도 필요하다.

  다음으로 농산물의 품질 경쟁력과 해외 마케팅을 강화해 수출을 확대해 가는 노력이 중요하다.

  원 달러 환율이 상승하면 해외 시장에서 우리나라의 상품 경쟁력이 높아져 수출이 촉진되는 좋은 점도 있다. 전자 및 반도체, 자동차 산업이 환율 상승에 힘입어 수출이 늘고 있는 것도 그런 연유에서이다. 우리 농산물이라고 예외일 수는 없다. 우리나라 농산물은 외국의 농산물에 비해 비교적 품질과 맛이 우수하다. 수출이 진행 중인 품목에 대해서는 좀 더 적극적인 수출을 확장해 추진하고, 해외 시장에서 경쟁력이 있다고 판단하거나 수출 경험이 있는 품목은 개척 활동의 노력을 배가해야 할 것이다. 농산물 수출은 국내적으로 과잉 생산과 가격 하락으로 이중고를 겪고 있는 농산물을 해외에 팔아 새로운 해외 시장 개척은 물론 국내 시장의 수급 안정에 긍정적 영향을 주기 때문에 일거양득의 효과를 얻어 낼 수 있다.

세계 시장에서 국내 농업이 어려운 상황에 닥치더라도 우리 스스로가 극복하고 해결할 수 있도록 우리 농업의 체질 개선과 경쟁력을 강화해 나간다면 이 험한 파고를 넘어 잔잔한 지평선 넘어 희망의 대륙을 발견할 수 있으리라 소망해 본다.

우리 농업에 희망이 있는 이유

ⓒ 전북도민일보(2008년 7월 29일 화요일 황의영 전북농협 본부장)

초복을 앞두고 고창에서 농사를 짓고 있는 지인이 잘 익은 수박을 트럭에 싣고 와서 "직접 농사를 지어 수확하였으니 맛을 보라."고 하며 전북농협에 두고 간 아름다운 사연이 있다. 차마 입이 부끄러워 양로원 등 어려운 이웃들과 나눠 먹기는 했지만, 올해같이 가격이 좋은데 왜 그 먼 곳에서 직접 오셔서 놓고 갔을까? 우리가 해 준 일이 그리 많지 않은 것 같은데, 지난 2005년도 폭설 피해 시 농협이 현장의 어려움을 함께했던 기억을 생각했을까? 미안함과 함께 순수한 농부의 마음과 고마움이 코끝을 찡하게 하는 감동으로 다가왔다.

주인공은 바로 김사형 씨, 고창에서 토마토, 수박, 채소 농사만

벼랑 끝에 선 농업,
희망의 농정이 되길

해도 20만 평에 달하고 여기에 200여 두의 젖소와 한우를 키우고 있다. 개인적으로 농협에서 선정하는 새농민상 대상을 받았지만 2007년도에 본인이 작목반장으로 있는 토마토 작목반이 작목반 부문에서 협동조직 대상을 받았다는 데 큰 의미를 두고 싶다. 영농 규모로 보아 부부가 감당하기에도 벅찰 텐데, 김사형 씨가 작목반 사업에 집착하고 헌신하는 이유는 무엇일까? 그리고 성공한 원인은 어디에 있을까?

훌륭한 지도자와 반원 간의 신뢰와 단합이 성공 열쇠

김사형 씨가 반장으로 있는 완숙 토마토 작목반은 원래 수박 농가들이었으나 연작 피해로 인해 소득이 줄어들자 2003년부터 15명의 뜻있는 젊은 농가들이 김사형 씨를 중심으로 2만 2,000평의 시설 하우스 촉성 재배를 시작으로 작목반을 결성하여 지금은 21명의 회원이 4만 2,000평 규모에 연 2,000여 톤의 완숙 토마토를 생산해 내고 있다.

이 작목반은 정예화된 농가로 완숙 토마토에 대해선 전문적이고 규모화된 조직화를 실현하고 있다는 점이다. 매월 월례회의를 통해 정보와 의견을 교환함은 물론 생산 단계에서의 어려움이나 기술적 문제 등을 공동으로 해결해 나간다. 물론 품종 선택, 농법의 통일은 물론이고, 토양 관리에서 자재의 공동 구매, 출하 계획

오월농장의 김사형 씨가 속한 토마토 작목반은 전문적이고 규모화된 조직화로 성공한 사례다.

수립 및 수확·포장·출하까지 회원 모두가 공동으로 체계화하여 움직인다. 즉, 개별 농가 단위의 생산 및 출하 과정에서 발생하는 생산비를 규모화·조직화를 통해 최소화하고 출하 단계에서 물량의 결집과 농협을 통한 공동 선별 공동 계산을 통해 시장 대응력을 높여 가고 있다. 차별화된 농법과 시장 지향적 사고(思考)가 경쟁력일 뿐만 아니라 생산에서 판매까지 차별화된 생산 및 유통 구조로 되어 있다.

첫째, 먼저 목표 시장을 분명하게 설정하고 시장과 소비자를 위한 생산에 주력하고 있다.

일본 시장 수출을 위해 품종을 '마이로꾸(まいろく)'란 일본 품종으로 선택하고, 현지 소비자들이 좋아하는 맛과 향, 품위를 맞추어 내기 위해 일본 현지 토마토 생산자 단체와 기술 제휴를 통해 정기적인 기술 자문을 받아 끊임없이 연구하고 있다.

둘째, 완숙 토마토의 2기작 재배를 통해 관행 농법보다 단위 면적당 생산성을 현저하게 증가시켰다.

연중 24화방까지 수확하는 터널형 재배 방식을 개발하여 여름 3개월을 제외하고는 연중 생산하는 작부 체계를 정착시켰다. 공동 육묘장과 품질 향상을 위한 농법과 기술을 공유하며, 3중 비가림 보온 시설로 난방비를 줄이고, 시설과 인력의 활용도를 높여 고정 비용을 최소화하고 있다.

셋째, 철저한 토양 관리와 친환경 재배 방법을 실천하고 있다. 1기작 생산이 끝나면 담수-태양열-소독-건조-볏짚 넣은 경운 처리 과정을 통해 땅심을 높이고 토양 관리에 최대 중점을 둔다.

토마토 잎과 열매를 사용해서 자체적으로 발효액비를 제조하여 활용할 뿐만 아니라 줄기는 경운 과정을 통해 토양에 되돌려 준다. 친환경 유기물 퇴비와 천연 미생물을 배양 활용한다. 특히 해

충이나 진드기 등은 천적을 활용하여 처리하고 있다.

시장 개방이 가속화되고 공급 과잉 시대에 접어들면서 채산성이 악화되고, 농촌 인구의 감소와 노령화로 농촌이 활력을 잃어가고 있음은 안타까운 일이다. 최근에 유류, 사료, 비료를 비롯한 영농 자재 가격이 농가의 부담을 가중하고 있다.

이제는 품목별 생산 농가들이 헌신적이고 열정적인 리더를 중심으로 힘을 합쳐 생산 단계에서부터 조직화·규모화를 통해 생산 비용 절감과 품질 향상에 공동으로 노력해야 한다. 여기에 차별화된 환경 친화적 재배 방법과 농법 기술이 높은 품질의 농산물을 만들어 내는 원동력이 되는 것이다.

익산의 고구마 연합, 남원의 파프리카 연합, 고창의 수박 연합, 김제의 포도 연합 작목반도 대산농협의 완숙 토마토 작목반과 같이 품목별 산지 조직화를 통해 성공한 사례로 평가받고 있다. 여기저기에서 유능한 리더와 우수한 생산 조직들이 성공의 불씨를 피워 내고 퍼져 간다면 우리 농업에도 희망이 있다고 자신 있게 말할 수 있지 않을까 생각해 본다.

봄이 왔어요

ⓒ 전북도민일보(2013년 3월 14일 목요일 황의영 전 NH무역 대표이사)

"날씨가 더워요. 여름이 온 것 같아요." 지난 3월(2013년) 두 번째 주말 교외의 산을 오르던 지인이 한 말이다. 이날 낮 최고 기온이 서울은 23.8℃, 전주는 전국에서 제일 높은 28.2℃까지 올라가는 초여름 날씨를 보였다. 뚜껑이 달라붙어 열리지 않는 병을 열기 위해서 힘을 주어 열려고 해도 열리지 않는 꿀병처럼 시간이 정지되어 버린 듯 요지부동이던 겨울도 남녘으로부터 다가오는 봄에 자리를 내주고 밀려나고 있다. 지난겨울 날씨는 왜 그리 춥고 눈은 많이 내리던지 소빙하기(小氷河期)가 도래하는 것 아닌가 하는 착각을 일으키게 했다. 지난겨울은 예년에 보기 드물게 춥고 긴 겨울이었다. 기온이 영하 10℃ 이하로 떨어진 날도 많았고 10㎝ 이상 눈이 내린 날도 여러 날 있었다.

날씨가 추우면 없는 사람은 고달프다. 밖에 나가 일을 할 수도 없고 추우니 아궁이에 불을 더 지펴야 하므로 땔감이 더 많이 들어가고 따뜻한 옷을 입어야 하기 때문에 피복비도 더 많이 든다. 음식료품 가격도 오르게 마련이다. 비닐하우스 기온이 떨어지는 것을 방지하기 위해 보일러도 더 많은 기름을 때야 한다. 무가온(無加溫) 하우스일 경우 하우스 안에 있는 작물이 얼어 죽게 된다. 날씨가 추우면 농작물의 생산비가 더 많이 들어가고 생산량은 줄어든다. 시장에 채소의 공급이 줄어들기 때문에 가격이 오르게 되고 정부는 물가 상승의 주범이 마치 채소 등 농산물인 것처럼 몰아붙이고 이를 잡겠다며 야단법석을 떤다. 이래저래 겨울에는 삶이 더욱 팍팍하기 마련이다.

지난겨울(2012년)에는 서민의 삶만이 아니라 정치권에도 어려움이 많았다. 새로 출범한 정부가 「정부조직법」 개정 때문에 아직 내각조차도 제대로 구성치 못하고 있다. 남북한 관계도 북한의 3차 핵실험으로 인해 대결 국면으로 치닫고 있는 양상이다. 국제 정세든 국내 정치든 국민 생활이든 이번 겨울은 참으로 힘들고 어려운 시간이었다. 어려운 겨울이 지나가고 봄이 오고 있으니 국민의 삶이 한결 부드러워지고 국내 정치, 남북문제도 잘 풀릴 것이라 기대해 본다.

벼랑 끝에 선 농업,
희망의 농정이 되길

아무리 추운 겨울이라도 봄이 오면 새 생명을 싹 틔우기 위해서 온갖 나무와 풀은 얼어붙은 땅속에서도 뿌리가 물을 빨아들이고 갖고 있는 영양소를 결집하며 날씨가 풀리기를 기다리고 있다. 그리하여 봄이 오면 꽃과 잎을 피우고 열매를 맺는다. 먼저, 남쪽에서 노란 산수유와 아름다운 매화의 화신(花信)이 전해져 올 것이다. 봄이 오면 대자연에는 요한 스트라우스의 '봄의 왈츠'가 울려 퍼지며 활력이 넘쳐흐른다. 산골짜기에는 눈 녹은 물이 졸졸 흘러내리고 시냇가 버들강아지는 눈을 비비고 긴 겨울잠에서 깨어난다. 종달새 지절거리고 강남 갔던 제비는 옛집을 다시 찾는다. 농업인은 풍성한 수확을 기대하며 논밭을 갈아 씨를 뿌리고 거름을 준다. 추위를 이기고 겨울을 난 마늘밭과 양파밭에는 김을 매고 웃거름을 준다. 새로운 생명의 향연이 시작되는 것이다. 이처럼 자연의 섭리는 때가 되면 생명을 주어 자라게 하고 또 일정한 시간이 흐르면 생명을 거두어 간다. 어떤 생명은 다른 생명을 위해 기꺼이 자기 생명을 내어 주기도 한다.

많은 동식물의 생명이 인간의 삶을 위해 희생된다. 사람들은 다른 생명체의 희생으로 삶을 이어 가는 것을 고맙게 생각하면서 이웃과 사회를 위해 봉사하고 선(善)한 삶을 살아야 할 것이다. 그리고 일용할 양식을 주는 대자연에 대하여도 고맙고 감사하는 마음

봄의 전령 개나리가 봄을 노랗게 채색했다.

을 가지고 자연에 거슬리지 않는 친환경적인 삶을 살아가야 한다. 더욱이 쌀 등 곡식과 채소, 축산물 등의 먹을거리를 생산 공급해 주는 농업·농촌·농업인에게도 항상 고맙고 감사한 마음을 가졌으면 좋겠다. 만약 어떠한 이유에서든 먹을거리의 생산·공급상의 메커니즘(mechanism)에 이상이 생겨서 제대로 작동되지 못한다면 우리는 비싼 대가를 치르게 될 것이다. 지금 농촌은 많이 피폐(疲弊)해 가고 있다. 농촌 마을에는 노인 혼자 사는 집들이 많고 농촌에서 사는 게 힘들어 이사를 한 사람들이 많기 때문에 빈집이 많다. 사람이 살지 않아 집을 비워 두면 금방 벽체가 떨어져 나가고 기둥이 기울어지며 중방이 빠져나와 지붕이 무너져 내린다. 지금 쓰러져 가고 있거나 이미 쓰러져서 뜯겨 공터가 된 집들도 많이 있다. 우리의 고향, 농촌이 무너져 내리는 모습이 눈에 어린다.

그러나 희망이 보인다. 지난달 출발한 새 정부는 대통령 취임사를 통해 중요한 국정 지표로 '경제 부흥, 국민 행복, 문화 융성'을 주창하고 나섰다. 무너져 내리는 농촌·농업을 되살리는 것이 경제 부흥의 첫 단계가 될 것이고 농업인의 삶의 질을 향상하는 것이 국민 행복의 중요한 요소가 될 것이다. 그리고 사라져 가는 농촌 문화를 계승 발전시키는 것이 문화 융성의 지름길이 될 것임에 틀림없다.

행복은 남이 가져다주는 것이 아니라 내가 땀 흘리고 노력한 대가를 본인 스스로 느끼는 것이라고 하지 않던가? 농업인의 행복, 우리 국민의 행복은 우리 스스로 땀 흘리며 노력하고 그 대가를 보면서 느끼는 것이다. 오늘 아무리 힘들고 괴롭더라도 내일의 행복을 위하여 우리 다 함께 땀 흘려 보자. 머지않아 청명이 지나고 곡우가 오면 풍성한 수확을 기대하며 농업인이 볍씨를 담그듯 농촌과 농업의 발전과 농업인의 미래, 국민 행복 시대를 위해 우리 다 함께 행복의 씨앗을 지금 담가 보자.

5월의 들녘에서는
봄이 농(濃)익어 갑니다

ⓒ 전북도민일보(2013년 5월 21일 화요일 황의영 전 NH무역 대표이사)

"1년 중 5월은 인생에 있어서 어느 때와 같다고 볼 수 있을까요?" 며칠 전 지인이 물었다. "인생과 견준다면 10대 중반 정도 되지 않을까요?"라고 대답을 했다. 단순하게 수학적(數學的)으로 1년을 봄·여름·가을·겨울 사계절로 나눈다면 봄의 끝자락인 5월은 사람으로 본다면 15세 정도에 해당할 것이다. 그 이유를 설명하면 1년이 열두 달이니 사계절로 나누면 한 계절이 3개월이 된다. 그리고 일생을 80살까지 산다고(?) 가정하면 그 반의반(1/4)인 20살이 한 계절이 된다. 다시 20살인 한 계절이 석 달이니 20살을 3으로 나누면 한 달이 약 7살이 된다. 그러니 봄의 마지막 달인 5월은 20살의 3등분 중 마지막의 시작인 15살이라는 계산이 나온다. 난센스 같은 얘기지만 또 어떻게 보면 수학적으로 정확하게 계산된 논리 정연한 얘기라고 말할 수 있다.

15살 소년 소녀들이 앞으로 인생을 아름답게 살기 위하여 얼마나 많은 시간과 열정을 자기를 가꾸는 데 쏟아붓고 있는가? 정신 바짝 차리고 자기를 위하여 노력하고 땀 흘리지 않는다면 다른 사람보다 더 행복한 삶을 살아갈 수 없을 것이다. 많은 사람이 앞으로 내가 어떤 사람이 되어야겠다고 진로를 결정하고 그 목표를 달성할 수 있도록 거기에 맞추어 공부한다. 이때의 공부는 책을 보는 공부뿐만 아니라 기술을 배우고 견문을 넓히고 생각을 키우는 광의(廣義)의 공부를 의미하는 것이다. 그러므로 인생에서 10대 후반기가 중요한 시기가 되는 것이다.

인생에서 15세가 중요하듯, 일 년 농사를 짓는 농업인으로서는 계절적으로 5월이 매우 중요하다. 우리 민족은 한곳에 정착하여 농경문화(農耕文化)를 이룬 이래로 5월에는 주된 식량인 쌀을 생산하기 위해 볍씨를 담그고 모판을 만들고 모내기를 한다. 또한, 언 땅, 눈(雪) 속에서 겨울을 이겨 낸 밀과 보리가 익어 간다. 푸르름을 더해 가는 감자 잎은 땅속에서 감자알을 키우고 가을에 붉고 굵은 고추의 수확을 꿈꾸며 고추 모를 심는다. 마늘과 양파는 뿌리를 키우기 위해 마지막 영양분을 뿌리에 저장한다. 텃밭에서는 상추, 부추, 아욱, 쑥갓이 자란다. 비닐하우스에서는 겨울을 이겨 낸 딸기와 참외, 수박이 달콤한 향을 뿜어내며 소비자의 미각을 자극한다. 이렇듯 농업인들은 풍성한 수확을 기대하면서 열심히 농사를 짓고 있다. 과거 산업화 시대 농촌에서 농사를 짓던 많은 젊은이가 도시로 떠나가고 어른들만 남았는데 지금은 농업인들이 더 고령화되어 일손이 더욱 부족하다. 옛말에 "농사철에는 고양이 손도 빌린다."라는 말이 있다. 그만큼 할 일이 많아 일손이 부족하다는 의미다. 농업인의 아들인 나는 어릴 때 부모님을 도와 농사 일을 거들고 어린 동생들을 돌보는 일이 학생이지만 당연히 해야 할 일이라고 생각했다.

우리 부모님을 포함한 많은 농업인은 한눈팔지 않고 그저 열심히 농사만 지으셨다. 손바닥에 공이가 박히고 손톱이 자랄 틈이 없을 정도로 일을 하였다. 그러나 농촌은 점점 더 생기를 잃어 가고 급기야 아기 울음소리가 끊긴 지 오래고 배우자를 여의고 혼자 사는 가정이 많아졌다. 시간이 가면서 빈집이 늘어나고 사람이 살지 않는 집은 무너져 내려 이빨 빠진 것처럼 빈 집터만 늘어난다. 일손이 부족하다 보니 산 아래 한계농지(限界農地)는 농사를 짓지 않아 황무지가 되어 버드나무가 숲을 이룬다. 자식들이 외처(外處)로 나간 집안의 농토는 부모님이 돌아가시고 나면 농사지을 사람

쌀을 생산하기 위해 모내기를 하고 있는 농업인의 모습

이 없어 묵히게 되니 잡초 무성한 농토가 늘어난다. 우리들의 고향을 지키며 농사를 짓고 있는 농업인들도 대부분이 때로는 자연재해로 폐농하거나 농산물 가격 하락으로 소득이 줄어들고 자식들 공부시키고 시집 장가 보내면서 돈을 많이 쓰게 돼 빚을 지게됐다. 이런저런 원인으로 농촌은 활력이 줄어들고 피폐화(疲弊化)되어 가고 있다.

이번(2013년) '석가탄신일'을 포함한 연휴에 고향에 다녀왔다. 산은 더욱 진한 초록의 옷으로 갈아입고 저수지는 많은 물을 담고 있었다. 논에는 모내기가 한철이고 밭에는 감자가 키를 키우고 고추와 가지 등을 모종하고 있었다. 2년 전 아버지께서 입원하시면서 비워 둔 고향 집은 흙으로 쌓은 담장이 무너져 내리고 마당엔 작년에 자라 말라 버린 잡초만 무성했다. 대문을 열고 마당에 들어서며 북받쳐 오르는 설움을 삼키고 병원에 계시는 아버지의 쾌유를 간절히 빌었다. 예년과 다름없이 올해 5월에도 농업인들은 모내기하고 고추를 심는 등 농사를 짓지만, 이것이 수확의 기쁨이 될지 흉년이 들거나 가격이 내려가 근심 걱정이 될지는 아무도 모른다. 그러나 그들은 풍성한 수확으로 올해 가을에 노총각 아들을 장가보내 손자를 안아 볼 꿈을 꾸면서 허리를 펴지도 않고 열심히 일하고 있는지도 모른다. 제발 올해에는 농사를 잘 짓고 잘 팔아 소득이 높아져서 농업인들의 시름을 덜어 줬으면 좋겠다. 올해 가을에는 우리 농업인들의 처진 어깨가 올라가고 얼굴에 웃음꽃이 함빡 피기를 기원한다.

농업에도 '정글의 법칙'이
예외일 수 없다

ⓒ 진안신문(2015년 7월 20일 월요일 황의영 전북대학교 무역학과 강의전담교수)

비행기를 타고 지구를 한 바퀴 도는 거리가 4만㎞다. 인천에서 유라시아 대륙 끝 스페인의 수도 마드리드까지 1만㎞, 미국 뉴욕까지 1만 1,000㎞다. 인천에서 여객기를 타면 마드리드와 뉴욕에 각각 열세네 시간 정도면 도착한다. 비행기가 이착륙하는 데 시간이 걸려서 그렇지 논스톱(nonstop)으로 지구를 한 바퀴 돈다면 40시간이면 가능하다는 계산이다. 인천 공항에서 출발하여 지구를 한 바퀴 돌아 다시 인천 공항으로 되돌아오는데 이틀이 안 걸린다는 얘기다. 지구가 그만큼 작아지고 먼 나라가 가까운 이웃이 됐다. 지구촌이 이제 한 고을이 된 것이다. 남해안에서 생산한 활어(活魚)가 비행기에 실려 미국 뉴욕 시민들의 횟감으로 제공된다. 우리 농가에서 오후에 수확한 딸기가 다음 날 오전에 싱가포르 마트에 진열된다. 오늘 수확한 파프리카가 내일 오전에 도쿄 매장에서 판매되어 점심 식탁에 오른다. 우리나라 농수산물이 미국이나 호주, 싱가포르, 일본 시장에서 그 나라에서 생산된 것과 똑같은 신선도를 유지하면서 소비자와 만나고 있다. 농수산물 시장에서 시간과 공간의 장벽이 허물어진 것이다. 오로지 "쎈 놈만이 살아남는다."라는 '정글의 법칙(Law of the jungle)' 만이 존재하게 됐다.

선진 농업 연수와 우리 농산물 수출을 위해 농업 선진 지역을 두루 찾아다닌 바 있다. 네덜란드 알스미어(Aalsmeer) 화훼 경매장은 유럽과 아시아에서 생산된 각양각색의 꽃들이 하루 24시간 쉬지 않고 상장(上場)되고 경매를 통해 세계 각지로 팔려 나간다. 유럽의 관문 네덜란드 로테르담(Rotterdam) 항은 부두 길이만 42㎞나 되는 거대한 무역항으로 품목별 전용 부두가 따로 있는데 농산물 전용 부두도 끝이 보이지 않았다. 부두 저온창고에서는 세계의 온갖 과일들이 들고 나는데 흡사 장마 전 개미가 먹이를 나르는 행렬과 같았다. 산학 협동의 요람 와게닝겐대학교(Wegeningen UR)는 농업 전문가 양성과 농업 기술 개발, 농식품 산업이 어우러져 네덜란드를 세계 제1의 농업 국가로 키워 내고 있었다.

이스라엘 텔아비브에 본사가 있는 농산물 수출 회사 아그렉스코(Agrexco)는 자사 전용 화물기를 5대나 보유하고 이스라엘의 꽃, 과일, 씨앗, 묘목 등의 농산물을 전 세계의 시장으로 매일 실어 나르고 있었다. 미국의 드리스콜스(Driscoll's)는 딸기류(Berries)를 연 52주 365일을 쉬지 않고 미국 전역은 물론 전 세계로 수출한다. 미국·캐나다·멕시코에서부터 남미 콜롬비아·아르헨티나·칠레까지 300여 호가 넘는 생산 농가와 출하 계약을 맺고 품종, 생산 시기, 비료·농약 사용 등 생산부터 출하에 이르기까지 전 과정을 엄격하게 관리하여 최고의 품질을 유지한다.

미국 캘리포니아에 있는 리모네이라(Limoneira)는 7,000에이커 직영 농장에서 생산된 레몬을 세계 시장에 낸다. 서부 개척이 시작되던 1874년부터 묘목을 심기 시작해서 오늘에 이르렀다고 한다. 1910년에 건립된 패킹하우스를 지금까지 이용하고 있었고 거대한 지하 저온저장고에서는 6개월 이상 수출할 물량을 저장하면서 시장의 수요에 응하고 있었다. 인근 농가들과 조합을 결성하여 조합원이 생산한 레몬도 자사 브랜드로 수출하고 있었다. 이 외에도 세계적으로 성공한 수출 농기업들이 많이 있다. 미국의 오렌지 협동조합인 썬키스트, 프랑스의 유제품 전문기업 다농, 뉴질랜드의 키위 생산 판매 협동조합 회사 제스프리, 덴마크의 축산 협동조합 기업 대니쉬 크라운, 네덜란드의 청과물 생산 유통 협동조합

미국 캘리포니아에 있는 베리류(Berries) 전문회사 드리스콜스(Driscoll's)의 딸기 포장

회사 그리너리 등을 꼽을 수 있다.

　이들 기업의 공통점은 생산과 유통이 유기적으로 연결돼 있고 철저하게 관리하여 우수한 품질을 지속해서 유지하는 것이다. 잘 발달한 물류 시스템을 통해 세계 어느 곳이든 신속하게 배송된다. 이제는 세계 어느 나라든 시장이 자국민들만의 것이 아니다. 세계무역기구(WTO), 자유무역협정(FTA), 지역무역협정(RTA) 등의 통상 협정을 통해 상품과 용역, 자본이 국경을 자유롭게 넘나든다. 소비자들 의식도 합리적으로 바뀌었다. 품질이 좋고 가격이 싸면

군이 생산지를 따지지 않는다. 요즘 합리적이고 똑똑한 젊은 소비자들에게 애국심을 자극해 국산품을 애용해 달라고 할 수는 없다. 바나나·체리·포도·오렌지·망고·파인애플 등 9대 과일의 수입 동향을 보면 2012년 8억 5,500만 달러, 2013년 8억 8,200만 달러, 2014년 10억 400만 달러, 2015년 5월 말까지 6억 900만 달러가 수입됐다. 해가 갈수록 수입액이 늘어났다. 작년부터 올 5월까지는 가파른 성장세를 보인다. 이는 외국 과일 맛에 우리 소비자들의 입맛이 점점 더 길들여지고 있다는 증거다.

우리 시장을 외국인들에게 다 내줄 수는 없다. 우리 시장뿐 아니라 외국의 시장에도 우리의 농산물과 그 가공품을 많이 내다 팔아야 한다. 실제 무역을 해 보니 외국에 우리 농산물을 팔기가 참으로 어려웠다. 앞의 외국기업 사례에서처럼 국가와 사회, 기업과 생산 농민 등이 유기적으로 결합하여 좋은 제품을 만들어 싸게 팔아야 한다. 우리도 협동조합 기업 등의 농식품 기업을 적극적으로 육성하여 한국의 썬키스트, 제프리스, 그리너리, 대니쉬 크라운을 만들어 보자. 누구에게도 지지 않는 '쎈 놈'을 만들어 보자.

지금, 세계는 치열한
씨앗 전쟁 중이다

© 전북도민일보(2015년 12월 6일 월요일 황의영 전북대학교 무역학과 강의전담교수)

"이제 마늘까지도 중국에서 수입해 온 씨마늘(種球)을 심습니다." '대서 마늘'의 주산지인 경남 창녕 마늘 농가의 한숨 섞인 하소연이다. 지금까지 대부분의 마늘 생산 농가는 자가 생산한 마늘 중에서 충실한 것을 골라 종구로 썼다. 그러나 올해에는 난지형 마늘의 경우 중국에서 씨앗을 들여와 농가에 공급됐다. 과거에는 중국산이 종구용으로 수입되지 않았다. 식용으로 들여온 것을 일부 농가에서 종구로 사용했다. 하지만 올해에는 종구용으로 5,200톤 이상 수입됐다. 민간업체가 aT(한국농수산식품유통공사)의 저율 관세할당(TRQ) 물량 수입권을 공매받아 들여온 것이다. 이 소식을 접하고 무역회사에 있을 때 생강 종자를 수입해 달라는 생강 주산지 농협의 요청으로 종강(種薑)을 들여와서 고생했던 기억이 떠올라 쓸쓸한 마음이 가시질 않는다.

1970~80년대만 해도 농가에서는 벼는 물론이고 대부분의 농작물 씨앗을 자가생산(自家生産)했다. 자기가 수확한 농산물 중에서 때깔 좋고 잘 여문 충실한 것을 골라 다음해 농사의 종자로 쓰기 위해서 바람이 잘 통하는 서늘한 곳에 보관했다. 배추, 무도 수확을 다 하지 않고 일부를 남겨 두고 짚이나 거적을 덮어 얼지 않게 월동을 한다. 봄이 되면 장다리가 되어 노란 꽃을 피우고 열매를 맺어 씨앗이 된다.

그러나 지금은 거의 모든 농가가 대부분의 농작물 씨앗을 종묘상에서 구입해 농사를 짓는다. "농부는 굶어 죽어도 씨앗은 베고 죽는다."라는 말이 있다. 아무리 배가 고파 죽을지라도 다음 농사를 위해 종자를 남겨 둔다는 뜻으로 농부에게 씨앗은 목숨만큼 소중한 존재라는 의미다. 그러나 지금 농부가 목숨과도 바꾸지 않던 그 소중한 씨앗을 종묘상에서 로열티(Royalty)를 주고 구입해야 하는 상황이다. 토종 씨앗들이 다국적 기업에 종속돼 '상품'이 된 것이다. 종자 가격이 금(金)값보다 비싸다고 하면 믿을 사람이 몇이나 될까? 그러나 실제로 파프리카·고품질 토마토 씨앗 가격은 금값보다 두세 배 비싸다.

지금 전 세계는 우량종자를 확보하기 위해 사활을 건 쟁탈전을 벌이고 있다. 총성 없는 전쟁을 하고 있다. 종자 산업은 그 자체가 반도체에 비견될 만큼 부가가치가 높은 지식 집약적 산업이다. 미래의 식량 안보는 국가 안보와 직결되는 사안으로 선진국에서는 적극적으로 종자 산업을 지원하고 있다.

현재 세계 종자 산업 규모는 1,000억 달러가 넘는다. 기후 변화 대응, 웰빙 등의 추세로 보면 앞으로 고부가가치 창출이 기대되는 유망 산업임이 분명하다. 유전자원이 풍부한 미국·중국·인도 등이 중심 시장을 형성하고 프랑스·브라질·일본 등 6개국이 전체

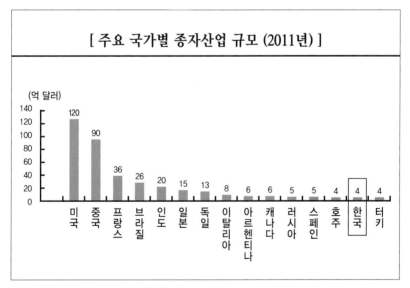

[주요 국가별 종자산업 규모 (2011년)]

KB 금융지주 경영연구소, "국내·외 종자산업 현황 및 성장 전망", 2012

벼랑 끝에 선 농업,
희망의 농정이 되길

시장의 60% 가까이 점유하고 있다

종자 산업은 기술과 자금력이 풍부한 다국적 기업들이 인수합병(M&A)이나 전략적 제휴를 통해 개발 품목을 늘리고 사업 영역을 확대하고 있다. 몬산토·신젠타 등 글로벌 10대 종자 기업의 시장 점유율이 70%를 웃돌고 있어 급속한 과점화 현상이 심화하고 있다. 또, 이들 다국적 종자 회사들은 곡물 회사와 전략적 제휴(몬산토와 카길, 신젠타와 AMD)를 통해 종자 개발에서 가공, 유통까지 수직 계열화된 사업 포트폴리오를 구축하고 시장 규모가 크고 성장률이 높은 중국, 인도 등과 같은 신흥국 시장으로 사업 영역을 확대하고 있다.

세계 종자 시장은 이렇게 무섭게 변화하고 있는데 우리 종자 산업 현실은 어떤가? 국내 종자 산업의 농업 분야 시장 규모는 5억 달러 내외로 세계 시장의 1% 정도에 불과하다. IMF 외환위기 이전에는 국내 채소 종자의 64%를 국내 종자 업체가 생산했으나 흥농종묘·중앙종묘가 세미니스(네덜란드)에 인수됐다가 몬산토(미국)에 M&A되었고 서울종묘는 노바티스에 인수됐다가 현재는 신젠타(스위스)에, 청원종묘는 사카다(일본) 등 주요 종자 회사가 모두 다국적 기업에 인수돼 종자 주권이 상실된 상태다. 우리나라는 유전자원을 26만 종이나 가진 세계 6위 국가임에도 국산 종자 보급률이 매우 저조하다. 채소, 식량 위주의 먹을거리 종자 개발에 치중한 결과 과수, 화훼의 국산 종자 보급률은 각각 10%, 5%에 불과하다. 화훼 수출이 늘어날수록 해외에 막대한 로열티를 지급해야 한다. 청양고추·금싸라기 참외·불암배추 등 우리가 개발한 종자도 이제는 로열티를 지급하고 사야 한다.

일본 종자 회사가 등록한 딸기, '육보' '장희' 등의 종자 로열티로 몇십억 원을 지급하고 있다. 종자 산업은 개발도 중요하지만 치밀한 계획과 등록을 통해 지키는 것이 더욱 중요하다. 2002년 '국제 식물 신품종 보호 동맹(UPOV)'에 가입한 우리나라는 품종 보호권이 설정된 품종의 로열티 지급 의무로 인해 지급액이 급격히 증가하고 있다.

국내에 800여 개의 종자 회사가 있으나 규모가 매우 영세하다. 국내 시장의 21%를 점유하고 있는 농우바이오가 다행히도 2014년 농협에 인수돼 고군분투하고 있다. 정부·국가연구기관·대학·대기업 등의 정책과 연구, 자금을 지원하고 종자 회사의 기술력과 결합하여 세계적인 종자 회사로 성장시켜 잃어버린 식량 주권을 되찾기를 소망해 본다. 우리 젊은이들이 종자 산업의 주역이 되고 더불어 이 분야에서 많은 일자리가 창출됐으면 좋겠다.

'밭의 고기'라는 콩,
콩 산업을 육성하자

ⓒ 진안신문(2015년 12월 21일 월요일 황의영 전북대학교 무역학과 강의전담교수)

2015년 11월 중순 일본 규슈에 다녀왔다. 차창 밖으로 추수가 끝난 들녘이 마냥 한가롭게 보인다. 그런데 조금 더 자세히 보니 잎이 다 진 콩 그루가 수확을 기다리고 밭에 서 있다. 드문드문 보이는 것이 아니라 자주 보인다. 아직 수확하지 않고 있는 콩밭이 아주 많다. 그것도 산비탈 밭이 아니라 경지 정리가 잘 된 평야지 논에 콩들이 많이 심겨 있다. '일본에서는 콩이 매우 중요한 작물이고 농민들에게 소득도 보장되기에 이렇게 콩 농사를 많이 짓고 있겠지?' 라는 생각을 하며 내심 부러워하면서 우리 농촌 풍경과 대비해 봤다. 우리나라 농촌의 논에는 콩밭이 없다. 대부분 벼농사를 짓기 때문에 수확기가 지난 이맘때는 빈 논이 태반이다. 남쪽으로 가면 벼 수확이 끝난 논에 보리가 파릇파릇 자라고 있다.

내가 어릴 적 우리 고향에서는 콩 농사를 많이 지었다. 주로 메주콩이라고 하는 노란 콩, 즉 백태(白太)를 심었다. 보리나 밀을 베고 나서 6월 초부터 7월 초까지 파종한다. 두세 알씩 40~50cm 간격으로 심는다. 콩이 자라 땅이 보이지 않을 때까지는 잡초가 많이 나기 때문에 김을 매 줘야 한다. 이때 여인네들의 허리가 휜다. 주병선의 노래 '콩밭 매는 여인'처럼 여인들의 애환이 서린 곳이 바로 이 콩밭이다.

수확량을 많게 하기 위해서는 웃자람을 방지하는 일이 중요한데 이때 순치기를 한다. 꽃이 피고 꼬투리가 생겨 여물면 콩이 익는다. 콩을 수확할 때는 그루를 뽑기도 하고 베기도 한다. 나뭇가지로 삼발이를 만들어 세우고 새끼로 중간 중간을 엮은 다음 여기에 콩대를 쌓아 콩 가리를 만들어 콩을 건조한 다음 탈곡한다. 수확한 콩은 광에 넣어 두었다가 시장에 내기도 하고 메주를 쑤고 두부를 해 먹는다.

밥에 놓아 먹기 위해서 검은콩이나 서리태를 논두렁이나 자투리땅에 심기도 한다. 콩밭 한 귀퉁이에 콩나물 콩이나 팥과 녹두를 심어 제사 때나 명절 때 콩나물을 기르거나 고물을 만들고 동짓날 팥죽을 쑤어 먹기도 했다. 그러나 요즘은 종전처럼 콩을 많이 심지 않는다. 그저 자기 가족을 위해 메주를 쑤거나 두부를 해 먹을 정도로만 심는다. 시장에 내다 팔기 위해서 콩 농사를 짓는 농가는 아주 드물다. 콩 농사를 지어 봤자 수지가 맞지 않기 때문이다. 돈이 되지 않는다. 그러나 콩 수요는 점점 더 늘어나고 있다. 콩기름, 두부, 콩나물, 두유 등 식용으로 많이 소비될 뿐만 아니라 가축 사료용으로도 많이 소요된다. 대부분 소요량을 외국에서 수입해 오는데 미국에서 주로 들여온다. 대두와 대두박, 대두유 등 콩류의 수입액이 2012년 18억 6,200만 달러, 2013년 19억 8,300만 달러, 2014년에 20억 6,500만 달러에 이르고 있다.

금액이 많을 뿐만 아니라 시간이 지날수록 수입액이 점점 더 늘어난다는 데 문제가 더욱 심각하다. 원래 콩은 중국의 화북지방과 한반도 북부지방이 원산지라고 알려져 있다. 이 지역에서 기원전 2,000년경부터 콩 농사를 지었다는 기록이 있다. 미국은 지난 100년간 한반도에서 4,000종 이상의 콩 종자를 수집해 가서 품종 개량에 힘쓴 결과 현재 콩 수출 1위 국가로 도약하였다. "콩은 밭의 고기다."란 말이 있다. 옛날에는 고기가 지금처럼 이렇게 흔하지 않았다. 기껏해야 명절과 가족의 생일날에나 고깃국을 먹을 수 있었다. 고기를 못 먹으니 단백질이 부족해서 어린애들은 팔뚝만한 콧물 기둥을 달고 살았다. 어린애들의 콧구멍 밑에는 훌쩍거리던 콧물 기둥 자리가 허옇게 헐어 있었다. 콩에는 단백질 등 인체에 필요한 영양소가 듬뿍 들어 있다. 레시틴, 사포닌, 이소플라본, 트립신 인히비터 등의 성분이 특별히 많이 들어 있다.

이런 성분들은 항암 작용을 비롯해 혈중 콜레스테롤을 낮추고 지방 합성을 억제함으로써 비만을 예방한다. 정장 작용을 통해 장 운동을 활성화하며 배변을 쉽게 함으로써 변비를 예방하는 효과가 있다. 어릴 때부터 노란 콩을 지속해서 섭취하면 성인병에 걸릴 확률이 현저하게 줄어든다고 한다.

'밭의 고기'라 불릴 만큼 단백질 덩어리인 콩

1980년대 중반, 정부가 국영 무역을 하면서 독점적인 콩 수입권을 농협에 준 적이 있다. 농협은 콩 수입에서 나오는 수익금으로 '콩증산요원'을 채용하여 농가 지도를 하는 등 국산 콩을 살리기 위해서 노력했다. 그러나 1990년대 초반 수입이 자유화되면서 콩 수입을 농협이 하지 못하게 됐다. 콩 수입은 대기업이나 세계적 식량 메이저들의 수중에 들어가게 됐고 농가의 콩 재배 면적은 줄어들어 오늘에 이르고 있다.

국민이 두부, 된장, 간장, 낫토 등 콩 식품을 선호하는 일본이 논의 휴경제를 도입하면서 콩 재배 논을 휴경으로 간주하는 등의 정책으로 콩 재배 면적을 늘리고 있다. 우리도 우리 콩이 살아날 수 있도록 지원 정책을 더욱 더 적극적으로 도입하자. 그래서 육류를 대체하는 안전한 밭의 고기로 만들어 보자. 우리도 일본처럼 차창 밖으로 펼쳐지는 콩밭을 구경할 수 있는 날이 속히 왔으면 좋겠다.

친환경 농업(親環境農業) 어려움에 직면하다

ⓒ 진안신문(2014년 9월 1일 월요일 황의영 전북대학교 무역학과 강의전담교수)

1945년 8월 6일과 9일, 일본 히로시마(廣島)와 나가사키(長崎)에 인류 최초로 원자폭탄이 투하됐다. 이로써 일본 제국주의는 망했다. 지난 2014년 7월 31일과 8월 7일 KBS 시사 프로그램인 파노라마에서 '친환경 유기농의 진실'을 통해 친환경 농업의 허(虛)와 실(實)을 방영했다. 1년 전부터 기획 취재한 내용을 2주에 걸쳐 연속으로 방송했다. 2주 연속 KBS의 보도는 우리나라 친환경 농업계를 일본이 맞은 두 발의 원폭과도 같은 엄청난 충격에 휩싸이게 했다.

친환경 농업은 '합성 농약, 화학 비료 및 항생·항균제 등 화학 자재를 사용하지 아니하거나 이의 사용을 최소화하고 농·축·임업 부산물의 재활용 등을 통하여 농업 생태계와 환경을 유지·보전하면서 안전한 농축임산물을 생산하는 농업을 말한다.'고 「친환경 농업 육성법」에서 정의하고 있다.

친환경 농산물에는 그 생산 방법과 사용 자재 등에 따라 유기농 산물(유기합성 농약과 화학 비료를 사용하지 않고 재배한 농산물), 무농약 농산물(유기합성 농약은 사용하지 않고 화학 비료는 권장 시비량의 1/3 이하를 사용하여 재배한 농산물), 저농약 농산물(유기합성 농약의 살포횟수 1/2 이하, 최종 살포일은 2배수를 적용하고 화학 비료는 권장 시비량의 1/2 이하로 사용하여 재배한 농산물)로 분류한다.

취재 지역이 일부 지역에 편중되기는 하였지만 KBS 보도로는, 시작된 지 17년째인 친환경 농업의 현실은 우리가 생각하는 것과는 거리가 멀다는 것이다. 국가가 친환경 농업을 육성하기 위해 도입된 친환경 인증(親環境 認證)은 국가 공인으로 많은 사람의 신뢰를 얻어 왔는데 부실 인증 사실이 드러났다. 가짜 서류에 의한 인증, 농약을 뿌려도 걸러 내지 못하는 검사 시스템, 검사용 시료를 바꿔치기하고 많이 사용하는 농약인데도 검사조차 하지 않는다며 거짓말과 가짜가 난무하는 친환경 유기농의 실태를 파헤친다고 했다. 농약이 나와서는 안 되는 친환경 농산물 매장에서 수거한 농산물의 37%에서 농약이 나왔고 검출된 농약 중 36%는 국내에 미

등록 농약이었다. 친환경 인증을 받기 위한 서류와 검사가 조작으로 이루어지고 있었다. 인증 면적을 늘리기 위해 농지가 아닌 곳이 친환경 농지로 등록되기도 하고 서류 대필과 위조, 시료 바꿔치기 등 엉터리로 인증 제도가 운용되고 있는 현장이 보도됐다.

야산에서 퍼온 흙을 친환경 대상 논밭의 흙이라고 하고 농업용수로 저수지 물이 아닌 수돗물을 담아 농약 검사를 받기도 했다. 이렇게 거짓으로 친환경 인증을 받으려고 하는 것은 보조금을 더 많이 받기 위해서인데 보조금은 실질적으로 농가들에 돌아가지도 못했다. 보조금은 인증 신청을 대행해 주는 브로커, 농약 검사를 실시하는 분석 기관, 인증서를 발급해 주는 인증 기관들의 몫이었다.

친환경 인증 건수가 많을수록 이들이 챙길 보조금이 많아지니까 무조건적인 '친환경 인증 내주기'가 형성되면서 이들 사이에 검은 고리가 만들어졌다. 원리 원칙대로 투명하게 이루어져야 할 인증 과정이 불법과 비리로 얼룩지고 보조금은 검은손으로 흘러들어갔다. 이런 과정에서 일부 친환경 농업인은 사기꾼이 되고 소비자는 속아서 농약이 검출되는 농산물을 친환경 농산물로 알고 비싸게 사 먹고 있었다. 농약이나 비료가 사용돼서는 안 되는 친환경 농업에서 농약이나 비료를 사용하고 심지어 친환경 자재를 사용하였는데도 농약이 검출되는 경우도 있었다.

생산에서 유통, 소비까지 관리·감독을 해야 할 정부에서는 관리·감독을 할 수 있는 체계가 갖추어 있지 못하면서 정책만 쏟아내고 실적만 올리려고 하니까 악순환이 계속된다고 한다. 정부에서 단호하게 이를 끊어 줘야 하는데 쉬쉬하고 있으니까 이를 키우는 꼴이 되고 있단다. 하물며 일부 지자체에서는 친환경 농업의 면적을 늘리기 위해서 규정과 절차를 무시하고 밀어붙이고 있었다.

이 프로그램을 시청한 국민의 마음은 어땠을까? 이제까지 사랑하는 가족을 위해 비싸더라도 친환경 농산물을 구입해서 먹었는데 속았다는 억울한 마음이 들어 참담했을 것이다. 소비자의 참담한 심정을 백분 이해할 수 있을 것 같다. 나도 이 프로그램을 시청하면서 억장이 무너져 내리는 심정이었으니 말이다. 시청하는 시간 내내 끓어오르는 배신감을 지울 수가 없었다. 그러나 우리나라 전체 친환경 농업이 보도된 것처럼 모두 잘못된 것은 아니다. 다수의 정직한 농업인들은 각고(刻苦)의 노력을 경주하면서 비료와 농약을 쓰지 않고 농사를 짓는 친환경 농업의 어려움을 이겨 내고 있다.

비 온 뒤에 땅이 더 굳어진다고 했다. 이번 보도를 통해 친환경 농업의 문제점이 파악되었다. 농업인들은 초심으로 돌아가 국민에게 건강하고 안전한 식탁을 선사하려 했던 친환경 농업의 기본에 충실해야 할 것이다. 소비자들은 다시 한번 더 농업인들에게 믿음을 주고 상처받은 농심을 달래 주는 성숙함을 보여 주었으면 좋겠다.

정부에서도 친환경 농업의 관리·감독을 더욱 철저히 해서 두 번 다시 이런 일이 일어나지 않게 해 주길 바란다. 이번 보도가 우리나라의 친환경 농업을 말살(抹殺)시키는 비리의 고발이 아니라 애정 어린 고언(苦言)이 되어 친환경 농업을 더욱 발전시키는 계기가 되기를 간절히 기대한다.

황새(White Stork)와 친환경 농업

ⓒ 전북도민일보(2013년 12월 30일 월요일 황의영 전 NH무역 대표이사)

"황새가 날아들어요. 한 마리, 두 마리, 세 마리……." "크고, 아름다워요!" "멋있어요!" 등 여기저기서 탄성(歎聲)과 카메라 셔터가 터진다. 지난해(2012년) 12월 22일 오후 3시 일본 효고현 도요오카(豊岡)시 황새 마을에 있는 황새 공원에서 한국과 일본 대학생 합동 환경 연수단원들이 황새에게 먹이를 주는 장면을 보면서 터져 나온 감탄사이다. 지난해 12월 21일부터 27일까지 한국의 11개 대학교 21명의 연수 단원이 일본에 가서 일본 6개 대학교 10명의 학생과 같이 일본 효고현, 경도 부 등 5개 부현에서 환경 연수를 실시했다. '바다는 사람을 연결해 준다. 어머니처럼'이란 캐치프레이즈 아래 우리 동해와 맞닿은 일본 서해안을 따라 자연과 사람이 조화를 이루는 친환경 현장을 찾아 연수를 진행했다. 연수

170
·
171

기간 중 찾았던 도요오카의 황새 마을이 황새 복원을 위해 생태계를 복구하여 환경을 되살리고 친환경 농업을 추진하여 경제적인 풍요로움을 누리는 내용을 소개하려고 한다.

황새는 흰 몸에 검은 날개깃이 있고, 신장 110㎝, 양 날개 길이 140㎝, 몸무게 4~5㎏의 큰 새다. 황새는 지금 시베리아 등 일부 지역에서 3,000여 마리밖에 서식하지 않는 희귀종으로 국제보호조로 지정돼 보호 받고 있다. 한국에서 옛날에는 흔한 새였다. 소나무 위에 앉아 있는 황새를 '송단 황새' 또는 '관학'이라 하여 그림과 자수 등에서 흔히 볼 수 있었다.

황새는 물고기, 곤충, 개구리, 뱀 등을 먹는 먹이사슬 정점에 있다. 개울과 논 등 습지에서 먹이를 구하고 소나무 위에 둥지를 트는 등 자연 생태계가 잘 갖춰진 지역에서 서식한다.

우리나라에서는 8.15해방 전까지 황해도, 충청북도 진천·음성, 충청남도 예산 등지에서 텃새로 번식했다. 1968년 황새를 천연기념물 제199호로 지정하여 보호해 오고 있다. 6·25전쟁과 1960년대 전후 밀렵 등으로 모두 희생됐고 마지막 번식지였던 충청북도 음성의 한 쌍도 1971년 밀렵으로 수컷이 사살된 후 암컷만 남았다가 1994년 죽으면서 한국에서 텃새로 살던 황새는 완전히 사라졌다.

2010년부터 충청남도 예산군에서 황새 마을 조성 사업을 추진하고 있다. 2012년에는 한국교원대학교 황새복원센터와 협약을 맺고 2015년 야생방조를 목표로 사업을 추진하고 있다.

우리가 방문한 도요오카의 황새 마을도 옛날에는 하천 습지와 논이 많고 산에 소나무 숲이 우거져 있어 서식 환경이 좋아서 황새가 많았다. 그러나 1920년대부터 진행된 하천 직선화 공사로 습지가 사라졌고, 경지 정리와 시멘트 논두렁 조성으로 강과 수로와 논이 분단되어 수확 후 논이 말라 버려 사철 생물이 살 수 있는

일본의 도요오카에서는 황새를 이용해 친환경적으로 농사를 짓는다.

자연환경이 사라졌다. 또, 제2차 세계대전 중 소나무를 많이 베어 숲이 사라지고 쌀 증산을 위해 농약과 비료를 사용하여 생태계가 파괴되니 황새의 개체 수가 급격히 감소했다. 마침내 1971년 야생의 황새가 일본에서 사라졌다.

이곳 황새 마을에 황새를 복원하기 위해 1965년 현(県) 정부에서 인공 사육을 시작했으나 성공하지 못했다. 1986년 보호 중이던 마지막 황새가 죽자 일본의 황새는 멸종됐다. 1985년 러시아로부터 기증받은 병아리 황새를 번식시켜 사육하고 자연으로 되돌려 보내고 있다.

2003년 지방자치단체·농가·주민·기업인들이 모여 황새를 야생에 복귀시키기 위한 '황새와 공생하는 지역 만들기 사업'을 추진하였다. 산에 소나무를 심고 하천에 습지와 수로에 어로, 논 안에 물웅덩이를 만드는 등 환경을 정비했다. 그리고 논에 물을 가둬 물고기, 개구리 등 수중동식물이 살 수 있도록 했다. 농사를 지을 땐, 농약과 비료를 사용하지 않고 쌀겨 등을 넣어 잡초가 자라지 못하도록 친환경적으로 농사를 지었다.

논에 미꾸라지, 개구리, 우렁이 등 황새가 좋아하는 생물들이 되돌아왔다. 2005년 황새를 야생에 방조(放鳥)한 이후 현재 70여 마리가 야생에서 살고 있다. 지금 도요오카 황새 마을에는 연간 100만 명이 넘는 관광객이 찾아오는 명소가 됐다. 농업인도 비료와 농약을 쓰지 않았거나 비료는 안 쓰고 농약을 75% 줄여 생산한 쌀을 일반 쌀보다 20%에서 60%를 더 받아 팔고 있다. 농업인들은 쌀을 비싸게 팔아 소득을 올리고 지역 사회는 관광객들이 쓰고 가는 돈 때문에 지역 경제가 활성화되고 주민들의 소득이 높아졌다.

이 지역에서는 황새가 복(福)을 가지고 돌아와서 지역민이 잘살게 됐다고 황새를 칭송하는 소리가 높다. 황새가 살 수 있는 자연환경이 사람이 사는 데도 좋고 경제적으로 득(得)이 된 것이다. 이곳에서 우리는 환경 개선이 경제적으로 비용을 필요로 하는 마이너스(負) 효과만 있는 것이 아니라 소득을 올려 주는 플러스(正) 효과를 가져온다는 사실을 깨닫게 됐다. 우리도 도요오카의 농민들처럼 친환경적으로 농사를 지어 환경도 쾌적하게 만들고 소득도 높여 잘 사는 농촌, 풍요로운 농촌이 늘어났으면 좋겠다. 우리 농업인들도 인간답게 살아가는 농촌이 더 많아졌으면 좋겠다고 생각하면서 도요오카의 황새 마을을 떠나왔다.

수직 농장(Vertical farm)이란 말을 들어보셨습니까?

ⓒ 전북도민일보(2016년 2월 22일 월요일 황의영 전북대학교 무역학과 강의전담교수)

2015년 12월 24일 일본 오키나와(沖繩島)에 눈이 내렸다고 한다. 오키나와는 북위 27도에 걸쳐 있고 12월 평균 기온이 20℃가 되는 아열대 지역이다. 이런 곳에 눈이 내렸으니 기상 이변이다. 북미지역에도 폭설이 내려 교통이 막히고 중남미지역에서 폭우로 강물이 넘쳐 홍수가 지고 산사태가 나서 가옥이 매몰되고 인명 손실이 크게 났다는 보도다. 기상 이변이 속출하고 있는데 그 원인이 모두 지구 온난화라고 한다.

오키나와에 눈을 내리게 한 이번 강추위는 북극 주변의 찬 공기를 가둬 놓던 제트 기류가 지구 온난화로 인해 약화하면서 '북극한기'가 남쪽으로 이동한 것이 근본 원인이다. 북극 상공의 찬 기류를 '폴라 보텍스'(polar vortex)라고 부른다. 강한 바람대인 제트

기류는 평소 북극 주변을 빠르게 돌면서 이 찬 기류를 막아 두는 역할을 한다. 그런데 최근 온난화로 인해 북극 결빙이 녹아 북극 상층의 온도가 올라가고 제트 기류가 약해지자 북극 한기가 남하해서 영향을 준 것이다. 온난화로 인해 '한파 울타리'가 느슨해져 오히려 혹독한 추위가 엄습한 '온난화의 역설'인 셈이다.

이런 기상 이변은 농업에 크게 영향을 미쳤다. 기상은 풍흉의 결정에 절대적인 영향을 끼친다. 이러한 기상 조건을 극복하기 위한 인간의 노력도 끊임없이 이어져 왔다. 옛날부터 관개 시설을 설치하고 물을 끌어 들여 농사를 지었다. 치산치수(治山治水)는 치자(治者)의 중요한 덕목이었다. 이를 잘하지 못하는 임금은 쫓겨나 왕조가 바뀌기도 했다. 스프링클러를 돌려 메마른 땅에 물을 공급하고 농사를 짓는다. 온실을 만들어 싹을 틔우고 묘(苗)를 길러 본밭에 옮겨 심기도 했다. 비닐하우스, 유리 하우스를 지어 그 속에서 농사를 짓는다. 채소와 화훼, 과일을 심고 벼까지도 심는다. 이렇다 보니 언제 어디서든 시간과 장소를 가리지 않고 농사를 짓는다. 내가 어릴 때 딸기는 5월, 보리가 익어 갈 때 나오는 열매 채소였다. 그런데 지금은 눈이 펑펑 쏟아지는 12월부터 나오기 시작하여 3월이면 철이 끝난다. 경기도 이천에서 1월 중순에 금년도(2016년) 처음으로 모내기를 했다는 보도를 접한 바 있다. 복숭아도 하우스에서 재배하여 5월이면 시장에 나오기도 한다. 남·북위 20도 이내에서 주로 자라는 커피나무를 우리나라 제주도 하우스 속에서 재배한다. 러시아 북동부 캄차카반도 화산 지대에서는 온천수를 이용하여 한겨울 꽁꽁 얼어붙은 동토의 땅인데도 하우스 내에서 빨갛게 익은 토마토를 수확하고 있다. 이스라엘 네게브사막 근처 불모의 땅 광야 바란(wilderness of Paran) 지역에서도 지하수를 끌어올려 비닐하우스를 짓고 피망과 파프리카, 오이 등을 재배한다. '농사는 땅에서 기후에 맞춰 짓는다.'는 원칙이 무너진 지 오래다.

최근에는 아파트형 식물 공장인 수직 농장이 줄줄이 만들어지고 있다. 수직 농장은 1999년 미국 컬럼비아대학교 딕슨 데스포미어 교수가 식량난과 농경지 부족을 해결할 대안으로 창안한 농경 시스템으로, 건물의 각 층에 농장을 만들고 실내에는 여러 층의 재배 대(臺)를 설치해 흙이 아닌 양분을 섞은 물에 뿌리를 담가 식물을 재배한다. 빛, 물, 온도, 습도 등을 통제해 기후와 관계없이 농사를 지을 수 있다. '식물 공장'이라고도 한다. 미국 뉴저지 주 뉴어크(Newark)시의 수직 농장 '에어로팜(Aere Farm)'은 세계 최대 규모인 6,400㎡의 수직 농장에서 1년에 30번 신선한 채소를 수확하고 있다. 2004년에 설립된 이곳에서는 7~8단으로 설치된 재배 대에서 잎채소를 기르는데 LED로 빛을 쪼이고, 작물 뿌리를 물에 담가 기르는 수경 재배 대신 뿌리에 영양분을 섞은 물안개를 뿌려 생장시키는 방법을 쓰고 있다. 이곳에서 연간 1,000톤의 채소를 생산하는데 이곳에 샐러드와 주스로 가공하는 시설까지 갖추고 있어 부가가치를 높인다. 이곳에서는 가뭄, 홍수, 태풍 등 기상 이변과 관계없이 필요한 때 필요한 만큼 작물 재배가 가능하다. 이 회사는 노후한 철강 공장을 고쳐서 농장으로 만들었는데 어디든 낡은 건물을 활용할 수 있다고 한다. 이러한 수직 농장은 초기 투자가 관건이지만 선진국들은 과감하게 투자하여 수직 농장을 늘려 가고 있다. 미국, 캐나다, 일본 등의 기업들이 선발 주자로 나서 경쟁을 하고 있다. 가뭄이 극심한 중동의 사막 지역이나 시베리아, 알래스카 같은 추운 지방에서도 앞으로 수직 농장이 주목을 받을 것이다.

농업이 힘들고 어려운 산업임이 분명하다. 그렇다고 어렵다고 신세 한탄만 하고 있을 수만은 없다. 국제 농업 환경은 점점 더 경쟁의 소용돌이 속으로 휘말려 들어가고 있는데 이에 대비해야 하지 않겠는가? 자유무역협정(FTA)이 늘어나고 환태평양경제동반자협정(TPP)에도 가입 신청을 해 놓고 있다.

이럴 때 우리 농민은 다른 나라 농민들과 경쟁해서 지지 않을 대비를 해야 한다. 생산의 협업화, 광역화로 생산비를 낮추고 유통 구조를 단순화하여 비용을 절감하고 농가공 등으로 부가가치를 높여야 한다. 그래서 정부는 농업을 6차 산업이라고 하지 않은가? 이런 방향으로 정책의 방향을 추진하고 있다고 하지만 다른 나라에 뒤지지 않도록 확실하게 지원해야 한다. 농민들도 다른 나라 농민에게 뒤지지 않는다는 의지를 가지고 죽을 각오로 임해야 할 것이다.

우린, 물 부족 국가에 살고 있다

ⓒ 전북도민일보(2017년 6월 29일 목요일 황의영 경제학박사)

"강을 살리기 위해 물을 흘려보내야 한다." "아니다, 이런 가뭄에 애써 가둔 물을 왜 그냥 흘려보내야 하느냐?" "보문(洑門)을 열어야 한다." "보문을 열어서는 안 된다." 2017년 5월 하순 정부가 4대강에 설치한 보의 문을 열기로 했을 때 환경 단체와 농민들 간의 오간 얘기들이다.

보 개방에 대한 찬성과 반대 여론이 팽팽히 맞서자 정부는 6월 1일부터 4대강 16개 보 가운데 녹조 발생이 심하고 체류 기간이 길며, 수자원 이용에 지장이 없는 6개 보를 먼저 개방하기로 했다. 개방하되 농업용수 이용에 지장이 없는 선까지만 물을 빼기로 했다. 보에 따라, 현재 수위보다 20㎝에서 최대 1m 25㎝까지 수위를 낮춘다고 했다.

전국적으로 가뭄이 심하다. 특히 강원도와 충남 서부지방은 더욱 심하다. 국민안전처에 따르면 1973년 기상 관측 이래 기록된 가뭄은 44년간 총 17차례나 된다. 평균 2~3년에 한 번꼴로 발생한 셈인데 2012년 이후로는 매년 발생하고 있다. 전북지방에서도 6월 초순부터 남원과 순창, 고창 등 일부 지역에서 논물 마름과 밭시듦 현상이 발생했고 중순부터는 고창지역에서 염해와 논물 마름이 추가로 발생하고 있다. 충남 서부지역의 가뭄은 유례없는 수준이다.

역대 가뭄은 '땅이 마르는 가뭄'으로 비가 오면 금세 해갈됐다. 그러나 올해 가뭄은 땅은 물론이고 '물까지 마르는 가뭄'이라고 한다. 연중 가뭄 소식이 이어졌던 2015년 보령댐 저수율이 18.9%로 역대 최저 기록이었는데 올해는 10.2%까지 떨어지며 기록을 경신했다.

5월에는 본격적인 농사철에 들어서며 많은 물이 필요하다. 기상청의 '최근 10년간(2008~2017) 5월 강수량' 자료에 의하면 2011년까지는 100㎜를 웃돌았으나 2012년 36.2㎜로 떨어지더니 2013년을 제외하고는 5년간 100㎜ 미만이었다. 올해 5월 30일까지 집계된 양은 27.0㎜로 1973년 관측 이래 최저치다. 5~7월 강수량도 2012년 이후부터는 모두 평년 이하다. 5~7월은 장마를 포함해 연중 비가 가장 많이 오는 때로 보통 이때 대부분 저수(貯水)가 이뤄진다. 국민안전처 자료에 의하면 2012년 가뭄 때는 전국 평균 강수량이 평년 대비 32%, 2013년 제주·경남 가뭄 때는 제주 강수량이 평년 대비 25%, 울산·부산은 각각 38%, 48%였다. 2014년 중부지방 가뭄 때는 이 지역 강수량이 평년 대비 50~61%를 나타냈고 연중 가뭄이 이어진 2015년에는 전국 강수량이 평년 대비 62%, 중부지방은 45~54%였다.

기상청은 매년 기상 원인이 달라 최근 가뭄이 특정한 추세라고 설명하긴 어렵지만 보통 지구 온난화로 지역 강수 편차가 커지고 수해와 가뭄이 반복된다고 알려진 만큼 장기적인 추세일 가능성도 배제할 수 없다. 즉, 앞으로는 매년 가뭄이 연례행사로 올 수 있다는 것이다. 가뭄이 매년 온다면, 미리 필요한 만큼의 물을 보유하고 있어야 할 것이다.

자고로 치산치수(治山治水)는 치자(治者)의 중요한 덕목이다. 진나라는 도강언(都江堰)이라는 제방을 쌓아 홍수를 예방하고 정국거(鄭國渠)라는 수로를 완성하여 황무지가 옥토로 변했고 더욱 강성해져 마침내 중국 천하를 통일하는 대업을 이뤘다.

우리나라는 물 부족 국가다. 한 방울의 물이라도 아끼고 소중히 써야 한다. 아직도 많은 사람의 뇌리에는 물은 흔한 것이고 비

경제재(非經濟財)라는 관념이 남아 있다. 그러나 물은 같은 양의 휘발유보다 더 비싸다. 필요한 양의 물을 보유하는 것도 중요하지만 좋은 물을 가지는 것이 더욱 중요하다. 4대강 보(洑)에 물을 가둬두는 것도 중요하지만 물을 필요한 곳에서 활용할 수 있도록 양수·수로 시설 등을 완벽하게 갖춰야 한다.

상시적 물 부족 지역에는 댐, 저수지 등 저수 시설을 더 만들어 물을 충분히 확보해야 한다. 선진국 어느 나라도 강물을 그냥 바다로 흘려보내는 나라는 없다. 우리나라도 이젠 선진국이다. 경제적으로 세계 10위 안에 드는 부국이다. 언제까지 농민들이 가물어 물 걱정을 해야 하고 섬 지방 등에서 식수 걱정을 해야 하나? 이미 만들어진 수리 시설은 잘 활용하도록 지혜를 모아야 하겠고 물이 부족한 지역에는 서둘러 저수 시설을 설치하자. 새로 출발한 이 정부는 결코 물을 소홀히 여기지 않고 치산치수를 잘한 정부로 역사에 기록되길 바란다.

연례행사로 수해(水害)를
당할 것인가?

ⓒ 전북도민일보(2011년 8월 16일 화요일 황의영 NH무역 대표이사)

2011년 6월 하순부터 비가 계속해서 내린다. 그동안 며칠만 빼고 연일 비가 내렸다. 장마 전선이 수도권 등 중부지방에 고정되어 많은 비를 내리게 했다. 특히 7월 하순에는 서울에 3일 동안 500㎜ 이상 내렸다. 이번에는 정읍, 부안, 지리산 인근에 큰비가 내렸다. 몇 시간 안에 400㎜ 이상 폭우가 내렸다. 시간당 70㎜ 이상 내린 지역도 있는데 이는 비가 내린 것이 아니라 양동이로 물을 쏟아부었다고 하는 것이 더욱 적절한 표현일 것이다.

예년보다 더 심한 폭우로 많은 인명과 재산 피해를 입었다. 산사태로 농가와 펜션 등이 흙더미에 묻혀 많은 사람이 죽고 다쳤다. 급격히 불어난 계곡물은 농경지를 휩쓸고 도로와 철도를 끊어놓았다. 쏟아진 빗물이 미처 빠져나가지 못하고 하수구 맨홀을 통해 역류하여 도심을 물바다로 만들었다. 지하철역이 침수되고 상가와 주택에 물이 들어 이재민을 발생시켰다. 농촌에서도 농경지가 침수되고 비닐하우스도 물이 들어찼다. 많은 농작물이 물에 잠겨 수확을 포기해야 할 것 같다. 비닐하우스에서는 출하를 기다리던 수박과 파프리카, 상추 등 채소가 물에 잠겨 썩어 버렸다. 물이 찬 하우스에서 기르던 닭과 오리도 떼죽음을 당했다.

가뭄 끝은 있어도 장마 끝은 없다

"가뭄 끝에는 먹을 게 있어도 장마 끝에는 먹을 것이 아무것도 없다."란 옛말이 있다. 가뭄이 들었을 때는 품목에 따라서는 살아남는 곡식과 채소가 있으나 장마가 들어 홍수가 지면 농작물을 다 쓸어 가거나 물이 차 썩게 되면 아무것도 건질 게 없다는 뜻이다. 예로부터 가뭄보다는 장마를 더 무서워했다. 그래서 옛 선현들은 치산치수(治山治水)를 치자(治者)의 중요한 덕목 중의 하나로 꼽아 왔다. 이번에 계속된 장기간의 장마로 농업 생산에 엄청난 차질을 가져왔다.

생물은 햇볕을 받아 생명력을 얻게 된다. 농작물의 풍흉(豊凶)은 햇볕을 얼마나 잘 받느냐에 따라서도 결정된다. 농작물이 햇볕을 받아 광합성 작용을 하여 성장에 필요한 영양소를 생성하고 이를 체내에 두루 공급함으로써 자라게 된다. 농작물이 생육 조건에 맞지 않으면 충실한 결실을 맺지 못하거나, 아예 결실을 맺지 못할수도 있다. 1980년대 초, 냉해 피해로 인한 벼농사의 흉년이 이를 증언해 준다. 이번 장마로 농경지 유실에 의한 피해와 침수로 인한 직접적인 피해 이외에도 일조량이 부족하여 병충해가 발생하거나 과일의 당도가 낮아져서 품질이 떨어져 입은 피해도 크다. 과일의 가치는 먼저 당도가 높아야 좋은 평가를 받는다. 과일의 당도는 햇볕을 충분히 받아야 높아진다. 복숭아, 자두, 포도 등 여름 과일은 특히 달아야 상품(上品)으로 인정받아 비싼 값을 받게 된다. 지금의 과일은 예년의 그것처럼 달지 않아 상품성이 떨어져 높은 가격을 받을 수 없어 농민들의 소득이 낮아졌다. 참외와 수박, 토마토를 재배하는 농가들도 이들 과채소가 예년처럼 달지 않아서 손해를 많이 봤다.

지금부터라도 물 관리에 최선을 다하자

비를 오게 하거나 오지 못하게 할 수는 없다. 그러나 비로 인한 피해는 사람의 힘으로 얼마든지 줄일 수 있다. 물 관리를 잘 한다면 아무리 비가 많이 온다고 해도 수해를 입지 않을 수 있다. 고대 중국에서 하왕조(夏王朝)를 세운 치수의 제왕 우왕(禹王)이 아니더라도 치산치수를 잘 한다면 가능할 것이다.

물 관리가 되지 않아 농촌에서는 매년 수해로 많은 피해를 입고 있다.

우리나라도 기후 변화 때문에 평균 기온이 상승하고 빙하가 녹아 해수면이 높아졌다고 한다. 아열대 기후가 되어 장마가 길어지고 강우량이 늘어났다고 한다. 그러면 여기에 맞춰 모든 물 관리 계획을 새롭게 정립하여야 할 것이다. 저수지도 더 많이 만들고 저수지와 하천의 준설을 더 자주 하여 저수 능력을 높이고 물길도 더 넓게 해야 하지 않겠는가? 하천 제방도 튼튼하게 보강하여 터지지 않도록 강화해야겠다.

도심의 침수를 막기 위해서는 강우량의 증가로 더 늘어나는 빗물을 충분히 받아낼 수 있도록 하수 관로와 빗물 저수조를 증설해야 할 것이다. 농가에서도 평소에 수로를 잘 정비하고 배수 관리를 철저히 하여 침수 피해를 입지 않도록 각별한 노력을 기울여야 할 것이다. 채소가 비 피해를 보자 가격이 급등하여 물가인상의 주범(?)으로 몰려 특별 관리 대상으로 관리되고 있으니 억울한 누명을 농민들이 쓰고 있는 것이 아닌가?

국민이 이재민이 돼서 고통 받지 않고 농민들도 이런 억울한 누명을 쓰지 않기 위해서는 정부에서도 눈에 보이는 곳에 예산을 먼저 집행하는 전시 위주의 행정보다는 치산치수 등 민생의 기본적인 인프라를 구축하는 데 정책의 우선을 두어야 할 것이다. 농민들도 침수 등 자연재해 예방 활동에 보다 더 적극적으로 대처해야겠다. 먹구름이 밀려오고 폭우가 쏟아진다 해도 국민이 걱정을 하지 않는, 그런 물 관리가 잘 되는 나라가 하루속히 됐으면 좋겠다. 농업인을 포함한 모든 국민과 그날이 오기를 간절히 기대해 본다.

지금, 가뭄이 심각해
농작물이 타들어 간다

ⓒ 진안신문(2015년 6월 15일 월요일 황의영 전북대학교 무역학과 강의전담교수)

"메르스 충격에 가린 '심각한 가뭄'", "메르스는 어쨌든 시간이 가면서 가라앉을 것이다. 그러나 메르스보다 더 무서운 것이 닥치고 있는 가뭄이다", "1901년 대가뭄, 한반도 다시 덮치나?" "'120년 만에 최악의 가뭄' …20년 지속할 수도", "물 절약, 가뭄 극복 위해 다함께 실천" 2015년 6월 주요 신문이 가뭄에 대한 심각성을 알리는 머리기사들이다.

"안녕하시죠? 혹시나 비 소식이 없는지 애타게 비를 기다려봅니다." 진안신문 김순옥 사장님이 원고 청탁을 하면서 남긴 문자 메시지다. 진안에도 가뭄이 심각하여 타들어 가는 농심(農心)을 대신 전하는 내용일 것이다.

벼랑 끝에 선 농업,
희망의 농정이 되길

중부지방을 비롯한 남부 일부 지역에 가뭄이 심상치 않다. 올해 들어 5월 말까지 서울과 경기, 강원 지역 누적 강수량이 153.3㎜로 평균 대비 57%에 그쳤다고 기상청이 밝혔다. 전국적 기상 관측이 시행된 1973년 이후 역대 세 번째로 적은 강수량이라 한다. 2015년 6월 9일 수자원 공사의 자료에 의하면 남한강 수계의 충주댐의 저수율이 23.3%, 북한강 수계의 소양강댐 저수율이 27.3%로 모두 예년의 절반 이하 수준으로 떨어졌다. 소양강댐의 수위는 계속 낮아져 6월 8일 현재 154.12m로 역대 최저치인 151.93m에 근접하고 있다. 댐으로 들어오는 개천이 말라 버려 물줄기가 끊긴 지 오래다. 호수는 물이 다 말라 빨간 속살을 드러내고 둑 안쪽으로 조금 물이 고여 있을 뿐이다.

강원도 태백, 정선, 강릉 고랭지 배추 생산지의 커다란 밭에는 배추가 자라지 못하고 말라 죽었고 바람이 불 때마다 누런 흙먼지만 일고 있다. 산골짜기 작은 저수지들은 바닥이 말라 거북등처럼 쩍쩍 갈라진 모습을 보인다. 모 심은 논도 말라 벼가 누렇게 타들어 가고 있다.

가뭄이다. 심각한 가뭄이다. 강원도 일부 지역에서는 소방차와 군부대에서 지원한 급수 차량이 식수를 지원하고 타들어 가는 논밭에 물을 공급한다는 보도다. 강원도 한 사찰에서는 스님들이 기우제를 지냈다. 중부지방까지는 모내기를 다 끝냈어야 할 시기임에도 물이 없어 모내기를 못 한 논이 많이 있다. 설령 모내기를 마쳤다 하더라도 물이 없어 마른 논이 많다. 남부지방도 중부지방만큼은 아니어도 많이 가물다. 2015년 6월 6일 진안에 다녀왔는데 속살을 드러내기는 용담댐도 마찬가지다. 물이 저 아래 바닥에 질척거리고 있는 것 같았다. 아직 모내기도 다 끝내지 못했다. 밭에 심어져 있는 고추, 고구마, 참깨 모종들이 타들어 가면서 말라 죽어 듬성듬성 빈자리가 눈에 띈다.

내 고향 진안에도 가뭄이 깊었다. 예전에도 가뭄이 자주 들곤 했다. 가뭄이 들어 논이 타들어 가면 말라 버린 냇가 바닥을 파 봇도랑을 쳐서 한 방울의 물이라도 더 논에다 끌어 댔다. 이때 가재가 나오기 때문에 '도랑치고 가재 잡는다.'는 속담이 생긴 것이다. 다른 사람이 우리 논 수멍의 물을 떼고 자기 논에 물을 댈까 봐 밤을 새워 물꼬를 지키기도 했다. 자기 집 논의 물을 돌려 남의 집 논으로 물을 대기라도 하면 큰 싸움이 났다. 농부에게 가물 때 물은 피와 같이 소중한 것이다. 근래 농촌에 전기가 들어온 뒤부터는 양수기로 물을 뽑아 올려 마른 논과 밭에 물을 댄다. 최근에는 스프링클러를 설치하여 물을 뿌리는 농가도 있기는 하나 이런 농가

'120년 만에 최악의 가뭄'으로 농심(農心)이 타들어 가고 있다.

는 아주 드물다.

　앞으로 모내기도 끝내야 하고 콩, 팥도 갈고 들깨 모종도 붙여야 한다. 이러기 위해서는 논에 물이 있어야 하고 밭의 흙이 촉촉이 젖어 있어야 가능하다. 비가 와야 한다. 그러나 기상청 장기 예보에 의하면 "일부 지역에 적은 양의 비 소식이 있기는 하나 큰비는 없다."고 한다. 예년에는 6월 24, 25일이면 시작되던 장마도 올해(2015년)에는 늦어진다고 한다. 장마가 시작될 때까지 마냥 하늘만 쳐다보며 기다리고 있을 수만은 없다.

정부와 농업 관련 기관, 농업인이 가뭄 극복에 발 벗고 나서야 한다. 메르스 때문에 온 나라가 정신이 없다 하더라도 가뭄은 방치할 수 있는 일이 아니다. 농림축산식품부 등 정부 기관과 지방 자치단체는 가뭄 극복을 위해 역량을 총동원해야 한다. 예산과 장비, 인력을 동원하여 가뭄이 심각한 지역부터 지원하여 가뭄 극복 작업을 해 나가야 할 것이다. "가뭄이 주기적으로 온다."는 학자들의 주장이 설득력이 있다. 가뭄은 한 번 극복하면 다음에 영구적으로 오지 않는 것이 아니다. 기상 현상은 누구도 예단할 수 없는 자연 현상이다. 미리 대비하여 그 피해를 줄이는 방법이 최상의 방책(方策)이다.

모든 생명체에게 물은 필수불가결(必須不可缺)한 요소다. 공업용수 등 산업에서도 물은 꼭 필요하다. 물 부족 국가인 우리나라에서 물이라는 소중한 자원을 바로 흘려보내는 경향이 많다. 물을 가둬 두는 저수 시설을 더욱 확충해야 한다. 사회 간접 자원으로써 저수 시설은 대단히 중요하다. 눈앞의 이익만을 좇는 정상배(政商輩)들에게는 우선순위에서 밀려날 수도 있다. 저수 시설을 확보하는 데는 많은 시간과 돈이 들어가기 때문이다. 그래도 해야 한다. 물은 사람이 살아가는 데 꼭 필요한 자원이기 때문이다. 그래서 예로부터 "치산치수(治山治水)는 치자(治者)의 제일(第一) 덕목(德目)"이라고 하지 않았던가?

농업에 블루오션, 청보리밭 축제

ⓒ 전북도민일보(2008년 5월 15일 목요일 황의영 전북농협 본부장)

푸르름의 달 5월(2008년)이다. 요즘 농촌은 고양이 손이라도 빌린다던 농번기로 접어들어 일 년 중 가장 바쁜 시기이다. 일 년 농사를 시작하는 이즈음 고향 마을은 모두 바쁜 시점이다. 농촌은 식량 생산의 기지뿐만이 아니라 홍수 조절 기능과 휴양지의 기능 등 그 경제적 가치가 수조 원에 이르는 것으로 학자들은 분석하고 있다. 농촌은 우리에게 단순히 식량을 공급하는 것만이 아니라, 도시민의 피로를 풀어 주는 공간으로써도 무궁한 가치를 지닌다.

중년을 넘은 세대는 어릴 적 우리 동심을 늘 푸르름으로 채워 놓았던 보리밭의 풋내음과 추억을 기억해 낼 수 있을 것이다. 먹을 식량이 부족했던 시절, 우리는 겨울에 보리 씨앗을 뿌리고 이른 봄에 엄동설한을 잘 견디고 올라온 보리 싹을 잘 밟아 주곤 했다. 그리고 보리가 제법 파릇한 몸통을 갖고 온 들판을 푸르름으로 채워 냈던 모습과 보리밭 들판을 달음질했던 추억도 있을 것이다.

보리를 베기 전 들판에 모닥불을 피우고 갓 여문 보리를 한 아름 베어다 그을리어 익혀 낸 연녹색 말랑한 보드란 보리알을 손으로 비벼 입에 넣고 입 주변이 시커멓게 된 줄도 모르고 맛있게 허기를 달래던 기억이 난다. 아쉽게도 이제는 그러한 농촌의 고즈넉한 풍경을 만나 볼 수 없다. 들판 군데군데 이모작을 위해서 보리를 재배하는 곳 외에는 보리밭이 사라진 지 오래이기 때문이다.

자연과 사람의 아름다운 하모니

그러나 고창의 학원농장에서는 청보리를 농촌의 어메니티(Amenity)로 관광 상품화하여 새로운 농촌의 가치를 만들어 내는 축제를 5년째 이어가고 있다. 해마다 축제 때가 되면 수십만 명의 내방객이 다녀가는 고창의 '청보리밭 축제'는 농촌의 농업 자원과 지역의 아름다운 자연을 잘 결합하여 관광 상품화했다. 도시민들에게 볼거리·먹을거리와 다양한 체험을 할 수 있게 하고 농촌에는 활기가 넘치고 지역의 소득을 높이고 있다. 이번에 '자연과 사람의 아름다운 하모니'란 주제로 펼쳐진 고창 청보리밭 축제는 어린이, 청소년, 대학생, 주부, 장년층 모두에게 다가설 수 있는 생명과 자연이 한 공간에서 만나는 빛나는 축제이다. 30만 평의 푸른 대지 위에 펼쳐지는 청보리밭 축제는 청보리밭을 보고 느끼고 즐기는 한정된 공간에서의 축제가 아니다. 인근에 있는 선사시대의 우리 옛 조상들의 무덤으로 알려진 고인돌 공원이나 경관이 빼어난 선운산과 고창읍성으로 연결되는 일련의 관광 벨트가 '청보리밭 축제'를 중심으로 한 독특한 그린투어리즘(Greentourism)의 한 모델(Model)이다.

다양한 볼거리와 잊혀 가는 농촌의 놀이 및 문화 체험을 통해 가난했던 시절 농촌에 대한 추억과 농업·농촌의 소중함을 느끼고

농업의 잠재된 가치를 보여 준 '고창 청보리밭 축제'

이해할 수 있는 또 하나의 기회가 될 것으로 본다. 치열한 경쟁 시장인 레드오션에서 벗어나 새로운 시장 공간인 블루오션을 개척하기 위해서는 소비자의 트렌드를 읽어 내어 발 빠른 대응을 해야 할 것이다.

농업·농촌의 잠재된 가치

바야흐로 이제는 농촌 그 자체가 상품인 시대가 도래했다. 우리의 농업과 농촌이 갈수록 어려워지고 있다는 사실은 새삼 강조할 필요조차 없다. 그러나 주5일 근무제 확대 실시와 '휴(休)' 문화의 확산은 우리 농촌이 부의 원천으로 새롭게 접근할 수 있는 절호의 기회이며, 농도인 우리 전북은 그 자체가 무궁한 상품의 보고라 할 수 있다. 도심을 벗어나 정겨운 시골에서 새소리, 물소리 들으며 농촌 생활, 문화, 농사 체험을 해 보면 아이들뿐만 아니라 어른들도 우리 조상들의 생활 모습과 삶의 지혜를 배우는 좋은 기회가 될 것이다. 별이 꽉 찬 밤하늘 아래에 모닥불을 피워 놓고 온 가족이 모여 오손도손 이야기꽃을 피워 보면 색다른 추억과 고향의 정취를 흠뻑 느끼게 될 것이다.

농산물 시장 개방 확대와 가격 하락, 농촌 물가 상승으로 우리 농업에 어려움이 가중되고 있는 현실에서 고창의 사례는 우리에게 신선한 충격과 희망으로 받아들여지고 있다. 고창의 청보리밭 축제는 농업과 관광을 접목하여 농업의 외연을 넓히고 다차원 산업으로 발전시켜 지역 농업의 새로운 가치와 소득을 만들어 낸 이 시대 농업의 진정한 블루오션이 아닐까 생각한다. 앞으로 발효 식품 엑스포와 같은 세계적인 농업 관광 상품으로 발전하기를 희망한다.

농업과 농촌에 잠재된 가치는 무한하다고 본다. 우리가 가진 농업과 농촌의 자원을 잘 활용하고 지혜와 노력을 모은다면 고창 '청보리밭 축제'와 같은 새로운 기회와 희망도 더 많이 발견해 낼 수 있으리라 기대해 본다.

제4장

농민은 나라의 뿌리,
농가를 든든하게

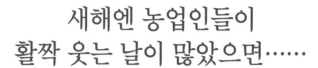

새해엔 농업인들이
활짝 웃는 날이 많았으면……

ⓒ 전북도민일보(2011년 1월 6일 목요일 황의영 전 농협중앙회 상무)

신묘년 새해가 밝았다. 5,000만 우리 국민의 가슴속에 큰 희망을 품게 하면서 동녘 하늘에서 붉은 해가 떠올랐다. 2011년부터는 즐겁고 좋은 일들은 오래도록 지속하여 더욱 발전하고, 어렵고 힘든 일들은 쉽게 풀려서 우리 모두의 얼굴에 웃음꽃이 피어났으면 좋겠다. 농사를 짓는 사람과 농업 관련 분야에 종사하는 사람들에게도 한숨이 아닌 너털웃음이 넘쳐 나는 날들만 이어졌으면 좋겠다.

이런 일들은 없었으면……

호남 서해안지역에는 눈이 많이 내린다. 겨울마다 그랬듯이 이번에도 연말(2010년)부터 눈이 많이 내렸다. 눈이 많이 오면 쌓이고 그 무게를 이기지 못하여 비닐하우스가 무너진다. 인삼밭의 차광 시설이 쓰러지며 축사가 주저앉아서 농가가 큰 어려움을 겪게 된다. 초봄이 되어 사과, 배, 복숭아 등 과수가 꽃을 피웠는데 이상한파(異常寒波)가 몰려와 나무와 꽃을 얼게 하여 나무가 죽고 열매를 맺지 못해 과수원을 폐원하기도 하고 한 해 농사를 포기하기도 한다. 감자, 고추 등 봄 작물을 본 밭에 이식하였는데 늦서리가 내려 모두 버리기도 하고 늦은 봄이나 초여름인데도 지역에 따라 밤톨만 한 우박이 쏟아져 고추, 담배, 과수 등의 열매와 잎을 짓이겨 놓아 농가가 큰 손해를 보기도 한다.

이앙기가 되었는데 봄 가뭄이 심해 저수지가 거북등처럼 갈라지면 물이 없어 모를 못 내기도 하고 갈아 놓은 작물이 타들어 가면 농민들의 속도 타 숯이 된다. 우기(雨期)가 되어 장마가 들면 햇빛이 부족해 작물이 성장을 잘 못해 연약해지고 뿌리가 썩어 병이 난다. 태풍이 불면 폭우가 쏟아져 농작물을 삼켜 쓸어 버리기도 하고 해일이 일어 바닷물이 농작물에 묻어 결실을 맺지 못해 농가가 피해를 본다. 벼의 줄무늬잎마름병, 과수나 고추의 탄저병 등 병이 발생하여 농사를 망쳐 놓기도 하고 벼멸구, 꽃매미충 등 충해로 농사를 망치기도 한다. 곡식이 결실이 다 안 되고 과일이 익기 전에 기온이 떨어져 냉해를 입어 폐농하기도 한다. 농사가 잘

농민은 나라의 뿌리,
농가를 든든하게

되어 풍년이 들었는데 가격이 폭락하여 농가 소득이 떨어지는 경우도 있다. 과잉 생산된 농산물을 갈아엎기도 한다. 때로는 높은 가격으로 수매하라고 행정 기관과 농협에 농산물을 쌓아 놓기도 한다. 이로 인하여 개별 농협마다 수억 원에서 수십 억 원까지 적자를 보는 경우도 있다.

또한, 축산에서도 요즘(2011년 1월)과 같이 소, 돼지의 씨를 말릴 것같이 무서운 기세로 전국으로 번지고 있는 구제역이 축산인들을 공포에 떨게 하고, 2008년에 이어 우리 도 전북에서 다시 발생한 조류인플루엔자(AI) 등 가축 질병이 엄청난 규모의 국가적 손실을 초래하고 있다.

피해 일어나지 않도록 사전에 대비 철저히

눈이 아무리 많이 와서 쌓인다고 해도 무너지지 않도록 축사와 비닐하우스를 튼튼하게 지어야 한다. 축사와 비닐하우스는 지역마다 기후가 다르기 때문에 규모에 따른 평균 사양이 있다. 이 사양(斜陽)대로 양질의 자재를 사용하여 시공한다면 아무리 눈이 많이 와도 문제가 없다. 인삼포의 차광막은 늦가을 눈이 오기 전에 두둑 위로 내려놓는다면 무너질 이유가 없다. 기온이 떨어져 봄철 과수나 꽃이 얼거나 수확기의 냉해, 늦서리와 우박이 내려 농작물을 망쳐 버리는 것을 방지하기 위해서는 예년의 기상 상황을 고려해서 농사를 지어야 한다. 그것이 매우 어렵기 때문에 사후적으로라도 피해 보상을 받을 수 있는 농산물 재해 보험을 적극적으로 가입하여야 한다. 국가나 농협에서는 재해 보험 가입 가능 품목을 계속해서 확대해 나가야 할 것이다. 가뭄에 대비한 수리 시설의 확대와 스프링클러 등의 시설과 장비도 확대 보급하여야겠다. 병충해를 사전에 방지하기 위한 예찰 활동과 방제 활동을 적극적으로 전개하여 피해를 최소화해야겠다. 구제역 등의 가축 전염병을 예방하기 위해서는 사람과 차량, 물동의 이동을 적극적으로 통제하고 관리하는 재난 방지 수준의 예방 활동이 있어야겠다.

2011년 신묘년 올해부터는 정부 정책의 미비로 농가가 어려움을 겪지 않도록 제반 농업 정책이 보완되고 농협은 농민이 생산한 농산물을 제값 받고 팔아 주며 농민은 양질의 우수한 농산물을 열심히 생산하고 국민은 안전한 우리 농산물을 소비하면서 건강을 증진해야겠다. 그러면 그동안 암울하기만 했던 우리 농업도 희망이 보이고 우리 농민들이 잃었던 웃음을 되찾을 수 있을 것이다.

농민은 나라의 뿌리,
농가를 든든하게

설날을 보내면서, 농촌에서는

ⓒ 전북도민일보(2011년 2월 10일 목요일 황의영 전 농협중앙회 상무)

민족의 대명절(大名節) 설날이 지났다. 여느 설보다 조용하다. 냉랭하다 못해 쓸쓸하다. 골목을 따라 넘쳐나던 어린아이들의 시끌벅적 떠드는 소리도 들리지 않는다. 점점 변해 가는 세시풍속이기도 하겠지만 전국을 강타하고 있는 구제역 때문이리라 생각한다. 예년 같으면 부모님들이 고향에 내려오라고 했었는데 이번에는 내려오지 못하도록 당부했다. 지방자치단체에서도 고향 방문을 자제해 달라는 문자가 왔다. 마을마다 "고향에 오신 것을 환영합니다."라는 현수막이 반겼는데 이번엔 없다. 고속도로의 교통체증 현상도 예년만 못하다. 물론 휴일이 분산된 영향도 있겠지만 고향에 가지 않은 사람이 예년에 비해 많았다. 일부 자치단체에서는 관내의 휴양지에 와서 연휴를 즐기도록 모객(募客) 활동을 했다. 고속도로의 차량 중에도 휴양지를 찾는 차량이 상당했을 것이라는 생각이 든다.

설날에는 넉넉한 마음으로 덕담을 나눴다

설이 언제부터 우리 명절이 됐는지는 명확지 않다. 설을 명절로 삼기 위해서는 역법(曆法)이 필요한데 중국의 《삼국지》 「위서」 동이전에 '부여 사람들이 역법을 사용했다.'는 기록이 있는 것으로 보아 삼국시대 이전부터 명절로 지낸 것 같다. 문헌에 처음 나타나는 것은 중국 역사서 《수서》와 《구당서》에 '신라인들은 원일(元日) 아침에 서로 하례하고 왕이 잔치를 베풀어 군신들을 모아 회연하며, 이날 일월신(日月神)을 배례(拜禮)한다.'는 기록이 있다. '원일' 은 설날의 또 다른 말이다. 이를 보면 우리는 수천 년 동안 설 명절을 쇠며 지내 왔다.

내가 어릴 때 설날에는 때때옷 입고 조상님께 차례를 올리고 마을을 돌며 어른들에게 세배를 드리며 복 많이 받으라는 덕담을 나눴다. 음식도 나누고 넉넉한 마음도 나눴다. 연을 날리고 윷놀이와 널뛰기도 했다. 동네 어른들은 집마다 돌며 풍물을 치며 지신(地神)을 밟아 액운을 막고 행운을 빌어 줬다. 그때는 살림이 넉넉지 못해 설이나 추석에야 겨우 새 옷을 얻어 입고 고기도 맛볼 수 있었다. 어린 우리는 설날이 좋았다. 그래서 설날을 손꼽아 기다렸다.

구제역과 조류인플루엔자(AI)로 우울한 설을 보내다

2011년 설은 그 어느 때보다도 우울한 설이었다. 구제역 때문에 대부분 농촌지역의 5일장도 폐쇄됐다. 예전에는 설을 맞기 위해 대목장을 보면서 제수품을 사고 차례 음식을 준비하는 주부들의 손놀림이 분주했지만 마음만은 여유로웠다. 이번 설에는 그런 여유가 없었다. 수십만 마리의 가축을 생매장한 농업인들은 무엇을 어떻게 해야 할지 모를 정신적 공황 속에 빠졌다.

매일 먹이를 주며 이름을 부르던 자식 같은 가축을 산 채로 묻었으니 그 마음이 오죽하겠는가? 임진왜란 시 성웅 이순신 장군은 "호남이 없으면 나라가 없다(若無湖南, 是無國家)."고 하며 호남을 지켜 나라를 구했다. 지금 우리 전라남·북도에서는 우리나라의 마지막 남은 구제역 청정지역을 지키기 위해 처절한 사투를 벌이고 있다.

농업인은 물론 공무원, 경찰과 군인 그리고 농축협의 임직원, 자원 봉사자들이 총동원되어 백척간두에 내몰린 한국 축산을 지키기 위해 구제역과 조류인플루엔자와의 전쟁을 치르고 있다. 전쟁을 치르고 있는 병사가 한가로이 명절을 즐길 수 있겠는가? 섣달 그믐날 밤에도 정월 초하루 아침에도 방역 초소에서는 이동하는 모든 물체에 대해 소독을 해야 했고 수은주가 영하 몇십 도로 내려가도 방역 활동은 멈출 수 없었다.

두 달이 지나 석 달에 접어들다 보니 방역 근무자들도 지치게 되었지만, 구제역은 수그러들 줄 모른다. 그래도 우리는 지켜 내야 한다. 무너져 내리는 한국의 축산을, 농촌을 지켜야 한다. 우리가 힘을 모으고 지혜를 모은다면 반드시 지켜 낼 것이다. 지하 622m 에서 70일 동안 매몰되었다 구출된 칠레 산호세 광산의 33인의 광부들처럼 아무리 큰 어려움이 있더라도 우리의 축산을 반드시 구해 내야 한다. 농업인들은 자기 농장의 가축 전염을 막기 위한 예방 활동에 적극적으로 참여하고 있다.

정부도 국가 재난으로 간주하여 관계 법령의 정비, 예산의 지원, 필요한 행정 조치 등 범국가적인 대응을 하고 있다. 국민도 예방 활동에 적극적으로 동참하고 있다. 방역 초소에서의 방역 활동에 협조는 물론 축산 농가의 방문 자제 등 할 수 있는 모든 활동에 솔선 참여하고 있다.

구제역은 갈라진 발굽이 있는 가축에게서만 발생하고 사람에게는 전염되지 않는 가축만의 질병이다. 일반 국민은 종전처럼 우리 축산물을 변함없이 애용해 주시는 것이 우리 축산을 지키는 길이라 생각한다.

농민은 나라의 뿌리,
농가를 든든하게

이제 구제역이 종결되었다는 당국의 발표가 하루빨리 나오기를 간절히 기대해 본다. 내년 설날에는 지독하게도 우리 축산을 괴롭힌 이번 구제역을 어떻게 극복했는지 경험담을 얘기해 보자.

구제역과 조류인플루엔자와의 전쟁을 끝내고 즐거운 마음으로 설을 보낼 수 있기를 바란다.

설날 찾은 내 고향,
잘 살 수 있도록 지혜를

ⓒ 전북도민일보(2012년 1월 19일 목요일 황의영 NH무역 대표이사)

2012년 임진년 설날이 다가온다. 며칠 후면 설날이라 민족의 대이동이 시작될 것이다. 철도와 항공은 임시 편까지 운행하고 고속도로는 주차장이 될 것이다. 설날이 다가오면 제수와 설빔을 준비하기 위해서 시끌벅적 재래시장은 북적거린다. 새벽부터 떡집에는 함지박을 인 여인들이 줄을 서고 떡방아에서는 하얀 김을 품어 내며 누에가 실을 뱉어 내듯 가래떡이 빠져나온다.

마을 우물가에서는 어른들이 모여 돼지를 잡고 아이들은 눈에 빠진 발이 젖어 시려 오는 것도 모르고 눈밭에서 뛰어논다. 집마다 콩을 불려 두부를 한다. 섣달 그믐날엔 전을 부치고 제사 음식을 준비한다. 고향을 떠났던 가족들이 모여 정다운 이야기꽃을 피운다.

농민은 나라의 뿌리,
농가를 든든하게

설날 아침에는 때때옷으로 갈아입고 조상님께 차례를 지낸다. 아이들은 조부모, 부모 등 어른들께 세배를 드리고 세뱃돈을 받으며 좋아한다. 눈길을 뚫고 산소를 찾아 성묘하기도 한다. 그런 다음 마을 전체 집마다 어른들을 찾아다니며 세배를 드리고 복 많이 받으시고 건강하시라는 덕담을 나눈다. 동네 어른들에게 세배가 다 끝나면 동산에 올라 하늘 높이 연을 날린다. 온 가족이 방 안에서 윷놀이를 하거나 친구들과 마당에서 제기차기 놀이를 한다. 지금도 머릿속에 아른거리는 어릴 때 고향에서 맞이했던 설날의 풍경이다.

북적거리던 마을도 예전만 못한데, 작년 설에는 구제역까지

마을에 어른들이 돌아가시니 호수(戶數)도 줄었고 고향을 떠나 생업에 종사하는 자식들도 부모님을 뵈러 찾아올 필요가 없어 자기가 사는 곳에서 설을 쇠기 때문에 시골 마을엔 사람이 예전처럼 많지 않다. 오히려 부모님들이 자식 집으로 설을 쇠러 가는 역귀성도 늘었다.

고향 집을 찾아 설을 쇠기 위한 귀성 행렬이 고속도로를 주차장으로 만들더라도 좋다. 그리운 가족과 정다운 이웃을 볼 수만 있다면 고속도로에서의 몇 시간의 정체는 즐거운 마음으로 감내할 수 있다. 그러나 이제는 리조트 등 관광지를 찾는 사람들이 많기 때문에 관광지로 향하는 고속도로는 더욱 많이 밀린다고 한다.

2011년 설 때는 구제역이 광풍처럼 전국을 휩쓸고 지나갔다. 우리 고향 전라남·북도를 제외한 전국에서 구제역이 창궐했다. 축산인에게 고통과 눈물을 가져다준 엄청난 재앙이었다. 구제역 발생을 우려하여 지방자치단체에서 출향인들에게 고향 방문을 자제해 달라고 연락해서 많은 사람이 고향에 가지 못했다. 구제역의 여파는 설날 귀성길을 막았을 뿐 아니라 많은 수의 소, 돼지를 생매장했다. 이는 돼지값 폭등을 가져와 삼겹살이 금겹살이 되기도 했었다. 이후 사육 두수가 늘어난 소는 급기야 젖소 송아지 한 마리에 1만 원까지 떨어지는 사태까지 발생하여 농축산인 뿐만 아니라 온 국민의 마음을 아프게 하고 있다.

일부 농가에서는 사료를 사서 먹일 수 없어 소가 굶어 죽는 상황까지 이르게 됐다. 축산인들의 사기가 많이 떨어져 있어 그들이 무슨 정신으로 이번 설을 맞이하게 될지 걱정이 앞선다. 정부에서는 암소 수를 줄이고 군납 돼지고기와 수입 쇠고기를 국산 쇠고기로 대체하는 등 쇠고기 수급 조절에 안간힘을 쓰고 있다. 설 명절을 대비해 한우고기 선물세트를 할인 판매하고 설 이후에도 할인 판매를 지속하기로 했다. 이와 함께 한우 사육 두수를 줄이기 위해 '송아지 생산 안정제'와 '암소 도태 장려금 제도'를 개선하기로

농민은 나라의 뿌리,
농가를 든든하게

했다. 사육 두수와 상관없이 송아지 가격이 하락하면 지급하던 보전금을 사육 두수의 과잉 과소 여부에 따라 차등 지급하기로 했다.

'교각살우(矯角殺牛)의 우(愚)'를 범해선 안 된다

정부는 올해에 '소비자 물가' 상승률을 3%대 이내에서 잡겠다고 한다. 물가 실명제를 도입한다고 하면서 '배추 사무관' '쇠고기 과장' 등의 사례를 들어 마치 농축산물이 물가 상승의 주범인 것처럼 정부와 언론에서 발표했다. 하지만 전체 물가 지수 산출 대상 품목 중에서 농산물이 몇%를 점하고 있는가? 농산물 가격만 오르지 않으면 물가가 안정될 수 있다는 말인가? 대외 의존형 구조로 되어 있는 우리나라 경제의 특성상 국제 유가 등 외국에서 수입되는 물품의 가격 상승은 어떻게 할 것인가? 농산물의 생산 요소 가격 상승을 막아 줘야 농산물 가격 상승도 막을 수 있는 것 아닌가? 사전에 요인을 제거해야지 결과만 가지고 우격다짐으로 막겠다고 하면 자칫 '교각살우(矯角殺牛)의 우(愚)'를 범해 더 큰 부작용이 나타날 수도 있을 것이다.

올해 2012년에는 한미 FTA가 발효되는 등 농업인의 어깨를 짓누르는 요인이 더 많아질 것이다. 이런 상황 속에서 한국 농업이 살고 농업인의 고통을 덜어 줄 수 있도록 정부의 세심한 배려가 정책으로 반영됐으면 좋겠다.

생산자 조직인 농협은 농산물 판매 등 유통에 적극적으로 대처하고 농업인도 변화에 기민하게 대응하는 경영인의 자세를 가다듬어야겠다. 더 나아가 고향을 찾는 도시민들도 우리 농산물을 적극적으로 애용하는 등 국가와 국민이 한마음 한뜻으로 똘똘 뭉쳐 대응한다면 농민들도 결코 외롭지 않을 것이고 우리의 고향 농촌도 발전할 것이다. 이번 설 명절에 고향을 찾은 우리 모두 다짐해 보자. 우리 농촌을 우리가 살려 보자고. 그래서 우리 후손들의 손에 식량 창고의 열쇠를 쥐여 주자.

농민은 나라의 뿌리,
농가를 든든하게

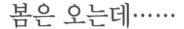

봄은 오는데······

ⓒ전북도민일보(2015년 3월 9일 월요일 황의영 전북대학교 무역학과 강의전담교수)

2015년, 경칩(驚蟄)이 지났다. 경칩은 봄의 전령(傳令) 개구리가 긴 겨울잠에서 깨어나 땅 밖으로 튀어나온다는 날이다. 눈 녹은 시린 물은 졸졸 산골짜기 도랑을 흘러내리며 봄의 교향악(交響樂)을 연주한다. 시냇가 버들강아지 눈뜨고 돌미나리 푸른빛을 더한다. 양지바른 들녘엔 쑥이 기지개를 켜며 새싹을 키운다. 봄이 성큼 우리 곁에 다가왔음을 알린다. 머지않아 강남 갔던 제비가 돌아오고 개나리가 병아리 같은 노란색 꽃을 피워 낼 것이다. 울긋불긋 진달래도 온 산을 물들일 것이다.

봄이 오면 농사꾼은 마음이 설렌다. 올해는 어떤 농사를 지을 것인가? 농사가 잘되어 혼기(婚期) 지난 아들 녀석 짝은 지어 줄 수 있을까? 다 빠진 치아에 틀니라도 해 넣을 수 있을까? 큰아들 전세금이라도 올려 줄 수 있을까? 막내 대학 학자금은 농협에서 빚을 내지 않더라도 해결할 수 있을까? 등등 농사를 잘 지어서 효과적으로 돈을 쓸 수 있을 것인가를 상상하기에 바쁘다. 하고 싶은 일은 많은데 경제력이 뒷받침되지 않으니 삶이 팍팍하고 의욕이 없다. 농업인은 이맘때가 되면 볍씨 담글 채비를 하고 못자리할 준비를 한다. 지난해 쓰다가 넣어 두었던 농기계를 닦고 손질한다. 요즘이 풍년 농사를 이뤄 내기 위한 준비를 본격적으로 시작하는 때다.

최근 보도로는 중국과의 자유무역협정(FTA)의 협정문을 각각 자기 나라 언어로 번역 중이라고 한다. 번역되어 국회의 비준을 얻게 되면 발효될 것이다. 자유무역협정 발효 이후 중국의 값싼 농산물이 봇물 터진 듯 밀려들 것이다. 농산물은 물론이고 김치, 다진 양념, 절임류 등 가공식품도 밀려올 것이다.

근본적으로 중국의 농산물 가격이 우리나라보다 훨씬 저렴하기 때문에 수입돼 팔리게 될 것이다. 시장에서 가격이 싼 물건이 잘 팔리는 것은 지극히 당연하다. 미국, 캐나다, 호주, 뉴질랜드, 프랑스, 칠레 등 농업 강국과의 자유무역협정 타결로 우리 농업의 설 자리가 좁아지고 있는데 근접국(近接國) 중국과의 자유무역협정마저 발효되면 농업 분야에 심대한 타격이 예상된다.

「지금은 남의 땅 - 빼앗긴 들에도 봄은 오는가/ 나는 온몸에 햇살을 받고/ 푸른 하늘 푸른 들이 맞붙은 곳으로/ 가르마 같은 논길을 따라 꿈속을 가듯 걸어만 간다……」는 일제 강점기 빼앗긴 조국의 비통함을 노래한 이상화 시인의 '빼앗긴 들에도 봄은 오는가?'라는 시(詩) 서문(序文)이다. 외세의 침략으로 조국의 국권을 빼앗기고 식민지 국민으로서 울부짖음을 노래한 시다. 자유무역협정 때문에 경제적으로 농업 강국에 예속(隷屬)돼 우리 농업이 궤멸(潰滅)된다면 이상화 시인이 노래한 것처럼 외국의 농민에게 우리 들녘을 빼앗기고 우리의 농토는 황무지가 될 것이다.

외국 농업인과의 경쟁에서 이기기 위해 우리 농업인들이 피나는 노력을 기울이고 있다. 벼농사를 짓고 난 논에 비닐하우스를 짓고 겨우내 얼어붙은 땅을 데워 참외, 딸기, 수박, 시금치, 무, 배추, 미나리, 쑥갓, 아욱, 냉이, 쑥 등 열매채소, 잎채소, 산나물, 들에 나는 나물까지도 생산해 내고 있다. 근래엔 제철 과일이나 제철 채소라는 말이 어울리지 않게 됐다. 연중 언제라도 생산할 수 있기 때문이다. 사과잼(jam)은 고전(古典)이고 사과로 조청을 만들고 잘게 썰어 건조해 과자처럼 먹게 한다. 사과로 와인을 만들고 한과를 만든다. 블루베리를 심고 수확해 젤리(jelly)를 만들고 잼을 만들어 판다. 호박으로 즙을 짜고 죽을 만들어 직접 소비자들에게 판다. 이제 농업과 공업이 접목되어 농공업이 성황을 이룬다. 체험 농장 등 도시민을 농촌으로 끌어들여 조상 대대로 전해져 온 여러 가지 전통적인 행사와 식품 제조법을 배우고 익히게 한다.

농장에 들어가 농작업을 하게 하고 자기가 생산한 농작물을 스스로 수확하게 하는 주말농장, 과수 분양 등 다양한 형태의 농촌 관광을 하여 도시민을 농촌으로 끌어들여 소득을 올린다. 그래서 농업은 6차 산업이라고 하지 않는가? 농업 1차 산업, 농가공업 2

벼농사를 짓고 난 논에 비닐하우스를 짓고 겨우내 얼어붙은 땅을 데워 딸기 등을 생산한다.

농민은 나라의 뿌리,
농가를 든든하게

차 산업, 농촌 관광 3차 산업, 이들을 곱하면 6차 산업이 된다. 지금 세계적 기업들이 미래의 먹을거리 산업이 농업이라 하며 농업에 엄청난 투자를 하고 있다.

분명, 농업은 미래 산업이고 생명 산업이다. 전망이 밝다. 우리 농업인의 창의적이고 적극적인 영농 활동은 중국이 아니라 어느 나라 농산물과 싸워도 이길 수 있고, 우리의 농토가 이상화의 시에서처럼 '빼앗긴 들'이 되지 않을 것이다.

우리 모두 이처럼 어려운 여건에서도 묵묵히 자기 할 일을 다 하는 우리 농업인들에게 용기와 격려를 아끼지 말자. 그래야 우리의 들녘을 빼앗기지 않을 것 아닌가?

태풍에 멍든 농심
어떻게 보듬어야 하나?

ⓒ 전북도민일보(2012년 9월 12일 수요일 황의영 NH무역 대표이사)

복싱 경기에서 상대를 쓰러뜨리기 위해 오른손, 왼손 연속해서 펀치를 날린다. 연속 펀치를 맞은 상대 선수는 충격을 크게 받아 다운되기도 하고 KO패를 당하기도 한다.

2012년 8월 말 한반도는 이틀 간격으로 연속해서 태풍을 맞았다. 두 태풍은 우리나라에 큰 피해를 남겼다. 8월 28일 한반도를 휩쓸고 지나간 제15호 태풍 '볼라벤(Bolaven)'은 농업 쪽에 큰 손해를 끼쳤다. 강풍을 동반한 '볼라벤'은 제주도와 서해안지역을 강타하면서 수십 명을 숨지게 하고 수확을 앞둔 사과, 배를 떨어뜨리는 등 인명 재산 피해를 속출하게 했다. 8월 30일 한반도 남해안으로 상륙하여 동해로 빠져 나간 제14호 태풍 '덴빈(Tembin)'

은 물 폭탄을 뿌리고 물러갔다. 전남 진도는 하루 235㎜의 비가 내려 전국 최고 강수량을 기록했다.

　육상에서 과수, 인삼 등 특작 농가의 피해가 극심했다면 해상에서는 전복 양식장 등 가두리 양식장이 큰 피해를 보았다. "사과가 다 떨어졌어요. 그렇게 세게 부는 바람은 난생처음 봤어요." "배가 다 떨어져 배 밭에 발 디딜 틈이 없어요. 어떻게 해야 할지 모르겠네요." "비닐하우스 지붕이 날아가고 비닐이 찢겨 나갔어요. 파프리카가 상해서 수확을 못 할 것 같아요." "이모작 논의 벼가 이제 막 이삭이 나왔는데 미친 듯 불어 재끼는 바람에 수분을 빼앗겨 백수 현상이 많이 나타나고 있어요. 수확량이 많이 줄어들 것 같아요." "축사의 지붕이 많이 날아갔습니다." 태풍 '볼라벤'이 한반도를 휩쓸고 지나간 다음 날, 내 고향 전북의 농협 조합장님들과 전화 통화를 했는데 한결같이 태풍의 무시무시한 위력과 심각한 농작물 피해 상황을 전하는 걱정 어린 말들이다.

　피해를 본 농민들이 망연자실하여 무엇을 어떻게 해야 할지 몰라 넋을 잃고 있을 때 군인과 경찰, 공무원, 농협 직원, 회사원 등이 휴일도 잊은 채 피해 복구를 위해 발 벗고 나섰다. 과수원에서 낙과를 줍고, 무너져 내린 비닐하우스를 철거하고, 못쓰게 된 농작물을 뽑아내고, 쓰러진 벼를 일으켜 세웠다. 대형마트 등 유통업체들은 발 빠르게 낙과 팔아 주기에 나섰다. 농협 가공 공장은 주스를 짜기 위해서 낙과를 수매하기 시작했다. 도시의 소비자들은 낙과 사 주기 운동에 적극적으로 동참하고 있다. 피해 보상을 위한 정부의 활동도 신속히 이루어지고 있으며 농협의 재해 보험금 지급을 위한 절차도 밤을 새워 진행되고 있다고 한다. 모든 국민이 한마음 되어 피해 복구에 나서고 있는 것이다.

우리 민족은 위기를 당했을 때 한데 뭉쳐 슬기롭게 이를 극복하는 유전자가 있다. 고려시대 90년 동안 몽골의 침략에 대응하여 나라를 지킨 것도 백성이었으며 조선시대 임진왜란을 물리친 것도 의병들이었다. 외환위기를 극복하기 위한 '금모으기 운동'에 줄을 서서 동참하는 우리 국민의 모습은 세계인들을 놀라게 했다. 태안반도 기름유출 사고 때에도 자원 봉사자들이 줄을 이어 참여해 바위와 자갈 심지어 백사장의 모래알 하나하나까지도 닦아내어 자연 생태계를 회생시켰었다. 이번 태풍 피해 복구에도 많은 국민이 솔선수범 땀 흘려 주신 데 대하여 농업 분야에 종사하고 있는 사람으로서 감사할 뿐이다. "태풍 피해 복구에 땀 흘려 노력해 주신 여러분! 감사합니다. 그리고 고맙습니다." 깊이 머리 숙여 감사의 인사를 드립니다.

농민은 나라의 뿌리,
농가를 든든하게

농산물을 수출하는 우리 회사도 이번 태풍으로 큰 영향을 받게 됐다. 당장 사과, 배, 멜론, 파프리카 등 신선 농산물을 수출하는 데 차질이 생겼다. 수출 단지에 낙과 등의 피해가 심각하여 수출 물량 확보가 어렵게 됐다. 납품 기일을 맞추기도 쉽지 않을 것 같다. 또한, 공급량이 부족하니 가격이 인상될 수밖에 없다. 신속하게 수출 단지의 피해를 조사하고 피해 상황을 사진 등에 담아 외국의 바이어들에게 전달하고 이해를 증진했다.

일부 조생종 배는 수출을 했으나 추석을 맞아 신고배를 수출해야 하는데 물량 확보 때문에 큰 차질을 빚고 있다. 멜론과 파프리카 등도 주문량을 모두 선적하지 못하고 있다. 이렇게 어려운 여건이지만 수출을 지속시키기 위해서는 정부나 지방자치단체에서도 적정한 물류비 지원 등 수출 농가가 재기할 수 있을 정도의 실질적 지원이 될 수 있도록 조치하여 수출길이 막히지 않았으면 좋겠다. 비록 올해에는 태풍으로 인해 수출이 어렵지만, 내년에는 우리의 우수한 농산물을 더욱 많이 수출했으면 좋겠다.

자연 현상에 의해 발생하는 태풍 등 자연재해가 발생하지 않도록 사전적으로 막을 수는 없다. 그러나 우리의 노력 여하에 따라서 얼마든지 그 피해를 예방하거나 줄일 수 있다. 지난 30년 동안의 통계를 보면 우리나라에 영향을 미치는 태풍은 연평균 3.1개로 매년 3~4개가 발생한다. 그중 87.1%인 2.7개가 7~9월에 온다. 이런 통계에 기초하여 태풍에 대비한 정부의 정책이 수립되어야겠고 농민은 태풍에 대비하여 적절한 농업 시설을 설치하고 비배 관리, 수확기 조절 등을 태풍의 내습에 대응하여 실시해야겠다.

　정부는 재해 보상 보험의 대상 품목을 더욱 확대하고 농민의 가입률 제고에 지원을 아끼지 말아야겠다. 태풍 이후 민·관·군·경이 태풍 피해 복구를 위해 한마음이 되어 땀 흘려 왔듯이 앞으로도 태풍으로 멍든 농심(農心)을 보듬어 안을 수 있도록 농업·농촌·농민에 대한 사랑을 더욱 많이 보내 주시고 우리 농산물을 애용해 주실 것을 간곡히 부탁드린다.

　이번 추석 차례를 지낼 때만이라도 우리 농민들의 얼굴에 웃음이 묻어 나오길 기원해 본다. 국민 여러분 감사합니다. 농업인 여러분 용기 잃지 마시고 힘내세요. 여러분을 응원하는 5,000만 국민이 있습니다!

농민은 나라의 뿌리,
농가를 든든하게

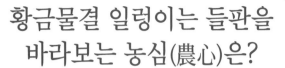

황금물결 일렁이는 들판을
바라보는 농심(農心)은?

ⓒ 전북도민일보(2010년 10월 1일 금요일 황의영 농협중앙회 상무)

2010년 추석 연휴에 고향에 다녀왔다. 고향은 항상 그러했던 것처럼 이번에도 어머니 품속처럼 따뜻하게 맞이해 줬다. 뜨거운 무엇인가가 울컥 가슴에 와 닿는다. 어려웠던 시절 농부의 아들로 태어나고 자란 나 자신의 어린 시절이 주마등처럼 뇌리를 스쳐 지나간다. 춘궁기가 되면 쌀이 없어 끼니를 제대로 때우는 집이 동네에서 몇 집 되지 않았다. 보리죽에 고구마로 끼니를 연명해야 했고 보릿고개를 넘기기 위해서는 장리쌀을 내어야 했다. 쌀은 귀한 보물이었고 생명을 이어 주는 끈이었다.

우리 고장의 들녘은 지난해에도 그랬고 그 지난해도 그랬듯이 올해도 황금물결이 일렁이고 있다. 포기마다 잘 벌어 한 아름이 되고 이삭마다 금쪽같이 잘 여문 낟알들이 탐스럽게도 달려 있다. 이상저온으로 모내기가 늦어지고 잦은 비로 햇빛을 제대로 받지 못해 생육에 어려움이 있었지만, 우리 농업인들의 정성 어린 보살 핌으로 올해도 풍년이다. 얼마나 기쁘고 좋은 일인가. 주식의 원료 가 되는 쌀을 풍성하게 수확하게 되었으니……. 풍년을 기뻐하는 콧노래를 흥얼거리며 더덩실 어깨춤이라도 추어야 할 상황인데도 떨어지는 쌀값 때문에 땅이 꺼지라고 내쉬는 농민들의 한숨 소리 가 높다. 흉년이 들어야 농민들의 한숨 소리가 높은 법인데 정반 대 현상이다.

쌀이 남아도는 이유

쌀이 남아도는 데는 그럴 만한 이유가 있다. 첫째로 생산량이 많다. 과거 1960년대 녹색 혁명이라 불렸던 다수확 품종인 통일 벼가 개발되기 전에는 생산량이 절대적으로 부족하였다. 반만년 천형(天刑)처럼 이어 온 빈곤의 굴레에서 벗어나기 위해서 우리는 바다를 막고 산을 일구어 농지를 조성했고 심혈을 기울여 소출이 많은 벼 품종을 만들어 냈다. 이러한 피땀 어린 노력의 결과 우리 는 쌀을 자급할 수 있게 되었다. "고깃국에 흰 쌀밥 한 그릇 배불 리 먹어 봤으면 원이 없겠다."고 했던 우리 조상 대대로 내려온 소 원을 이루게 된 것이다.

농민은 나라의 뿌리,
농가를 든든하게

쌀이 소비량보다 생산량이 많게 되어 곡간에 쌀을 여유 있게 쌓아 놓고 먹게 된 것이다. 그러나 이제 쌀을 쌓아 놓을 곡간이 없을 정도로 너무 많아 걱정이다. 올해 말, 적정 비축량이 72만 톤인데 77만 톤이 초과하여 149만 톤에 이를 것으로 전망된다.

둘째로는 소비가 줄어들고 있기 때문이다. 1980년에 국민 1인당 쌀 소비량이 132.4kg이던 것이 2005년 80.7kg으로 작년에는 74kg으로 줄고 올해에는 고작 72kg에 불과하다고 한다. 이는 다양한 식문화의 변화로 밥 대신 빵이나 고기, 기타의 대용식으로 끼니를 때우고 있기 때문이다.

세 번째로는 쌀의 수입량이 매년 늘어나고 있다. UR 협상 시 우리는 쌀을 지키는 대신 최소시장접근(MMA) 물량을 의무적으로 수입하도록 했기 때문이다. 이 의무 수입량이 올해에는 33만 톤이나 된다.

이러한 세 가지 이유로 쌀이 남아돌고 쌀이 남기 때문에 가격이 내려가는 것이다. 그래서 지금 황금물결이 일렁이는 들녘을 바라보는 농업인의 가슴은 숯검정처럼 새까맣게 타들어 가고 있다. 풍년이 기쁨이 아니라 근심이 되는 이유가 여기에 있다.

쌀 문제 해결은……
쌀이 이렇게 남아돌아 문제가 되는 것을 해결하기 위해서 정부·지방자치단체·농협·농민단체가 다방면으로 노력하고 있으나 쉬이 해결되지 않고 있다. 우선 단기적으로 수확기 쌀값 하락을 방지하기 위하여 시장 격리와 매입 확대를 추진하고 있다.

올해 수확기 연간 예상 소요량인 426만 톤을 초과하여 공급되는 물량은 농협을 통해서 모두 사들인다고 한다. 정부의 수확기 벼 매입 자금도 1조 2,000억 원으로 증액한다고 한다. 그리고 2005년부터 2008년산 구곡(舊穀) 재고를 올해와 내년에 걸쳐 처분한다고 한다. 그러나 이러한 미시적인 조치보다는 생산량을 어떻게 수요량에 맞게 조절하는 조속한 정책의 시행이 필요하다.

또한, 소비를 다양화시켜야 한다. 떡, 빵, 면류, 과자, 막걸리, 떡볶이, 장류 등에 원료로 쌀을 확대 공급하여야 한다. 이를 위해서는 개발 기술의 지원, 원산지 표시제 시행, 쌀 가공 업체에 대한 금융·세제의 파격적인 지원이 따라야겠다. 이렇게 하여 쌀 수급이 균형이 맞게 되면 황금 들녘을 바라보는 농심도 탄식이 아니라 환희의 탄성이 터져 나오지 않을까 하고 생각해 본다. 이 작은 소망이 하루속히 이루어지기를 학수고대해 본다.

농민은 나라의 뿌리,
농가를 든든하게

추석이 다가옵니다

ⓒ 전북일보(2009년 9월 9일 황의영 농협중앙회 상호금융총본부장)

추석이 며칠 남지 않았다. 올해(2009년)도 어김없이 민족의 대이동이 시작될 것이다. 고향으로 달려가는 차들이 전국의 고속도로와 주요 도로를 주차장으로 만들 것이다. 특히, 이번 추석은 연휴 기간이 짧아 고향을 찾는 출향인들이 예년보다 더 많은 시간을 길에서 보내야 할 것 같다. 길에서 소비하는 시간에 구애 받지 않고 고향을 찾는 행렬은 꼬리에 꼬리를 물 것이다. 또한, 지체되는 차 속에서도 마음은 벌써 고향에 도착하여 정든 고향 산천을 둘러보고 부모님과 다정한 이웃에 인사를 드리고 담소를 나눈다. 항상 부족함을 감싸 주셨던 어머님 품속같이 따뜻하고 정다운 고향을 찾아가는 길이기 때문이다. 고향은 그렇게 넉넉한 곳이다.

추석은 중추절(仲秋節), 가배(嘉俳), 가위, 한가위라고도 부른다.

김부식의 《삼국사기》에 의하면 신라 제3대 유리이사금 9년(서기 32년)에 부녀자들이 7월 16일부터 8월 15일까지 베를 짜는 시합을 하고 시상, 잔치를 벌였는데 이를 가배라 했다는 기록이 있는 것으로 보아 참으로 오랫동안 우리 민족의 정서가 어린 고유한 명절로 이어져 오고 있는 것 같다.

추석은 풍성했다. 봄부터 땀 흘려 농사지어 수확한 햇곡식으로 음식을 장만하여 햇과일과 함께 조상님들께 풍성한 수확을 이룰 수 있도록 보살펴 주심에 감사 드리는 차례를 지냈다. 또한, 신도주(新稻酒)라 하여 햅쌀로 빚은 술을 차례상에 올렸다. 넉넉하게 장만한 음식을 일가친척 이웃과 나누면서 정(情)을 키웠다. 추석의 대표적인 음식으로 송편을 빼놓을 수 없다. 송편은 햅쌀로 빚는다. 송편 속으로는 콩, 팥, 깨, 밤, 대추 등을 넣는데 모두 햇것으로 했다. 열나흗날 저녁 밝은 달을 보면서 가족들이 모여 앉아 그동안에 못다 한 정겨운 이야기를 나누며 송편을 예쁘게 빚었다.

요즘의 추석은 우리 어릴 때의 추석만큼 풍성하지 않은 것 같다. 이웃끼리 나누는 정도 예전만 못하다. 경제적으로는 비교할 수 없을 만큼 성장했지만, 오히려 그만큼 내 고향 농촌은 활력을 잃어버린 느낌이다. 골목골목 그득하던 어린아이들의 모습은 할아버지 집을 찾은 몇몇 어린이가 대신한다. 어린아이의 울음소리가 사라진 내 고향, 어른들의 한숨 소리가 높아졌다. 고향을 떠난 이가 살던 집은 폐허가 되어 헐려 나가고 동네 모습은 이 빠진 얼레 빗의 모양이 되고 말았다. 문전옥답 장구배미에서 생산한 쌀은 남아돌아 천덕꾸러기가 됐다. 수입 농산물에 밀려 어떤 농사를 지어야 할지 모르고 허둥대며 어깨를 축 늘어뜨리고 있는 우리 이웃들의 모습을 쉽게 볼 수 있다.

그때 그 활력은 기대하지도 않는다. 우리가 떠나온 그곳에서 묵묵히 고향을 지키고 있는 농업인들이 희망을 잃지 않고 농사를 지을 수 있을 정도만이라도 되었으면 한다. 그러기 위해 우리가 할 일은 없을까? 내 고장의 쌀, 채소, 과일과 축산물을 애용하는 작은 애향 활동이라도 했으면 좋겠다. 작년과 재작년 추석에 고향을 찾는 이들에게 전주 요금소에서 도지사님 등 기관장님들과 도의원님들을 모시고 농업인들과 함께 고향을 찾는 이들에게 견본품을 나누어 주며 우리 쌀을 애용하자고 호소하던 생각이 난다. 그렇게라도 해서 그들에게 고향을 생각하게 하고 기름진 땅과 맑은 청정 자연에서 햇빛 가득 머금고 자란 우리 농산물을 애용하게 함으로써 가족의 건강을 지킴은 물론 고향에 활력도 찾게 하는 두 마리의 토끼를 잡을 수 있지 않을까 하는 생각은 부질없는 나만의 꿈이었을까……

풍년(豊年)의 역설(逆說)

ⓒ 전북도민일보(2013년 11월 19일 화요일 황의영 전 NH무역 대표이사)

　지난 주말 친구에게서 전화가 왔다. "텃밭에 무, 배추를 수확하는데 좀 가져가."라고 한다. 친구는 주말농장을 분양받아 철마다 채소를 재배하여 본인 가족은 물론 주위 사람들에게 나누어 주고 있어 지난여름부터 나도 고추, 가지, 토마토, 상추, 파 등의 채소를 얻어먹고 있다. 그의 주말농장에 가 보니 배추와 무가 예쁘고 탐스럽게 자라서 보기만 해도 즐거웠다. 우리 두 식구 먹을 만큼만 얻어서 집에 돌아왔다.

　올해(2013년)는 농사짓기에 아주 좋은 날씨가 이어졌다. 물이 필요할 때 적당한 양의 비가 내렸고 해가 나아야 할 때는 또 청명(清明)하게 날이 좋았다. 바람도 불어야 할 적당한 양과 속도로 불어 줬다. 일 년이면 서너 차례씩 지나가던 태풍도 올해에는 느지

농민은 나라의 뿌리,
농가를 든든하게

막하게 10월에 한 번 대한해협을 통과하여 동해로 빠져나가서 농작물에 피해를 크게 주지 않았다. 이렇게 기후 조건이 좋다 보니 병충해도 발생하지 않고 지금까지는 각종 농산물이 풍년이다. 농림축산식품부는 무·배추·고추·마늘·양파 등 5대 채소의 생산이 37년 만에 늘어날 것으로 보고 있고, 대형 유통업체들은 작년보다 김장 비용이 30% 가까이 떨어질 것으로 예상한다. 대풍(大豊)으로 소비자들의 장바구니 걱정은 줄어들었지만, 농촌에는 절망에 빠진 농민들이 많다.

지난주 고창군에서 무, 배추, 총각무 등 가을 채소를 많이 재배하고 있는 농가에 가 보았는데, 떨어진 채소값 때문에 아직 수확할 엄두를 내지 못하고 있었다. 채소 농사를 지어서 돈을 벌기는커녕 올해에는 종자대(種子代)와 인건비(人件費) 등 들어간 비용도 회수하기 어려울 것 같다고 한숨이 땅이 꺼질 지경이었다. 내가 만난 농업인 한 사람만의 한숨이 아니라 전국 농업인들의 한숨이라고 생각한다. 수확량이 늘어나자 모든 채소값이 지난해의 거의 반값 정도로 떨어져 버린 것이다.

수지(收支)가 안 맞아 수확을 못 하는 농가가 속출하고 있으며 채소값 폭락을 비관하여 아예 목숨을 끊은 농업인이 있었다는 보도가 나오기도 했다. 채소 주산지에 있는 대관령원예농협에 의하면 "강원도 고랭지 배추밭의 70% 정도가 올해 적자를 볼 것 같다."고 조심스럽게 예측했다. 즉, 생산비도 못 건지는 경우가 열에 일곱이라는 얘기다.

농협중앙회 채소팀장 말에 의하면 "9월 중순 이후 채소값이 계속 하락세(下落勢)여서 농가에서는 값이 안 맞아 수확을 못 하고 있다."고 했다. 한국농수산식품공사에 의하면 지난 11월 8일 기준으로 배추는 1kg당 전년 734원에서 올해 480원으로 34.6% 하락했으며, 마른고추는 600g에 작년 1만 560원에서 6,800원으로 35.6%, 시금치는 4kg에 작년 1만 1,000원에서 7,600원으로 30.9%, 깐마늘은 1kg 6,048원에서 4,320원으로 28.6%, 상추는 4kg에 1만 7,480원에서 1만 800원으로 38.2%, 양파는 1kg에 1,232원에서 1,000원으로 18.8%, 애호박은 8kg에 2만 4,280원에서 1만 4,800원으로 38.6%, 대파는 1kg에 2,320원에서 1,380원으로 40.5%, 무는 1kg에 790원에서 490원으로 38.0%가 하락했다. 위에서 보는 바와 같이 풍년이 되면 농산물 가격이 하락하여 오히려 농업인의 시름이 깊어 가는 '풍년의 역설'이 37년 만의 대풍인 올해, 더욱 뚜렷하게 나타나고 있다. 이런 고통을 언제까지 우리 농업인들이 겪어야 한단 말인가? 이와 같은 농업인들의 아픔을 치유할 뾰족한 대책이 없다는 것이 농업인들을 더욱 슬프게 한다.

풍년이어도 쌀값이 떨어져 농민의 시름이 크다.

농산물 가격 하락으로 어려움에 처한 농업인을 돕고자 대기업을 중심으로 농산물 팔아 주기 운동에 나서고 있으나 이는 임시방편이지 근본적인 해결책이 될 수 없다. 정부에서도 이를 없애기 위하여 직거래 장터를 더욱 활성화하고 배추 등 핵심 농산물 가격이 일정 수준 이하로 떨어지지 않도록 대량 수매, 산지 폐기 등의 농산물 가격지지정책(農産物價格支持政策)을 더욱 강화하고는 있으나 이것도 근본적인 해결책은 아니라고 생각한다. 이러한 운동과 정책도 중요하지만, 농협 등 생산자 단체를 중심으로 작부예정면적(作付豫定面積)을 조사하여 생산량이 시장의 수요량을 초과할 것인가, 아니면 부족할 것인가를 예측하여 적정량이 생산될 수 있도록 자율적으로 생산을 조절할 수 있는 기능을 강화하여 과잉이나 부족 현상이 나타나지 않도록 하는 것이 더욱 중요하다고 생각한다. 그리고 로또 복권을 꿈꾸는 투기 농업인이나 투기 중간 상인이 없도록 지도와 감독을 강화했으면 한다.

언론에서도 채소 가격의 등락(騰落)만을 단순 보도하기보다는 심층 취재 분석하여 농산물 시장 안정화에 대한 제안(提案)을 제시했으면 한다. 농업인들도 생산자 단체인 농협을 중심으로 더욱 밀접하게 관계하여 시장 상황을 더욱 정밀하게 분석한 다음 파종할 작목과 면적을 결정했으면 한다. 위와 같이 각 부문에서 더 큰 노력을 기울인다면 과잉 생산 때문인 '풍년의 역설'을 극복할 수 있으리라고 생각한다. 우선은 금년도의 하락한 채소값이 조속히 안정되기를 바라며 소비자들에게도 몸에 좋은 신선한 채소를 많이 소비해 주시기를 간곡하게 부탁드린다.

농민은 나라의 뿌리,
농가를 든든하게

풍년이 두둑한 소득으로 이어지길…

© 전북도민일보(2013년 10월 22일 화요일 황의영 전 NH무역 대표이사)

호남평야의 넓은 들이 황금물결로 일렁인다. 8월 하순 출수(出穗)를 시작한 벼들이 9월이 되어 낟알이 익어 가면서 머리를 숙이기 시작했다. 푸른 낟알의 색깔이 누르스름하게 변하기 시작하더니 10월이 되어 아주 샛노랗게 변했다. 차를 타고 일주일에 두세 번씩 고속도로를 오르내리며 익어 가는 벼 이삭의 색깔이 변하여 들녘이 황금색으로 농도(濃度)를 더해 가는 모습을 본다.

수확의 계절이 다가오고 있음을 알려 준다. 좀처럼 오지 않던 10월 태풍이 온다고 가슴 졸였는데 제24호 태풍 '다나스호'는 2013년 10월 8일 대한 해협을 통과하여 일본 쪽으로 빠져나가 우리 농작물에는 큰 피해를 주지 않아서 여간 다행한 일이 아니었다.

익을 대로 다 익은 벼 이삭이 강풍과 폭우에 견디지 못하면 벼 포기 밑동이 부러져서 논바닥으로 엎치게 된다. 태풍으로 비가 계속 내리면 엎친 벼는 물속에 잠기게 되고 잠긴 벼 이삭에서는 싹이 나서 벼가 못쓰게 된다. 그러면 수확량이 확 줄어들어 흉년이 된다.

모내기할 때 그렇게 했듯 수확(收穫)도 강원도, 경기도 등 중부지방에서부터 시작하여 충청도, 경상도, 전라도 지방으로 이어진다. 지금은 강원도와 경기도 북부지방에서 탈곡이 한창이다.

옛날에 비하면, 모든 문물(文物)이 발전했듯이 농사짓는 방법도 많이 편리해졌다. 그리고 벼농사의 생산성(生産性)도 참으로 많이 높아졌다. 내가 어릴 적에만 해도 비료가 넉넉지 않아 모내기 전에 산에서 풀을 해다 논에 넣고, 갈고 쓸어 모를 심었다.

사람 손으로 일일이 논을 갈고, 논두렁을 붙이고 써레질을 하고 모를 심었으니 얼마나 손이 많이 갔겠는가? 쌀농사를 지으려면 여든여덟 번의 손이 간다고 해서 쌀 미자(米)를 팔십팔(八十八) 자의 결합으로 만들었다는 얘기가 있다. 못자리도 비닐이 나오기 전에는 비닐 멀칭도 안 하고 그냥 맨 논에 만들었다.

기상 이변이 생겨 늦게 서리라도 내릴라치면 어린 모가 다 상(傷)해서 새로 못자리를 만들어야만 했다. 김을 매려면 세 번 논을 매는데 사람 손으로 다 맸다. 세 벌 맬 때는 벼가 크고 잎이 억세어져 팔뚝을 스쳐 마치 가시에 긁힌 듯 상처가 나서 쓰리고 아팠다. 병충해를 예방하기 위하여 여러 번 앞뒤 논두렁의 풀을 깎아야 했다. 나락이 익어 벨 때가 되면 논의 물을 에우고 뒷둑에서 솟아나는 물을 돌리려면 도구(물을 빠지게 하려고 벼 포기를 뽑아 만든 작은 수로)를 치기도 했다.

벼를 베어 묶어서 내어 강변에 널거나 벤 논에다 바로 깔아 널었다. 벼의 위쪽이 마르면 뒤집어 말린다. 이때 비가 내리면 논에서 내다 널거나 다시 손을 쳐야 한다. 벼가 마르면 볏단을 묶어 소달구지로 실어 나르거나 지게로 져 날라 볏가리를 쌓는다.

마당은 황토를 파다가 맥질을 하여 타작마당을 만들어야 탈곡한 나락 속에 모래나 작은 돌이 들어가지 않는다. 그래야 쌀 속에 돌이 없다. 타작하는 날에는 동네 어른들이 새벽부터 모여 "오오롱, 오오롱" 소리를 내는 탈곡기를 밟아 가며 타작을 한다.

타작을 마치면 벼를 곳간에 쌓는다. 그런 다음에 돈이 필요하거나 식량이 필요할 때면 곳간에서 벼를 담아 정미소에 가서 쌀을 찧는다. 볍씨를 담가 못자리를 하고부터 쌀을 찧어 판매하기까지 참으로 복잡하고 손이 많이 가는 긴 여정(旅程)이다.

그러나 요즈음 농가에서는 못자리를 하지 않아도 된다. 육묘 공장을 운영하는 농협에 예약하면 모내기하는 날 모를 배달해 준다. 갈고 써레질하고 모심는 것도 논에서 탈곡하는 것도 이제는 기계로 한다.

심지어 농약이나 비료도 무인 헬기로 살포하는 지역이 늘고 있다. 옛날에 비하면 농사짓기가 참으로 쉬워졌다. 그러나 아무리 쉽다고 해도 농사는 농사지 신선놀음이 아니다. 지금 이 시대에도 다른 직업에 비해서 농업에 종사하는 것은 더욱 힘들고 어렵다. 때가 되면 비가 오나 눈이 오나 농사일은 뒤로 미루거나 생략할 수 없다. 그때가 지나가면 자연 현상은 일 년 후에나 똑같은 상황이 만들어지기 때문이다. 그래서 농사에서는 때를 놓칠 수 없다.

농업인의 소득은 도시민들처럼 매월 급여를 받는 것이 아니고 수확한 농산물을 판매하여 얻게 된다. 올해 자연조건이 좋아 황금물결 일렁이는 풍년을 가져다주었는데 나락 가격이 좋아서 곳간에 나락이 쌓이듯 농업인의 통장에도 돈이 쌓이기를 기대해 본다. 그래야 농업인도 자녀들 결혼시키고 학비 보태고 농협의 빚도 갚을 것이 아닌가? 농업인이 신바람이 나야 내년 여름 논밭에 나가 다시 일할 수 있지 않을까? 황금물결 일렁이는 벼 이삭이 말 그대로 황금이 되어 농업인의 소득으로 반드시 연결되기를 기원해 본다.

농민은 나라의 뿌리,
농가를 든든하게

농업인의 날에 대한 소고(小考)

ⓒ 전북도민일보(2007년 11월 13일 화요일 황의영 전북농협 본부장)

쌀 한 톨을 생산하기 위해서는 볍씨를 뿌리고, 모내기를 하고, 풀을 뽑고 하는 모든 일에 농부의 손이 천 번 이상 가야 쌀 한 톨을 거둔다는 옛말이 있다. 밥 한 톨을 흘리면 호되게 혼나던 어릴 적 밥상 앞에서 엄격한 할아버지의 불호령을 떠올리며 밥에 대한 소중한 가치를 되새겨 본다.

농업이 국민 경제의 근간임을 온 국민이 인식하고, 농업인의 긍지와 자부심을 고취하기 위하여 1996년 제정된 농업인의 날이 2007년 12돌을 맞는다. 흙의 진리를 탐구하며 흙을 벗 삼아 흙과 살다 흙으로 돌아간다는 철학을 바탕으로 열십(十)자에 한일(一)자를 더하면 만들어지는 흙토(土)자가 두 번 겹치는 날 11월 11일(土月 土日)을 농업인의 날로 공식 지정한 것이다.

2007년 제12회 농업인의 날 기념식에서는 '생명 가득 푸른 농촌, 희망 가득 미래 농업'이란 슬로건 아래 최상의 농식품 제공으로 국민의 건강을, 생명 산업인 농업을 한겨레의 영원한 삶과 문화로, 살고 싶은 농촌을 만들어 잘사는 부자 한국으로 가자는 3대 비전을 제시했다. 이날 행사는 참석한 농업인들이 희망과 비전을 갖기에 충분했다.

범국민적 농촌사랑운동

이러한 슬로건이나 비전 선포식 구호가 일과성으로 끝나서는 안 된다. 정부의 정책적 방향이나 농업인 스스로 노력도 중요하지만, 우리 온 국민이 농업의 가치를 바르게 이해하고, 농업·농촌을 지키고 발전시키는 일에 동참하는 일이 중요하다. 전국적으로 요원의 불길처럼 번지고 있는 농촌사랑운동은 온 국민이 함께 참여하는 범국민적 호응을 얻고 있다.

농업인의 날, 농협에서는 11월 11일을 우리 민족의 대표 음식인 가래떡의 펼쳐진 모양이 일자(1字)인데 기인하여 가래떡 데이(Day)로 정하고, 농협을 찾는 고객, 즉 도시민들, 어린아이들에게 우리 쌀로 만든 가래떡을 나누어 주는 행사를 해 농업에 대한 중요성과 그 가치를 전달했다.

또, 우리 전통음식인 가래떡을 통해 우리 쌀, 우리 농산물에 대한 소비문화를 확대하는 교육적 가치를 담고 있음을 알 수 있다. 농촌사랑운동을 실천한다는 것, 그리 거창한 일이 아니다. 고향에 계신 우리 부모, 형제들이 농사지은 농산물을 직접 구입하여 음식을 만들고 먹으면서 농부들이 흘린 땀과 흙의 정직함을 생각해 보거나, 일손이 부족한 영농 현장에 작은 손길을 보태 주는 것만으로도 충분하다. 농촌을 향한 우리의 관심과 사랑 그리고 실천이 중요하다는 뜻이다.

농업의 가치 제고했으면

지금 농업·농촌은 FTA 등 개방의 파고와 비료, 농약, 유류, 사료 가격의 상승이 농업 생산비의 증가로 이어져 어려움이 가중되고 있다. 거대한 세계화·개방화의 물결을 우리 농업만이 피해 갈 수는 없다고 본다. 다만 그 피해와 충격을 최소화하기 위해서는 농업인의 소득과 삶의 질이 안정되고 유지될 수 있도록 제도적 장치를 마련해 주어야 할 것이다. 그리고 국민이 농업·농촌을 지켜 주고, 농업에 대한 관심과 사랑과 응원을 보내 주어야 한다.

이제 우리 농업·농촌도 세계 10위권의 경쟁력을 가진 국가에 걸맞게 변화해야 한다. 규모화, 고품질 생산, 경영 혁신 등으로 경쟁력 있는 농업 육성, 농업인 소득 보전 제도 확대, 고령화·공동화되는 농촌에 활력 증대를 위한 정부 시책의 효율적 추진이 수반되어야만 할 것이다.

　이를 위하여 국민 모두 농업과 농촌에 대한 관심과 지원이 절실히 요구되고 있다. 우리 농업은 그간 국민의 생존 문제와 관련된 식량 창고의 역할과 함께 민족의 전통문화와 농업·농촌의 가치를 보전하고 지켜 왔다. 농업인의 날을 맞아 우리 농업과 농촌의 가치, 도·농 균형 발전 등 중요성에 대해 다시 생각해 보는 계기가 되었으면 한다. 올해로 12돌을 맞는 농업인의 날이 행사 자체로만 끝나지 않고, 농업인의 날이 제정된 취지에 맞게 우리의 농업·농촌에 대한 정책과 국민의 농업·농촌에 대한 가치를 새롭게 인식하는 계기가 되길 바란다.

농민은 나라의 뿌리,
농가를 든든하게

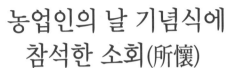

농업인의 날 기념식에
참석한 소회(所懷)

ⓒ 전북도민일보(2010년 12월 2일 목요일 황의영 농협중앙회 상무)

2010년 11월 11일 11시에 한국 농업 발전의 요람 농촌진흥청에서 제15회 농업인의 날 기념식이 열렸다. 국무총리, 농림수산식품부 장관, 국회의원, 농협중앙회장을 비롯한 농민 단체 대표, 농업인, 농업 관련 단체 임직원, 농업계 공무원 등이 다수 참석했다.

농업인의 날을 제정하게 된 목적은 WTO 체제 출범으로 어려움을 겪고 있는 농업인의 사기를 진작하고 농업인의 기능과 역할을 부각하고 발전하는 농업 기술을 전파하며 21세기 일류 국가 건설의 주역이 될 것을 다짐하고 국민 화합에 기여하고자 함이라고 한다.

11월 11일로 택일하게 된 의미는 11월 11일은 한자로 토(土)월 토(土)일로 농업과 관련이 깊은 흙(土)을 상징하기 때문이며 11시에 식을 개최하는 것은 '흙을 벗 삼아 흙에서 살다 흙으로 돌아간다.'는 농사 철학이 담겨 있다고 한다.

행사는 행사 추진 위원장인 농협중앙회장의 기념사, 국무총리의 축사, 시상, 국회의원의 축사 순으로 진행됐다. 농업 발전에 기여한 농업인들에 대한 시상이 있었는데 당일 수상자 중에 최고상인 금탑 산업 훈장에 ㈜로즈피아 대표이사 정화영, 철탑 산업 훈장에 전국 한우협회 전북도지회 지회장 박승술 씨 등 우리 전북인이 수상하게 되어 마음이 뿌듯하고 기뻤다. 기념사와 축사를 통해 농업의 중요성을 강조하고 농업인의 노고에 감사하는 말씀을 전했다.

올해 농사, 자연재해를 극복한 피와 땀의 결정체

올 한 해 동안 농업인들은 힘든 농사일에 참으로 수고가 많았다. 예기치 못했던 기상 이변으로 어느 해보다 마음고생이 컸던 한 해였다. 수확기를 앞두고 자식처럼 애지중지 키워 온 농산물이 폭우에 잠기고 떨어지는 것을 보면서 밤잠을 이룰 수 없었을 것이다. 그러나 농업인들이 이처럼 온 힘을 다해서 생산한 농산물이 있기에 우리 국민의 식탁이 안전하게 지켜지고 있다고 생각한다. 최근 큰 쟁점이 됐던 배추 파동은 우리 농업과 농업인이 얼마나 소중한가를 여실히 보여 주었다. 북한이 연평도를 공격하는 사태가 발생했는데도 우리 국민은 쌀 등 먹을거리를 사재기하지 않았다. 쌀이 부족하지 않아 언제 어디서든 살 수 있다는 확신이 있었기 때문에 가능한 일이었다. 이 또한 농업인의 노력이 있었기에 가능한 일이었고 국가 안보에도 크게 기여한 것이다. 눈부신 산업 발전으로 모든 것이 풍요로운 이 시대에도, 건강한 먹을거리를 일구는 우리 농업인들의 땀과 정성은 여전히 소중하다. 마침 같은 날 'G20 정상회의'가 열렸다. 대한민국이 전쟁의 폐허 속에서 불과 반세기 만에 G20 의장국으로 국제 무대의 중심에 서는 역사적인 날이었다. 이처럼 우리나라가 세계의 리더가 될 수 있었던 데에는 우리 농업·농촌을 묵묵히 지켜 온 농업인들의 역할 또한 컸다고 생각한다.

식량 안보가 지구촌의 화두

최근 국제 곡물 가격이 급등하는 등 식량 안보가 다시 지구촌의 화두가 되고 있다. 많은 선진국이 농업 부문에 막대한 투자를 하고 식량 자원 확보를 위해 끊임없이 영토를 넓혀 가고 있다. 그 이유는 자국의 농업이 붕괴하였을 때 지불해야 할 대가(代價)가 상상하기 어려울 정도로 크기 때문이다. 미래학자 앨빈 토플러(Alvin Toffler, 1928~2016)는 21세기 꿈의 세계가 농업에 있을 것이며, 머지않아 농업이 첨단 과학과 접목되어 산업 발전의 중심이 되는 녹색 성장의 시대가 올 것이라고 예견했다. 이제는 바야흐로 산업 간 융복합의 시대, 다차원의 시대라고 한다. 우리 농업도 전자(電子)나 자동차 못지않게 얼마든지 성장할 가능성이 있다. 우리는 1차 산업인 농업을 2차, 3차를 넘어 첨단 산업으로 발전시켜 나가야 한다. 먹을거리뿐만 아니라 국가 발전과 국민의 삶을 풍요롭게 만드는 원동력이 될 수 있도록 해야 할 것이다. 이를 위해 농업인 스스로는 물론, 정부와 농업 관련 기관·단체가 하나로 뜻을 모아 강한 농업 육성에 매진해야겠다.

국민 여러분께서도 농업을 지키고 보전하는 것이 단지 농업인만의 일이 아니라 국민 모두의 일임을 항상 기억해 주길 부탁드린다. 농자천하지대본(農者天下之大本)을 굳이 말하지 않더라도 농업인이 존경받는 시대가 올 것이라고 확신한다. 농업인이 양심과 정성을 다해 생산한 농산물이 우리 국민은 물론 전 세계인을 감동하게 하는 날이 빨리 왔으면 좋겠다. 이를 위해 대한민국 농업인이라는 자부심을 가지고 끊임없이 변화해 나가자. 농업인의 날이 새로운 희망과 발전을 다짐하는 계기가 되고 농업인과 도시민이 함께 즐기는 축제의 장이 되길 염원해 본다.

농민은 나라의 뿌리,
농가를 든든하게

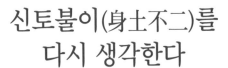

신토불이(身土不二)를 다시 생각한다

ⓒ 전북도민일보(2008년 11월 11일 화요일 황의영 전북농협 본부장)

멜라민 파동으로 전 세계의 먹을거리 시장이 들썩거리고 있다. 중국에서 분유 파동으로 시작된 멜라민 파동이 과자에 이르기까지 광범위하게 퍼지고 있다. 우리 정부에서도 중국산 수입 식품에 대하여 판매점에서 시료를 수거하여 멜라민의 포함 여부를 확인하고 식품 통관 절차도 강화하고 있다. 통관에서 소비시장까지 '이력 추적제'를 적용하기로 하는 등 다각적인 대책을 마련하고 있다.

문제의 심각성은 첫째, 소비층이 주로 아기나 어린이라는 사실이고, 둘째는 중국산 식품이 소비 시장에 넘쳐나고 있어 현실적으로 우리 국민이 중국산 식품을 피해 갈 수 없다는 데 있다.

멜라민은 암모니아와 이산화탄소로 합성된 요소를 가열하여 만들어진 공업용 화학 물질로, 단백질 구조의 주요 성분인 질소가 많이 들어 있어 많이 섭취하거나 체내에 누적 축적되면 치명적 위험에 이를 수 있는 인체 유해 물질로 알려졌다. 멜라민이 검출된 과자 등 식품의 제조 회사가 비교적 대기업에 속하는 규모와 전문성을 가진 회사임에도 인체에 해로운 화학 물질이 들어 있음을 몰랐을까? 아니면 그 정도 함유량이라면 인체에 큰 문제가 없을 것이라는 안이한 생각을 했을까? 하는 의문을 갖게 한다.

식품의 원재료에 대한 원산지 표시 기준도 모호하기만 하다. 해당국의 표시를 하지 않고 수입품이라 표시하는 경우가 허다하다. 심지어 값싼 노동력과 저렴한 원재료를 이용, 중국 현지에서 식품 제조 공장을 세우거나 현지 위탁 생산하여 국내에 들여오고 있다. 문제는 식품 제조업계와 농업계의 이해가 매우 상반적이라는 데 있다. 식품 제조업계는 값싼 수입 원재료를 확대 수입하여 식품 산업을 육성 발전시켜 줄 것을 희망하고 있고, 농업계는 우리 농산물을 식품업계에서 원재료로 활용해 줄 것을 요구하고 있다. 식품 산업의 육성 정책은 우리 농산물을 원료로 사용하는 식품 가공업을 육성해 수입 개방으로부터 어려움에 부닥친 농업을 살리고 농업의 외연을 확대하는 데 근본 취지를 담고 출발하고 있다.

농민은 나라의 뿌리,
농가를 든든하게

최근 멜라민 사태를 접하면서 식품 제조업체들이 우리 농산물을 원료로 활용할 수 있도록 정책적 뒷받침과 함께 이를 바탕으로 국민의 안전과 건강을 먼저 생각하는 자발적 동참 등 노력이 필요하다고 본다. 아울러 수입 단계에서의 철저한 감독과 국민의 건강을 위협하는 고의 과실 등 위해적 행위에 대해서는 엄격한 책임을 물어야 할 것이다.

최근에는 지방자치단체와 교육청이 자라나는 어린이와 학생을 위해 급식 자재를 우리 농산물 중에서도 친환경 농산물을 활용하자는 움직임이 빠르게 퍼지고 있다. 특별히 전라북도는 중학교에 이르기까지 친환경 쌀 학교 급식을 확대 시행하고 있어 학부모와 농업계에 좋은 반응을 얻고 있다.

우리 대한민국의 미래를 열어 갈 어린 자녀들이 멜라민이 함유된 과자나 빵을 먹고 자랄 수는 없지 않은가? 우리 몸에 좋은 우리 농산물이나 우리 농축산물을 원료로 하는 가공식품을 먹도록 해야 한다. 언젠가 우리 농협에서 식사 후에 커피 대신 우리 과일 먹기를 식습관으로 해 보자는 캠페인을 벌인 기억이 있다. 몸에 좋은 우리 농산물로 건강도 지키고 소비 확대를 통해 농촌도 도울 수 있으니 일거양득이 아니겠는가? 다시 말하면 신토불이 운동의 실천이다.

신토불이는 1980년대 우루과이라운드 협상과 함께 농산물 수입 개방이 시작되면서 농협이 '신토불이(身土不二)'를 슬로건으로 표명하면서 전개한 우리 농산물 애용 운동이다.

범국민 운동으로 확산하고 국어사전에 등재할 정도로 모든 국민의 사랑을 받았다. 직역하면 몸과 흙은 둘이 아니라는 뜻이지만 우리 몸에는 우리 땅에서 생산된 농산물이 좋다는 의미를 담은 우리 농업 지키기 운동으로 마치 1960년대 국산품 애용 운동 같은 성격의 것이었다.

그 후 UR 협상과 DDA 협상을 거치면서 물밀 듯이 밀려오는 개방화의 물결 속에서 농산물 수입은 거부할 수 없는 시대의 흐름이 되어 버렸다. 신토불이 운동이라고 거창하게 생각하지 말자. 또한, 국민의 애국심이나 동정심에 호소하는 것도 아니다. 분명한 것은 우리 체질에는 우리 농산물이 좋다는 사실이며, 여기에서 우리의 건강과 식품의 안전을 위해서는 어느 쪽을 선택해야 하는가에 대한 문제의 해답을 찾을 수 있다.

외국산 식품으로 국민의 건강과 안전이 위협받고 있는 사태의 심각성을 접하면서 우리 국민이 신토불이의 근본을 다시 한 번 더 생각해 보고 우리 농업의 가치를 확인해 보는 계기가 되는 바람을 가져 본다.

불이정신(不二精神)을 생각한다

ⓒ전북도민일보(2007년 3월 8일 목요일 황의영 전북농협 본부장)

2007년 정해년을 여는 벽두부터 발생한 현대자동차 전주공장의 노사 협상 문제로 뒤숭숭하다. 우리 고장 지역 경제의 큰 동맥과도 같은 현대자동차 전주공장의 2교대 문제에 대한 노사 합의가 쉽게 도출되지 않아, 현대자동차 취업 대기자와 하청 업체 관련자뿐만 아니라 도민에게 많은 어려움을 주고 있다.

노사가 장기간 최악의 상태를 염두에 두고 외나무다리에서 공수를 번갈아 하는 장면들을 목격하면서, 우리 도민들은 상생의 정신을 다시 한 번 생각하게 된다. 노동조합과 경영진은 따로일 수 없으며, 하나라는 의식과 실천이 더욱 중요하다. 노사 간 상생의 정신이 사라진다면 공멸할 수밖에 없기 때문이다. 즉, 노와 사는 둘이 아닌 하나다. 노사불이(勞使不二) 정신이 필요한 것이다.

필자가 몸담은 농협에서는 '하나로'란 단어가 유독 많이 쓰인다. 중앙회와 회원농협이 하나이며, 임직원 간에도 하나이며, 노사 간에도 둘이 아닌 하나라는 의미다. 이는 농협 CI에도 적용되고 있다. '하나로마트', '하나로유통', '하나로예금'등이 대표적인 예이다. 상생과 화합을 중시하는 불이정신(不二精神)의 표현이다.

농협에서 불이정신을 최초로 강조하게 된 계기는 80년대에 범국민 운동으로 전개한 '신토불이(身土不二)' 운동이다. 우루과이라운드 타결 임박 소식이 전해지면서 농산물 시장 개방에 대한 불안이 나라 전체로 퍼져 나갈 때인 1989년, 농협에서는 《동의보감》에서 '사람의 살은 땅의 흙과 같다.'는 구절을 찾아내, '우리 체질에는 우리 농산물이 제일'이라는 신토불이 운동을 대대적으로 전개해 수입 농산물 개방에 맞서 우리 농산물을 애용하자는 우리 농산물 애용 운동을 범국민 운동으로 승화시킨 것이다. 이는 당시 대중가요 가수의 노랫말로도 유행하여 '신토불이 가수'라 칭하는 등 전 국민의 반향을 일으켰으며, 농협에서 신토불이 운동을 시작한 지 7년 만에 '사람의 육체와 그 사람이 태어난 고장의 토양은 떼려야 뗄 수 없는 밀접한 관련이 있다는 뜻으로, 우리나라에서 생산된 농작물이 우리 체질에 맞는다는 말'이란 풀이로 국어사전에 오르게 되었다.

다음으로 도시화와 산업화의 물결 속에서 일방적으로 희생을 당한 농업·농촌을 살리자는 의미에서, 1990년대 농협에서는 '도시와 농촌은 하나'라는 도농 상생의 '농도불이(農都不二)' 운동을 펼치게 된다. 이 '농도불이' 운동은 2003년부터 범국민적 농촌 사랑 운동으로 승화돼 정부 단체와 기업 등에서 농촌 마을과의 자매결연을 하는 1사 1촌 운동으로 활발하게 전개되고 있다.

이 운동은 2005년 농촌사랑운동 본부를 발족하여 도시 소비자 및 기관·단체와 농업인이 함께 하는 활력 있는 농촌을 가꾸고 국민 건강을 지킴으로써 농업인과 도시민의 삶의 질 향상을 위한 도농 상생 운동으로 탄력을 받아 더욱 활발하게 전개되고 있다. 농업인은 농촌의 어메니티를 상품화하고, 고품질 우수 농산물을 생산하며, 휴양 및 관광 농촌을 개발하고, 도시민은 '농박(팜스테이)' 체험을 통하여 농업·농촌에 대한 이해를 증진하고 농촌에서의 여가를 활용하며, 안전한 농산물 섭취로 건강한 삶을 영위함으로써 도시와 농촌이 균형적으로 발전하는 도농 상생 운동으로 발전하고 있다.

다음으로는 신용사업과 경제사업은 둘이 아닌 하나라는 의미의 '신경불이(信經不二)' 정신이다. 세간의 혹자들은 농협이 농업인의 삶의 질 향상을 위한 본연의 사업인 경제사업은 등한시하고, 돈벌

이에만 급급하기 때문에 신용사업과 경제사업을 분리하여야 한다는 논리를 전개한다. 그러나 농협은 신용사업의 이익금을 경제사업과 농업인 지도 사업의 활성화에 환원함으로써 농업인 조합원의 삶의 질 향상에 보탬을 주고 있다. 따라서 시한을 정하고 신용사업과 경제사업을 분리하는 안은 심각하게 고려되어야 한다. 신용사업은 경제사업이 잘 호흡할 수 있게 하는 숨통임을 잊어서는 아니 될 것이다. 신용사업과 경제사업은 따로 일 수 없는 '신경불이'라고 지적한다면 나만의 지나친 논리 비약은 아닐 듯싶다.

사회가 격변하고 있다. 하루 단위가 아닌 초 단위로 변하고 있다 한다. 어제의 동지가 오늘의 적일 수 있으며, 오늘의 적이 내일의 동지일 수 있다. 따라서 현재 대립하고 있다고 해서 영원히 대립할 수는 없다. 그래서 상생과 화합의 정신이 필요하고, 나아가 "둘이 아닌 하나"라는 의미의 불이정신(不二精神)이 더욱 필요한 때다.

2015년 농가 소득,
품목·규모별 양극화 뚜렷

ⓒ 전북도민일보(2016년 6월 8일 수요일 황의영 경제학박사)

　　지난주 고향에 다녀왔다. 언제나 그러하듯 고향은 나를 반갑게 맞이해 줬다. 산에는 녹음이 짙어가고 모내기가 끝난 들판에는 여린 모가 살랑이는 바람에 간지럼을 탄다. 흰 꽃과 자주색 꽃을 피운 감자는 알을 품은 어미닭 마냥 감자알을 품고 앉아 씨알을 키우고 있다. 겉보기에는 그저 평온한 농촌 풍경이다. 그러나 지난해 (2015년) 풍작으로 쌀값이 최근 5년 중 가장 크게 떨어져 농가에 큰 시름을 안겨 주고 있었다. 때가 되어 모는 냈지만 올해(2016년) 쌀값이 어떻게 될지 농업인들의 가슴엔 불안한 마음이 가득했다. 농업인들은 농사는 짓고 있지만, 마음은 편치 못했다.

　　통계청이 2016년 5월 24일 '2015년 농가 및 어가 경제 조사 결과'를 발표했다. 이에 따르면 2015년 농가 평균 소득이 3,721만 5,000원이며 2014년에 비해 6.5% 증가했다. 같은 기간 농가의 지출은 3,061만 3,000원으로 0.2% 늘었다. 비록 농가 소득이 증가했지만, 이를 살펴보면 품목별로 격차가 심하다. 축산 소득이 가장 높다. 7,964만 9,000원으로 전년 대비 10.1% 증가했다. 논벼 소득은 2,558만 8,000원으로 전년보다 13.7% 증가했다. 쌀값 약세로 쌀 판매 소득은 줄었는데 직불금 소득이 이를 메워 줬다. 과수 소득은 3,403만 9,000원으로 2014년에 비해 1.7% 감소했다. 채소 소득은 2,700만 1,000원으로 4.9% 늘었다.

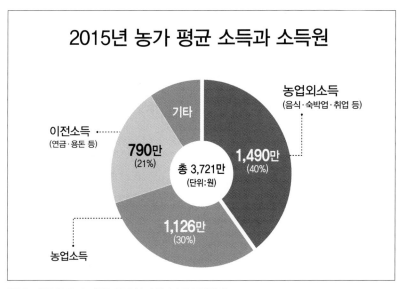

2015년 농가 평균 소득과 소득원

- 기타
- 이전소득 (연금·용돈 등) **790만** (21%)
- 총 3,721만 (단위:원)
- 농업외소득 (음식·숙박업·취업 등) **1,490만** (40%)
- 농업소득 **1,126만** (30%)

KBS 뉴스 보도, 2016. 10. 1 (자료: 2015년 농가 및 어가 경제조사 결과)

농민은 나라의 뿌리,
농가를 든든하게

통계청은 "지난해 농업 총수입 가운데 농작물 수입은 두류, 과일 등의 수입이 줄어 0.8% 감소했고 축산 수입은 16.1%나 증가했다."고 밝혔다. 2015년 농업 소득이 늘어났다고 하지만 축산을 제외한 대부분 품목이 전년보다 수입이 줄었다.

2015년 농가 소득은 10년 전인 2005년 3,050만 3,000원보다 22% 성장했다. 그러나 같은 기간 우리나라 국민 총생산(GDP)은 53.34%가 증가해 농가 소득보다 2.42배 더 증가했다. 지난 10년 동안 국민 전체 평균 소득 증가율보다 농가 소득 증가율이 2.42배 적게 성장했다는 얘기다.

경지 규모별로 보면 소득의 양극화가 뚜렷하다. 2015년 경지 규모 5ha 이상 농가의 소득은 7,029만 4,000원으로 전체 농가 평균 소득의 1.9배 수준이고 농가 수가 가장 많은 경지 규모 0.5ha 미만 농가의 소득은 3,286만 원으로 5ha 이상 농가의 46.7%밖에 미치지 못했고 농가 평균 소득의 88.3%에 불과했다.

1.5~2ha 미만 농가 소득도 3,456만 4,000원으로 농가 평균 소득의 92.9%에 머물렀다. 2014년 기준 경지 규모가 0.5ha 미만인 농가는 전체 농가의 42%이고 2ha 미만인 농가는 83.8%에 달했다.

농가 전체의 83.8%가 3,456만 4,000원 이하의 소득을 올려 농가 소득에서 양극화 현상이 뚜렷하게 나타났다.

2015년 도시 근로자 가구(2인 이상) 평균 소득이 5,780만 400원으로 도시 근로자 가구 소득 대비 농가 소득은 64.3%에 그쳤다. 농가 소득은 크게 농업 소득·농업 외 소득·이전 소득·비경상 소득 등 4가지 소득으로 구성된다.

2015년 농가 소득 중 농업 소득은 1,125만 7,000원이고 2014년 1,030만 3,000원 대비 9.3% 증가했다. 2015년 농업 총수입 3,365만 4,000원에서 농업 경영비 2,239만 8,000원을 뺀 1,125만 7,000원이 농업 소득이었다.

농업 외 소득은 1,493만 9,000원으로 전년 대비 0.9% 높았다.

이전 소득은 790만 6,000원으로 15.9% 증가했다. 이전 소득이 이렇게 많이 늘어난 것은 기초 연금 등의 공적 보조금과 자식들이 부모에게 주는 용돈 등 가구 간 생활비 보조인 사적 보조금이 늘어났기 때문이라고 통계청은 밝혔다. 비경상 소득도 311만 4,000원으로 2.8% 늘었다. 비경상 소득은 비정기적인 소득으로 경조비, 축하금 등을 말한다. 농가가 지난 한 해 동안 실제로 농사를 지어서 1,125만 7,000원을 벌었다는 얘기다.

지난해 농가 소득이 늘었다고 하지만 도시 근로자 가구 소득의 64.3%에 그치고 있다. 그것도 대농과 소농의 격차가 크다. 지난해 농가 평균 소득을 높인 것은 한우와 돼지를 기르는 축산농가의 소득이 많이 증가했기 때문이다. 축산뿐만 아니라 채소, 과수, 쌀 등 모든 품목의 소득이 높아질 수 있도록 대책을 마련해야 한다. 특히 자연재해를 대비하여 농작물 재해 보험 가입을 확대하고 밭 직불금 확대 등의 대책 마련도 시급하다.

농업 소득이 절대적으로 낮다는 데 문제가 있다. 농업 소득을 높이는 대책이 우선돼야 하겠다. 말없이 자기 직분을 다하는 농업인들이 무슨 잘못이 있는가? 그들도 인간답게 살아갈 수 있도록 정책적 배려가 절실한 시점이다. 이제 농업인들도 인간답게 살아보자. 지혜를 모으자. 그렇게 되도록…….

제5장

농가와 소비자 모두에게
이익이 되는 농산물 유통

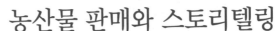

농산물 판매와 스토리텔링

ⓒ 전북도민일보(2011년 10월 25일 화요일 황의영 NH무역 대표이사)

지난주(2011년 10월) 장수군 장계면에 다녀왔다. 가고 오면서 차 창 밖으로 펼쳐지는 풍경이 마음을 설레게 했다. 푸르고 높디높은 가을 하늘은 따스한 햇볕을 내리쬐고 있었다. 황금물결 일렁이는 들녘에는 오곡백과(五穀百果) 익어 가는 소리가 들려오는 것 같았 다. 아름다운 우리 고향의 산야에는 만산홍엽(滿山紅葉)이 눈부시 게 아름다워 눈의 초점을 흐리게 하고 산으로 발걸음을 내딛도록 유혹하고 있었다. 단풍잎보다도 더 붉게 들판을 물들이는 사과밭 의 탐스러운 사과가 침샘을 자극했다. 그지없이 다정하고 포근한 정경이었다. 어릴 적 느끼던 어머니의 포근한 품속과 같았다. 그래 서 고향이 좋은 것이 아닌가? 고향은 언제나 따뜻하게 맞아 주고 자랄 때 추억은 아름답기만 하다.

'장계 가는 날' 행사 성황 이루다

제5회 '장계 가는 날' 행사에 참석했다. 농협 앞의 대로를 막고 300여m가 넘는 길 양편에 좌판을 마련하고 농산물과 그 가공품을 판다. 참깨, 들깨, 콩, 팥, 사과, 배, 버섯, 인삼, 배추, 대파, 고들빼기 등의 농산물과 두부, 묵, 된장, 고추장, 참기름, 들기름, 오미자차, 조청, 한과 등 농산 가공품이 좌판을 가득 메우고 있다. 청정 자연에서 자란 무공해 농산물과 그 가공품들이 가득하다. 이 농산물들은 단지 농산물이라고 하는 하나의 상품이 아니라 우리 몸의 건강을 증진해 주는 보약이다.

왁자지껄 팔고 사며 흥정하는 소리가 시끄럽다. 이날 농산물과 가공품은 장계농협 조합원들이 직접 생산한 것들을 가지고 나와서 팔았다. 그리고 사는 사람들은 장계농협과 자매결연을 한 대도시의 부녀회와 주부대학 동창생들이다. 서울에서부터 거제도 장승포에서까지 도시민들이 고르게 분포되어 2,000여 명 넘게 참석했다. 대도시의 번잡한 거리보다도 더 많은 사람이 장계의 길목을 채웠다. '장계 가는 날'은 발음상 장가가는 날과 비슷하고 장가가는 것은 인생에서 아주 중요한 변환점이 되는 날이다. 이런 의미와 같이 '장계 가는 날' 행사에 오면 좋은 일들이 많이 생긴다고 하는 뜻으로 행사를 진행하고 있다는 농협 측의 설명이다.

농업은 경영이다. 물론 농사를 잘 지어야겠지만, 더욱더 중요한

농가와 소비자 모두에게
이익이 되는 농산물 유통

것은 제값을 받고 잘 파는 것이다. 어떻게 파는 것이 잘 파는 것인가? 물론 좋은 값을 받는 것도 중요하다. 그러나 소비자가 좋은 물건을 적정한 가격에 잘 사서 효용 가치를 크게 느껴 만족하다는 느낌이 들도록 하는 것이 더 중요하다. 그렇게 하기 위해서는 상품에 대한 이야깃거리를 만들어 판매하는 것이 더욱 효과적이다.

농산물 마케팅에 스토리텔링 도입하자

복분자를 장복한 사람이 오줌을 눴더니 요강이 뒤집어졌다고 하여 전국적으로 선풍을 이루어 고창지방을 복분자의 고장으로

전국 최고의 품질을 자랑하며 자양강장제로 널리 알려진 고창 복분자

만든 복분자는 쌀보다도 더 높은 소득을 농민들에게 안겨 주고 있다. 삼국시대 백제의 서동이 서라벌에서 신라의 선화공주를 아내로 맞이하기 위해서 구워서 어린이들에게 나누어 주고 노래하게 했다는 익산의 '서동마' 또한 농산물과 이야기를 마케팅에 연결하고 있다. 참으로 소중한 분에게 최고의 예우를 갖추어 드리기 위해 정성을 다하여 생산했다고 하는 전라북도 쇠고기의 광역 브랜드 '참예우'는 전국적으로 소비자들의 큰 사랑을 받고 있다. 섬진강과 금강의 발원지인 논개의 고장 청정지역 장수에서 맑은 물과 공기 속에서 생산되는 한우, 사과, 오미자, 토마토가 품질면에서 국내 으뜸이라는 평가를 받고 소비자들의 큰 사랑을 받고 있다. '장계 가는 날' 행사는 장가를 가듯 설레는 마음으로 장계에 와서 우수한 농산물을 사서 가도록 한다.

가루지기의 활동 무대였던 남원 지리산 지역의 어떤 농산물을 남자들의 강장에 도움이 된다고 하고 가루지기가 상용했다는 스토리와 함께 선전하면 불티나게 팔리지 않겠는가? 우리나라에서 기가 센 지역으로 둘째가라면 서러워할 마이산, 이를 농산물 판매에 이용하면 어떨까? 기(氣)가 센 지역, 진안에서 생산한 홍삼이기 때문에 수험생 등이 기를 보충하는 데 그만이라고 하면 어떨까?

10월 24일이 '사과데이'다. 이날은 둘(2)이 사(4)과한다는 뜻을 담아 제정됐다. '나로 인해 마음 아팠을 사람'에게 사과(謝過)하는 의미로 사과를 선물하자는 취지로 사과를 홍보하고 적극적으로 소비하자는 뜻이 담겨 있다. 이런 의미의 '오리데이', '가래떡데이', '오이데이' 등이 있다. 마케팅을 할 때는 소비자의 관심을 끌어야 한다. 그러기 위해서는 스토리텔링이 있어야 한다. 우리 고장의 농산물에 스토리텔링을 만들자. 역사 속의 인물이나 사실과 연계하여 이야기를 만들자. 그런 이야깃거리가 없다면 전래동화나 설화, 소설 속에서라도 끄집어내어 이야기를 만들자. 그래서 농산물과 연계하고 도시민들의 큰 관심을 끌게 하고 그들의 사랑을 한 몸에 받아 보자. 우리 농산물이 없어서 못 파는 그런 날을 기대해 본다.

스토리텔링 마케팅

스토리텔링 마케팅(storytelling marketing)

● 미래학자 롤프 옌센 : "소비자는 상상력을 자극하는 스토리가 담긴 제품을 구매한다. 감성을 자극하는 스토리텔링은 부를 창조하는 원동력이다."

● 상품에 감성을 결합

● 창업자나 발명가, 브랜드 탄생 과정이나 성공 과정 등에 대한 흥미있는 이야기를 개발

● 인터넷이 기존의 대중 매체를 대체하면서 스토리텔링을 접목

● 활용 분야 : 게임 스토리텔링, 영화, 마케팅(브랜드, 광고)

"마늘값 비싸서 맛있는 음식 먹기 글렀나 봐요"

ⓒ 전북도민일보(2016년 7월 4일 월요일 황의영 경제학박사)

"마늘값이 왜 이렇게 비싼지 모르겠어요. 맛있는 음식 먹기 글 렀나 봐요." "밤톨만 한 육쪽마늘 한 접에 3만 원 주고 샀어요." "통이 큰 마늘은 비싸서 아예 갖다 놓지도 않았대요." 마트에 다녀 오면서 집사람이 불만스럽게 하는 말이다. 올해도 작황이 좋지 않 아 마늘값이 전년도보다 많이 올랐다.

한국농수산식품유통공사 가격 정보에 의하면 2016년 6월 28 일 깐마늘 상품 1㎏ 전국평균소매가격이 1만 2,437원으로 1년 전 보다 65% 상승했다. 동일자 한지형 마늘 상품 한 접 전국평균도 매가격이 3만 5,000원, 난지형마늘 상품 한 접은 3만 3,200원이 었다. 가뜩이나 불안정한 경제 상황 속에서 수요가 큰 양념류인

마늘값이 이렇게 올랐으니 주부들의 한숨 섞인 푸념이 나오지 않을 수 없는 상황이다.

마늘은 중앙아시아가 원산인 백합과(百合科) 중 가장 매운 식물이며, 우리나라를 비롯하여 중국·일본 등 극동(極東)에서 많이 재배되고 있다. 우리나라에 마늘이 들어온 시기에 대해서 자세한 기록은 없으나 단군신화(檀君神話)에 마늘이 등장한다.

《삼국유사》에 "입추(立秋) 후 해일(亥日)에 마늘밭에 후농제(後農祭)를 지냈다."는 기록이 있는 것으로 보아 이 시대에 이미 약용·식용 작물로 이용되었음을 알 수 있다. 마늘은 강한 냄새를 제외하고는 100가지 이로움이 있다고 하여 '일해백리(一害百利)'라고 불린다.

오늘날에는 마늘의 효능이 과학적으로 밝혀져 웰빙 식품으로 인정받고 있다. 2002년 미국 〈타임〉지는 마늘을 세계 10대 건강 식품으로 선정했으며, 마늘은 그 자체로 먹어도 좋고 다양한 음식의 재료로 사용해도 좋은 기능성 식품이라 예찬하였다.

마늘은 우리나라의 거의 모든 요리에 쓰인다. 마늘의 강한 향이 비린내를 없애고 음식의 맛을 좋게 하며 식욕 증진 효과가 있기 때문에 주부들로부터 많은 사랑을 받는 양념이다. 마늘의 주성분은 탄수화물 20%, 단백질 3.3%, 지방 0.4%, 섬유질 0.92%, 회분 13.4%를 위시하여 비타민 B_1, 비타민 B_2, 비타민 C, 글루탐산, 칼슘, 철, 인, 아연, 셀레늄, 알리신 등 다양한 영양소가 함유돼 있다.

마늘이 정력이나 원기를 보하는 강장제(强壯劑)라는 것은 고대 이집트 시대부터 알려져 있다. 여름철 더위에 지쳐 몸이 허(虛)하면 닭에 찹쌀과 마늘, 인삼을 함께 넣고 삼계탕을 고아 먹으면 원기가 회복된다. 삼계탕은 우리나라뿐만 아니라 일본·중국인들도 아주 좋아하는 글로벌 식품이 됐다.

김치를 만들 때는 마늘을 찧어서 넣어야 맛있다. 찌개 등 탕을 끓일 때도 마늘은 꼭 들어간다. 삼겹살이나 쇠고기 등심을 구워 먹을 때도 날마늘을 된장에 찍어 먹어야 고기 맛을 돋운다. 이렇게 마늘은 우리 음식과는 떼려야 뗄 수 없는 양념으로 자리 잡았다.

우리나라에서 재배하는 마늘은 크게 한지(寒地)형과 난지(暖地)형으로 나뉘는데, 한지형은 주로 내륙과 고위도지방에서 난지형은 남쪽지방에서 재배된다. 한지형은 육쪽마늘로 생으로 먹어도 달착지근하며 맵지 않으나 난지형은 쪽이 많은 벌마늘로 생으로 먹으면 매우 맵다. 한지형은 의성·단양·서산·태안·삼척 등이 주산지이고 난지형은 해남·고흥·남해·창녕·함안 등이 주산지다. 우리 재래종은 한지형 마늘인데 한 그루에 여섯 쪽이 나오고 난지형 마늘은 더 많은 쪽 수가 나오기 때문에 실생산량은 난지형 마늘이 훨씬 많다. 난지형은 논에다 심어 수확 후 벼를 심어 이모작이 가능하다. 한지형은 수확할 때 뽑기가 어려운데 난지형은 잘 뽑혀 작업하기가 수월하다고 한다. 가격도 난지형과 별반 차이가 없다. 이런 특성 때문에 난지형 생산량이 한지형보다 월등히 많다.

마늘은 우리 식생활에 필수불가결한 식품으로 수요와 공급이 불균형 시 가격 변동이 매우 심하다. 생산량이 적어 공급이 부족

2002년 미국 「타임」지에서 세계 10대 건강식품으로 선정된 마늘

하면 값이 크게 오르고 반대 상황이 되면 값이 큰 폭으로 내린다. 최근 수급 불안정으로 마늘값이 전년 대비 40% 이상 급등하자 농협이 가격 안정을 위해 나섰다. 농협은 마늘수급안정사업 물량을 활용해 깐마늘 정가·수의매매 물량을 확대하는 한편 전국 농협 하나로마트에서 깐마늘을 6월 28일부터 7월 3일까지 할인 판매했다.

현재 마늘값은 2015년산 재고 부족과 난지형 '남도종'의 생산량 감소로 전년보다 가격이 크게 올랐는데 전년보다 생산량이 10% 이상 늘어날 것으로 보이는 난지형 '대서종' 마늘이 본격 출하되는 7월 말에는 가격이 안정될 것으로 관측하고 있다.

생산자인 농업인의 소득도 보장돼야 하겠지만 국민 양념인 마늘값이 너무 비싸 소비자인 국민의 가계를 위협해서도 안 되겠다. 이때를 틈타서 폭리를 취하기 위해 매점매석(買占賣惜)하는 행위가 없도록 정부는 시장의 흐름을 예의 주시할 필요가 있다. 조속히 마늘값이 안정되어 주부들의 불만이 수그러들었으면 한다.

농가와 소비자 모두에게
이익이 되는 농산물 유통

'감자값이 금값'이라고 야단이다

ⓒ 전북도민일보(2015년 6월 8일 월요일 황의영 전북대학교 무역학과 강의전담교수)

"언젠가는 떨어지겠지요. 그날을 기다리며……." "닭볶음탕에 감자를 못 넣고 무만 넣었더니 맛이 없네요." "저는 감자 킬러인데 이제는 쪄 먹지도 못하고 있어요." "드디어 마트에서 감자 한 알에 1,030원 하네요." "감자값 인상 주범인 감자 스낵 과자는 이제 사 먹지 맙시다." "감자가 금(金)자가 됐다." 요즘 감자값이 크게 올라 감자 사 먹기가 쉽지 않다는 소비자들의 볼멘소리를 언론과 인터넷에서 쉽게 볼 수 있다.

서울시농수산식품공사에 따르면 5월 1일에서 18일 사이에 국산 수미 품종 감자(20㎏) 도매가격이 평균 5만 4,400원으로 지난해 같은 기간 2만 6,000원보다 109% 급등한 것으로 나타났다.

감자값이 이렇게 고공 행진을 하는 것은 출하량이 작년에 비해 27% 감소했는데 소비는 두 배로 늘었기 때문이다.

감자 소비가 급증한 이유는 달콤한 국내 감자칩 인기가 부쩍 높아졌기 때문이라고 한다. 모처럼 농산물이 제 대접을 받고 있어 농업인과 우리 농업을 사랑하는 사람들의 마음을 즐겁게 하고 있다.

감자는 남미 페루 안데스산맥이 원산지로 7,000년 전부터 재배됐다고 한다. 온대·열대지역, 북위 70도까지도 재배할 수 있다. 남미 해발 4,000m, 알프스산맥 1,900m 고지대에서도 재배가 가능한 위력적인 작물이다. 다른 작물에 비해 병충해 방제만 잘하면 많은 수확을 할 수 있다. 건조하고 서늘한 환경이 감자 재배에 유리하여, 20~25℃에서 잘 자라고 강수량이 적은 게 좋다. 감자는 쌀이나 밀이 자라기 힘든 척박한 환경에서도 잘 자란다.

영국의 위대한 식물학자 찰스 다윈(Charles Darwin, 1809~1882)은 감자에 대해 "6개월 이상 한 방울의 비가 내리지 않는 칠레의 메마른 산과 남부지역 섬의 습기 많은 숲에서 똑같은 식물이 자란다는 것이 정말 놀라운 일이다."고 찬탄을 금치 못했다. 1552년 스페인 정복자들은 페루에서 처음 감자를 접했고 1570년경 귀국하면서 유럽에 전해졌다. 처음엔 돼지 사료용으로 재배했다. 감자가 유럽

전역으로 전해지는 데는 꽤 오랜 시간이 걸렸다. 감자는 가난하고 미개한 사람들이 먹는 음식이라는 편견 때문이었다. 감자가 식용으로는 사랑받지 못했지만, 최음제라는 오해로 귀족들의 정원에서는 사랑을 받았다. 프러시아의 프레데릭(Frederick, 1712~1786) 대왕은 감자가 '빈곤에 시달리는 나라를 구할 수 있고 높아만 가는 빵 가격을 떨어뜨릴 수 있는 자원'으로 정확히 보고 재배를 적극적으로 권장했다.

파리앙티에(Parmentier, 1737~1813)가 감자를 프랑스에 전하고 20가지가 넘는 감자 요리를 개발하여 적극 전파했다. 루이 16세는 파리앙티에에게 "가난한 사람들을 위해 빵과 같은 감자를 알게 해 준 당신에게 언젠가는 프랑스가 고마워하게 될 것"이라며 감사했다. 유럽에서는 아일랜드가 가장 먼저 식용으로 감자를 재배했다. 아일랜드는 감자 재배에 최적의 기후와 토양을 가지고 있었다. 영국의 지배로 빈곤과 가난이 대물림되던 아일랜드에는 다른 곡물에 비해 생산량이 월등히 많은 감자가 신의 축복이었다. 하지만 1845년부터 1850년까지 감자 역병으로 수확량이 급감하여 대기근(大饑饉)이 일어나 100만 명이 아사(餓死)하고 150만 명이 조국 아일랜드를 등지고 북미로 이주해 가는 슬픈 역사 또한 가지고 있다.

우리나라에는 1820년대에 중국에서 함경도 지역으로 감자가

들어왔다는 설이 유력하다.

우리나라에서도 굶주리는 백성에게 훌륭한 식량으로 평가되면서 재배 면적이 지속해서 늘어났다. 내가 어릴 때 농촌에서는 여름철 한때 감자가 요긴한 식량이었다. 감자를 쪄 먹었다. 감자를 찔 때는 사카린을 넣거나 소금을 조금 넣었다. 그러면 한결 입맛을 돋워 줬다. 농사철 들녘에서 일하는 농부들의 새참으로 내가기도 하고 감자로 끼니를 때우기도 했다. 감자는 비교적 가격이 저렴하여 소시민들의 사랑을 듬뿍 받아 왔다.

국내 감자칩 인기로 한동안 가격이 급등한 감자

농가와 소비자 모두에게
이익이 되는 농산물 유통

봄 감자 생산량 저하와 감자칩 등 스낵류 소비 증가로 일시적 생산과 소비의 불일치가 생겨 가격이 등귀(騰貴)했으나 하지(夏至)를 지나 본격적인 감자 수확기가 되면 생산량이 증가하여 가격이 수그러들 것으로 예상한다. 풍작으로 인한 농산물 가격 폭락이 연례행사처럼 되풀이되어 농심(農心)이 멍든 이때 모처럼 감자값이 좋아 농업인들의 얼굴이 풀리고 있다.

앞으로 더는 농산물 가격 폭락으로 농업인들이 가슴 아파하는 일이 없었으면 좋겠다. 농업인들은 가격이 폭등하여 소비자 가계가 어려워지는 것을 원하지 않는다. 농업도 경영이기 때문에 적어도 원가가 보장되고 일정한 이윤이 남는 농사를 짓고 싶은 것이다. 우리 농업의 미래를 위해 농업인도 경제인으로 활동할 수 있도록 최소한의 이윤은 보장돼야 할 것이다.

지금, 채소 가격이
맥을 못 추고 있다

ⓒ 전북도민일보(2014년 4월 2일 수요일 황의영 전북대학교 무역학과 강의전담교수)

만우절 날, 집에서 가까운 산에 갔다. 진달래가 활짝 피어 물감을 들인 듯 온 산이 분홍색 천지다. 군데군데 벚꽃도 피었는데 아직 만개는 하지 않고 일부만 꽃이 폈고 많은 꽃봉오리가 곧 터질 것 같았다. 목련도 꽃잎을 터트려 새하얀 아름다운 자태를 뽐내고 있었다. 버드나무, 찔레나무, 쥐똥나무, 산딸기나무가 푸르게 연한 잎을 피워 내고 있었다. 천지가 온통 철 이른 꽃소식이다. 긴 겨울이 가고 온갖 생명이 약동하는 새봄이 왔다.

내가 어릴 때 우리 집에서는 이맘때가 되면 양지바른 텃밭에 묻어 두었던 무 구덩이를 파낸다. 채소가 안 나는 겨우내 식구들에게 비타민 등 영양소를 공급해 주던 소중한 무가 떨어져 가고 있다는 의미다. 이때가 되면 채소가 약에다 쓰려고 해도 없다. 채소가 그만큼 귀하다는 얘기다. 그때는 겨우내 채소를 재배할 수 없기 때문에 귀했다.

요즘 이곳저곳에서 농산물 가격이 하락하였다고 한숨짓는 농업인들의 절규가 귓전에 맴돈다. "오늘 하루도 감자합니다. 내일도 감자합시다."는 감자값이 떨어져 감자를 팔기 위해 '감사' 대신 '감자'라고 하는 강원도 농민들의 인사말이라고 한다. "모두 다 버려야 합니다. 작년 6월에 나온 만생종(晚生種) 양파가 전국에 깔렸어요. 그런데 햇양파가 곧 나옵니다. 햇양파가 나오면 작년산 양파는 다 버려야 합니다."라고 말하며 한숨짓는 양파 생산 농업인들의 울부짖음이 산을 넘어 파문(波紋)이 되어 들려온다. "작년 말부터 시세가 워낙 안 좋으니까요. 애써 길러 시장에 내놓아도 돈을 벌기는커녕 비료값도 못 뽑을 지경입니다. 일부 농가에서는 시금치 한 단에 300원도 못 받으니 차라리 갈아엎어 인건비라도 아끼려 한다."고 말하는 시금치와 열무 농사를 짓는 농업인의 한탄이다.

2014년 4월 1일 한국농수산식품유통공사에서 발표한 전국 주요 도시의 채소 소매가격이 전년 동기보다 아주 큰 폭으로 하락하였다. 배추(한 포기) 1,943원으로 전년 대비 52%, 양배추(한 포기) 2,121원 30%, 시금치(1kg) 2,804원 8%, 적상추(1kg) 5,260원 10%, 얼갈이배추(1kg) 1,353원 28%, 오이(10개) 7,844원 8%, 무(1개) 1,007원 26%, 열무(1kg) 1,601원 26%, 당근(1kg) 2,167원 70%, 마른고추(600g) 9,764원 30%, 깐마늘(1kg) 6,456원 16%, 양파(1kg) 1,545원 56%, 대파(1kg) 1,942원 38%, 감자(1kg) 2,777원 35%가 각각 하락하였다. 전년 대비 오른 품목은 거의 없고 이렇게 많은 품목의 농산물 가격이 큰 폭으로 하락하다 보니 농가에서 앓는 소리가 왜 안 나오겠는가? 월급 생활자들의 급여가 이 같은 비율로 깎였다고 하면 아마 연일 길거리를 메울 정도로 근로자들의 시위가 이어졌을 것이다.

계절적으로 보면 이른 봄인 요즘에는 채소 공급이 연중(年中) 가장 적어야 한다. 공급이 적기 때문에 가격이 좋아야 한다. 그런데 결과는 정반대. 농업 생산이 자연조건을 극복하여 언제 어디서든 어느 품목이라도 생산이 가능한 전천후 농업 생산시대에 돌입해 있기 때문이다. 비닐하우스, 유리 하우스에서 재배된 채소 등 농산물이 연중무휴로 쏟아져 나온다. 저온저장고, 냉장창고 등 저장시설도 많아지고 저장 기술도 발달하여 서너 달은 기본이고 1년을 보관하여도 수확할 때의 품질이 그대로 유지된다. 생산 및 저장

소공동 롯데백화점 식품부에 전시돼 있는 채소

기술이 발달하고 저장 시설도 많아지다 보니 특별히 생산 시기가
의미 없어지게 됐다. 그러니 언제나 수확의 계절인 가을인 셈이다.

시장에 많이 나오니 가격이 내려갈 수밖에 없다. 일정한 가격이
유지되거나 올라가기 위해서는 공급과 수요가 일정하거나 공급이
적고 수요가 많아야 한다. 생산과 보관 기술이 발달하여 언제고
소요량보다 많은 농산물이 공급되다 보니 가격이 폭락하는 것은
이제 연중행사처럼 돼 버렸다.

이러한 농가의 어려움을 극복하기 위해서는 농산물의 공급량이 조절되어야 한다. 정부나 생산자 단체를 통해서 '농가식부 예정 면적 조사'를 보다 적극적으로 실시하여 그 결과를 파종 전에 농업인들에게 고지해야 한다. 그래야 농가에서 파종을 조절하게 될 것이다. 다행스럽게도 일부 지자체에서는 '농산물 가격 안정 기금'을 조성하여 농산물 가격이 폭락할 때 보전해 주는 제도를 도입하고 있다. 앞으로 정부와 지자체에서도 농산물 가격 안정에 대하여 더 많은 관심을 기울였으면 좋겠다. 소비자들도 안전한 우리 먹을거리를 더욱 적극적으로 애용하여 건강을 챙겼으면 한다.

언제쯤 우리 농업인들이 가격 폭락의 공포에서 벗어날 수 있을까? 우리 농업인들이 가격 걱정 없이 생산에만 전념할 수 있는 날이 빨리 오기를 기원해 본다.

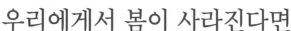

우리에게서 봄이 사라진다면

ⓒ 전북도민일보(2010년 6월 21일 월요일 황의영 농협중앙회 상무)

2010년에는 4월 하순까지도 강원도 산간에 눈이 내렸다. 그 후 일주일밖에 지나지 않은 5월 초순에는 기온이 30도 가까이 올라갔다. 길거리에 반소매 옷을 입은 사람들이 많았다. 그러더니 5월 하순에는 갑자기 강원도 높은 산에 눈이 내렸다.

6월 초에는 강원도 산간지방에서는 영하로 기온이 떨어지고 강원과 전남 일부 지역에는 서리와 우박이 내렸다.

절기가 왔다 갔다 한다. 봄이 오다가 사라지고 여름이 온 것 같더니 다시 겨울로 되돌아간 것 같은 현상이 나타났다. 올해에는 계절의 변화를 감지하기가 매우 어렵다. 지난겨울은 유난히도 추웠다. 그리고 겨울 한파가 이어져 봄까지 이상저온이 됐다. 삼한사온(三寒四溫)의 전형적인 겨울 날씨가 실종된 지 오래다. 일부 기상

학자 중에는 이미 지구가 소빙하기(小氷河期)에 접어들었다고 말하는 사람도 있다. 그래서 그런지 기상 이변이 속출하고 있다.

이상 기후로 농업에 큰 타격

지난겨울 혹한(酷寒)으로 원주, 이천, 음성 등지의 복숭아나무가, 우리 고장 고창에서도 복분자 나무가 많이 얼어 죽었다. 성주의 참외가, 논산의 딸기가 작황이 안 좋다.

비닐하우스에서 재배되는 채소, 감자, 과일 등이 한창 커야 할 시기에 일조량이 부족하고 기온이 내려가 제대로 자라지 못해 수확량도 적고 품질도 떨어진다. 사과, 배 등 과수도 꽃이 핀 이후 기온이 떨어져 꽃이 얼어 열매를 많이 맺지 못했다. 들쭉날쭉한 날씨가 농업 생산을 엉망으로 만들어 놓았다.

봄철 한파가 농업에 큰 타격을 주고 있다. 때늦은 영하의 기온과 서리, 우박으로 강원도 평창, 강릉, 홍천 지역의 감자, 고추, 무, 배추 등이 전남에서는 담배, 고추, 배 등이 피해를 보았다. 지난 4월 중순 생육이 좋지 않아 생산량이 줄어든 봄 채소의 가격이 천정부지로 뛰어 배추가 '금추'가 되고 김치가 '금치'가 되었다고 언론에서 야단법석이었다.

생산량이 부족하여 시장에 출하량이 줄어들면 가격은 올라가게 되고 외국에서 수입도 늘어난다.

농가와 소비자 모두에게
이익이 되는 농산물 유통

지난 2010년 5월 3일 통계청이 발표한 '4월 소비자 물가 동향'을 보면 채소, 과일 등 신선식품 지수는 2009년 4월보다 12.1%, 한 달 전보다는 6.3% 올랐다. 전년 동월 대비로 11개월, 전월 대비로는 19개월 만에 가장 높은 상승률이다. 품목별로 보면 전년 동월 대비 파(83.4%), 배추(67.3%), 무(50.2%), 풋고추(44.6%) 등이 많이 올랐다. 5월 중 신선식품 지수는 전월 대비 농산물의 출하 증가로 3.2% 내렸지만, 전년 동월 대비로는 9.9% 상승했다.

딸기나 참외는 수확이 늦어져 시장에 늦게 나오고 출하량이 적었다. 그러다 보니 값이 치솟아 소시민들은 쉽게 맛볼 수 없는 귀물(貴物)이 됐다. 대형 유통업체에서는 다가올 추석에 판매할 물량을 확보하기 위하여 전국의 과수단지를 돌며 사과, 배 등의 과일을 사전 구매 계약을 체결한 바 있다.

겨울이 늦게까지 이어지고 여름은 빨라지고 또 기상 이변이 속출하다 보니 농산물 생산 체계가 엉망이 되어 생산량이 줄고 출하 시기도 늦어진다. 이에 농민들의 소득이 격감하고 소비자들은 비싼 가격으로 농산물을 구입하게 되니 가계가 휘청거린다. 생산자나 소비자 모두 살기가 더욱 힘들어진다.

재해 예방 활동 적극 시행 필요

생산자인 농민들도 기상 이변을 가정하고 생산 방법을 바꿔 나가야 하고 농작물 재해 보험에 가입하는 등의 위험을 회피하는 사전 활동도 적극적으로 전개해야겠다.

정부에서는 이번 재해를 입은 농가를 조속히 지원하고 재해에 노출된 농민들을 보호하기 위한 재해 지원 제도를 더욱더 현실화시키고 재해 예방 활동도 적극적으로 시행했으면 한다.

농협 등 금융회사들은 피해 농가에 지원이 많은 농작물 재해 보험 등 금융상품을 다양화하여 실질적으로 농민을 도울 수 있도록 해야 한다. 그리고 소비자들에게는 재해로 농산물 가격이 다소 인상되더라도 어려움을 겪고 있는 농민을 격려한다는 의미에서 국산 농산물을 전폭적으로 애용해 주시길 간절히 부탁드린다.

비록 봄이 사라질 것 같은 기후의 이상 변화로 우리의 삶이 힘들어지더라도 국민 모두 양보하며 슬기와 지혜를 모은다면 반드시 이를 극복할 것이다. 그리고 이에 적응하는 우리의 새로운 삶을 영유해야 하지 않을까 하는 생각을 해 본다.

농가와 소비자 모두에게
이익이 되는 농산물 유통

길고 지루한 장마와 농산물 가격

ⓒ 전북도민일보(2013년 8월 7일 수요일 황의영 전 NH무역 대표이사)

참으로 이상한 장마다. 우리나라가 조그마한 땅덩어리인데도 어느 지역은 집중호우로 집이 물에 잠겨 이재민이 발생하고 산사태가 나서 고속도로가 끊기는가 하면 또 어느 지역은 작렬하는 태양열로 인한 복사열 때문에 열대야가 계속되어 밤잠을 설치는 사람이 많다고 한다.

2013년 7월 중순 제주도에서는 비가 오지 않아 작물이 타들어간다고 비를 기다리는 간절한 농업인의 바람도 있었다. 지난 6월 하순부터 시작된 장마는 제주도에 많은 비가 내리는 것을 시작으로 남부지방을 거쳐 서서히 중부지방으로 북상하더니 북한지역과 중부지방을 오르내리면서 비를 뿌리고 있다.

예년 같으면 7월 중순쯤 끝났을 법한 장마가 8월 초가 다 지나

가는데도 끝을 보이지 않고 매일 한 번 이상씩 소나비를 쏟아 내고 있다. 8월 6일에는 전국 곳곳에 집중호우가 쏟아지고 낙뢰(落雷)로 일부 지역에서 철도 신호 체계를 마비시켜 KTX가 연발착되고 기차와 승용차가 충돌하는가 하면 여러 곳에서 화재가 발생하기도 하였다. 매일 비가 오기 때문에 외출 시 우산을 가지고 다녀야 하니 매우 귀찮다. 날씨가 덥기도 하지만 습기가 많아 후덥지근하니 불쾌지수가 높아 여간 짜증스럽지 않다.

아직은 강원도와 경기도 일부 지역을 제외하고는 예년에 비해 큰 피해를 내고 있지는 않지만, 장마가 길어지다 보니 여기저기서 불만의 목소리가 높아진다. 부품, 납품 비리로 불량 부품을 사용한 원자력 발전소의 가동이 중지된 곳이 여러 곳 있고 사용량이 많아 전력 예비율이 간당간당하다고 연일 '블랙아웃(Blackout, 대정전)'을 들먹이며 국민을 향해 절전하라고 엄포를 놓는다. 사무실도 덥고 관공서나 은행, 백화점도 덥다. 그뿐 아니라 지하철이나 버스 등 대중교통 수단도 찜통이다. 어쩌다 외출이라도 하고 돌아오면 흥건히 땀으로 목욕하기 일쑤다.

신문과 방송에서는 장마 때문에 애호박, 상추, 배추, 양배추, 깻잎 등 신선 농산물의 가격이 폭등하고 있다고 야단들이다. 8

월 1일 서울시농수산식품공사에 따르면 애호박은 20개에 1년 전(5,293원)보다 402%나 오른 2만 6,575원에 거래됐다고 한다. 긴 장마철이라 일조량이 부족하여 작황이 부진하고 휴가철이어서 수요가 집중되고 있는 품목인 상추는 4㎏ 1상자에 지난해 1만 2,759원이던 것이 지금은 4만 565원을 돌파했고, 풋고추도 1년 전(2만 7,544원)보다 세 배 이상 오른 9만 4,123원까지 상승했다고 한다.

2013년 7월 초까지만 해도 장마 전선이 남부지방에 머물러 강원도지방이 쾌청하여 풍작이 예상되던 강원도 고랭지 배추 가격도 폭우로 무름병이 퍼진 탓에 한 달 만에 값이 두 배로 뛰었다. E 유통업체 채소 담당 바이어는 "계속되는 국지성 호우로 상추 같은 엽채소류는 물론 7~8월에 출하되는 배추도 생산에 차질을 빚고 있다." "침수 피해에다 상품성이 떨어지는 농산물이 많아 물량 부족이 당분간 이어질 것으로 보인다."고 전했다. 긴 장마 때문에 열무 가격이 폭등하면서 포장 열무김치의 판매량도 급증하고 있다고 한다. 대형 김치 메이커 J 업체는 본격적인 장마가 시작된 지난달 열무김치 판매가 전월보다 25%, 전년 동기보다는 15% 증가했다고 한다. 생산 설비의 가동률을 높여 공급량을 맞추는 데 애쓰고 있다고 한다. 복숭아, 포도, 자두 같은 여름 과일도 잦은 비로 일조량이 부족하여 생산량도 감소하고 작황도 좋지 않아서 값이 오르고 있다고 한다. 장마가 계속되어 생산량이 떨어지고 생산품의 품질이 나빠지는 것은 어떻게 할 수 없는 일이다.

자연 현상을 누가 정확하게 예측할 수가 없을 뿐만 아니라, 설령 기상청 등에서 기상을 예측한다고 하더라도 출하 시 가격의 폭락 등 시장의 위험을 감수하면서까지 거기에 맞추어 파종하고 비배 관리할 농업인이 몇 명이나 되겠는가? 장마나 폭설 등 자연재해로 생산량이 감소하고 공급이 줄어서 가격이 오른다면 소비자들도 소비를 줄여 가격을 누그러뜨리도록 노력해야 할 것이다. 굳이 비싼 물건을 사면서 이러쿵저러쿵 불평불만을 늘어놓을 필요는 없다. 마치 농민들이 가격을 올린 주범처럼 미안함을 갖게 할 필요는 없다. 생산량이 많아 값이 내려가 밭에서 농작물을 갈아엎을 때 농민들에게 별다른 도움을 주지 못했던 우리가 아니었던가.

잘 알고 있는 바와 같이 농작물의 생산은 한발(旱魃)과 태풍, 바람, 비와 눈 등 자연 현상에 크게 의존한다. 경제적으로 열악한 농업인들이 자연에 의지하면서 힘들게 농사를 짓는 현시점에서는 농업인들에게 힘을 실어 주어야 한다. 그래도 그들이나마 우리 도시민들이 떠난 농촌에 남아 농사를 짓고 있기 때문에 우리가 안전한 농산물을 먹을 수 있다는 고마운 마음을 가지고 장마철에 다소 품질이 못하더라도, 가격이 오르더라도 우리 농산물을 변함없이 애용해 주자. 그래야 그들이 계속해서 농사지을 수 있지 농사짓기 어려워서, 채산성이 없어서 농사를 포기한다면 소비자인 우리는 더 비싼 가격으로 외국 농민이 생산한 농산물을 사 먹어야 하는 먹을거리 식민지가 될 수도 있음을 명심해야 할 것이다.

"어려운 환경 속에서도 묵묵히 농사에 여념이 없으신 농업인 여러분 고맙습니다. 힘내세요. 여러분이 있어 안전한 먹을거리로 건강을 챙길 수 있습니다. 감사합니다."

롤러코스터를 타고 있는 배추값, 이대로 두고만 볼 것인가?

ⓒ 전북도민일보(2011년 6월 13일 월요일 황의영 NH무역 대표이사)

배추가 난리다. 지난해 가을에는 값이 천정부지로 높아서 온 나라를 떠들썩하게 하더니 지금은 가격이 땅바닥까지 떨어져 농업인의 아우성이 하늘을 찌른다. 작업하여 출하하면 생산비도 보전이 안 된다고 밭에서 갈아엎는다. 60여 일을 정성 들여 가꾼 배추를 갈아엎는 농업인의 마음은 어떠할까?

트랙터 칼날에 썰려 나가는 배추의 파편을 바라보는 농업인의 마음은 심장이 찢기는 것과 같은 심정일 것이다. 보도를 통해 배추를 갈아엎는 광경을 바라보니 참으로 안타깝고 부아가 난다. 화가 나는 것을 넘어 분노를 느낀다. 왜 우리는 이런 배추 파동을 매년 연례행사로 되풀이해야만 하는가? 생산자인 농업인들에게 일정한 이윤을 보장하고 소비자에게는 만족을 극대화하는 선에서

농가와 소비자 모두에게
이익이 되는 농산물 유통

가격이 결정되는 생산과 소비가 연결되는 합리적인 유통 구조가 절실히 요청된다.

단기적 대응보다 장기적 대책을 강구하자

배추는 지난 10년간 매년 산지 폐기를 하는 등 전반적으로 가격이 낮았으나 2010년에는 재배 면적 감소, 이상 기후 등으로 가격 강세가 이어졌다. 그러나 2011년에는 재배 면적이 늘어나고 작황도 좋아 가격이 폭락하였다.

이번 배추 가격 폭락의 원인을 살펴보자. 봄배추 생산량이 63만 1,000톤으로 평년 대비 20% 수준 증가하였다. 이 중에서도 시설 봄배추 생산량이 평년 대비 70%나 많이 증가하여 4월 중순부터 가격이 큰 폭으로 하락했다. 6월에 출하되는 노지 봄배추 또한 생산량이 평년 대비 6%나 증가하여 가격이 약보합세를 지속할 전망이다. 이렇게 어려움에 부닥친 배추 재배 농가를 지원하기 위한 의미 있는 협약이 이루어졌다.

2011년 5월 3일 생산 농민과 소비자, 상인, 정부가 유통 협약을 체결하고 자율 감축하기로 하였다. 생산자인 농업인을 대표하여 농협이 2,000톤을, 산지 유통인이 8,000톤을 감축하기로 했다. 정부에서는 자율 감축에 따른 산지 작업비를 10a당 45만 원을 지원하기로 한 것이다. 또한, 농협에서는 농협의 자율 감축분

외에 농협의 계약 재배 물량에 대해서도 별도로 2,300톤을 추가로 감축하기로 하고 폐기 비용도 최저 보장 가격인 10a당 62만 4,000원을 적용하여 지원하기로 했다. 자조금을 활용하여 적극적인 소비 촉진을 위한 홍보 활동을 전개하고 있다. TV 간접 광고와 봄 김장 담그기, 소외 이웃 김치 나누기, 요리 시현 등의 활동을 전개하고 있다. 또한, 배추와 김치를 수출하여 국내 시장에서 격리하고 있다. 우리 회사(NH 무역)에서도 타이완에 배추를 수출하고 있다. 이러한 활동에도 불구하고 떨어진 배추값은 오를 생각을 않고 요지부동이다. 지난 10년간 산지 폐기를 반복적으로 하는 배추의 수급 문제는 정말 답이 없는 것인가? 개선하려는 의지가 없는 것인가? 아니면 가격의 혼란을 틈타 폭리를 취해서 떼돈을 벌겠다고 하는 이기심이 계속 발동되고 있기 때문인가? 원인이 무엇이든 간에 파동이 반복되고 있다는 데 문제가 있고 우리는 이를 해소하고자 하는 노력을 지속해서 기울여야 할 것이다.

원인을 찾고 개선하고자 노력하자

배추 파동의 원인과 대책은 크게 다음의 세 가지 측면에서 찾을 수 있다.

첫째는 생산량 조절의 문제이다. 생산량을 결정짓는 여러 요인 중 재배 면적과 기후, 날씨가 중요하다. 적정량이 생산되도록 재배 면적이 조절되어야 한다. 그러나 시장 경제를 지향하는 민주주의 국가에서 정부나 농협이 재배 면적을 일방적으로 정해서 타율적으로 조정할 수는 없다. 따라서 농업인 자율 조직을 통해 재배 의향 조사를 하여 지역별, 시기별로 생산 예정량을 추정하고 이에 대응하여 생산을 유도해야 할 것이다.

작황이 기후와 날씨에 의해서 크게 영향을 받기 때문에 장기 기상 예보를 적극적으로 활용해야 한다. 배추 농사가 투기의 수단이 아니라 종자, 비료, 농약대 등 생산비를 제외한 적절한 이윤이 보장되는 선에서 산지 가격이 결정되는 생산 체계가 정착되는 것이

합리적인 유통 구조의 개선으로 배추 파동을 막아 내자.

농업인에게도 득이 된다.

두 번째로 유통 체계의 문제점이다.

배추 거래는 90% 가까이 포전 매매로 이루어지고 있다. 산지 수집상들은 이식이 끝난 시기에 농가와 매매 계약을 한다. 출하기에 가격이 내려가면 수집상은 계약금을 포기하고 농가는 손해를 보게 된다. 이런 폐해를 없애기 위해서 농협의 계약 재배를 늘리고 수집상들도 제도권으로 끌어들이는 정책을 강화해 정상 거래가 이루어지도록 해야 한다.

마지막으로는 소비 측면에서 어린이, 청소년들이 김치를 잘 먹을 수 있도록 건강상 이점을 적극적으로 홍보하여 김치 소비를 늘려야겠다. 요즘 프랑스, 영국 등 유럽에서도 K팝 열풍이 대단하다. 이들에게도 한국의 대표 식품인 김치가 소비될 수 있도록 글로벌 홍보를 강화하여 수출을 늘리도록 하자. 배추 파동을 연례행사로 겪는 대신, 건강식품인 김치가 세계인의 식탁에 오르기 위해 쇄도하는 주문으로 공급에 어려움을 겪어 즐거운 비명을 지르는 날이 하루속히 오기를 기대해 본다. 그리고 웃음 가득한 농업인의 얼굴을 상상해 본다.

배추 파동이 남긴 교훈(教訓)

© 전북도민일보(2010년 11월 2일 화요일 황의영 농협중앙회 상무)

2010년 9월 27일 가락동 농수산물 도매시장에서 소매가로 배추 한 포기에 1만 5,000원까지 갔다. 모든 방송과 신문에서 연일 톱뉴스로 취급했다.

인터뷰를 하는 가정주부들은 배추값이 너무 비싸 서민 경제를 짓누른다고 아우성이다. 경제나 유통을 안다고 하는 식자(識者)들은 그 원인과 대책에 대해서 한마디씩 말을 하고 글을 썼다.

정부나 지방자치단체에서는 국민을 위해 직접 배추를 구입하고 원가 이하로 판매했다. 그곳에서 조금 싸게 산 주부가 "심 봤다!"를 외치며 좋아하던 모습이 눈에 선하다. 정부에서는 서둘러 대책을 내놓고 언론에서는 충분히 예측됐으면서도 정부가 미온적으로 대처하여 문제를 키웠다고 목소리를 높였다. 온 나라가 들썩이고 야단법석이었다. 그야말로 그것은 광풍(狂風)이었다. 그리고 한동안 우리 사회를 패닉(panic)상태에 빠트렸다. 우리가 식사할 때 가장 많이 먹는 김치의 중요한 원료이기 때문에 일어난 현상이다. 즉, 먹을거리 부족이 가져온 국민 불안 심리를 볼 수 있었다. 월동 배추의 추가 파종, 가을배추의 생육 촉진, 중국산 배추 무관세 수입, 김장 예약제 주문 등으로 배추 파동이 겨우 진정되고 배추값도 안정되었다.

배추 파동의 이유는

이번 배추 파동에는 몇 가지 이유가 있을 것이다. 그 이유를 생각해 보면 첫째, 기상 이변으로 생산량이 격감하였다. 이상저온(異常低溫)과 잦은 강우(降雨)로 파종이 지연되고 생육이 부진했으며 뿌리가 썩어 결구(結球)가 되지 않아 수확량이 감소했다.

둘째, 재배 면적의 축소로 생산량이 감소됐다. 지속적인 김치의 소비 감소와 주기적으로 나타나는 배추 가격 폭락으로 농업인들이 재배 면적을 줄였다.

또한, 올해에는 배추가 부족해 난리가 났지만 이전에는 배추값이 폭락하여 밭에서 배추를 갈아엎었다. 농업인들이 배추를 갈아엎어도 사회적으로 별 관심이 없었다.

셋째, 밭떼기 거래 등 배추 특유의 유통 거래상의 문제도 있었다. 농가에서는 대부분 배추 정식 시기에 생산자 단체(농협)나 산지 유통인과 계약을 체결하여 판매한다. 이 가운데 대부분 물량을 산지 유통인들이 밭떼기 형태로 거래하고 생산자 단체의 점유 비중은 28% 정도에 그치고 있다.

넷째, 배추의 생산 시설과 유통 시설이 전혀 없는 상태다. 기후에 영향을 받지 않으며 농사를 지을 수 있는 비 가림 시설이나 생산물을 오래 보관할 수 있는 저온저장 시설 등이 거의 없어 배추 생산이 기후 조건에 좌우되고 생산물을 보관할 수 없다.

다섯째, 언론의 지나친 관심과 과잉 보도(?)로 국민의 불안 심리가 조장되기도 하였다. 바람직한 언론의 태도는 현상의 실태를 바르게 인식하고 대응 방안을 제시하는 등 국민을 안심시켰어야 했다.

소 잃고 외양간이라도 고쳐야……

"소 잃고 외양간 고친다."는 속담이 있다. 충분히 대비하지 못해서 소를 잃었다면 다시 소를 잃지 않기 위해서 외양간이라도 고쳐야 하지 않는가? 배추 때문에 홍역을 앓은 우리는 이런 파동을 다시 겪지 않기 위해서 개선책을 만들고 이를 실천해야 할 것이다.

먼저 기상 악화에 대비하는 대응책이 필요하다. 배추 등 채소 재배 농지에 배수·관수 시설과 비 가림 시설의 설치를 증대하고 이상 기후에 강한 품종 개발과 재배법의 연구가 필요하다. 그리고 농협의 계약재배 면적을 늘리고 산지 수집인들을 조직화하여 관리할 수 있도록 하는 등의 유통 구조 개선이 이루어져야겠다.

또한, 배추 자체의 거래보다는 절임 배추, 김치 등으로 가공하여 판매되도록 가공·저장 시설을 확충해야겠다. 국민도 무엇이 부족하다고 하면 꼬리에 꼬리를 물고 줄을 서면서까지도 구매하기보다 합리적인 소비 생활을 했으면 한다.

지금 우리는 쌀이 남아돈다고 쌀에 대한 푸대접을 이루 말할 수 없이 많이 하는데 이번 파동이 배추가 아니고 쌀이었다면 어떻게 됐을까? 이번 배추 파동이 우리 모두에게 농업을 중시하고 유비무환(有備無患) 정신을 되새겨 보게 하는 소중한 기회가 됐으면 하고 생각해 본다.

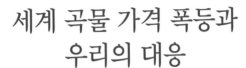

세계 곡물 가격 폭등과
우리의 대응

ⓒ 전북도민일보(2012년 8월 13일 월요일 황의영 NH무역 대표이사)

　2012년 7월 19일 자 도하(都下) 각급 신문에 외신에서 전해 온 사진 한 장이 세인의 눈길을 끌었다. 결실을 충분하게 하지 못해 낟알이 듬성듬성 박혀 있는 옥수수 한 통을 들고 있는 손을 시름 어린 눈으로 바라보는 미국 농부들의 모습이다

　다른 사람은 모르겠지만 농업 분야에 종사하고 있는 필자는 이 사진을 보면서 천근만근 무거운 바위가 가슴을 짓누르는 것 같은 답답함을 느꼈다. 미국의 곡창 지대인 일리노이 주와 오하이오 주에 56년 만에 닥친 최악의 가뭄으로 옥수수를 비롯한 콩, 밀 등 곡물의 결실이 잘 되지 않아 크게 감수(減收)될 것이라고 한다. 미국 시카고상품거래소(CBOT)에서는 옥수수 가격이 전월 대비 54%나

급등했다고 사진을 설명하고 있다.

"2012년 7월 11일 섭씨 42도의 살인적인 더위와 가뭄이 덮친 미국의 최대 곡창 일리노이 주의 옥수수 벌판, 길쭉하게 자란 옥수숫대들이 끝없이 늘어서 있지만, 옥수수 껍질을 벗겨 보면 그 속은 텅 비어 있다. 1956년 이후 56년 만에 최악의 가뭄에다 극심한 무더위가 겹쳐 옥수수 알갱이가 제대로 영글지 못한 것이다. 이 지역에는 지난 4월 중순 이후 비가 내리지 않았다."라고 블룸버그 통신은 전하고 있다.

결국, 농부들은 '속 빈 강정'격인 옥수숫대를 모조리 베어 소들에게 먹일 건초로 활용하기에 이르렀다고 한다. 미국 전체 옥수수 작황에서 3분의 1가량이 피해를 봤다는 분석이 나올 정도다.

미국은 옥수수, 콩, 밀의 최대 수출국이다. 이런 나라에 극심한 가뭄이 닥치다 보니 주요 곡물 가격이 가파르게 오르고 있다. 이들 세 가지 곡물은 식품으로 사용될 뿐 아니라 가축 사료로도 쓰이고 있다. 곡물 가격 상승이 육류 등 식료품 가격 전반에 영향을 미칠 수밖에 없는 구조다.

러시아 농림부도 건조한 기후로 올해 러시아 밀 생산이 9.6% 감소할 것으로 전망했다. 아시아에서 주로 생산되는 쌀을 제외하고 주요 곡물 가격이 치솟은 배경에는 '엘니뇨 현상'이 자리 잡고 있다. 동태평양 적도 부근 해역의 월평균 해수면 온도가 몇 년 주기로 상승하며 주변 지역에 기상 이변을 유발하는 현상인 엘니뇨가 하반기 국제 농산물 시장의 가장 큰 복병으로 지목되고 있다. 세계기상기구(WMO)는 엘니뇨가 2012년 7월부터 9월 사이에 발생할 수 있다고 전망했다. 농산물 가격은 각국 농업 정책과 신흥국 수요, 투기 자금 유입 등에 따라 영향을 받는다. 그러나 농산물의 특성상 기후 변화가 농산물 가격에 가장 큰 영향을 미치는 것으로 평가된다. 엘니뇨에 따른 작황 불안으로 곡물 가격이 급등했지만 2007~2008년 전 세계적 식량 대란을 몰고 왔던 애그플레이션(Agflation, 농산물 가격이 상승해 소비자 물가가 상승하는 현상)은 재현되지 않을 것이란 전망이 지배적이다. 핵심 곡물인 쌀의 공급이 상대적으로 넉넉한 데다가 재고량도 2007~2008년 애그플레이션 때보다 많다는 이유에서다.

미국 농무부에 따르면 올해 세계 곡물 재고율 전망치는 20.1%로 2008년 17.2%보다 높다. 2007~2008년 애그플레이션은 수요 증가가 문제였다. 중국 등 개도국에서 육류 섭취가 늘면서 사료로 쓰이는 곡물 옥수수 수요가 급증했다. 그러나 올해는 고온과 가뭄 때문에 작황이 나빠 공급량이 줄어든 것이 원인으로 2007~2008년과 원인부터 다르다. 2007~2008년에 비해 바이오 연료 수요가 감소한 점도 애그플레이션 가능성을 적게 보는 이유다.

한국은 다른 나라보다 국제 곡물 가격 변동에 특히 취약한 편이다. 쌀을 제외한 곡물을 대부분 해외 시장에 의존하고 있기 때문이다. 농협경제연구소에 따르면 2010년 기준 곡물 자급률은 26.7%로 나타났다. 품목별로 보면 쌀 104.6%, 콩 8.7%, 밀·옥수수는 각각 0.8%를 기록했다. 이런 이유로 우리나라는 지난해 1,306만 톤의 곡물을 수입해 세계 5위 곡물 수입국이 됐다. 국제 곡물 가격의 변동이 국내 시장에 영향을 미치는 기간은 약 6개월 가량 걸린다. 6개월 이후에 옥수수, 콩, 밀을 원료로 하는 식료품 등의 제품 가격이 줄지어 오를 것으로 예상한다. 특히 2008년 사

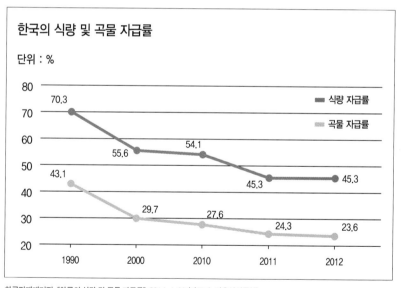

한국경제매거진, "한국의 식량 및 곡물 자급률", 2014. 4. 28 (자료: 농림축산식품부)

농가와 소비자 모두에게
이익이 되는 농산물 유통

료값의 인상으로 축산 농가에 엄청난 타격을 주었던 사례에서 보듯, 축산 농가의 어려움이 예상된다. 정부에서는 국제 곡물 수급 불안이 사료 가격 급등으로 이어지면 축산 농가에 저리자금을 지원하기로 했다.

또, 애그플레이션의 충격을 줄이기 위해 식용 수입 콩 비축 규모를 두 배 늘리고 밀, 옥수수, 콩의 해외 비축도 추진하기로 했다. 사료 가격이 축산 농가의 자구 노력 범위를 넘어서면 한시적으로 저리의 사료 구입 자금을 지원하고, 조사료 공급을 늘려 배합 사료 물량 48만 톤을 대체하기로 했다. 식탁 물가 급등을 막기 위해 정부는 식용 콩 수입 가격이 오르더라도 정부 방출 가격을 kg당 1,020원에 고정하고 제분용 밀, 사료용 콩, 옥수수의 할당 관세를 당분간 0%로 유지하기로 했다.

국제 곡물 가격 급등에 대응하기 위해서는 임기응변식 단기적인 대응보다는 '곡물 자급률' 제고 등 근본적인 대책이 중요하다고 생각한다. 국내 곡물 생산을 최대한 늘리는 것이 가장 근본적이며 안정적인 대책이 될 수 있다. 26%대에 머무는 우리나라 곡물 자급률을 높여야 국제 곡물 가격 상승에 대한 대응 능력이 향상될 수 있다. 이를 위해 우리나라 논의 이모작 비율을 높이는 정책이 도입돼야겠다.

최근 해외 농업을 개발해서 '곡물 자주율(穀物 自主率)'을 높이자는 주장이 대두하고 있다. 우리나라 자본이 해외에 농장을 확보하고 곡물을 재배하여 수확한 곡물을 국내로 도입하자는 것이다. 현재 대기업을 중심으로 활발하게 추진되고 있다. '농자천하지대본(農者天下之大本)'이라는 조상님들의 지혜가 오늘날에도 반드시 적용된다는 진리를 우리 모두 깨닫고 농업을 중시하는 바람이 다시 불었으면 하는 희망이 속 좁은 나만의 바람일까?

로컬푸드 운동과
일본의 지산지소(地産地消) 운동

ⓒ 전북도민일보(2013년 4월 16일 화요일 황의영 NH무역 대표이사)

"작년 가을에 수확해서 보관 중인 무입니다. 유기농으로 재배해서 맛있어요." "이곳 계곡의 맑은 물로 생산한 유기농 쌀로 만든 떡이라 몸에 좋습니다. 맛보고 사세요." "뒷밭에서 제가 재배한 메밀로 만든 소바(메밀국수)입니다. 맛있고 건강에도 좋아요. 맛보세요." 일요일인 2013년 3월 31일 일본 시마네현(島根縣) 하마다시(浜田市)에 있는 코와온천(こわ溫泉) 주차장에 마련된 작은 축제 마당에서 주민들이 텐트 안에서 자기가 생산한 농산물로 만든 음식과 가공식품, 농산물을 좌대에 올려놓고 호객하는 소리가 시끄럽다.

코와온천은 하마다시에서 버스로 30분 거리에 있는 산골짜기

조그마한 마을에 있다. 마을 전체 호수가 20호도 채 되지 않는다. 상점도 채소 몇 가지와 씨앗, 간단한 농약, 유기질 비료 등을 팔고 있는 가게 하나뿐이다. 그 흔한 소바나 우동을 파는 음식점도 없다. 다만, 객실 8개가 있는 조그마한 온천장이 있는 여관에서 식당을 운영한다. 여관 내에는 남녀 대중탕이 있고 기념품 등을 판매하는 가게도 있다. 2007년 온천을 개발하여 문을 열었다고 한다. 개업한 지 얼마 되지 않았기 때문에 널리 알려지지 않아서 찾아오는 손님이 적다고 한다. 온천장을 중심으로 마을 주민들은 이 조그마한 마을 시모고와(下古和)를 도시민들에게 널리 알리기 위해 매년 3월 마지막 주 일요일에 코와온천축제(こわ溫泉まつり)를 열고 있다.

주민 전체가 이 축제에 참여하는데 마흔 명이 채 되지 않는다. 주민들은 아침부터 대여섯 동의 천막을 치고 집에서 준비한 가공식품, 농산물, 공예품 등을 진열하고 음식을 장만하느라고 바쁘다. 몇 개의 평상을 이어 붙여 만든 무대에서는 마을 주민들이 배우가 되어 1인극, 2인극, 4인극 등의 옛날 연극과 현대 연극을 이어 가고 할머니, 할아버지, 아주머니, 아저씨, 젊은이와 새댁이 가수와 무용수, 연주자가 되어 노래하고 춤추고 악기를 연주한다. 춤사위가 어설퍼도, 음색이 좋지 않아도, 악기 다루는 실력이 서툴러도 그들은 즐겁게 노래하고 춤추고 연기하며 연주한다.

무대에서 이어지는 공연이 오전 11시부터 우리가 그곳을 떠난 오후 2시까지도 쉬지 않고 계속 이어졌으니 무대를 연출한 연출자의 기획도 돋보이지만, 주민이 배우고 가수며 춤꾼이고 연주자이며 관객이고 물건을 파는 상인이고 음식을 만드는 조리사이니 1인 7역을 해내는 그들이 더욱 훌륭하다. 관객도 많지 않다. 주민을 빼고 나면 순수한 관광객은 100명도 안 된다. 그러나 그들은 즐겁다. 신명 난 주민과 관광객이 한 덩어리가 되어 축제의 흥을 돋운다. 주민들은 자기들이 생산한 먹을거리를 소비자들에게 직접 판매하며 자부심도 대단하다. 좋은 기후와 토양에서 친환경적으로 재배한 농산물과 그 농산물을 원료로 한 식품이기에 몸에 좋다고 자랑이 이만저만이 아니다.

　일본은 축제의 나라이다. 이런저런 이름을 붙여서 많은 축제를 개최하고 그 축제에 참여하면서 동질감을 느끼게 되어 지역민이 결집을 이루고 있으며 그 지역에서 생산된 농수축산물과 특산품을 판매한다. "살고 있는 지역의 먹을거리가 몸에 좋다."고 하는 '지산지소(地産地消)' 운동을 펼치고 있다. 몇 해 전 크게 붐을 이룬 우리나라의 '신토불이' 운동과 비슷한 운동을 전개하고 있다. 새벽에 텃밭에서 수확한 채소를 당일 식탁에 올리게 되니 신선도가 매우 높다. 영양소가 파괴되지 않은 채로 섭취할 수 있으니 건강에 좋을 수밖에 없다.

　우리나라에서도 일본의 지산지소 운동과 비슷한 운동이 다시 시도되고 있다. 그 첫 번째 결실이 완주군 용진농협에서 지난해 개장한 로컬푸드마켓(Local Food Market)이다. 용진면은 전주시와 접경을 이루고 있는 농촌지역이다.

　용진농협은 소비자인 전주 시민들이 시내의 마트에 가듯 들를 수 있는 매우 가까운 거리에 있다. 생산자인 농업인들이 새벽에 밭에 가서 수확한 각종 채소와 과일을 매장에 내면 농협에서 이를

강원 춘천시 신북농협 로컬푸드 매장의 매대

농가와 소비자 모두에게
이익이 되는 농산물 유통

매대(賣臺)에 신속하게 진열하고 판매한다. 소비자는 수확한 농산물에 이슬이 마르기도 전에 구입할 수 있으니 생산자인 농업인도, 소비자인 도시민도 이익일 수밖에 없다.

중간 유통 단계를 거치지 않으니 값도 당연히 싸진다. 소비자는 값싸게 신선한 농산물을 구입할 수 있어서 좋고 농업인은 판로 걱정 없이 중간 상인에게 유통 이윤을 빼앗기지 않으니 적정한 값을 받을 수 있어서 좋다.

중간 단계가 생략된 이런 농산물의 유통 구조는 '도랑 치고 가재 잡는'이 아닐는지? 이렇게 훌륭한 새로운 유통 구조가 우리 지역에서 시작되었으니 농업인, 농협, 소비자인 도시민이 이를 잘 발전시켜 전국적으로 확대하여 영원히 풀리지 않는 수수께끼처럼 어렵기만 한 '농산물 유통의 혁신'을 이루어 보자.

농산물 유통의 새로운 혁명이 내 고향 전북에서 성공하기를 기원해 본다. 온천 축제를 열면서 행복해하던 시모고와(下古和) 주민들의 모습을 전라북도 농업인들의 얼굴에서도 볼 날이 어서 오기를 기대한다.

장수군의 지역 농축산물 축제가 갖는 의미와 기대

ⓒ 전북도민일보(2007년 8월 23일 목요일 황의영 전북농협 본부장)

농도인 우리 고장은 이맘때쯤이면 농경 문화와 관련된 지역 문화 축제가 이곳저곳에서 열려 한 해 농사로 지친 농심을 달래 주고 지역 주민의 화합의 장이 마련된다. 주민들은 대동(大同)의 장에서 하나가 되어 시름을 달래고 지역 주민으로서의 자부심을 품기에 충분하다.

최근 일부 지자체를 중심으로 지역 농축산물 판매에 많은 관심과 노력이 강조되면서 새로운 시도들이 이루어지고 있다. 이번 장수군에서는 장수 농축산물 축제인 '장수 한우랑 사과랑 축제'가 2007년 9월 14에서 16일까지 개최하기로 하고 추진 위원단을 구성하는 등 열기가 대단하다. 특히, 장수의 명품 조생종 사과를 비

농가와 소비자 모두에게
이익이 되는 농산물 유통

롯한 장수 한우, 오미자 등 지역 특산물이 생산되고 수확되는 계절이라 소비자들의 시선과 입맛을 사로잡기에 좋은 기회인 것 같다.

비단 장수뿐만이 아니다

임실에서는 고추 성출하기인 8월이 되면 전국 최고의 품질과 가격을 자부하는 임실 고추 축제가 매년 열린다. 이 축제에 유통 업체 구매 담당자와 서울·부산의 아파트 부녀회장 등을 초청하여 고추 따기, 고추 썰기 경연, 고추 음식 만들기, 섬진강 다슬기 잡기 등 다양한 농촌 체험과 재미를 제공한다.

여기에 전국 방송인 SBS가 산지 현장에 내려와 섬진강의 맑고 깨끗한 재배 환경과 임실 고추의 차별화된 친환경 농법 그리고 지역의 풍성한 인심과 농촌의 풍경을 담아 생생한 모습으로 수도권 소비자들에게 방영하여 홍보 효과도 톡톡히 본다.

단지 축제로서만 끝나는 것이 아니고 지역의 농산물을 소비자에게 홍보하고 판매하여 부가가치를 창출하는 데 최선을 다하는 모습이 보인다. 또, 고창의 복분자 축제, 해풍 고추 축제, 수박 축제도 품목별로 주산지에서 이루어지는 대표적인 우리 도의 농산물 축제라 할 수 있다.

이번 가을에 장수에서 기획하고 있는 농축산물 축제는 지역의 우수 농축산물을 한데 묶어 지역의 생산 농가를 중심으로 행정·농협 등 관련 기관이 협력 지원하여 예전과는 다르게 운영되는 클러스터형 지역 농축산물 축제이다. 사과, 한우, 오미자 등 군을 대표하는 농산물을 전시·판매뿐만 아니라 농산물 수확, 전통 문화 체험 행사 등 풍요롭고 정겨운 농촌 생활을 즐길 수 있는 다채로운 행사가 펼쳐진다고 한다.

기존의 품목 단위 주산지별로 개최되었던 축제가 지역의 우수 농축산물을 종합적으로 홍보하는 새로운 농산물 축제의 모델로 새롭게 변화되고 있다. 특히 소비지의 고객과 유통업체 관계자들을 축제의 장인 산지로 초청하여 농축산물 소비자 마케팅 활동을 벌여 소득을 증대시키는 다양한 축제로 변모하고 있다.

그동안 지역 단위의 문화 축제가 긍정적인 성과가 있었음을 인정하지만, 지역의 농업과 농업인의 소득에 기여하지 못하고 있다는 여론도 적지 않았다. 이제는 지역 축제가 지역의 우수한 농축산물을 홍보하고 판로를 열어 가는 데 역점을 두어야 할 것이다.

철저한 성과 분석과 수정 보완해 나가야

축제가 끝난 다음에는 철저하고 치밀한 성과 분석을 통하여 개선 사항을 수정·보완하면서 다음에 열리는 축제는 더 나은 축제로 변모해 나가야 한다. 농산물 과잉 생산과 국내 시장의 개방 등으로 인해 농가의 걱정과 시름이 늘어나고 있는 이 시점에서 장수군이 농축산물 판매를 지원하기 위해 지역 농축산물 축제를 개최한다는 것에 대하여 우리 모두 박수와 응원을 보내고 싶다.

지역 농축산물 판매에 지방자치단체와 농협이 소임을 다하고는 있지만 생산된 농산물 전량을 팔아 줄 수는 없다. 그래서 생산 농가 조직을 비롯한 관련 협력 주체들이 모두 다 같이 소비지 시장을 향해 힘차게 뛰어야 한다. 이번에 장수군에서 기획 추진하고 있는 지역 농축산물 축제가 성공리에 마무리되어 우리 농업인들에게 희망과 용기를 주고 풍성하게 수확할 수 있는 알찬 축제가 되기를 기대해 본다.

서울에 개설된 안천면
농산물 직거래 장터

ⓒ 진안신문(2015년 10월 19일 월요일 황의영 전북대학교 무역학과 강의전담교수)

"내가 여기서 조금 전에 생(生)표고버섯 1kg을 1만 6,000원에 샀는데 저 옆 건물 앞에서는 1만 원에 팔고 있어요. 비싸게 샀으니 값을 깎아 주세요. 왜 농민들이 직접 파는 직판장이 비싼가요?"라고 갈기를 세우며 50대 중반의 아주머니 한 분이 매대(賣臺)에 와서 큰소리를 치며 항의한다. 일순 분위기가 가라앉아 썰렁해지며 정적이 흐른다.

매대에 있는 장사에는 문외한인 순박한 농업인과 공무원들 얼굴에 당황한 빛이 역력하다. "여기서 파는 농산물은 용담댐이 있는 진안에서 무농약, 유기농으로 재배됐기 때문에 품질이 다른 것과 비교할 수 없을 정도로 좋습니다." "우리는 장사꾼이 아니고 농

농가와 소비자 모두에게
이익이 되는 농산물 유통

민들이 자기가 직접 생산한 농산물을 가지고 왔기 때문에 품질을 우리가 보증합니다." "이 분이 면장님이신데 행정기관에서 소비자를 속이겠습니까?" "진안군 안천면이 명일2동과 자매결연을 하고 상호 간 협력 증진을 위해 직거래 장터를 열고 있는데 소비자에게 덤터기를 씌우겠습니까?" "질 좋은 농산물이니 맛있게 드시고 건강하세요."라고 말하면서 농산물을 팔던 안천면 농민들이 떼쓰는 여인에게 포도 한 송이를 덤으로 주면서 달랜다.

지난 2015년 10월 5일 서울 강동구 명일2동 주양쇼핑 앞 공터에서 안천면 농민들이 봄부터 땀 흘려 가꾸어 수확한 농산물을 가지고 와서 직거래 장터를 열었다. 비닐 자루에 가득 담긴 선홍색 눈이 부신 건 고추, 갓 수확한 신선한 참깨로 짠 참기름, 황토에서 재배하여 단맛을 더 낸다는 호박고구마, 비닐하우스에서 유기농법으로 애지중지 길러 낸 머루 포도, 사포닌 함량이 더욱 많고 어제 캐서 신선한 더덕과 도라지, 한 장 한 장 정성 들여 쌓아서 묶은 깻잎, 붉고 고운 고춧가루, 야들야들 아기 볼처럼 부드럽고 향기로운 생표고버섯, 연지곤지 찍은 새색시 얼굴같이 불그레한 빛을 발하며 자태를 뽐내는 오미자청 등 내 고향 진안의 농산물이 사랑스럽다. 맛보기로 내놓은 포도, 오미자청 등을 먹으며 "맛있다!"고 칭찬을 아끼지 않는 소비자들이 벌어진 입을 다물 줄 모른다.

경기도 신도시에 살고 있는 나도 고향에서 농민들이 농산물을 가지고 와 판다고 해서 오신 분들 얼굴이라도 볼 겸, 버스와 전철을 세 번이나 갈아타고 두 시간 넘게 걸려 직거래 장터에 갔다. 반가운 얼굴들이 보인다. 동기동창 친구도 있고 윗동네, 아랫동네 선후배님들과 반가운 인사를 나눴다. 낯선 사람도 있다. 면장님이라고 한다. 젊은 아주머니 한 분이 열심히 농산물을 팔고 있다. 면사무소 산업계장님이라고 한다.

면장님과 산업계장님이 농민들보다도 더 적극적으로 소비자를 설득하며 농산물을 팔고 있다. 공무원들이 사무소에 앉아서 찾아오는 주민들에게 민원서 발급 등 사무 행정만 잘해도 뭐라 말할 사람이 없을 것이다. 그런데 이렇게 주민들의 소득 증대를 위해 몸소 두 팔을 걷어붙이고 판매 현장에 뛰어들어 구슬땀을 흘리고 있다. 흐뭇하다. 자랑스럽다. 내 고향에 이런 공직자들이 있다고 생각하니 가슴 벅차다.

입으로만 위민과 애국을 부르짖는 정치인, 공직자들이 많은 이때 안천면장님과 산업계장님의 애민을 직접 실천하는 모습은 내 가슴속 깊이 각인된다. 이들에게서 참 공직자의 모습을 본다. 그래서 더욱 뿌듯하다.

서울 등 수도권에 살고 있는 진안 출신 향우들의 모습도 많이 보인다. 재경 군민회 전임 회장, 사무총장, 여성위원회 위원장, 현직 아파트관리소장인 여성 임원, 전임 안천면 향우회장 등 많은 분이 오셨다. 소비자들에게 산자수명(山紫水明)한 청정진안(淸淨鎭安)과 농산물의 우수함을 홍보하기에 바쁘다. 농업인, 면장님 등 공무원, 서울에 거주하는 향우들이 일심동체가 되어 농산물을 팔다 보니 삽시간에 동이 난다. 매진되는 상품들이 늘어난다. 아까 항의를 받았던 생표고버섯이 품질이 좋다고 서너 명의 부녀자가 사러 왔는데 이미 다 팔려 버렸다. 택배로라도 받겠다고 생산자에게 전화로 주문한다. 고구마도 참기름도 깻잎도 더덕도 도라지도 모두 동이 났다. 참으로 흐뭇한 시간이었다.

지금 농촌이 어렵다. 농사지어 살기가 어려우니 농촌에 빈집이 늘어나고 젊은이의 모습을 찾아보기 어렵다. 나이 든 노인들만 남아 있다. 육십 대 중반인 내 친구가 동네에서 젊은이에 속한다고 한다. 농사를 천직으로 알고 살아온 이들에겐 열심히 농사지으며 순박하게 살아온 죄밖에 없다. 그런데 살기는 더욱 팍팍해졌다.

팔십이 넘어도 논밭에서 허리 펼 시간이 드물다. 힘에 부쳐도 전답을 묵힐 수 없다. 논밭에서 자라는 곡식과 채소, 과일이 자식과 같아서 말이다. 옛말에 "자식이 밥 먹는 모습과 논에 물 들어가는 모습을 보면 즐겁다."고 했다. 농업인들에게는 전답에서 자라는 농작물이 자식만큼 소중하다는 의미일 것이다.

어려운 여건 속에서도 열심히 농사를 지었는데 판로 찾기가 쉽지 않다. 시장에서는 외국산 농산물이 판을 친다. 가격 경쟁력이 없으니 우리 농산물이 외면당하기 일쑤다. 게다가 외국산이 품질 좋은 우리 농산물로 둔갑까지 하고 있다. 엎친 데 덮친 격이다. 농업, 농촌, 농민의 문제가 점점 더 어려움의 늪으로 빠져드는 것 같다. 제값을 받아야 하는데, 제값 받기는커녕 수확도 못 하고 밭에서 갈아엎기 일쑤다.

이런 어려운 여건 속에서도 용기를 잃지 않고 묵묵히 농사를 지어 서울 한복판에 당당히 우수한 농산물을 내놓고 "안전하고 품질 좋은 우리 농산물을 많이 애용해 달라."고 무언의 시위를 하는 것 같다. 이에 면장님을 비롯한 공직자들의 애민사상이 덧붙여져 아름다운 조화를 이룬다. 그날 오가는 등 대여섯 시간을 소모했지만, 가슴 뿌듯한 하루를 보냈다. 내 고향 진안, 아니 대한민국의 모든 농촌에 생기가 되돌아오고 농업인들의 너털웃음 소리가 울려 퍼지기를 간절히 기대해 본다.

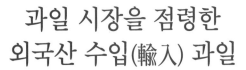

과일 시장을 점령한
외국산 수입(輸入) 과일

ⓒ 전북도민일보(2015년 7월 6일 월요일 황의영 전북대학교 무역학과 강의전담교수)

2015년 7월 초인데도 연일 수은주가 30도를 웃돈다. 장마철에 오라는 비는 안 오고 이마가 벗어질 것처럼 햇볕이 따갑다. 올해는 마른장마란다. 선풍기라도 틀지 않으면 땀이 나 메리야스를 푹 적시기 일쑤다. 이럴 땐 얼음 띄운 시원한 수박화채를 떠먹으면 땀이 잦아들고 더위를 식혀 준다. 뭐니 뭐니 해도 여름철엔 수박만 한 과일이 없다. 그래서 수박은 오래전부터 우리의 사랑을 듬뿍 받아 왔다.

예전부터 여름을 대표하는 과일은 수박과 참외였다. 그런데 요즘 과일 시장에 지각 변동이 일어나고 있다. 지진해일(地震海溢)이 일어 해변을 휩쓸어 가듯 수입 과일이 우리 과일 시장을 초토화(焦土化)하고 있다. 바나나와 오렌지, 파인애플은 고전(古典)이고 새롭게 체리와 망고가 올여름 과일 시장을 점령하고 있다. 가정집 식탁에 디저트로 수박보다 체리가 더 많이 오르고 음료 가게에선 망고빙수가 불티나게 팔려 나가면서 선풍적인 인기를 끌어모으고 있다.

체리는 단 버찌와 신 버찌로 나뉘는데 단 버찌는 생으로 먹거나 통조림을 만들고 양주에 넣어 마시기도 한다. 신 버찌는 즙이 많으나 당분이 적고 신맛이 강하여 건과를 만들거나 냉동 저장하며 과자, 아이스크림, 칵테일에 사용한다. 단 버찌는 터키, 신 버찌는 남서 아시아에서 남동 유럽을 원산지로 추정한다.

우리나라에 수입되는 체리는 미국 태평양 연안의 캘리포니아주, 오리건주, 워싱턴주에서 생산되는 것이 대부분이며 5월에서 7월 초까지 생산된다.

망고는 세계에서 가장 많이 재배되는 열대 과일나무로 말레이반도, 미얀마, 인도 북부가 원산지다. 그린망고, 애플망고, 필리핀망고 등이 있는데 5월부터 10월까지 익으며 넓은 달걀 모양이고 길이 3~25㎝, 너비 1.5~10㎝인데 품종별로 차이가 크다. 익으면 노란빛을 띤 녹색이거나 노란색 또는 붉은빛을 띠며 과육은 노란빛이고 즙이 많다. 생으로 먹거나 주스, 디저트, 과자 재료로 쓰며 과육을 갈아 샐러드의 드레싱이나 소스, 스프 등에 사용한다.

농가와 소비자 모두에게
이익이 되는 농산물 유통

관세청에 의하면 2015년 5월 말 현재 외국산 과일 수입량은 체리 5,189톤에 5,673만 4,000달러, 망고 7,300톤에 2,700만 달러, 바나나 15만 9,616톤에 1억 4,176만 5,000달러, 파인애플 3만 8,500톤에 5,571만 1,000달러, 포도 5만 7,831톤에 1억 7,591만 2,000달러, 감귤류 11만 6,358톤에 1억 8,521만 8,000달러를 수입했다. 수입 과일의 수요가 폭발적으로 늘어나는 이유를 보면, 우선 FTA 등으로 값이 싸졌기 때문이다. 그리고 당도가 높고 먹기에 편리하다. 해외에서 접해 본 사람들이 늘어나면서 자연스럽게 수요가 늘었다. 여러 나라에서 수입돼 장기간 공급이 가능하기 때문이다.

2015년 2월 한국농촌경제원이 1996년부터 2014년까지 계절별로 주요 과일과 과채류의 물량과 가격의 상관 관계를 분석한 「수입 과일과 국산 과일의 품목별 소비 경합 관계」보고서에 따르면 바나나, 오렌지, 포도, 체리 등 주요 수입 과일의 물량이 10% 증가하면 국내산 다소비(多消費) 과일 품목의 가격은 0.5~1.0% 떨어졌다. 가격 하락은 소비 감소를 의미하며, 이는 외국산 과일의 국내산 과일 대체효과에 따른 수요 감소를 뚜렷하게 반영한 것이다.

외국산 포도와 체리는 봄과 여름에 수박, 참외, 포도를 대체했고 바나나와 오렌지는 배와 단감, 사과, 감귤 등의 국내 소비를 줄이는 요인으로 분석됐다. 실제로 여름철 체리 수입 물량이 10% 증가하면 국산 포도와 참외 가격이 0.4%, 0.3% 각각 하락했고 겨울철 바나나는 배와 단감 가격 하락에 각각 0.5%와 1.0%씩 영향을 미친 것으로 조사됐다. 특히 바나나는 봄에는 수박(0.7%), 여름엔 포도(0.6%), 가을철엔 사과(0.8%)의 가격을 떨어뜨려 일 년 내내 국산 과일의 소비 하락을 부추기는 것으로 분석됐다. 이처럼 수입 과일은 동일 종류 과일뿐만 아니라 소비 시기가 비슷한 다른 국산 과일과 과채류 가격 하락에 직접적인 영향을 끼쳐 외국산 과일 수입 물량 증가는 국내 과일, 과채류 가격 하락으로 이어지고 그 피해는 고스란히 농가에 돌아간다.

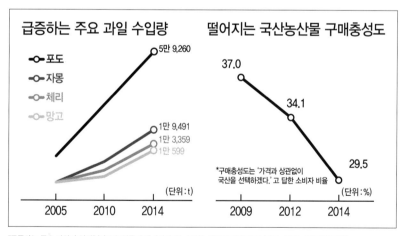

"급증하는 주요 과일 수입량" (자료:농협중앙회), "떨어지는 국산농산물 구매충성도" (자료: 한국농촌경제연구원)

농가와 소비자 모두에게
이익이 되는 농산물 유통

밀물처럼 밀려들어 오는 외국산 과일 때문에 피해를 보고 있는 농가를 보호하기 위하여 정부는 FTA로 인한 직·간접적인 피해를 예측하고 평가해서 적절히 보상하여야 할 것이다. 농가에서도 과일의 당도를 높이는 등 품질을 향상하고 생산 시기를 조절하며 가격을 적절하게 유지하여 농업 경영 개선에 최선을 다해야 할 것이다. 식품 기업에서는 국산 농산물을 원료로 하는 가공식품을 적극적으로 개발하여 소비자의 사랑을 듬뿍 받는 히트 상품을 시장에 내놓았으면 좋겠다. 소비자도 외국산 과일을 무턱대고 선호하지 말고 가격과 품질면에서 경쟁력이 있는 우리 과일과 우리 과일을 원료로 해서 생산된 음료 등의 식료품을 적극적으로 소비해 주었으면 한다. '아지매 떡도 싸야 사 먹는다.'는 속담이 있다. 우선적으로 농가에서 품질이 우수한 우리 과일을 싸게 시장에 내는 것이 으뜸 대책이 될 것이다.

제6장

고통 받는 축산농가에
용기를

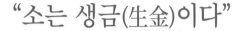

"소는 생금(生金)이다"

ⓒ 전북도민일보(2014년 3월 6일 목요일 황의영 전 NH무역 대표이사)

우수(雨水)가 지난 고궁은 아직도 춥다. 오랜만에 '한국 근현대 회화 100선 전'이 열리는 국립현대미술관 덕수궁관을 찾았다. 평일인데도 사람들이 북적인다.

1930년대부터 1970년대까지 작품들이 전시됐다. 오지호, 이중섭, 박고석, 박수근, 김환기, 이응노, 변관식, 김기창, 천경자 등 문외한인 내게도 익숙한 이름이다. 2층의 제2전시관 이중섭 코너에서 두 발이 얼어붙어 움직일 수 없고 온몸에 전율이 이는 큰 충격을 받았다. 이중섭에 관한 책을 읽어, 질곡 같았던 젊은 날의 가난과 불같은 열정이 빚어 낸 〈소와 새와 게〉 그림에 대해서는 알고 있었다.

그의 실물 그림은 여기서 처음 본다. 1950년대 초반에 그린 〈소〉, 〈황소〉, 〈흰 소〉의 소(牛) 작품 세 점이 한 곳에 걸려 있어 한꺼번에 볼 수 있는 호사(豪奢)를 누렸다. 그가 그린 소는 "착한 소, 고생하는 소, 한국의 소"였다고 한다. 논밭을 가는 소, 무거운 수레를 끄는 소가 마치 피난하는 자기의 처지와 같아서 연민의 정으로 소 그림 그리기를 좋아했을까? 작가가 그린 소 그림 위에 내 어릴 적, 소에 대한 여러 추억이 오버랩(overlap) 된다.

"할아버지는 스무 살에 읍내 씨름 대회에서 장원(壯元)해서 송아지를 타 오셨다. 또 해방됐다고 소 세 마리를 잡아 동네잔치를 하셨다." 어머니는 어린 나에게 할아버지의 남자다움과 배포가 크심을 자랑하신다. 아들인 내가 할아버지를 닮아 요샛말로 '상남자'가 되라고 귀에 못이 박이도록 자주 들려주시던 얘기다.

"소는 사람을 위해 열심히 일한다. 거름도 만들어 주고 팔면 돈이 된다. 소는 살아 있는 돈, 생금(生金)이다. 소는 참 귀한 것이다." 할아버지는 어린 손자에게 소에 대한 예찬(禮讚)을 끊이지 않으셨다.

우리 집은 소를 키웠다. 초등학생인 나는 학교 갔다 집에 오면

풀이 많은 곳을 찾아다니며 소를 뜯기고 꼴도 베었다. 겨울이면 여물을 썰고 소죽도 끓여 먹였다. 목욕탕이 없던 시골에선 소죽 끓인 가마솥에 물을 데워 목욕했다. 소는 대학을 다닐 땐, 등록금을 지원해 주는 든든한 '장학 재단'이었다.

"어제 가정 방문을 갔는데 고샅이 온통 소똥 천지인 동네가 있었다. 그게 바로 황의영이네 동네다." 중학교 때 담임 선생님이 하신 말씀 때문에 한동안 나는 친구들에게 '소똥 동네 아이'라는 놀림을 받았다. 우리 동네는 음지(陰地) 담이고 논도 적어 가난한 마

농가의 재산목록 1호였던 한우

을이었다. 그러나 집마다 소를 키우고 인삼 농사를 지어 한때는 대학생이 없는 집이 없을 정도로 윤택했다.

우리 동네의 많은 젊은이가 출세를 했다. 이들이 도회지로 나가면서 고향 마을엔 젊은 사람이 드물어졌다. 우리 동네뿐만 아니라 우리나라 농촌이 대부분 그렇다.

이를 근대화의 한 과정이라고 하기엔 농촌의 피폐화(疲弊化)의 정도가 심하다. 조속한 경제 발전을 이루려는 우리나라의 불균형 발전 정책의 산물이었다. 한정된 자원을 가지고 어떻게든 빠르게 성장하기 위해서는 성과가 큰 곳에 먼저 투자할 수밖에 없었을 것이다. 그 덕에 이젠 우리나라도 국민 소득 2만 5,000달러가 넘는 선진국이 됐다. 우리도 이제는 그동안 소외된 분야와 그늘졌던 곳을 챙길 수 있는 여력을 갖게 됐다.

세월이 흘러 소 몰아 논밭을 갈고 소달구지 끄는 시기는 지났다. 집마다 외양간에 소 매어 키우는 농촌도 없다. 대형 외양간(牛舍)에서 집단으로 사육되는 소가 있을 뿐이다. 사료값은 오르고 소값은 내려갔다. 대량으로 소를 키우는 사람들도 지금 고생이 이만저만이 아니다.

고통 받는 축산농가에
용기를

쇠고기는 자급이 안 된다. 소비량의 절반 이상을 외국에서 수입해 오고 있다. 이론상으로 보면 우리 소인 한우가 소비량보다 부족하기 때문에 좋은 값이 유지돼야 한다. 그런데 이삼 년마다 파동이 온다. 장기적으로 가격 변동 사이클을 그린다. 그 속에서 농심(農心)은 숯이 된다. 소를 사랑한 화가 이중섭은 소를 키우는 농민들이 소값이 내려가서 고생하는 것을 어떻게 생각할까?

"쇠고기 못 먹어요. 비싸서!"

ⓒ 전북도민일보(2016년 5월 12일 목요일 황의영 경제학박사)

"쇠고기 못 먹어요. 비싸서!" "쇠고기는 못 먹고 돼지 삼겹살이나 먹죠." "꼭 쇠고기를 먹으려면 불고기나 먹든지, 아니면 수입 쇠고기라도 먹어야지요!" 며칠 전 어느 모임에서 참석자들이 쇠고기값이 너무 올라 먹을 수 없다며 제각각 한마디씩 하는 소리다. 요즘 고깃집에 가서 등심 1인분(150g)을 먹으려면 4만 원은 줘야 한다. 서민들이 회식하면서 먹기에는 부담이 큰 가격이다. 소비자들이 식당에서 사 먹는 쇠고기값이 전보다 많이 올랐다. 네 명이 등심에 소주라도 한 잔씩 하며 식사를 하려면 족히 20만 원은 들어야 한다. 이러니 쇠고기를 먹을 수 없다는 불평불만이 이곳저곳에서 흘러나온다.

고통 받는 축산농가에
용기를

2016년 4월 경 농협중앙회의 '축산물 가격 동향'에 따르면 쇠고기값이 많이 올랐다. 2016년 4월 한우 고기 kg당 평균 도매가격이 1만 8,970원이었다. 2015년 4월 평균 도매가격 1만 4,758원 대비 28.5%가 올랐다. 한우 등심 소매가격도 많이 올랐다. 2015년 4월 평균 한우 등심 1등급 100g에 6,417원에서 2016년 4월에는 23.3% 오른 7,910원이었다. 소값이 많이 올랐기 때문에 쇠고기값이 크게 올랐다. 2015년 4월 600kg 암소 한 마리 평균가격이 514만 8,000원이었는데 올해 4월에는 25.1% 오른 585만 8,000원이었다. 소값과 쇠고기값 모두 전년 대비 20~30% 인상됐다. 이러하니 고기 식당에서 한우 고기값이 천정부지로 오를 수밖에 없다.

　　2014년 일 년 동안 우리 국민 1인당 10.8kg의 쇠고기를 먹었다. 국민 전체가 쇠고기 54만 2,300톤을 소비했는데 국내 생산이 26만 800톤이고 28만 1,500톤을 수입했다. 2014년 쇠고기 자급률은 48.1%였다. 우리가 먹는 쇠고기의 절반 이상을 외국 농민들이 생산한 것을 사다 먹었다는 얘기다.

　　2015년 수입액은 18억 1,566만 9,000달러였다. 그런데 우리 국민 1인당 쇠고기 소비량이 매년 500~600g씩 늘어나고 있는데 어려움이 더 있다. 자본주의 사회에서의 가격은 시장에서 수요와 공급으로 결정된다. 수요가 많으면 가격이 오르고 공급이 많으면 가격은 내려간다. 통계에 의하면 우리 국민의 쇠고기 소비 성향은 앞으로도 계속 높아질 것으로 보여 쇠고기는 부족할 것으로 예상한다. 쇠고기값이 오르지 않기 위해서는 쇠고기 생산량을 늘리거나 외국에서 수입을 늘리든지 둘 중의 하나를 선택해야 한다.

한우 사육 동향을 보면 2014년 말 267만 두에서 2015년 말 256만 1,000두로 4.1% 감소하였으며 2016년 3월 말에는 2015년 12월 말 대비 3.25%가 더 감소한 247만 8,000두가 됐다. 소 사육 두수가 늘어나야 쇠고기 가격이 안정되는데 늘어나기는커녕 점점 더 줄어들고 있는 데 문제가 있다. 한우 사육 두수가 줄어드는 원인은 2012년부터 한우 수급 조절 일환으로 진행된 암소 감축 사업으로 인해 송아지 생산이 줄어들었기 때문이다.

또한, 쇠고기 수입 가격도 점점 더 오르고 있다. 우리가 주로 쇠고기를 수입해 오는 호주는 수출 증가로 현지 가격이 상승했고 미국은 2012년과 2013년 축산 밀집 지역의 극심한 가뭄으로 번식용 소를 도태시켜 공급이 부족하기 때문에 가격이 상승했다.

쇠고기값을 안정시키기 위해서는 우선 한우 사육 두수를 늘려야 한다. 이를 위해서는 한우 사육 농가의 적정한 이윤이 보장돼야 한다.

한우 사육 농가가 적정한 이익을 보장받으며 안정적으로 소를 키우기 위해서는 생산비가 절감돼야 한다. 생산비 절감을 위해서는 송아지 가격과 사료 가격이 절감돼야 한다. 송아지 가격 절감은 한우 사육 농가가 우량 종축을 확보하여 송아지를 자가 생산하여 비육까지 함께하는 일관 사육하는 방향으로 경영 방식을 변경하면 가능하다. 그리고 사료비 절감을 위해서는 양질의 조사료 급여 비율을 높여야 한다. 축산 농가에서는 가을 추수 후에 볏짚뿐만 아니라 자체 사료포(飼料圃)를 경작하여 사료 자급 비율을 높여야 한다. 청보리, 이탈리안 라이그라스, 옥수수 등 조사료는 육성기 소의 체격을 잘 발달시키기 때문에 장기 비육을 하여도 지속해서 증체시켜 출하 체중이 큰 비육우를 만들 수 있을 뿐만 아니라 비싼 배합 사료를 대체할 수 있다.

사료 업체도 사료 가격을 절감하는 방향으로 경영을 합리화하여 사료 공급 가격을 낮추는 데 최선의 노력을 다해야 한다. 이렇게 어려운 때는 관련 분야의 사람들이 고통을 분담하면서 어려움을 극복해 나가야 한다. 한우가 소비자들의 지속적인 사랑을 받아야 축산 농가도 살고 사료 업체도 사는 것이 아닌가? 소비자들이 부담 갖지 않고 우리 한우를 즐기며 행복해할 그 날을 그려 보자.

구제역 준령(峻嶺) 넘은 축산에 성원을

© 전북도민일보(2010년 7월 26일 월요일 황의영 농협중앙회 상무)

이제 가축 전염병인 구제역 발생 소식이 들리지 않는다. 2010년 1월 경기도 포천에서 발생한 구제역은 연천까지 퍼졌다. 주춤하는가 싶더니 4월에는 비교적 외부와의 차단이 용이했던 강화도에서도 발생했다. 이어서 김포로 퍼지더니 5월에는 도(道)를 넘어 충북 충주와 충남 청양에서도 발생했다. 청양에서는 도립축산기술연구원에서 발생했기 때문에 국민의 우려는 더욱 커졌다. 다음은 또 어디에서 발생할까 하고 방역 당국과 축산 농가들이 전전긍긍했다. 다행히 우리 고장 전북에서는 발생하지 않았다. 쌀값 하락과 저온(低溫)으로 고통을 받는 우리 고장 농민들을 한숨 돌리게 했다. 상반기 동안 축산 농가를 애태우고 농촌 경제를 짓누르던 구제역이 더 이상 발병되지 않고 있으니 참으로 다행스러운 일이다.

고통 받는 축산농가에
용기를

구제역은 소, 돼지, 양, 염소, 사슴 및 야생반추류(野生反芻類) 등과 같이 발굽이 둘로 갈라진 우제류(偶蹄類) 동물에서 체온이 급격히 상승하고 입, 혀, 발굽, 젖꼭지 등에 물집이 생기고 식욕이 저하되어 심하게 앓거나 죽게 되는 급성 악성 질병이다.

국내에서는 제1종 가축 전염병이고 세계동물보건기구(OIE)에서도 중요한 가축 전염병[A급]으로 분류되고 있다. 잠복기가 보통 2~8일 정도로 매우 짧으나 최대 잠복기는 14일이다. 감염 경로는 감염된 동물과의 접촉, 바이러스에 오염된 사람, 육류, 사료, 물, 공기 등을 통하여 전파된다.

구제역의 위험성은 바이러스 전파 속도가 매우 빨라 한 번 발생하면 근절이 어렵고 주요 가축이 모두 감염되며 사육 가축에 대한 경제성이 없어져 농가 피해가 매우 크게 나타난다는 점이다. 그래서 축산물 국제 교역 규제 대상 중 가장 중요한 질병으로 취급된다.

구제역이 발생하면 방역 지역을 설정한다. 발생지는 발생 농장이 소재한 마을이고, 위험 지역은 발생지 반경 3㎞ 이내의 지역을, 경계 지역은 반경 3㎞를 초과하여 10㎞ 이내의 지역을 말한다.

'심각단계'에 준하는 구제역 비상사태 선포 등 노력 집중

정부에서는 발생 정도에 따라 위기 경보를 발령할 수 있는데,

이번에는 최고 수준인 '심각단계'에 준하는 구제역 비상사태를 선포했다. 국무총리실이 주관이 되어 농림식품부 등 6개 부서가 정부 합동지원단 및 점검반을 운영하여 적절한 조치를 한 바 있고 축협을 중심으로 한 협동조합 조직에서도 확산 방지를 위한 예방 활동과 피해 농가 지원을 위해 적극적으로 노력하였다.

해외여행 축산 농가가 입국 시 검역 신고 및 소독 의무를 이행하도록 하였다. 구제역의 발병은 주로 오염 지역을 방문한 사람과 차량, 물자의 이동으로 바이러스가 옮겨지는 것으로 판명됐다. 그래서 발병된 지역에는 통제 초소가 설치되어 출입을 엄격히 통제하고 진·출입 차량 소독을 철저히 했다.

전국의 가축 시장을 폐쇄하고 이동 제한 구역 내의 가축을 수매하여 농가를 도왔다. 발생지는 물론 위험 지역 내의 가축에 대한 살처분(殺處分)을 실시하고 역학 조사도 실시했다. 자식처럼 기르던 소를 생매장한 농민들의 울부짖는 장면을 보도를 통해 보면서 우리도 눈시울을 적셨다.

구제역이 발생한 청양 인근 서산에 위치한 농협한우개량사업소에서는 더욱 우수한 한우 품종을 개량하기 위해 우량 한우 수소(種牡牛)를 발굴 유지하며 농가에 우량 정액을 공급하고 있다. 만약에 이 사업소가 위험 지역에 포함된다면 보유한 종모우와 정액을 모두 살처분해야 한다. 그러면 어떻게 되는 것인가? 한우 종족 보존뿐만 아니라 한국 축산에 대재앙(大災殃)이 되는 정말 아찔한 상황이 된다. 이 씨소(種牡牛)와 보관 중인 정액을 우리 고장 무주와 경북 청송으로 소산(疏散)시켜 우수 한우의 종(種)을 보전하려는 특단의 노력을 기울인 바 있다.

구제역 방지를 위해 더욱 적극적인 예방 조치 필요

6월 이후 추가 발생이 없어 구제역은 진정되었다고 볼 수 있다. 과감한 살처분과 신속한 예방 접종, 배제 정책 등의 방역 조치로 구제역이 전국으로 확산하는 것을 차단했다. 이는 군, 경찰, 행정 기관, 자치단체, 농협 등의 범국가적 총괄 방역 수행과 축산 농가를 비롯한 국민의 적극적인 참여가 효과적으로 이루어져 확산을 차단한 결과라고 생각한다.

앞으로 구제역을 예방할 수 있는 더욱 적극적인 조치들이 조속히 이루어졌으면 한다. 정책 당국에서는 우선 이번에 피해를 본 농가에 복구 지원을 신속히 마쳐야겠다. 축산업 등록제 확대, 축산업 면허제, 가축 거래 상인 신고제 도입, 외국인 근로자 관리 강화 등의 조치도 빨리 이루어졌으면 한다. 그리고 수정사, 수의사, 컨설턴트, 사료차, 우유차, 가축 운반차 등 축산 농가 출입자와 차

량의 소독을 의무화하는 등의 조치와 축산 농가 해외여행 입국 신
고, 소독 의무화의 시행과 우수 종축 유전자 보호를 위한 사육처
분산 조치 등의 제반 방역 제도와 농가 지원이 강화되는 구제역
피해 보상 제도도 개선되었으면 한다.

사육 농가에서는 방역 활동을 더욱 철저히 해야겠다. 우리 국민
은 다소 불편이 있더라도 당국의 방역 활동에 적극적으로 참여해
주시고 우리 축산물을 더 많이 애용해 주셔서 실의에 빠진 우리
농민들의 사기를 진작시키고 농촌 경제에 활력을 불어넣어 주시
길 부탁드린다. 우선 삼복의 더위를 우리 축산물을 원료로 한 보
양식으로 이겨 내시길 권해 드린다.

조류인플루엔자(AI) 총력 대처, 조기에 극복하자

ⓒ 전북도민일보(2016년 12월 20일 화요일 황의영 경제학박사)

난리(亂離)다. 재앙(災殃)이다. 조류인플루엔자(AI)가 창궐(猖獗)하고 있다. 2016년 11월 16일 충북 음성군과 전남 해남군 농가의 가금류에서 AI가 처음 발생한 이후 한 달이 조금 지났는데 제주도를 제외한 전국으로 퍼졌다. 그동안 유일하게 AI가 발생하지 않던 영남지역까지 뚫렸다. 정부는 12월 15일 AI 방역 컨트롤 타워를 정부 차원의 중앙사고수습본부로 전환했다.

지난 19일까지 살처분한 닭·오리·메추리 등 가금류 마릿수가 1,900만 마리로, 매일 역대 최고 기록을 경신하고 있다. 지금까지 최대 AI 피해는 2014년 1~7월의 1,396만 마리였다. 당시는 195일 동안 피해인데 이번에는 불과 한 달 만에 최고 피해를 경신했다. 계란이 품귀 현상을 보이며 값이 오르고 식당과 빵집의 시름이 깊다.

　이번 AI 재앙은 정부의 안일한 대응이 불러온 자명한 결과다. 초동 대응에 실패해 호미로 막을 수 있었던 것을 가래로도 막지 못하고 있다. 지난해 메르스 사태와 같은 대재앙을 초래한 것이다. 지난 10월 말 충남지역에서 발견된 철새 분변에서 치사율이 높고 인체에도 위험한 것으로 알려진 H5N6형 바이러스가 검출됐는데도 안이하게 대처했다. 그러다 2016년 11월 16일 이번 재앙의 시발인 AI 의심 신고가 접수됐고 주무부서에서는 이틀 후에야 회의를 열었고 총리는 9일 후 의정부시를 방문하는 등 늦장 대응했다. 방역 골든타임을 놓치면서 지방자치단체와의 공조도 무너졌다. 약효가 의심되는 소독약이 공급됐고, 일부 지자체는 허둥대다가 허위로 방역 신고를 했다. 일시 이동 명령이 세 번 발동됐지만 여러 농가가 어겼고, 감염 사실을 알고도 출하하기도 했다. 토종닭 유통을 금지했다가 해제하더니 다시 금지하기도 했다. 정부의 컨트롤 타워가 제대로 작동되지 않은 사이 AI가 통제 불능 상태로 빠져들었다. 거의 같은 시기에 우리와 같은 종류의 AI가 발생했음에도 적절한 조기 대응으로 피해를 최소화한 일본 정부의 대응과 크게 대비된다.

고통 받는 축산농가에
용기를

정부는 2016년 12월 16일 위기 경보 단계를 '심각'으로 격상하고 최고 수준의 방역 활동을 전개하고 있다. 모든 지자체에 '지역재난안전대책본부'를 설치하여 현장 방역 체계를 강화했다. 전국 주요 도로에 통제 초소를 확대 설치하여 확산을 방지하고 있다. 필요한 경우 도축장과 사료 공장 등 축산 관련 시설의 잠정적인 폐쇄 조치를 할 수 있다.

발생한 시도에 정부 합동지원반 파견, 축산 관련 단체장 선거 연기, 전국 일시 이동 중지, 전국 가금류 축산 농가 모임 금지 등의 조치를 할 수 있다. 강화된 방역 조치가 실효성이 있도록 관계 부처 합동으로 현장 방역 점검과 지도를 강화하는 한편, 중앙정부 차원의 지원을 지속한다.

우리나라에서는 1996년에 이어 2003년, 2007년, 2014년에도 AI가 발생했다. 발생할 때마다 큰 피해를 냈다. 큰 피해를 보았으면서도 연례적이 되다시피 AI가 발생하는 것이 안일한 정부의 대응 때문임을 증명한다. 원인을 근본적으로 분석하여 적합한 대응 방안을 마련하여 추후 발생하지 않도록 예방해야 하는데 사태가 진정되면 흐지부지되고 만다. 발생할 때마다 얼마나 많은 돈과 인력이 투입되고 고생을 하는가? 제발 소 잃고 나서라도 외양간이라도 고쳐 보자. 관계 부처가 머리를 맞대고 근본적인 AI 대응책을 마련하고 실천해야 한다. 기온이 높아져 AI가 진정되는 여름이 되려면 멀었고 2014년 발생한 H5N8형 바이러스가 최근 발견돼서 방역 상 몹시 어렵게 됐다. 정신 바짝 차리고 대응해야 하겠다.

영하의 추운 날씨임에도 방역, 살처분 등 현장에서 고생하는 공무원과 축산 관계 단체 임직원, 관련 농업인들에게 위로를 보낸다. 가금 관련 농장주들도 소독 예찰을 강화하면서 외부인 차량 등 농장의 차단 방역에 철저함을 기해야 한다. 관련 종사자들도 농장 출입을 최소화하고, 부득이 방문하는 경우에는 농장의 출입을 전후하여 일회용 방역복 착용과 소독 등 개인 방역을 철저히 해야 하겠다. 우리 국민은 모두 다소 불편하더라도 차량 소독에 적극적으로 협조하고 가금류 사육 농장 방문과 주요 철새 도래지 출입을 자제해야 할 것이다.

발생 농장의 가금류는 모두 살처분되기 때문에 시중에 유통되고 있는 닭고기, 오리고기, 계란 등은 안심하고 먹을 수 있다. 그렇기에 계속해서 애용해 주셔서 실의에 빠진 가금류 축산 농가에 용기를 주시길 바란다. 재앙을 겪고 있는 가금류 축산 농가들도 용기를 잃지 말고 적극적으로 대응하여 조속히 이번 사태를 극복, 우리의 닭과 오리를 지켜 내 국민의 안전한 먹거리 보급 기지 역할을 차질 없이 수행하기를 기대한다.

조류인플루엔자(AI) 극복에
힘을 모으자

ⓒ 전북도민일보(2014년 2월 4일 화요일 황의영 전 NH무역 대표이사)

"6·25 때 난리는 난리도 아니다."라는 말이 요즘 시중에 유행한다. 한창 인기를 끌고 있는 모 방송국 주말 연속극 극 중에서 자주 나오는 말이다. 이 시대에 흔치 않은 4대가 한 가정에서 같이 살며 갖가지 어려운 일들을 겪으면서 가장 어른인 할머니가 자주 써 크게 유행되고 있다. 이 연속극에서 얘기하듯 요즘 우리 주변에 6·25 때 난리는 난리가 아니라고 할 만한 큰일들이 자주 일어나고 있어 국민이 경기(驚氣)를 일으킬 정도다.

밖으로는 침략을 부인하며 타국 영토를 자국 영토라고 우겨 대는 일본 때문에 속을 앓고 있으며, 안으로는 금융기관의 고객 정보 유출로 국민이 크게 불안해하고 있다. 엎친 데 덮친 격으로 조류인플루엔자(AI)가 발생하여 전국적으로 확산 조짐을 보인다. 이러니 6·25의 참상을 겪어 보지 못한 사람들에게는 지금의 복잡한 상황을 빗대어 "6·25 때 난리는 난리도 아니다."라고 하는 말이 어느 정도 설득력이 있을 것 같다.

지난 2014년 1월 16일 전북 고창에서 AI 의심 신고가 접수되고, 다음 날 고병원성으로 확진됐다. 2014년 처음으로 AI 발생이 공식 확인된 것이다. 그 후 열사흘만인 1월 29일 열여섯 번째로 경남 밀양의 토종닭 농장에서 발병 의심이 신고 됐는데 고병원성으로 확진됐다. 행정 당국, 축산 농가, 농·축협, 국민의 확산 방지를 위한 피나는 노력에도 호남, 충청, 경기를 넘어 영남으로까지 AI가 확산하고 말았다. 2007년 AI가 발생했을 때 현장에서 농업인들과 같이 이리 뛰고 저리 뛰며 예방 활동을 하던 생각이 파노라마처럼 뇌리를 스치고 지나간다.

지금 이 순간에도 AI 때문에 설 명절도 잊고 현장에서 고생하고 있을 관계자들을 생각하니 안타깝기 그지없다. 조류인플루엔자(AI)는 조류(鳥類)에 감염되는 급성 바이러스성 전염병으로 주로 닭과 칠면조 등 가금류에 많은 해를 입힌다. 병원성(病原性)에 따라 고(高)병원성·약(弱)병원성·비(非)병원성 3종류로 구분된다. 이 가운데 고병원성은 국제수역사무국(OIE)에서 리스트 A등급으로, 한국에서는 제1종 가축 전염병으로 분류하고 있다. 증상은 바이러스의 병원성에 따라 다양하지만 대체로 호흡기 증상과 설사, 급격한 산란율 저하로 나타난다.

때에 따라 볏 등 머리 부위에 청색증이 나타나고, 안면에 부종이 생기거나 깃털이 한 곳으로 모이는 현상이 나타나기도 한다. 세계적으로 1936년 이후 발생하지 않다가 1983년 벨기에·프랑스 등 유럽에서 발생하기 시작한 이래 현재까지 세계 각국에서 약병원성을 비롯한 고병원성 AI가 발생하고 있다.

우리나라에서도 1996년에 이어 2003년, 2007년을 비롯하여 한두 해 간격으로 발생하여, 온 국민의 애를 태우고 있다. 이번 겨울을 잘 넘기는가 싶었는데 결국 고창에서 일이 터지고 말았다. AI가 발생하면 전 세계 국가에서는 대부분 발생 지역으로부터 일정 거리 이내의 모든 가금류를 매몰하는 등 살처분(殺處分)한다. 발생 국가에서는 가금류를 수출할 수 없게 된다.

증상이 나타나기 전 일정 기간의 잠복 기간이 있는데 이때는 감염 여부를 모르기 때문에 감염 농장에 사람과 차량이 드나들고 감염된 가금류의 이동을 통제할 수가 없어 그 확산을 막기가 쉽지 않다. 즉, 감염이 확진돼서 예방 활동을 전개하는 것은 사후약방문 (死後藥方文)격이 되는 것이다. 그렇다고 예방 활동을 하지 말자는 것은 결코 아니다. 그만큼 예방 활동이 어렵기 때문에 더욱 적극적으로 예방 활동을 전개해야 실질적으로 확산을 방지할 수 있다는 것이다.

가장 좋은 방법은 병이 발생하기 전에 발병(發病)되지 않도록 사전에 철저히 관리하는 것이다. 이번에 발병한 AI의 발병 원인을 철새에 의한 감염으로 유추(類推)하고 있다. 이번에 최초로 발생한 농장 가까이 겨울 철새가 날아드는 저수지가 있고 이곳에서 죽은 철새가 AI에 감염된 사실이 확인됐다. 그렇다면 매년 AI의 발생이 예상되는 시기가 오면 철새 도래 저수지와 저수지 인근의 가금류 농장을 소독하고 사람들의 출입을 관리해야 할 것이다. 이러한 노력에도 발병이 확인되면 잠복 기간에 발병한 농장을 드나들었던 사람과 물자의 입출 상황을 추적하여 관리해야 할 것이다.

감염되지 않은 농장에 대하여는 더욱 철저히 소독하고 사람과 물자의 출입을 더욱 철저히 통제해야 한다. 또한, 과거의 사례를 봤을 때 AI가 발생하면 가금류의 소비가 뚝 떨어졌다. 그러나 고병원성 AI가 발생한 농장의 가금류는 엄격히 통제돼서 시중에 유통되는 일은 있을 수 없다. 그렇기 때문에 소비자들은 AI가 발병하기 전과 같이 닭고기 등 가금류를 애용하여도 하등의 문제가 없다.

불이 나면 우선 모두 합심하여 불을 꺼야 한다. 더 이상의 AI 확산을 막으려고 사투를 벌이는 모든 분의 노고에 진심으로 감사 드리고 우리 모두 예방 활동에 적극적으로 동참해서 요즘 난리 중의 하나인 AI가 조속히 극복될 수 있도록 다 함께 노력하자.

조류인플루엔자(AI) 극복,
온 국민이 나서야

ⓒ 전북도민일보(2008년 4월 22일 화요일 황의영 전북농협 본부장)

2008년, 예기치 못한 조류인플루엔자(AI) 발생이 전북을 시작으로 전국으로 확산되면서 축산 방역 당국과 가금류 사육 농가들이 비상이 걸리면서 인근 지역의 사육 농가들까지도 불안감에 휩싸이고 있다. AI 발생 소식에 안전성에 문제가 없는 닭고기, 오리고기뿐만 아니라 계란의 소비까지 줄어들고 있어 농가들은 AI 발생에 의한 살처분과 유통 제한으로 인한 직접 손실뿐만 아니라 소비 위축으로 축산물 가격 하락까지 더해져 심각한 어려움에 직면해 있다. 그뿐만 아니라 국제 곡물가 폭등에 따른 사료 가격 인상과 심리적 불안이 압박감을 더하고 있다.

농협에서는 발생 즉시, 방역 당국과 긴밀한 협조 체제를 구축

고통 받는 축산농가에
용기를

해 생석회와 방역복 및 방역 약품을 지원하고 임직원들이 살처분 현장에 적극적으로 참여하는 등 총체적 지원 활동을 벌이고 있다. 행정을 중심으로 한 방역 당국과 협력 기관들이 확산 방지와 신속한 살처분 지원 활동을 통해 피해 확산에 최선의 노력을 다하고 있지만, 발생과 살처분 지역이 확산하면서 닭과 오리의 살처분 규모가 400만 수를 넘어 피해 규모가 눈덩이처럼 커지고 있는 안타까운 현실이다.

닭고기는 우리나라 국민 1인당 연간 8kg을, 오리고기는 1kg을 소비하고 있어 돼지고기 다음으로 소비 규모가 큰 육류 중 하나이다. 특히, 오리고기의 경우 불포화 지방이 많이 들어 있어 소비가 많이 늘고 있고, 닭고기는 저렴한 가격과 우리 국민의 전통적 보양식으로 어린이부터 장년층에 이르기까지 소비층이 폭넓고 대중적인 소비 형태를 보이고 있으며, 외식 산업에는 다양한 식품 형태로 가공 판매되고 있어 중요한 국민적 식품으로 인식됐다.

닭·오리·계란은 안전한 식품

닭고기, 오리고기에 대한 소비자의 이해가 부족하여 소비가 위축되면서 설상가상으로 판매 가격이 하락하고 있어 농협을 중심으로 수매에 나서는 등 가격 지지에 노력하고 있지만, 중요한 것은 AI가 닭고기, 오리고기, 계란의 안전성에 영향을 미칠 수 있다는 소비자의 오해를 불식시키는 일이다. 세계보건기구의 발표에 의하면 조리해 먹은 닭고기나 오리고기, 계란을 통해 조류인플루엔자가 사람에 감염된 사례는 없는 것으로 밝혀져 있다. 또한, AI는 섭씨 75도 이상에서 5분만 익혀도 완전히 죽게 된다.

닭고기 및 오리고기 시식회를 통해서 또 지상 매체를 통해서 소비자들에게 올바른 이해를 구하는 노력도 중요하지만, 유통 판매 업체의 매장에서 하는 적극적인 판매 활동과 홍보가 더 중요하다. 문제는 AI 발생 확산과 추가적인 피해 발생을 막고 사육 농가의 어려움을 극복할 방법과 다시는 추가로 발생하지 않도록 사전에 차단할 수 있는 대안을 찾아 실행하는 일이다.

첫째, 방역 당국은 발생 지역에서의 가금류에 대한 이동을 제한하고 신속한 판정을 통한 살처분 등 확산 방지 활동에 집중해야 할 것이다. 아울러 역학 조사를 통해 감염 경로와 발생 원인에 대해 정확한 결론이 내려져야 한다. 그래야만 추가적인 발생과 손실을 막을 수 있고 더욱 근본적인 예방책을 만들 수 있지 않겠는가. AI 발생이 어제오늘의 일이 아닌데 어쩌면 우리는 철새를 통해 감염되고 발생한다는 추정과 근거에 의해 방역과 예찰 활동을 한 것이 지금 같은 피해를 키운 것은 아닌지 한 번 더 생각해 보아야 한다. 또한, 고병원성인지 아닌지 확인 과정이 신속해야 한다. 그래야만 피해 확산을 즉시 차단하고 확산의 위험을 최대한 줄일 수 있기 때문이다.

사육 농가 적극적 예방 노력해야

둘째, 사육 농가에서는 체계적이고 적극적인 예방 활동에 노력해야 한다. 우리나라의 축산물에 대한 질병 관리 및 방역 시스템이 세계적으로도 우수할 만큼 잘 되어 있다고는 하지만, 사육 현장에서 관리자의 실천이 제대로 이루어지고 있는지 시스템을 재점검해 볼 필요가 있다. 농가는 의심 사항 발견 즉시 신속한 신고와 살처분을 통해 피해가 퍼지지 않도록 해야 한다. 이를 위해서는 정부가 충분한 보상 체계를 마련해야 한다. 또한, 현재의 밀집도가 높은 사육 환경을 개선하여 사육하고 있는 닭과 오리의 질병에 대한 저항성을 높여 주는 친환경적 사육법이 도입되어야 하고, 농작물과 같이 직불금 지원을 통해 사육 농가의 안정된 소득을 지원해 주는 보완책도 검토해 볼 만하다.

셋째, 유통 과정에서 소비자의 신뢰와 안전성을 높여 가는 노력을 해야 한다. 소비자들이 스스로 닭고기나 오리고기, 계란에 대하여 신선도와 안전성을 확보할 수 있도록 가공 및 출하 단계의 개선도 필요하다.

AI 발생 지역에서 AI 감염과는 무관한 계란을 매몰 처분하는 것을 보면서 AI가 발생하여도 계란은 농산물과 같이 세척, 살균하고 깨끗하게 포장, 유통되어 안전하다는 소비자 인식이 정착되어 있다면 손실을 좀 더 줄일 수 있지 않았을까 생각한다.

마지막으로 범국민적 지원과 협력을 당부한다. 지난해 한미 FTA 협상 타결로 우리 축산업에 큰 먹구름이 드리워지고 지난해부터 시작된 국제 곡물 가격 상승으로 배합사료 가격이 천정부지로 오르고 있다. 최근에는 AI로 인한 축산 농가의 어려움이 가중

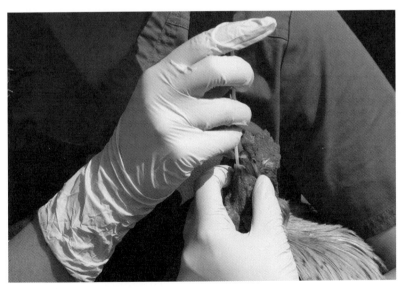

AI 시약테스트를 받고 있는 닭

고통 받는 축산농가에
용기를

되고 있다. 설상가상으로 미국산 뼈 없는 쇠고기 수입이 가능해졌다는 가슴 아픈 소식도 전해지고 있다.

이제는 우리가 모두 나서야 한다

서해안 기름 유출 사태 때 온 국민이 자원봉사로 어려움을 극복했던 것처럼 피해 확산을 위한 방역과 예방 그리고 살처분 활동에 우리 모두 나서야 한다. 그리고 이번의 AI 발생을 통해 다시는 똑같은 어려움을 겪지 않도록 원인을 찾아 근본적인 대책을 마련해야 한다. 예방 시스템을 새롭게 정비하고 보완하는 계기가 되길 바란다.

닭값은 끝없이 추락하는데, 치킨 가격은 고공비행 중

ⓒ 전북도민일보(2015년 11월 5일 목요일 황의영 전북대학교 무역학과 강의전담교수)

"차암 희한하네요? 닭값이 떨어지는데 왜 치킨값은 오르나요?" "너무 비싸요, 솔직히. 두 번 시켜 달라고 하면 한 번밖에 못 시켜 줘요." "주문을 하기 전에 늘 망설이게 돼요. 치킨이 국민 간식이란 말도 이젠 다 옛말이 됐어요." "치킨이 먹고 싶어도 참거나, 정 먹고 싶으면 전통시장의 저렴한 통닭집을 이용하고 있어요." "예전엔 만 원 초중반 정도 했었는데, 요즘엔 거의 2만 원 정도 하니까요." "해도 해도 너무하는 것 아닌가요? 원료값이 하락하는데 제품값이 오르다니 이게 말이 됩니까? 이것이 도대체 어느 나라 경영인가요?"

요즘 치킨 소비자들이 뿔이 나도 단단히 났다.

고통 받는 축산농가에
용기를

소비자들의 불만처럼 생닭값은 매년 내려가는 데 반해 치킨값은 계속 오르고 있다. 2015년 10월 2일 한국소비자단체협의회 물가감시센터에 따르면 대한양계협회 자료를 분석한 결과, 산지 닭 (1.6㎏) 가격은 2010년 평균 1,899원이었는데 올해 상반기에는 1,627원이다. 5년 전보다 14.3%나 떨어졌다.

프랜차이즈 치킨은 주로 9~10호 닭을 사용하고 내용량은 평균 724g이어서 실제 치킨 한 마리에 대한 닭값은 1,000원 정도라는 것이 물가감시센터의 분석이다. 그러나 프랜차이즈 치킨값은 업체별로 다르긴 하지만 한 마리당 1만 8,000원에서 1만 9,900원이다. 닭값이 1,000원 드는데 기름에 튀겨 낸 치킨값이 2만 원에 가깝다니 누가 이를 이해할 수 있단 말인가?

그러나 프랜차이즈 업체는 이렇게 팔아도 남는 것이 없다고 볼멘소리를 한다. 장사하는 사람 중에 원가를 정확히 밝히는 사람이 없겠지만, 그들이 말하는 원가를 보자.

먼저 원재료 가격은 생닭 5,000~5,500원, 튀김 기름 800~1,000원, 시즈닝 600~1,000원, 튀김 가루·반죽 등 300~500원, 치킨 무·소금·소스·음료 1,000원, 포장 600~1,000원 해서 원료비가 8,300~1만 원이란다. 기타 비용은 인건비·임차료·감가상각

비·가스비·전기료·대출금 등 5,500~6,000원, 배달 업체 수수료 350~2,000원 해서 합계가 5,850~8,000원이어서 총원가가 1만 4,150~1만 8,000원이라고 한다.

그러나 대한양계협회 관계자는 "산지에서 1,500원 하는 육계는 도계(屠鷄) 과정 등을 거쳐 3,100~3,200원 정도에 프랜차이즈 업체에 납품되고, 업체는 이를 5,500원 정도에 가맹점에 판매하는 것으로 조사돼 이 과정에서 발생하는 유통 이윤을 줄여야 한다."고 말한다. 이에 대해 수도권의 한 치킨 가맹점 업주는 "최종 치킨 가격에는 가맹점의 인건비와 임대료 등이 포함되는데, 여기에서 35% 정도를 프랜차이즈 본사가 로열티 명목으로 가져가는 게 문제"라고 한다.

치킨값이 2만 원일 경우 프랜차이즈 본사가 가져가는 로열티가 7,000원이나 된다는 얘기다. 닭고기 구입비 5,500원에 로열티 7,000원 등 1만 2,500원을 제하고도 점포 임대료, 인건비 등을 제하면 남는 것이 없다는 게 가맹점의 입장이다. 하지만 생산자와 소비자 단체는 최근 산지 육계값 변동 추이와 치킨 프랜차이즈 업체 재무제표를 분석하고 프랜차이즈 업체에 치킨값 인하를 강력히 요청하고 있다. 실제 소비자 단체 조사에 의하면 주요 치킨 프

시중에 2만 원 가까이 팔리고 있는 치킨

랜차이즈 업체 8곳 중 6곳의 영업이익률(2014년 기준)이 일반 제조업의 평균 영업이익률보다 높은 5%를 웃돌았고 32.2%에 달하는 업체도 있었다.

치킨 프랜차이즈 업체가 어떤 변명을 하더라도 1,000원짜리 생닭을 튀겨 2만 원에 팔고 있는 것을 이해할 사람이 많지 않을 것이다. 대부분 엄청난 폭리를 취하고 있다고 생각한다. 원재료 공급가격과 가맹점 브랜드 수수료, 광고 홍보비, 영업이익 등을 줄여야 한다.

소비자들이 치킨을 부담 없이 국민 간식으로 사 먹을 수 있도록 가격을 인하해야 한다. 육계를 생산하는 농민들에게는 적어도 생산 원가와 적정 이윤을 보장해 줘서 그들이 계속 농사를 지을 수 있도록 해야 한다. 치킨집이 아무리 많고 돈을 많이 버는 '노다지'라고 하더라도 원료인 생닭이 공급되지 않는다면 장사를 계속할 수 없는 것 아닌가?

한계점을 넘어 공기가 주입되면 풍선이 터지듯 양계 농가가 손익분기점(損益分岐點) 이하에서 농사를 계속 지을 수는 없는 노릇이다. 그들이 모두 도산하게 되면 그때는 더 큰 대가를 치러야 한다. 치킨 프랜차이즈 업체는 치킨 가격 문제를 뭉개며 구렁이 담 넘어가듯 어물쩍 넘어갈 수 있는 사안이라고 생각하면 큰 오산이다. 비용을 절감하고 합리적 경영 등의 노력을 통해 가격을 내리는 적절한 가격 정책을 반드시 펼쳐야 한다. 황금에 눈이 멀어 황금알을 낳는 거위를 잡는 우(愚)를 범해서는 결코 안 된다.

고통 받는 축산농가에
용기를

살충제 계란 파동이 남긴 교훈

ⓒ 전북도민일보 (2017년 8월 20일 일요일 황의영 경제학박사)

2017년 8월 18일 생산된 계란에서 금지된 살충제가 검출되거나 허용 기준치 이상으로 살충제가 검출된 계란 농장이 49개인 것으로 최종 집계됐다. 8월 14일 살충제 계란이 확인된 이후 농림축산식품부가 전국 산란계 농장 1,239개소를 모두 출하 중지시키고 전수 검사를 한 결과다. 이 농장들 가운데 31곳이 친환경 농장, 18곳이 일반 농장이었다. 기준치 미만이기는 하지만 농약이 검출된 친환경 인증 농가가 68곳이나 된다고 한다. 이 농장 중에는 가축에 사용이 금지된 피프로닐이 검출된 농장이 8곳, 허용된 살충제지만 기준치를 넘는 곳이 37곳, 금지 살충제인 플루페녹수론 2곳, 에톡사졸과 피리다벤이 나온 농장이 각각 1개소씩이다. 농림축산식품부는 전수 검사 과정에서 시료 채취를 제대로 하지 않은

것으로 드러난 121개 농장을 재조사한 결과 2개소에서 살충제가
검출되기도 했다. 부적합 농장의 계란은 전량 회수하여 폐기 조치
한다고 한다.

이번 계란 파동을 겪으면서 알려진 바에 의하면 '친환경 인증'
과 '식품 안전 관리 인증 기준(HACCP·해썹)' 운영에 문제가 많고
농가의 도덕적 해이도 심각한 것으로 드러났다. 친환경 인증을 맡
은 민간 기관에 감독관청인 농산물품질관리원 직원 출신들이 상
당수 근무하는 것으로 나타났다. 인증과 사후 관리 과정에서 업무
처리가 제대로 이루어지지 않아 친환경 인증 농장에서는 농약을
사용하면 안 되는데도 농약을 사용했다. 살충제가 검출된 49개 농
장 중에서 '해썹'을 획득한 농장이 29곳(59%)이나 되는 것으로 나
타났다. 해썹은 식품의약품안전처 산하 한국식품안전관리인증원
이 부여하는데, 식품 원료부터 제조·가공·보존·유통·조리 단계까
지 식품 안전성을 확보하고 있다는 의미다. 생산·유통 단계에서
살충제를 걸러 내지 못했으니 엉터리 인증이 되고 말았다. 정부가
친환경 인증 제도와 해썹 제도를 운영하는 목적은 국민에게 안전
한 식품을 제공하겠다는 것이지, 생산자에게 비싸게 팔아도 된다
는 허가증을 내주는 것은 아닐 것이다.

고통 받는 축산농가에
용기를

2017년을 휩쓸고 간 살충제 계란 파동으로 계란이 외면 받고 있다.

　계란을 생산하는 1,239개 농장 중에서 친환경 인증을 받은 농장이 전체 63%인 780개나 된다고 한다. 이는 친환경 인증 제도가 남발되고 있음을 의미한다. 일반 소비자들이 지금까지 생각하기로 '친환경 인증 계란'은 닭장에 닭을 놓아기르며 닭장에 농약은 뿌리지 않고 닭에 항생제를 먹이지 않으며 사료도 친환경석으로 재배한 작물로 제조한 것으로만 사육하는 닭이 낳은 알이라고 믿었다. 그래서 기꺼이 일반 계란보다 40~50% 더 비싸게 사 먹었다. 이번에 보니 소비자들은 지금까지 속아 왔다는 배신감에 더욱 분노하는 것 같다.

살충제가 나온 농장주들은 더더욱 정직하지 못했다. "살포해서는 안 되는 약인 줄 몰랐다." "다른 농장에서 살포하기에 나도 살포했다." "농약상이 괜찮다고 해서 사다 썼다."라고 하는 등 솔직한 시인이나 진심 어린 사과를 하기는커녕 변명만 늘어놓고 있다. 산란계 농장은 대다수가 수만에서 수십만 수를 사육하는 기업농이며 대농이다. 몰랐다고 하는 것이 말이 되는가?

관리, 감독을 해야 할 정부도 한심하기 이를 데 없다. 계란 유통 과정을 추적할 수 없다고 한다. 친환경 인증 제도를 철저하게 관리, 운영하지 못하고 민간에 위탁하여 적당히 운영해 왔던 것 같다. 더더구나 관리·감독 기관의 퇴직자들이 위탁 기관을 운영하거나 그곳에 근무하고 있으니 이들 전관 때문에 업무가 제대로 처리되지 못했던 것 같다. 생산은 농림축산식품부가, 가공·유통·소비 단계는 식품의약품안전처로 이원화되어 있어 유기적인 관리, 감독이 이루어지지 못하고 엇박자가 나고 있는 것 같다.

다행히 49개 살충제 농장 이외의 농장에서 생산된 계란은 즉시 출하가 허용됐다고 하니 공급 부족으로 인한 파동은 일어나지 않을 것으로 보인다. 지금 매장에서 판매되는 계란은 살충제와 전혀 무관한 것이니 안심하고 먹어도 된다고 한다. 소비자들은 예전처

고통 받는 축산농가에
용기를

럼 계란을 애용해 주시길 바란다. 이번 계란 파동은 일부 농가의 그릇된 판단과 정부의 정책 운영, 관리 부실이 함께 빚어낸 참사다.

이번 파동을 교훈 삼아 앞으로는 국민에게 더욱 안전한 먹을거리를 제공하는 최선의 노력을 다 하겠다는 각오를 다지며 농가는 안전한 계란을 생산하는 데 진력하고 정부는 제도의 운용과 관리를 더 철저하게 하는 계기로 삼아야 하겠다. 한 단계 더 나아가 A4 용지보다도 더 작은 면적의 비좁은 케이지에서 닭을 사육하는 방법을 어떻게 해서든지 개선하는 전기로 삼았으면 한다. 소 잃고 외양간이라도 고쳐 보자.

제7장

우리 농산물 가공,
국민 건강 지킨다

된장의 성인병 예방 효과

ⓒ 전북일보(2010년 1월 6일 수요일 황의영 농협중앙회 상호금융총본부장)

2010년 새해가 밝았습니다. 모두 건강하시고 부자 되세요.

어릴 적 요맘때쯤이면 고향 우리 집 안방 시렁에는 메주가 주렁주렁 걸려 있었다. 갈라진 메주 틈 사이로 흰 곰팡이가 서려 있고 메주 뜨는 콤콤한 냄새가 코끝을 자극했다.

11~12월경 수확한 해콩으로 메주를 쑤어 목침만 한 크기로 빚어 2~3일 정도 말린 다음 볏짚으로 묶어 시렁 등에 매달아서 띄웠다. 30~40일 지나 메주가 잘 뜨면 입춘이 지나고 맑은 날을 골라 메주를 쪼개 장독에 넣고, 천일염을 물에 타 하루쯤 가라앉힌 소금물을 붓고 빨갛게 타는 참숯, 고추, 불에 구운 대추를 함께 띄워 장을 담근다. 이는 불순물과 냄새를 제거하기 위해 전해 내려오는 방법이다. 장을 담근 지 20~30일이 지난 다음 메주를 건져

서 다시 소금을 골고루 뿌리고 간장을 쳐서 질척하게 갠 후 옹기 항아리에 꾹꾹 눌러 담고 웃소금을 뿌린다. 잘 봉해서 빗물이 들어가지 않도록 하고 햇볕을 쬐어 메주가 삭게 되면 된장이 된다.

우리 음식은 거의 모두 간장, 된장, 고추장으로 간을 맞추고 맛을 냈다. 장맛이 곧 음식 맛이었다. 장맛이 좋은 집안의 음식은 맛있었고 사대부가(士大夫家)에서는 좋은 장맛이 대대로 전해 내려오는 것을 가문의 자부심으로 여겨왔다. 장의 역사는 음식의 역사라 해도 과언이 아니다. 중국의《위지(魏志)》〈동이전(東夷傳)〉에 "고구

장독대에서 된장이 숙성되고 있다.

성인병 예방에 좋은 잘 발효된 된장

려에서는 장양(藏釀)을 잘한다."는 기록이 있는 것으로 보아 삼국
시대에 된장, 간장을 담가 먹었던 것으로 추정이 된다. 조선시대
초·중기의 기록인 《구황촬요(救荒撮要)》와 《증보산림경제(增補山林
經濟)》에는 각각 조장법(造醬法)과 장제품조(醬諸品條)가 있어 좋은
장을 담그는 방법을 상세히 기술하고 있다. 장제품조의 첫머리에
"장은 모든 음식 맛의 으뜸이다. 집안의 장맛이 안 좋으면 좋은 채
소와 고기가 있어도 좋은 음식이라 할 수 없다. 설혹 촌야(村野)의
사람이 고기를 쉽게 얻지 못해도 여러 가지 좋은 맛의 장이 있으
면 아무 걱정이 없다. 우선 장 담그기에 유의하고, 오래 묵혀 좋은

장을 얻게 함이 도리다." 이처럼 우리 조상들은 장을 소중하게 여겼다.

어릴 적 우리는 "콩은 밭의 고기"라고 배웠다. 그러나 콩은 이제 단순히 단백질과 지방을 공급하는 것을 넘어 질병을 예방하는 식품으로 자리를 잡아가고 있다. 콩의 주요 성분으로는 단백질, 올리고당, 식이섬유, 인지질, 이소플라본, 사포닌, 트립신 저해제, 피트산 등이 있다. 콩 단백질은 혈중 콜레스테롤, 혈중 지혈, 지방 단백질 농도 감소, 동맥 경화, 심장병을 예방한다. 콩 올리고당은 장내 유용균 번식을 촉진하고 식이섬유는 콜레스테롤 배설을 촉진하며 장 기능에 대한 생리 효과가 있다. 인지질은 생체박 성분, 뇌 기능 향상과 노인성 치매 예방, 혈중 콜레스테롤 축적 예방, 이소플라본은 암세포 증식 억제로 유방암, 대장암, 폐암 등의 항암 효과와 골다공증을 억제하는 역할을 한다. 트립신 저해제는 항암 작용, 당뇨병 예방, 피트산은 철과 결합하여 지질 산화 억제의 효과가 있다. 이렇듯 콩은 풍부한 영양소를 가지고 있어 우리 건강에 중요한 역할을 한다.

콩으로 된장, 간장, 두부 등의 음식을 만들지만, 그 으뜸이 된장이다. 일상에서 많이 접하게 되는 음식 중의 하나가 된장이다. 예부터 어느 집에서나 된장은 쌀과 같이 기본 식량으로 여겼다. 여름철 아무리 반찬이 없어도 상추에 된장을 싸서 먹으면 한 끼 식사로 충분했고 보리밥이라도 물에 말아 풋고추에 된장을 찍어 먹으면 한 끼가 거뜬했다. 최근에도 돼지고기, 쇠고기를 구워 먹을 때 고기를 야채에 된장과 함께 싸서 먹는다. 또한, 국을 끓일 때도 된장을 풀어 끓이면 맛있다. 된장을 되게 개어 물을 붓고 풋고추, 애호박, 파 등을 썰어 넣고 끓인 된장찌개면 한 그릇의 밥을 바로 비웠다. 이 된장이 우리 민족의 건강을 지켜 준 소중한 음식이다.

요즘 도시의 주거 문화가 아파트로 바뀌면서 된장을 담그는 가정이 줄어들고 있다. 맞벌이 가정이 늘어나면서 된장을 직접 담그기가 어려워졌다. 그러다 보니 우리 식탁에서 된장이 멀어지는 것 같아서 참 아쉽다.

우리 어머니들은 자녀들이 된장을 많이 먹도록 하여 수천 년 이어 온 우리 음식과 가족의 건강을 지켜 행복한 가정을 이루시길 간절히 희망한다. 된장이 많이 소비되면 농가에서는 콩 재배가 늘어나고 콩으로 소득이 높아지게 되면 농산물 수입 확대로 어려움을 겪고 있는 우리 농가도 도와주는 것이다. 영양의 보고인 된장을 많이 먹자.

김치가 보약이다

ⓒ 전북일보(2009년 12월 9일 수요일 황의영 농협중앙회 상호금융총본부장)

김치가 보약(補藥)이다. 가정마다 몇 포기씩 더 담그자.

김장이 한창이다. 집마다 한겨울 식량인 김치를 많이 담근다. 가정뿐만 아니라 기관 단체에서도 김장을 많이 한다. 독거노인, 소녀·소년 가장, 불우이웃에게 전해 주기 위해서 김치를 담근다는 보도다. 그늘진 곳에 사랑을 나눈다는 훈훈한 얘기들이다. 이런 소식을 접할 때마다 이 세상은 살맛 나는 세상이로구나, 하는 생각이 들어 기분이 좋다.

김치는 조상님들의 지혜가 가득한 우리 민족 고유의 전통 음식이다. 채소가 없는 겨울철, 섭취가 어려운 영양소를 얻고자 가을에 채소를 절여서 식품으로 만들어 보관하면서 이를 먹었다. 한국인의 식탁에서 빼놓을 수 없는 반찬이 됐다. 김치는 배추, 무 등을 소금에 절여서 고추, 마늘, 파, 생강 등의 양념과 젓갈을 같이 버무려 저장한다. 저장된 김치는 젖산 생성으로 숙성되어 저온에서 발효된다. 김치를 담그는 것은 채소를 오래 저장하기 위한 수단이 될 뿐만 아니라, 저장 중 여러 가지 미생물의 번식으로 유기산과 방향(芳香)이 만들어져 훌륭한 발효 식품이 된다. 김치는 사시사철 한국인들의 사랑을 많이 받고 있다. 근래에는 여러 나라에서 건강식으로 대중화되고 있다.

김치에 대한 가장 오래된 문헌은 약 3,000년 전의 중국《시경(詩經)》이며, 오이를 이용한 채소 절임을 뜻하는 것으로 추정되는 '저(菹)'라는 글자가 나온다. 조선 중종 때에《벽온방》에 "딤채국을 집안사람이 다 먹어라."라는 말이 나오는 것으로 보아 '저'를 우리말로 '딤채'라고 했음을 알 수 있다.

국어학자 박갑수는 김치의 어원에 대해 '딤채'는 '팀채'가 변했고 구개음화하여 '김채', 다시 '김치'가 됐다고 설명한다. 김치를 지방에 따라서는 '지(漬)'라 하고 제사 때에는 '침채(沈菜)'라 하며, 궁중에서는 젓국지, 짠지, 싱건지 등으로 불렀다고 한다.

현재는 '김치' 하면 배추김치를 연상할 정도로 배추로 김치를 많이 담그지만 1900년대 전까지만 해도 김치의 주재료는 무였다. 20세기에 들어와 중국의 산동에서 배추가 수입된 후부터 배추김치가 널리 보급됐다. 김치에 쓰이는 고추는 남아메리카에서 유럽을 통해 17세기 전후 전해졌기 때문에 그 후부터 김치에 고춧가루가 들어갔다. 고추는 부패를 더디게 하여 많이 넣으면 엷은 소금물에 절여도 김치 맛이 오래간다. 또한, 고추의 자극적인 맛은 소금만큼 식욕을 자극하고 탄수화물의 소화를 촉진한다.

김치를 먹으면 신종 플루를 예방하고 조류인플루엔자(AI) 예방과 치료에도 효능이 있다고 알려졌다. 김치는 심장병 예방, 항암 작용, 노화 억제, 소화 촉진, 면역성 강화, 항균 기능, 돌연변이와 변비 예방, 체중 조절 효과, 바이러스 감염과 콜레스테롤 억제 효과, 동맥경화 예방 효과와 항생제 성분까지 있는 것으로 효과가 입증되면서 미국의 건강 전문지 〈헬스(Health)〉에 요구르트, 낫토 등과 함께 세계 5대 건강식품으로 소개되기도 했다.

김치는 담글 때 사용하는 재료에 따라 배추김치, 무김치, 오이김치, 갓김치, 파김치, 부추김치, 고들빼기김치 등으로 부른다. 담그는 방식에 따라 깍두기, 동치미, 백김치, 나박김치, 물김치, 보쌈김치 등 다양하다. 이 모두 한결같이 맛이 좋아 미각을 사로잡는다. 지역에 따라 특색 있는 김치가 많다. 전라도는 갓김치·고들빼기김치·동치미가, 경상도는 콩잎김치·부추김치·깻잎김치가, 충청도는 굴섞박지·총각김치·무짠지가, 서울과 경기도는 보쌈김치·배추김치·장김치·나박김치 등이 유명하다. 김치는 반찬으로 밥과 같이 먹지만 찌개, 전, 국, 볶음밥 등으로 요리하면 더욱 맛있는 음식이 된다.

며칠 전 트랙터로 배추밭을 갈아엎는 모습의 보도를 접하면서 가슴이 천근만근 무거웠다. 과잉 생산으로 가격이 내려가 경영상

발효과학으로 만들어진 각종 김치

어려움을 겪고 있는 성난 농심의 표현일 것이다. 집마다 영양의 보고인 김치를 몇 포기씩 더 담가 배추값 하락으로 어려움을 겪고 있는 우리 농민도 돕고 겨울철 건강도 챙기시길 간절히 부탁드린 다. 김치가 종주국인 우리나라에서뿐만 아니라 세계인의 사랑을 듬뿍 받는 그날이 빨리 오길 기대해 본다.

우리 농산물 가공,
국민 건강 지킨다

우리나라가 김치 종주국이 맞는가?

ⓒ 전북도민일보(2015년 10월 5일 월요일 황의영 전북대학교 무역학과 강의전담교수)

1994년 일이다. "남의 것을 가져다 자기 것이라고 잘 우겨 대는 일본이 '기무치(キムチ)'를 김치의 원조라고 말하고 있으니 '우리나라가 김치 종주국'임을 서둘러 선언합시다." 농협중앙회 비서실에 근무할 때 당시 원철희 회장님께서 하신 말씀이다. 선언문을 준비하여 전국 농협 조합장과 여성 단체장, 국내외 언론사 기자들을 모시고 기미독립선언문을 만방에 발표하듯 우리나라가 '김치 종주국'임을 선언했다. 벌써 21년 세월이 흐른 얘기다.

2015년 10월 TV에서 "지난 2년 동안 중국산 김치 수입액은 2,569억 원인데 비해, 같은 기간 대(對)중국 김치 수출액은 2,030만 원에 불과해 '김치 종주국'의 지위가 흔들리고 있다."는 보도를 접했다. 이 수치만 놓고 단순 비교하면 수입이 수출보다 1만 2,000배 이상 많은 것으로, 중국과 김치 무역에서 수출은 없고 일방적으로 수입만 하게 되는 것이다. 농림축산식품부가 새누리당 홍문표 의원에게 제출한 국정감사 자료에 의하면 "우리나라 전체 식당에서 먹는 김치의 52%가 중국산이다. 특히, 급식 시설이나 고속도로 휴게소 등 김치 소비량이 많은 식당에서는 90% 이상이 중국산 김치를 쓴다." 중국산 김치가 이렇게 많이 소비되는 것은 값이 싸기 때문이다. 식당은 장사를 하기 때문에 이문을 남겨야 한다. 중국산보다 몇 배가 비싼 국산 김치를 쓰기가 쉽지 않을 것이다. 특히 단골손님이 아닌 뜨내기만을 상대로 장사하는 고속도로 휴게소나 관광지 식당 같은 곳에서는 중국산 김치를 더 많이 쓴다.

한국농촌경제연구원의 「지난 3년간 김치 수·출입 동향」에서 보면, 수출은 2012년 1억 1,200만 달러, 2013년 9,300만 달러(전년 대비 17% 감소), 2014년 8,800만 달러(전년 대비 5% 감소), 2015년 8월 말까지 5,100만 달러(전년 동기 대비 7% 감소)다. 반면 수입은 2012년 1억 2,700만 달러, 2013년 1억 3,500만 달러(전년 대비 6% 증가), 2014년 1억 2,900만 달러(전년 대비 4% 감소), 2015년 8월까지 9,700만 달러(전년 동기 대비 6% 증가)에 이른다. 수출은 점점 줄고 수입은 계속 늘고 있다. 수입은 100% 중국으로부터 해

오지만, 수출은 일본, 미국, 홍콩, 대만, 호주, 영국, 캐나다, 네덜란드, 필리핀, 싱가포르 등의 국가에 한다. 수출액이 가장 많은 일본으로의 수출이 매년 15% 이상씩 감소하고 있다. 일본에 김치 수출이 줄어드는 가장 큰 이유는 엔화 가치가 하락하여 일본에서 한국 김치 가격이 상승하기 때문이다. 그러나 더 큰 문제는 일본 내에 반한(反韓) 감정이 높아져 한류(韓流)가 식어 가면서 전반적으로 한국 제품에 대한 구매가 줄어드는 것이다. 그나마 다행인 것은 일본을 제외한 다른 나라에서는 신규 교민 시장 확대 등으로 조금씩이나마 수출액이 늘어나고 있다는 사실이다.

김치는 오랜 역사를 가진 우리의 전통 음식이며 우리나라 대표 음식이다. 김치는 우리 민족의 삶과 지혜가 깃든 발효 과학으로 만들어진다. 김치를 담기 전 재료에는 없던 맛들이 김치라는 맛으로 새롭게 태어난다. 김치가 재료 속에 들어 있는 효소의 작용으로 발효가 시작되는데, 이때 젖산균이 자라 다른 미생물을 죽게 한다. 젖산균은 김치 재료에 들어 있는 식이섬유와 함께 장내 소화 효소 분비를 촉진하고 장내 유해 세균의 번식을 억제한다. 김치에 들어 있는 고추의 캡사이신, 마늘의 알리신, 기타 재료가 만들어 내는 카로티노이드, 플라보노이드 등은 항산화, 항균, 항암, 콜레스테롤 저하, 동맥 경화 억제, 체지방 분해 등의 작용을 한다.

김치가 건강식품으로 세계적인 주목 받는 이때, 글로벌 식품으

배추김치

로 더욱 확고히 자리 잡게 하고 막대한 양의 김치 수입에 대처하며 수출을 늘리기 위해서는 다음과 같은 노력이 필요하다.

첫째, 보쌈김치·백김치·물김치 등 다품종 소량 생산에 의한 고급 브랜드화한 차별 정책. 둘째, 생김치·반숙성 김치·숙성 김치·묵은 김치 등 숙성의 세분화. 셋째, 레저용·장기 여행용·간식용 등 용량 세분화와 포장의 다양화. 넷째, 포장 디자인·포장 기술 개선과 자동화 시스템. 다섯째, 절임 채소에 양념만 부으면 세계 어디서든 김치를 담글 수 있는 양념 개발. 여섯째, 어린이나 외국인을 위한 냄새 없는 김치·덜 맵고 덜 짠 김치 개발. 일곱째, 인삼·송이·키토산·알로에 등이 첨가된 기능성 건강 김치 개발. 여덟째, 수출을 위한 적극적인 홍보 등이 필요하다고 본다.

또한, 수입 농산물 검사와 원산지 증명을 더 강화하여 수입을 억제하고 김치 생산 기업의 경영 혁신을 지속적으로 전개하여 생산 원가를 내린다면 김치 종주국의 지위가 흔들리지 않고 더욱 공고해질 것이다.

김치 재료를 생산하는 농업인, 김치를 가공하는 기업, 식품을 연구하는 연구 기관, 정책을 수행하는 정부가 손을 맞잡고 더욱 고민하며 노력해 보자. 김치 종주국의 지위를 더욱 튼튼하게 하기 위하여…….

런던 올림픽(London Olympic)과 김치

ⓒ 전북도민일보(2012년 7월 19일 목요일 황의영 NH무역 대표이사)

"런던 올림픽 기간 중에는 우리 선수들이 올림픽 선수촌 식당에서 김치를 먹을 수 없을 것 같아요. 보험에 가입할 수 없어서 런던 올림픽 위원회에 김치를 납품할 수 없습니다. 김치 수출을 포기할 수밖에 없습니다." 우리 회사 가공식품 수출을 담당하는 팀장의 얘기다. 올림픽 선수촌 식당에 김치를 납품하기 위해서는 공급자가 공급 계약이 종료된 후 6년까지 보장하는 책임 보험을 의무적으로 가입하여야 한다. 즉, 김치를 먹은 사람이 6년까지 그 김치를 먹은 것이 원인이 되어 사망하거나 손상을 입는 사고 발생시 건별로 1,000만 파운드(180억 원)보다 많은 배상 의무를 충족해 주는 보험을 들어야 한다.

우리 농산물 가공,
국민 건강 지킨다

세상에 김치를 먹고 죽거나 병이 발생했다는 얘기는 들어 본 적 없거니와 그것도 6년이라는 긴 기간을 보상하라고 하는 조건은 우리 상식으로 쉽게 이해할 수 없다. 그래도 우리 선수들이 밥을 잘 먹고 힘을 내라고 보험을 들기 위해 여기저기 수소문을 해 보았으나 우리나라에는 이 조건을 충족하는 보험 상품이 없었다. 가입할 보험 상품이 없으니 계약을 체결할 수 없어 이번 런던 올림픽에 우리 회사가 김치를 납품할 수 없다. 그러니 선수들이 올림픽 기간 중 올림픽 선수촌 식당에서 김치 맛을 볼 수 없게 된 것이다. 참으로 안타까운 일이다. 비록 경기 기간에 김치를 먹지 못하더라도 좋은 실력을 발휘하기를 기원해 본다.

제30회 하계 올림픽이 2012년 7월 27일부터 8월 12일까지 열이레 동안 영국의 수도 런던에서 열린다. 런던 올림픽에는 선수 245명과 임원 129명으로 구성된 선수단 374명이 참가한다. 1908년 제4회 하계 올림픽이 런던에서 개최되었고, 1944년 제13회 대회가 계획되었다가 제2차 세계대전으로 개최가 취소되었다. 종전 후 1948년 제14회 대회를 개최한 후 올해에 세 번째로 런던에서 올림픽이 개최된다.

지난 2008년 제29회 북경 하계 올림픽에서 우리나라는 선수 267명과 임원 122명의 선수단이 참가하여 금메달 13개, 은메달

10개, 동메달 8개를 획득해서 종합 성적 7위를 달성하였다. 이번 런던 올림픽 선수단도 지난번 북경 올림픽 선수단이 거둔 성적 이상의 성적을 거두기를 염원해 본다.

한국 사람은 김치를 먹어야 힘이 난다. 매끼 밥을 먹을 때 김치를 먹기 때문에 김치 없이 밥을 잘 먹을 수 없다. 심한 경우 김치가 없으면 한 끼도 밥을 먹을 수 없는 사람도 있다. 그래서 해외에 출장을 가거나 여행갈 때 김치를 싸 가서 먹다가 김치 냄새가 난다고 호텔 식당에서 지적 받고 낭패 본 김치 애호가의 얘기를 들은 적도 있다. 김치는 우리 민족과 떼려야 뗄 수 없는 불가분의 관계다. 김치는 오랫동안 우리 민족이 먹어 온 음식이다. 상고시대(上古時代)에는 오이, 가지, 마늘, 부추, 무, 박 등을 '소금절이', '술과 소금절이' 또는 '술지게미와 소금절이'를 만들어 먹었는데 이는 지금의 김치와는 다르고 장아찌류에 가까웠다고 한다.

신라·고려시대에 와서는 나박김치와 동치미를 담가 먹게 됐다고 한다. 이때 양념으로 천초(川椒), 생강, 귤껍질 등이 쓰였고 산갓처럼 향신미의 채소로 국물김치를 담가 먹었다고 한다. 향신료로 천초를 넣었다가 고추로 바뀌게 된 것은 18세기 이후의 일이라고 한다. 젓국에 고추를 넣어 양념하는 방법은 조선시대 중엽 궁중에서부터 발달했다고 하는데, 궁중의 김치도 민간의 김치와 크게 다르지 않았다고 한다.

다만 젓갈을 조기젓, 육젓, 새우젓으로 썼으며 민간에서는 멸치젓이나 갈치젓을 썼다고 한다. 김치를 담그는 것은 채소를 오래 저장하기 위한 수단이 될 뿐만 아니라, 이는 저장 중 여러 가지 미생물의 번식으로 유기산과 방향(芳香)이 만들어져 훌륭한 발효 식품이 된다. 김치는 각종 무기질과 비타민의 공급원이며, 젖산균에 의해 정장(淨腸) 작용을 하고 식욕을 북돋아 주기도 한다.

최근에 김치가 신종 플루와 조류인플루엔자(AI) 예방 및 치료에 효능이 있는 것으로 알려졌다. 김치에는 심장병 예방을 비롯한 항암 효과와 노화 억제, 소화 촉진과 면역성 강화, 항균 기능, 돌연변이 예방, 변비 예방 및 체중 조절 효과, 바이러스 감염 억제 효과, 콜레스테롤 억제, 동맥 경화 예방 효과와 함께 항생제 성분까지 있는 것으로 밝혀졌다. '우리 민족이 이렇게 영양분이 풍부한 김치를 먹어 왔기에 은근과 끈기가 생성되고 세계 10대 경제 대국으로 성장할 수 있지 않았을까?'라고 생각해 본다.

농협에서는 1996년 미국 애틀랜타 올림픽(Atlanta Olympic)에서부터 계속하여 2000년 시드니(Sydney), 2004년 아테네(Athenae), 2008년 북경 올림픽 때까지 하계 올림픽에 김치를 보내어 선수들이 김치를 먹고 최고의 기량을 발휘할 수 있도록 기여해 왔다. 그러나 이번 제30회 런던 하계 올림픽에 김치를 보낼 수 없어서 한 없이 섭섭하다.

우리 민족에게는 어려울 때 더욱 강해지는 끈기가 있지 않은 가? 비록 식탁에 김치가 없어 먹을 수 없는 것이 매우 아쉽기는 하지만 우리 선수단이 더욱 강한 투혼을 발휘하여 좋은 성과를 거두었으면 좋겠다. 이역만리 런던의 하늘 아래 태극기가 게양되고 애국가가 곳곳의 경기장에서 울려 퍼지리라 믿어 의심치 않는다.

우리 선수들이 경기 당시에는 김치를 먹지 못하지만, 지금까지 먹어 왔던 김치의 효능이 체내에 비축돼 있기에 큰일 내리라 믿는다. 작은 고추가 맵듯 동방의 조용하고 작은 나라 한국, 한국인의 기백을 보여 주자. 세계 68억 명의 전 인류에게 지금까지 갈고닦은 기량을 가감 없이 있는 그대로 보여 주자. 이번 런던 올림픽 기간에 정정당당한 실력으로 김치 먹고 단련된 우리 민족의 기상과 투혼을 발휘해 보자. 대한민국 파이팅! 한국 선수단 파이팅! 한국 선수 파이팅!

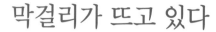

막걸리가 뜨고 있다

ⓒ전북일보(2009년 11월 11일 수요일 황의영 농협중앙회 상호금융총본부장)

막걸리가 한일 정상 회담 만찬 시 건배주로 사용되는가 하면 서울의 일류 백화점 주류 판매 실적에서 와인과 맥주의 판매액을 앞섰다. 해외에서도 인기가 높아지면서 막걸리 수출이 꾸준히 늘고 있다. 관세청에 따르면 2009년 3/4분기까지의 막걸리 수출량은 4,380톤, 수출 금액으로는 356만 2,000달러인데 지난해 같은 기간에 비해 물량은 24.1%, 금액은 23.2%가 각각 늘어났다. 수출국 또한 기존의 일본뿐만 이니라 미국, 중국, 베트남, 호주 등 다양해졌다고 하니 머지않아 세계인의 사랑을 받는 술이 되지 않겠는가 하는 생각으로 입가에 미소가 머금어진다.

막걸리는 우리나라의 전통 술로 '쌀과 누룩으로 빚어 그대로 막걸러 내어 만들었다.'해서 붙여진 이름이다. 대체로 쌀뜨물과 같은 흰빛을 띠고 있다. 지금처럼 규격화된 양조법으로 대량 생산되기 전에는 집마다 나름대로 술 빚는 방식이 있어 가문마다, 지역마다 맛과 빛이 달랐다. 막걸리는 희다 해서 '백주(白酒)', 탁하다 하여 '탁주(濁酒)', 집마다 담가 먹는다 하여 '가주(家酒)', 농사지을 때 새참으로 마신다 하여 '농주(農酒)', 제사 지낼 때 쓴다 해서 '제주(祭酒)', 백성이 즐겨 마시는 술이라 하여 '향주(鄕酒)', 나라를 대표하는 술이라 해서 '국주(國酒)'라고도 불렸다. 지역에 따라 '모주', '왕대포', '탁배기'라고도 한다.

막걸리는 우리나라에서 역사가 가장 오래된 술이지만 그 기원은 정확하게 기록되어 있지 않다. 다만 오랜 역사를 통해 우리 민족과 함께해 온 술이라고 추정하고 있다. 고조선 단군께서 신곡이 수확되면 여러 신(神)에게 제사를 지냈는데 햇곡식으로 만든 떡과 술, 소를 잡아서 제사를 지냈다고 하는 역사로 볼 때 오래전부터 우리 민족의 사랑을 받아 온 술임에 틀림없다. 문헌상으로는 고려 때 이달충의 시에 '뚝배기 질그릇에 허연 막걸리'라는 문구로 처음 언급되는데, 이를 볼 때 그 당시에도 서민의 술로 애용됐던 것으로 생각된다. 고려 때 '이화주(梨花酒)'라고도 불렸는데 이것은 누룩을 배꽃이 필 무렵에 만드는 데서 유래된 것이라고 한다. 막걸리는 알코올 도수가 낮고 영양 성분이 많아 요기도 되고 흥을 돋워 주기에 오랫동안 우리 민족의 사랑을 받고 슬픔을 달래주는 역할을 해 온 것이다. 특히 농사철에 농부들이 새참으로 막걸리를 마시고 허기를 달래며 일해 왔다.

요즘 막걸리가 웰빙 식품으로 주목을 받고 있다. 알코올 도수가 6%로 다른 종류의 술보다 현저히 낮고 쌀로 빚어서 몸에 부담이 적다 보니 양은주전자에 담긴 대포집 막걸리를 즐겨 마셨던 중·장년층뿐만 아니라 여성들, 젊은이들 사이에서도 인기가 높다. 최근 알려진 막걸리의 효능을 보면 당뇨병과 고혈압에 좋을 뿐만 아니라 여성들의 피부 미용에도 탁월하다고 한다. 혈액 순환과 신진대사를 원활하게 하여 식욕을 왕성하게 하고 피로 회복에도 효과가 크다. 또한, 막걸리가 암 예방과 암세포 증식 억제, 간 손상 치료, 갱년기 장애 해소 등에 탁월하다는 연구 결과가 발표됐다. 막걸리에는 단백질을 비롯한 비타민 B, 아미노산류가 풍부하고 구연산과 젖산이 있어 청량감이 있는 상큼한 맛을 내며 갈증을 해소해 준다. 이런 효능에 홍어와 빈대떡, 파전 등과 같은 대중적인 음식과 궁합도 잘 맞다 보니 점점 인기가 높아지고 있다.

일제 강점기에 '주세령' 때문에 우리 전통주의 맥이 끊겼고 광복 후에도 일제 치하의 주세 행정이 그대로 이어져 다양한 우리의 전통주가 사라졌다. 특히 막걸리는 식량 부족을 이유로 만드는 재료를 밀가루 등 잡곡을 사용하게 함으로써 맛이 떨어져 애주가로부터 멀어졌다.

이제 쌀로 빚는 우리 막걸리가 전통의 맛을 되찾았으며 애주가들의 사랑도 받게 됐다. 우리 입맛을 넘어 세계인의 입맛을 사로잡는 그날이 빨리 왔으면 한다. 이를 위해 대부분 수입 쌀로 빚고 있는 막걸리를 생산 원가가 조금 높아지더라도 국산 쌀로 빚어 품질을 높였으면 한다. 포장 용기도 고급화하여 수출도 더욱 늘렸으면 좋겠다.

모처럼 일고 있는 막걸리의 소비 증가가 쌀 때문에 어려움을 겪고 있는 농업인도 돕게 되고, 수출 증가로 인한 국가 경제 발전에도 기여하게 될 것이다. 소비자인 애주가들도 다소 값이 비싸지더라도 국산 쌀로 빚은 순수한 우리 전통의 막걸리를 지속해서 애용해 주실 것을 간절히 부탁드린다.

해콩으로 만든 두부를 먹으며 떠난 여행

© 전북도민일보(2017년 2월 27일 월요일 황의영 경제학박사)

이번 겨울 초입 2016년 11월 22일에 초등학교 동창 여행 모임에 다녀왔다. 더 늙기 전에 좋은 곳 구경도 하고 만나서 정담도 나누자는 의도로 시행하게 됐는데 벌써 세 번째다. 서울 등 수도권에서 출발한 버스는 대전, 고향 진안, 전주를 거치며 친구들을 태우고 대나무의 고장 담양으로 향했다. 아침 7시에 출발한 버스는 점심시간이 훌쩍 지난 오후 1시 30분에야 목적지에 도착했다.

식사 시간이 지났는데도 전혀 시장하지가 않다. 차 안에서 여러 가지를 먹었지만 해콩으로 만든 두부를 많이 먹었기 때문이다. 고향에서 탄 친구가 갓 수확한 콩으로 당일 아침에 만든 뜨끈뜨끈한 두부를 한 상자 가지고 탔다. 김이 모락모락 나는 두부를 양념장에 찍어 먹으니 고소하기 이를 데 없다. 적당히 눌린 두부는 씹는 맛도 일품이다. 이곳저곳에서 맛있다고 야단이다. 더 달라고 아우성이다.

내가 어릴 적에는 추수가 끝나면 해콩으로 두부를 해 먹곤 했다. 노란 콩을 물에 불려 맷돌에 간다. 맷돌에 간 콩물을 가마솥에 넣고 끓인다. 넘치지 않고 솥 바닥에 눌어붙지 않도록 주걱으로 계속 젓는다. 콩물이 끓으면 큼지막한 자배기 위에 발을 깔고 그 위에 삼베 자루를 벌려 콩물을 퍼붓는다. 콩물은 자루를 빠져나가고 비지만 자루 속에 남는다. 나무집게로 자루 안에 남은 콩물을 마저 짜낸다.

콩물에 간수를 풀면 망울망울 뭉게구름 피어오르듯 엉키며 순두부가 된다. 그 광경을 볼 때 어린 마음에도 두부가 엉기는 순간, 간수가 뭔데 콩물에 넣으면 두부가 되는지 참으로 신기했고 의구심이 들었다. 뜨끈뜨끈한 순두부를 숫물과 함께 한 대접 떠서 양념장을 떠 넣어 먹으면 참 맛있었다. 베 보자기를 깔고 엉킨 순두부를 퍼 담은 후 잘 여민 다음에 다듬잇돌을 올려놓으면 두부가 굳는다. 적절히 굳은 다음 적당한 크기로 두부모를 만들고 이를 다시 한입에 들어갈 수 있도록 썰어 김치와 같이 먹거나 양념장에 찍어 먹으면 참 맛있다.

나머지 두부모는 찬물에 넣어 보관한다. 부패하지 않도록 적당한 시간을 두고 물을 갈아 주면 오래 두고 먹을 수 있다.

이런 두부는 조림하기도 하고 전을 만들어 먹기도 한다. 콩나물 국이나 청국장, 김칫국, 떡국에 넣어서 먹어도 별미다. 만두소를 만들 때 넣어도 좋다. 두부가 훌륭한 건강식품이라 하여 요즘엔 두부 전문 음식점이 많이 생겨 소비자의 사랑을 듬뿍 받고 있다. 집에서 만들어 먹기도 하지만 대부분 공장에서 만든 것을 마트에 서 사다 먹고 있다.

두부를 만드는 노란 콩은 우리나라와 중국 화북지방이 원산지 로 알려졌다. 한반도에서는 5,000년 전에 이미 콩을 재배한 것으 로 전해진다. 콩은 '밭의 고기'라 불릴 만큼 단백질이 풍부하다. 우 리 민족에게는 쌀, 보리 다음으로 소중한 식량이었다. 콩으로는 두 부뿐만 아니라 기름을 짜 식용유로도 활용한다. 메주를 만들어 장 을 담가 된장과 간장으로 먹는다. 청국장을 담가 먹으면 더욱 영 양가 높고 맛있게 콩을 먹을 수 있다. 콩나물을 놓아 채소로 길러 먹을 수도 있다. 콩물을 만들어 두유라 하여 우유처럼 마시면 어 린이나 노약자에게 훌륭한 영양식이 된다. 이렇게 여러모로 유용 한 식품으로 활용되는 소중한 콩을 재배하는 면적이 많이 줄었다.

내가 어릴 적 우리 동네에서는 보리와 밀을 수확한 밭에는 모두 콩을 심었는데 지금은 고향 마을에 가도 콩밭 보기가 어렵다. 콩을 옛날보다 더 많이 먹고 있는데 재배 면적이 줄어든 것은 콩을 외국에서 사 오기 때문이다. 식용이나 가축 사료용 등으로 사 오는 돈이 매년 20여억 달러가 넘는다고 한다. 농민들이 콩을 심지 않는 것은 그럴 만한 이유가 있을 게다. 가장 큰 이유가 콩을 심어 봤자 돈이 되지 않기 때문이다. 실은 콩을 재배하는 데 손이 많이 간다. 거름하고 멀칭하고 심는 데 손이 많이 간다. 순을 집는 데도 손이 많이 간다. 콩은 순을 잘라 주어야 꼬투리가 많이 달려 수확량이 늘어난다.

콩을 국내에서 많이 재배하여 국내 수요를 충족하면 수입으로 소요되는 외화를 절약할 수 있다. 쌀이 남아서 여러 가지로 골치를 앓고 있는데 논에다 콩을 재배하도록 정책을 전환했으면 한다. 일본에 가면 어디를 가든지 논에 콩을 재배하는 모습을 쉽게 볼 수 있다. 쌀에 지급하는 직불금보다 콩을 재배할 때 직불금을 더 많이 지급한다면 논에 콩을 많이 심을 것이다. 그러면 쌀이 남아도는 문제도 해결하고 콩을 사 오면서 지불하는 외화도 절약할 수 있을 것이다. 수입되는 콩이 대부분 유전자 조작 콩이다. 국민 건강을 위해서도 국산 콩을 장려해야 할 충분한 이유가 있다고 본다.

우리 농산물 가공,
국민 건강 지킨다

한과(漢菓)를 '허니버터칩'처럼
만들어 보자

ⓒ 진안신문(2015년 2월 16일 월요일 황의영 전북대학교 무역학과 강의전담교수)

민족 대명절 설날이 얼마 남지 않았다. 생업을 찾아 타지로 나갔던 사람들이 설을 보내기 위해 고향을 찾느라고 민족 대이동 행렬이 줄을 이을 것이다. 고속도로와 주요 도로는 주차장이 될 것이다. 설날이 되면 일가친척이 모여 조상님께 제사를 드리고 풍년 농사와 가족의 건강, 가정의 화평함을 빌었다. 떡국을 먹으며 나이 한 살 더 먹은 것을 축하하고 격려했다. 제사상에는 고기와 생선, 떡과 적, 탕과 나물, 과일과 과자도 올렸다. 과자는 약과·유과·정과·강정·다식과·타래과 등의 한과(漢菓)를 올렸다. 차례를 지내고 난 한과는 찬 곳에 보관하면서 어른이나 아이 할 것 없이 간식으로 먹었다. 울면서 떼쓰는 아이들 울음을 그치게 하는 묘약(妙藥)으로도 쓰였다.

지난 2014년 연말에 슈퍼마켓 등 식품점에서 기이(奇異)한 현상이 벌어졌다. 모 제과 회사에서 새로 만든 과자 '허니버터칩(Honey Butter Chip)' 품귀 현상이 일어났다. 수요가 폭발적으로 늘어나 공급량이 달리게 되니 한 사람에게 한 봉지씩만 팔고 이것마저도 조금 늦게 가면 매진되어 살 수 없었다. 젊은 연인들에게는 값비싼 선물이 아니라 '허니버터칩'을 선물해야 '이 사람이 나를 진정으로 사랑하는구나!'라고 여겼다고 한다. 가히 '허니버터칩' 광풍이 몰아쳤다. 일 년에 200개가 넘는 신제품 과자가 쏟아져 나오지만 한 달에 10억 원 이상 팔리는 신제품 과자가 2~3개에 불과한데 '허니버터칩'은 한 달에 75억 원어치나 팔리는 초대박 상품이 됐다. '허니버터칩'을 생산한 회사에서는 연구 개발팀을 구성하고 새로운 맛의 제품을 만들기 시작한 지 1년 8개월 만에 공전의 히트 상품인 '허니버터칩'을 시장에 내놓을 수 있었다고 한다.

연구 개발 팀원들은 그동안 경험해 보지 못한 새로운 감자칩을 만들려고 전 세계의 감자칩 200여 개를 맛보았지만, 짠맛과 바비큐 맛이 대부분이었다고 한다. 시장을 움직일 수 있는 제품은 우리 고유의 맛에서 찾아야 한다는 것을 연구 개발 시작한 지 6개월 만에서야 깨닫게 됐다고 한다. 이들은 일주일에 한 번씩 모여 한 주간 개발한 시제품의 맛을 보고 평가를 거듭했다. 이들이 연구 개발 중에 먹은 감자칩이 1,400봉지가 넘었다고 한다. 아침, 오전, 오후, 저녁 가릴 것 없이 짬만 나면 감자칩을 먹게 되니 입안이 헐고 밥맛도 떨어져 식사량도 절반으로 줄어들었다. 과자 맛은 사람마다 평가가 달라 매우 주관적인데 여러 사람이 모두 맛있다고 느끼게끔 객관화하는 것이 매우 어려웠다고 한다.

음식을 먹을 때 느껴지는 맛과 향(香)에는 순서가 있다고 한다. 먼저 과자봉지를 뜯을 때 올라오는 고소한 맛, 그리고 입안에서 처음 느끼는 단맛, 마지막으로 약간의 짠맛이 받쳐 줘야 과자에 계속 손이 간다고 한다. 꿀과 조청으로 깊은 단맛을 내는 강정, 유과, 약과에서 착안하여 버터, 꿀, 짭짤한 맛이 적절히 조화를 이룬 '허니버터칩'을 개발해 냈다고 한다.

요즘 젊은이들에게 한과는 명절 상이나 제사상에 올리는 할아버지, 할머니 식품으로 인식되고 있다. 설이 다가오니 한과를 만드는 가내 수공업적 한과 공장에서도 한과 생산에 여념이 없을 것이다. 한과는 찹쌀을 주원료로 하여 쌀, 콩, 잣, 호두, 참깨, 들깨, 흑임자, 대추, 해바라기 씨, 호박 씨, 백련초, 치자, 꿀, 조청, 생강 등의 재료로 만들기 때문에 그 자체가 바로 보약이고 건강식이다. 이 세상에 어떤 음식이 이렇게 몸에 좋은 여러 가지 재료로 만들

우리 농산물을 원료로 한 한과

어지는가? 아마 한과 외에는 찾아보기가 힘들 것이다.

　이렇게 좋은 한과가 대중화되지 못하는 이유가 몇 가지 있다. 우선 값이 비싸다는 인식이다. 찹쌀 등 우수한 우리 농산물을 원료로 해서 생산하기 때문에 다소 가격이 높을 수 있다. 그러나 고급 제품과 일반 제품을 구분 생산하여 가격을 차별화할 수 있다. 그리고 생산 공정을 자동화하여 생산 원가를 줄일 수 있다. 다음으로 젊은 소비자의 기호에 맞게 다양한 제품을 생산해야 한다. 초콜릿 한과, 허니버터 한과, 새우깡 한과, 조청 유과 같은 요즘 젊은이들 입맛에 딱 맞는 제품을 생산해 내야 한다. 포장, 유통, 보관 방법 등을 개발하여 기온이 높은 여름철에도 유통할 수 있고 시간이 지나면 기름이 산화되는 것을 방지하는 시스템을 갖춘다면 충분히 시장에서도 한과가 승산이 있을 것이다.

정부에서도 농업이 6차 산업이라고 홍보하고 있는데 이런 전통적인 우리 식품이 현대인에게도 주목받을 수 있도록 한과 명장 등의 기술 인력 관리와 한과 박물관 건립과 공장 설립 등을 적극적으로 지원하여 젊은 인재들이 한과에 관심을 갖도록 했으면 좋겠다. 우리 한과도 소비자들로부터 '허니버터칩'보다 더 많은 사랑을 받는 날이 오게 하자. "가장 세계적이고 경쟁력이 있는 것은 가장 한국적이어야 한다."는 말이 있듯 우리 문화의 독창성을 우리 식품에 접목하여 만들어 보자. 많은 세계인의 손에 우리 한과를 들려 줄 날이 어서 오기를 기대한다.

찔레꽃과 향기

ⓒ 진안신문(2015년 5월 18일 월요일 황의영 전북대학교 무역학과 강의전담교수)

벚꽃과 함께 2015년 4월이 가고 실록과 함께 5월이 왔다. 노랗고 울긋불긋하던 산야가 연두색, 푸른빛으로 짙게 채색한다. 들녘에서는 보리와 마늘, 양파가 푸른색을 더하고 텃밭에서는 상추, 아욱, 쑥갓이 여린 잎을 보시시 내밀며 수줍어한다. 유채와 장다리가 샛노란 꽃을 피우며 벌과 나비를 부른다. 생명의 변화가 삶의 활력을 더욱 강하게 자극한다. 종달새 지지배배 사랑하는 짝을 찾고 '꾸어억 꾸어억' 장끼가 까투리를 유혹한다. 새 생명이 움트고 태어나는 생명의 계절, 봄이 농(濃)익어 가고 있다.

볕이 잘 드는 도랑가 후미진 곳이나 비탈진 야산에 매의 발톱처럼 날카로운 가시를 감추고 덤불을 이루고 있는 찔레나무도 잎을 피우고 새순을 돋운다. 사람이나 짐승은 가시가 많은 찔레나무 넝

쿨 사이를 비집고 들어가기가 어렵지만 굴뚝새, 멧새 등 작은 새들은 이곳에 둥지를 튼다.

　내가 어릴 적에는 찔레 새순을 꺾어서 껍질을 벗겨내고 속을 먹었다. 별맛이야 있었겠느냐마는 배고픈 시절이어서 허기진 배를 조금이라도 채울 수 있었다. 찔레는 5월에 흰색 혹은 연한 붉은색 꽃을 피운다. 꽃잎은 다섯 장이고 가운데에 암술이 있고 꽃잎과 암술 사이에 일흔여 개의 수술이 있다. 흰 꽃 안에 노란 암술과 수술이 있어 매우 아름답다. 찔레꽃에는 강한 향(香)이 난다. 찔레 향을 추출(抽出)하여 향수를 만들어 많은 사람이 애용한다. 식물은 꽃을 아름답게 피우거나 냄새를 나게 하여 상대를 불러 생식활동(生殖活動)을 한다. 꽃을 피워 아름다운 색(色)과 좋은 향(香)을 피우고 꿀을 머금어 벌과 나비를 유혹하여 찾아오게 하고 수술에 있는 꽃가루가 암술에 닿게 하여 열매를 맺게 한다. 이렇게 하여 종(種)을 이어간다.

　5월에 피는 라일락꽃의 향기가 뭇 젊은이들의 가슴을 설레게 한다. 아카시아 꽃향기도 많은 이의 후각을 자극한다. 계절의 여왕 5월에 피는 장미도 아름다운 꽃뿐만 아니라 은은한 향기로 많은 사람의 후각을 사로잡아 꽃 중의 꽃으로 좋아하게 한다. 이렇게 향기가 좋은 꽃과 식물은 향기를 채취하여 향수를 만들 뿐만 아니라

향을 뽑아내 식품에 첨가하여 소비자의 사랑을 받게 한다.

향수는 인류가 최초로 사용한 화장품이라고 볼 수 있다. 향수의 사용은 약 5,000년 전의 사람들이 종교적 의식, 즉 신과 인간과의 교감을 위한 매개체로 사용하는 데서부터 시작됐다고 한다. 향수는 몸이나 옷에 뿌리면 그대로 남아 있는 것이 아니라 피부로부터 발산되는 체온 또는 체취(體臭)와 함께 섞여서 향기가 난다. 사랑하는 사람이나 모임 등 중요한 사람을 만나러 갈 때는 향수를 너무 진하지 않게 뿌리고 가는 것이 상대방에게 호감을 느끼게 할 수 있다. 향수는 손목 또는 목의 맥박이 뛰는 부분에 직접 뿌린다. 의복에 향수를 뿌리게 되면 아무리 고급 향수라도 얼룩질 염려가 있고, 향의 발산이 쉽게 되어 좋지 않다. 향수는 인간관계를 더욱 돈독하게 하는 좋은 매개체임이 분명하다. 향수는 여러 가지 식물로부터 향을 추출하고 이렇게 뽑아낸 각각의 향을 섞어서 더욱 좋은 향을 만들어 낸다. 우리 주변에서도 좋은 냄새를 내는 식물이 많다.

이른 봄철의 냉이와 쑥, 매화와 산수유, 개나리꽃과 민들레꽃, 유채꽃과 장다리꽃, 야생의 찔레꽃과 아카시아꽃, 늦은 봄의 밤꽃, 여름의 산에 많이 피는 싸리꽃과 칡꽃, 가을에 피는 코스모스와 들국화 등 우리 주변에 아름다운 꽃을 피우며 좋은 향기를 풍기는

달콤하고 진한 향을 지녀 향수로도 만들어지는 찔레꽃

꽃과 식물들이 참으로 많다. 특히 8월 초·중순 칡넝쿨 우거진 산길을 지나가다 보면 아주 좋은 향기를 맡을 수 있다. 이렇게 좋은 향을 풍기는 칡꽃의 향기를 채취하여 병에 담아 향수로 판매한다면 소비자들에게 대단한 인기를 누릴 거라고 생각해 본 적이 한두번이 아니다. 산야가 많은 우리나라의 지형상, 칡이라는 자원은 무궁무진하게 확보할 수 있을 것이다. 개인이 칡 향수 사업을 하기가 어렵다면 기존의 대형 화장품 제조 회사에서라도 개발했으면 좋겠다. 참으로 좋은 칡 향기를 한여름 8월 초·중순만이 아닌 일 년 열두 달 언제든지 맡을 수 있기 때문이다.

산이 많은 일부 지역에서는 사철 산과 들에서 자라는 향기가 좋은 꽃을 채취하여 건조한 다음에 꽃차(花茶)를 만들어 소비자들에게 판매하고 있는데 좋은 반응을 얻고 있다. 소비자들에게는 택배로 배달한다. 우리 조상들은 이른 봄, 산에 가서 꽃을 따다 화전(花煎)을 부쳐 먹었다. 이는 사람 몸에 좋은 꽃들이 우리 산야에 많이 있다는 것이다. 여러 가지 꽃들을 자연에서 채취하거나 재배하여 건조해서 꽃차를 만들고, 꽃 효소, 꽃 향수 등 꽃을 활용하여 사업을 한다면 의외로 좋은 결과를 거둘 수 있다고 생각한다. 진취적이고 젊은 농업인들이 과감히 도전해 볼 만한 새로운 분야의 농사와 사업이라고 생각한다. 찔레꽃 향을 병에 담아 향수를 만들어 팔듯 누군가가 칡꽃 향을 병에 담아 향수로 만들어 시장에 내놓기를 기대해 본다.

수입 농식품의 안전성을 확보해
국민 건강 지키자

ⓒ 전북도민일보(2017년 4월 30일 일요일 황의영 경제학박사)

　지난 2017년 3월 21일 정부(농림축산식품부, 식품의약품안전처)는 "썩은 닭고기를 판매하다 적발된 브라질 육가공업체 중 우리나라로 닭고기를 수출한 업체가 없다고 브라질 정부로부터 확인했다."고 밝혔다. 정부가 주브라질 한국 대사관에서 입수한 자료에 따르면 브라질 농축산식품공급부는 전날 축산물 부정 유통으로 문제가 된 조사 대상 BRF(브라질 식품기업) 21개 작업장에서 생산한 육류를 수출한 나라 현황을 발표했다. 이 작업장에서 닭발, 닭고기, 부산물, 칠면조고기, 쇠고기, 꿀 등을 홍콩, EU(유럽연합), 사우디아라비아 등 30여 개 국가로 수출했다. 우리나라는 수출 대상국에 포함돼 있지 않다고 정부는 설명했다.

404
·
405

브라질 BRF 육가공업체의 썩은 닭고기 판매 사태를 계기로 수입 농식품의 안전성에 관해 점검해 보길 바란다.

"브라질산 썩은 닭고기가 우리나라에 들어오지 않았다."고 하니 천만다행이다. 문제는 국내에 들어오는 "닭고기가 언제나 안전하다."고 보장할 수 없다는 것이다. 2016년 기준으로 우리나라 닭고기 소비량은 약 60여만 톤이고 18% 정도인 10만 7,000톤을 수입해 왔다. 이 가운데 브라질산은 8만 9,000톤으로 전체 수입량의 83%에 달한다. 이번에 문제가 됐던 브라질 BRF 제품도 브라질산의 절반 수준인 4만 2,000여 톤이나 된다. 브라질산을 비롯한 수입 닭고기는 주로 치킨버거, 순살 치킨, 닭강정, 도시락이나 김밥, 깐풍기 등을 만드는 데 사용된다고 한다. 브라질 연방 경

우리 농산물 가공,
국민 건강 지킨다

찰 수사 결과, 문제의 BRF를 포함한 30여 개 대형 육가공업체들이 부패한 고기의 냄새를 없애려고 사용 금지된 화학 물질을 쓰고, 유통 기한을 위조하는 등 위생 규정도 어겼다고 한다.

　육류나 과일 같은 신선 식품은 냉장이나 냉동 상태로 들여와야 하는데 컨테이너에 냉장·냉동시설을 갖추고 전기를 공급해서 냉장고 기능이 작동돼야 한다. 우리가 수입하는 과일이나 육류는 운송비가 주로 저렴한 해상 운송을 하는데 운송 도중 적도 지방을 거쳐야 한다. 적도 근처를 지날 때는 고온이 지속되고 또 태풍 등 폭풍우를 만나기도 한다. 이때 컨테이너가 태양열을 받아 과열되기도 하고 전기 공급이 끊기는 경우도 있다. 그러면 컨테이너 안에 있는 농식품은 상하게 된다. 신선함을 유지하면서 과일이나 육류를 수입해 오기가 쉽지 않다. 그만큼 농식품의 안전성을 확보하는데 어려움이 뒤따른다는 것이다. 더구나 현지에서부터 상했거나, 금지된 화학 물질을 사용한 제품이 수입된다면 국민 건강을 크게 해치게 된다는 것은 자명하다.

　2017년 2월부터 중국에서 수입되는 쌀 일부에서 악취가 나고 곰팡이처럼 보이는 검은색 이물질이 발견됐다고 한다. 해당 물량은 정밀 검사를 거쳐 결과에 따라 반송하거나 폐기 처분 하게 될 것이다. 검사에서 발견되면 적절한 조치를 할 수 있지만 적발하지 못하는 경우 국민 식생활과 직결된다.

1995년 세계무역기구가 출범하고 2004년 한-칠레 자유무역협정(FTA) 발효 이후 수입 시장이 다변화되고 농식품 수입량이 급증하면서 수입 식품 안전성에 대한 소비자들의 우려도 커졌다. 식품의약품안전처의 '2016년 수입 식품 검사 연보'에 따르면 2015년 농식품 수입 건수는 2014년보다 7.9% 증가한 59만 8,082건이다. 물량은 같은 기간 1,635만 8,299톤에서 1,706만 4,298톤으로 4.3% 증가했다. 부적합 물량도 급증하고 있는데 2014년 6,879톤에서 2015년 1만 3,654톤으로 많이 증가하였다. 농식품 수입이 늘어나다 보니 부적합 물량도 따라서 늘어나고 있다. '부적합'이란 수입 통관 검사에서 잔류 농약이 기준치를 초과하거나 곰팡이, 세균 등이 발견돼 반송, 폐기되는 것을 말한다. 즉, 이 부적합 물량이 시중에 유통되면 식중독 같은 식품 사고를 일으킬 수 있다는 것이다. 수입 농식품이 안전성에 의문을 갖게 하는 것은 생산·유통 과정이 투명하지 않기 때문이다. 중국산 일부 녹차 제품에서 1997년에 사용 금지된 '디코폴'이라는 농약 성분이 지금도 검출되고 있다. 2012년 무역회사 근무 시 중국에서 수입한 생강 종자에서 30여 년 전에 사용이 금지된 DDT 성분이 검출돼 폐기 처분 조치한 바 있다.

수입 식품 안정성의 최후 보루는 검사 제도인데 '수출국 현지 실사 중심'이 아니고 '수입 통관 단계 중심'이라는 데 문제가 있다. 우리가 수입할 농식품 생산 시설은 친환경적이고 위생적으로 적합한지? 방역은 제대로 하고 역학적으로는 문제가 없는지? 생산 비배 관리는 적절한지도 사전에 검사한다면 더욱 안전한 농산물이 수입될 것이다. 만약 수입 농산물로 인하여 발병하게 된다면 고통이 수반되고 비용이 든다. 심하면 생명까지도 잃을 수 있다. 국민이 더욱더 안전한 수입 식품에 접할 수 있도록 정부와 수입 업체는 최선을 다하여야 할 것이다. 그 식품을 우리가 먹어야 하고 우리의 자녀들이 먹고 건강하게 자라야 하기 때문이다.

더욱 강조되는 식품의 안전성

ⓒ 전북도민일보(2013년 6월 24일 월요일 황의영 전 NH무역 대표이사)

지난 2013년 5월 국내 각급 언론 매체가 "'미국 오리건 주 한 농장에서 생산되는 밀에서 미국 정부의 승인을 받지 않은 유전자 변형(GMO) 밀이 발견됐다.'는 미국 농무부 동식물위생검사국의 발표가 있었다."고 보도했다. 우리나라에서도 미국 오리건 주에서 생산된 밀을 수입하고 있다. 식품의약품안전처는 즉시 오리건 주에서 수입돼 업체가 보관하고 있던 밀 40건과 밀가루 5건을 수거하여 유전자 변형 종자로 생산된 것인지 아닌지를 검사하기로 했다. 그리고 국내 제분 업체는 식품의약품안전처의 조사 결과가 나올 때까지 유전자 변형 종자가 유입된 것으로 확인된 미국산 백맥(白麥)의 수입을 잠정 중단하기로 했다. 6월 5일 정부는 오리건 주에서 생산, 수입되어 국내에 보관 중인 밀 중 수거한 샘플에서 유

우리 농산물 가공,
국민 건강 지킨다

전자 변형 밀이 발견되지 않았다고 발표했다. 다행히 유전자 변형 밀이 발견되지 않아서 혼란을 수면 밑으로 잠재울 수 있었지만 만약에 발견됐더라면 국민 불안이 이만저만이 아니었을 것이다.

또, 2013년 5월 초순 외신에 "낙농국 네덜란드에서 분유 품귀 현상이 나타나고 있다."는 뉴스가 있었다. 네덜란드 언론에 따르면 네덜란드산 분유가 중국으로 대량 수출됨으로써 일부 분유 브랜드들이 제품 부족난을 겪고 있다는 것이다. 이는 중국의 소비자들이 자국산 분유를 불신해 외국 유명 브랜드 분유를 비싼 값을 주고서라도 구매하려 하기 때문인 것으로 추정되고 있다. 중국에서는 2008년 멜라민을 고의로 넣은 분유가 대량 유통되면서 신장 결석으로 영아 6명이 숨지고 30여만 명이 치료를 받는 일대 사건이 발생하면서 사회적 파문이 일었다.

국내 종편 방송 중의 한 방송국에서 '먹거리 X파일'이라는 프로그램을 개설하여 식품의 제조·유통 과성을 추적하며 안전한 식품의 제조와 유통을 선도하고 있다. 그런데 이 프로그램에서 "중국산 고량주에서 인체에 해로운 '포름알데히드'가 검출되었다."고 보도한 바가 있다. '포름알데히드'는 성세포를 혼란시켜 불임의 원인이 되는 등 인체에 큰 피해를 줄 수 있는 유해 물질이라고 한다. 국내에 유통되고 있는 중국산 고량주를 수거하여 대학 검사 기관에 성분 분석을 의뢰한 결과, 수거한 모든 고량주에서 '포름알데히드'가 검출됐다. 방송국 기자가 중국 현지에 가서 술 제조 과정을 추적 조사했다. 제조·유통 과정에서 플라스틱과 연관이 있었다. 술을 내릴 때 플라스틱 호스를 이용하고 플라스틱 통에 담아서 운송했다. 그리고 병마개 안에도 플라스틱 재질이 있어 알코올에 용해돼 '포름알데히드' 성분이 검출된 것이다.

　　유전자 변형 생명체(GMO, Genetically Modified Organism)란? 유전 공학 기술을 이용하여 한 종(種)의 특정 유전자를 다른 종(種)에 인위적으로 삽입하여 만들어 낸 생명체를 말한다. 농약과 병충해에 끄떡없는 콩, 추운 지방에서 재배할 수 있거나 오래 저장해도 무르지 않는 토마토, 염분에 잘 견디는 벼 등 작물의 유전자를 조작하여 생산해 내고 있다. 2013년 6월 미국에서 시판 중인 유전자 변형 농작물은 콩, 옥수수, 감자, 토마토 등 11개 품목에 이른다고 한다. 문제는 미국에서 가장 많이 유통되는 GMO 품목이 우리가 많이 수입하는 콩과 옥수수라는 점이다. 미국에서 재배 중인 콩의 50%가 GMO 콩이고 옥수수는 27%로 추정하고 있다. 그런데 우리나라는 이 두 작물을 대부분 미국으로부터의 수입에 의존하고 있다. 콩과 옥수수는 우리가 먹고 있는 각종 가공식품의 주

원료로 1차 가공된 식품뿐만 아니라 전분이나 물엿, 기름, 장류의 형태로 각종 식품에 들어가지 않는 곳이 없을 정도로 많이 사용된다. 또한, 콩과 옥수수는 가축 사료의 대부분을 차지하며, 각종 산업용 기초 원료로도 광범위하게 사용된다. 유전자가 조작된 GMO 작물이 왜 위험한가? 다른 종(種)의 유전자를 강제적으로 결합해 단시간 내에 새로운 종(種)을 만들어 냈기 때문에 예측하지 못한 각종 부작용이 일어날 수 있다는 것이다. 유전자 변형 식품을 장기간 섭취했을 때 우리 인체에 어떤 현상이 일어날지 아무도 모른다. 그리고 GMO 작물이 재배되면서 다른 식물로 유전자가 옮겨

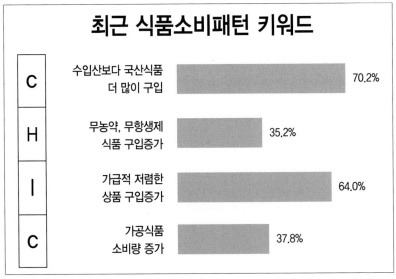

중앙일보, 대한상공회의소가 주부 500명을 대상으로 '식품 안전에 대한 소비자 인식'을 조사한 결과 소비행태가
신뢰(Credible), 건강(Healthy), 저비용(Inexpensive), 간편(Convenient)을 중시하는 것으로 나타났다, 2013. 5.19

가 생태계를 교란하는 등의 문제를 일으킬 수 있다. 또한, 특정 회사가 GMO 종자를 개발하고 특허권을 가지게 되면 종자 가격이 올라가고 토종 종자가 사라질 수도 있다고 우려하고 있다.

사람은 질병 없이 오래 살기를 원한다. 안전한 식품을 섭취하는 것은 건강하게 오래 살기 위한 조건 중의 하나가 될 것이다. 그러나 최근 우리 주변에는 인간의 과욕 때문에 건강을 위협하는 불량 식품이 늘어나고 있다. 인체에 해로운 성분이 함유된 식품, 농약에 오염된 농산물, GMO 식품 등의 유통 과정에 대하여 정부는 감시·감독을 더욱 강화하고 생산자는 인체에 해로운 먹을거리는 절대로 생산하지 않으며 소비자는 정당한 가격을 지불하고 안전한 농식품을 구입하는 등 우리 주변에서 불량 식품을 추방하도록 힘을 모아야 할 것이다. 상대적으로 더욱더 안전한 우리 농산물과 그 원료를 사용하여 만든 가공품을 소비한다면 어려운 현실에서도 우리 고향을 묵묵히 지키고 있는 농업인들에게 큰 힘이 될 것이다. 건강도 지키고 농업인도 지원하는 우리 농산물을 적극적으로 애용할 때가 지금이 아닌가 생각해 본다.

우리 농산물 가공,
국민 건강 지킨다

먹을거리의 안전성에 대한 교훈

ⓒ 전북도민일보(2011년 4월 8일 금요일 황의영 NH무역 대표이사)

지구촌이 떨고 있다. 전 인류가 핵 공포로 전전긍긍하고 있다. 일본 후쿠시마 원자력 발전소의 고장난 원자로에서 배출된 방사성 물질에 오염되는 것을 염려해서다. 지난 2011년 3월 11일 오후 2시 46분쯤 일본 도호쿠(東北)지역 인근 해역[도쿄(東京) 북동쪽 373㎞ 해상의 지하 24.4㎞ 지점]에서 규모 9.0의 강진이 발생했다. 건물과 고속도로, 철도가 무너지고 지진 영향으로 23m의 쓰나미(津波)가 태평양 연안 내륙을 덮쳐 선박과 차량, 건축물, 농경지를 휩쓸었고 원자력 발전소와 정유 시설, 공장들을 덮쳤다. 후쿠시마 원자력 발전소의 배전 시설이 침수되어 전기가 끊겼고 냉각수를 공급하지 못해 지붕이 폭발해 날아가 버렸다. 원자로에서 새어 나오는 방사성 물질은 태평양을 건너 미주지역과 유럽, 아시아를 거쳐 미량(微量)이나마 우리나라에까지 도달했다고 한다. 후쿠시마 원전에서는 최근 1만 1,500톤의 방사능 오염수를 바다로 방출했다. 더구나 후쿠시마 제1원전 4호기의 폭발과 화재로 시설이 붕괴한 상태여서 장마철이 시작될 경우 고농도 오염수가 대량 바다로 쏟아질 수 있다는 염려도 확산하고 있다.

방사능에 오염된 먹을거리의 폐기 처분

후쿠시마 원자력 발전소 인근에서 생산된 채소에서 기준치 이상의 방사성 물질이 검출되었다고 시금치밭을 갈아엎고 포장한 농산물을 폐기하는 광경을 보도를 통해서 봤다. 오염된 우유를 탱크로리 차량에서 마구 흘려보내는 광경도 보았다. 방사성 물질이 바다로 유입되면서 수산물도 오염됐다며 일본의 소비자들은 좋아하던 생선을 외면하고 있다. 인도에서는 일본산 식품에 대한 전면 수입 금지 조치를 내렸다. 또, 유럽 연합(EU)과 오만은 일본산 식품과 사료 등에 대한 수입 제한 조치를 세계무역기구(WTO)에 통보했다. 러시아를 비롯한 일부 나라들이 일본의 오염수(汚染水) 해양 방출에 대해 비판하는 등 일본 방사능 오염에 대한 각국의 대응과 비난 수위가 갈수록 높아지고 있다. 우리 정부에서도 후쿠시마 원전과 이웃하고 있는 5개 현의 농산물 수입을 잠정 중단했다. 방사능 오염에 대한 공포가 전 세계를 휩쓸고 있다.

사람은 행복하게 오래 살기를 희망한다. 행복하게 오래 살기 위해서는 건강해야 한다. 건강하기 위해서는 오염되지 않은 청정한 먹을거리를 먹는 것이 중요하다. 자연에 순응하는 방법으로 생산한 농산물은 청정한 먹을거리가 될 것이다. 유기농, 저농약, 친환경적으로 생산된 농산물이 몸에 좋을 것이다. 그러나 인간의 탐욕이 우리의 식탁을 위협하고 있다. 많은 소출을 내기 위해서 유전자를 조작하여 농산물 종자를 만들고 농약과 비료를 과도하게 살포하여 생산량을 늘리고 있다.

우리나라에 수입되는 농산물 중에 유전자를 조작한 농산물이 80여 종류가 넘는다. 비교적 사람들이 많이 소비하는 옥수수, 콩, 감자 등이 유전자를 조작한 종자로 생산해 낸 농산물들이다. 이런 유전자 조작 농산물이 인체에 어떤 영향을 주는지는 연구 발표된 바가 없다. 유전자를 조작하지 않은 농산물은 인류가 등장한 후 지금까지 먹어 왔어도 문제가 발생하지 않았지만, 유전자 조작 농산물은 어떤 결과를 가져올지 아무도 모른다. 어떤 나쁜 결과를 가져올지도 모른다. 그렇기 때문에 염려가 큰 것이다. 과도한 농약과 비료의 살포는 토양을 죽인다. 흙 속에 있는 박테리아나 미생물 등을 죽여 지력이 약화된다. 그러면 병충해는 더욱 기승을 부리고 이를 방제하기 위하여 더 많은 비료와 농약을 쓰게 되는 악순환 고리에서 벗어나지 못하는 것이다. 과도한 농약에 오염된 농산물을 먹게 되면 각종 질병의 원인이 되는 것은 우리가 모두 알고 있는 주지의 사실이다.

안전한 농산물을 먹어야 한다

정부는 국민이 가지고 있는 방사능에 대한 공포를 빨리 불식시켜야 한다. 각종 식품과 공기 속에 허용되는 방사성 물질의 허용치를 알리고 이 식품들의 방사능 오염 여부를 일정 기간 단위로 측정하여 발표하여야 한다. 그래서 국민이 막연히 가지고 있는 방

업체별 GMO농산물 수입현황 (2011년~2016년 6월)

수입업체	품목	수입내역		
		건수	중량	비율
(주)CJ제일제당	대두	344건	313만 3,412톤	
	옥수수	76건	21만 7,353톤	31.98%
	유채	6건	6만 1,953톤	
(주)대상	옥수수	148건	236만 117톤	22.12%
(주)사조해표	대두	128건	177만 2,143톤	16.61%
(주)삼양사	옥수수	156건	171만 8,722톤	16.11%
(주)인그리디언코리아	옥수수	130건	140만 5,275톤	13.17%
기타	대우,유채	117건	1,737톤	0.02%
계		1,105건	1,067만712톤	

출처 : 식품의약품안전처

우리 농산물 가공,
국민 건강 지킨다

사능에 대한 불안감을 해소해야 한다. 수입이 금지된 5개 현 이외의 일본에서 들어오는 모든 식품에 대해서도 더욱 엄격한 방사능 검사를 하여야 한다. 그리고 다른 나라에서 수입되는 모든 곡물 등 농수산물에 대하여 인체에 해를 끼치는 물질이 허용치 이상 함유되었는지를 깐깐하게 따져야 한다. 소비자인 우리 국민도 싸다고 무턱대고 선호하기보다는 안전성이 보장되는가를 반드시 확인하여야 한다.

우리 농민들은 먹을거리에 대한 소비자들의 불안이 증폭되고 있는 이때 우리 농산물의 안전성에 대한 신뢰를 위해 노력해야 한다. 친환경 농법으로 농사를 지어 안전한 농산물을 생산한다면 국민은 우리 농산물을 더욱 많이 애용해 줄 것이다. 우리 농민들은 안정적으로 열심히 농사를 짓고 소비자들은 안전한 우리 농산물을 먹을 수 있어 건강한 삶을 살아갈 수 있으니 국민도 건강해지고 농촌 경제도 되살아나게 될 것이다. 그날이 빨리 오기를 기대해 본다.

제8장

개방시대의
농업과 대응

자유무역협정(FTA) 추진과
우리 농업

© 전북도민일보(2014년 12월 29일 월요일 황의영 전북대학교 무역학과 강의전담교수)

2013년 12월 10일 한국과 베트남이 FTA를 체결했다. 이로써 한국은 2003년 2월 칠레와 FTA를 처음 체결한 이후 14건에 50개국과 FTA를 체결했다. 정부는 '경제 영토'가 칠레(81.5%)와 페루(78.0%)에 이어 세계 3위(73.2%)가 됐다고 홍보하고 있다. 과연 '경제 영토'가 넓어진 것인가? 한번 더 생각해 보자.

FTA는 자유무역협정이다. 말 그대로 다른 나라와 상품과 용역을 사고 파는데 국내에서처럼 아무런 제약 없이 사고 팔게 하자는 것이다. 시장에서는 싼 가격에 품질이 좋은 물건을 만들어 낼 수 있는 능력을 갖추고 있는 기업이나 사업자가 유리하다. 아니 이런 기업과 사업자가 경쟁에서 이긴다. FTA를 권투 경기로 예로 들면,

·
421

몸무게에 따라 헤비급이나 플라이급 등으로 구분하지 않고 제한 없이 선수를 링 위에 올리고 경기를 진행하는 것과 같다. 체격 조건이 우수한 선수가 승리하는 것은 불을 보듯 뻔하다. 어떤 사람은 음악을 잘하는데 미술은 잘 못할 수 있다. 말은 잘하는데 글은 잘 쓰지 못하는 사람도 있을 것이다. 사람은 결코 모든 것을 다 잘할 수 있는 능력을 갖추지 못한다. 사람에 따라서 잘할 수 있는 분야가 다르듯 국가의 산업면에서도 발전한 분야가 있고 취약한 분야의 산업이 있게 마련이다. 발전한 분야의 산업은 외국과의 경쟁에서 이길 수 있지만 취약한 분야는 질 수밖에 없다. 이기는 산업은 더욱 발전하고 지는 산업은 도태(淘汰)되는 것은 자명(自明)한 이치다. 이는 동서고금(東西古今)을 통해서 역사가 증명해 주고 있다.

우리나라는 급격하게 경제 성장을 이루면서 불균형 성장 정책을 썼다. 공업을 발전시키면서 농업을 희생시켰다. 어느 정도 경제 성장을 이룩한 이후 국가가 농업 발전에 많은 투자를 했음에도 아직도 농업의 경쟁력은 매우 낮다. 우리나라 농업의 구조적인 특성상 문제도 있다. 그러나 공업에 비하여 농업 부문에 관심과 투자가 적었음을 부인할 사람은 아무도 없을 것이다. 농업이 취약하기에 우루과이라운드(UR) 협상을 비롯해 외국과의 통상 협정을 맺을 때마다 농업에 대한 보호가 약방의 감초처럼 등장했다. 그럴 때마다 농민들의 불안과 지식인들의 염려, 정부의 보호와 육성 정책이 뒤따르곤 했다.

우리나라와 달리 농업 강국들도 많다. 미국, 캐나다, 호주, 중국, 프랑스, 네덜란드, 벨기에, 베트남, 브라질, 아르헨티나, 뉴질랜드 등은 농업 경쟁력이 높은 나라들이다. 이들 나라는 경영 규모가 방대하거나, 자본 집적도(資本 集積度)가 높거나, 기술과 인프라가 발전하였거나, 선진 농업 정책을 추진했다든지 우리와는 다른 여건 속에서 농업이 발전하였다. 이런 농업 선진국들과 FTA를 모두 체결하였기에 우리 농업이 농업 선진국과 무한 경쟁에 놓였다는 것에 대해 농업인들이 한없이 불안해하고 있다. 안방, 건넛방 다 내주고 봉당으로 내려앉아야 하는 몰락하는 가문(家門)처럼 문전옥답(門前沃畓) 다 내주고 농사를 접어야 하는 것 아니냐 하는 불안감이 농업인들을 엄습(掩襲)하고 있다. 쌀 등 곡식뿐만 아니라 과일과 채소는 물론 축산 분야까지도 어느 것 하나 경쟁에서 불안하지 않은 곳이 없다. FTA 협정을 체결하면서 여러 가지 보완책을 마련했다고 하지만 협정 내용은 언제든지 바뀔 수 있고 언젠가는 그런 규정들이 없어질 수도 있다. 그렇게 되면 말 그대로 아무런 조건 없이 시장에서 무한 경쟁을 하게 되는 것이다.

이제는 외국 농산물과의 무한 경쟁을 피할 수 없다. 이기든지 지든지 둘 중 하나만 있을 수 있다. 우리 농업이 살아남느냐, 죽어 없어지느냐가 앞으로 판가름 날 것이다.

　농업인, 정부, 농업 관련 기관 등 모두가 지금까지의 것들을 다 버리고 이길 수 있는 것으로 다 바꿔야 한다. 생각도 바꾸고 농사 방법도, 작부 체계(作付 體系)도, 유통 구조도, 정부 정책도 바꾸고 필요하다면 농업 관련 기관도 정부도 몽땅 다 바뀌어야 한다. 오로지 시장에서 소비자의 선택을 받을 수 있는 농산물과 그 가공품만이 생산되도록 해야 한다. 이제 농업인을 비롯한 농업 관련 종사자들이 '사즉생(死則生) 생즉사(生則死)'의 각오로 전쟁하듯이 농업을 새롭게 일궈 나가야 할 것이다. 그래도 이길까 말다. 네가 못했느니 내가 잘했느니 다툴 시간도 없다. 오로지 앞으로 밀물처럼 들어올 외국 농산물 그리고 그 가공품과의 경쟁에서 이기는 방법만 생각하자. 그렇게 하자. 경제 영토 확장이 우리 농업을 무너뜨리는 개미구멍이 되지 않게 하자. 그렇게 해서 지키자! 조상이 물려주신 이 아름다운 금수강산 우리의 농어촌을……

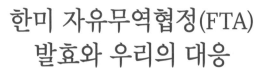

한미 자유무역협정(FTA)
발효와 우리의 대응

ⓒ 전북도민일보(2011년 12월 20일 화요일 황의영 NH무역 대표이사)

 2011년 12월 22일 대한민국 국회에서 한미 FTA 비준 동의안이 통과됐다. 이로써 4년 7개월간의 협상이 대단원의 막을 내렸다. 이 협정이 발효됨으로써 이익을 얻게 되는 업종의 단체와 보수 단체에서는 대한민국의 경제적 영토가 확장됐다고 쌍수를 들어 환영한다. 그러나 큰 피해가 우려되는 농업계와 진보 단체에서는 잘못된 협상이기 때문에 다시 협상하라고 연일 시위 중이다. 앞으로 재협상을 하든지 않는지 간에 특별한 변수가 없는 한 2012년에는 한국과 미국의 의회에서 통과된 내용대로 한미 FTA가 발효된다.

 자유무역협정(FTA)이란 말 그대로, '나라와 나라 간에 세금 등 여러 가지 조건 없이 상품과 용역(서비스)을 자유롭게 거래하자.' 라는 것이다. 그러면 양국이 모두 사회적 후생을 증대시켜 경제가 발전한다고 한다. 이 뜻으로만 보면 참으로 좋은 제도다. 그러나 힘 있는 쪽에서 볼 때만 좋은 제도다. 상대방보다 경쟁력이 있는 분야에서는 협정이 발효되면 이익을 보기 때문에 환영하고 손해를 보는 쪽에서 반대하는 것은 자명한 이치일 것이다. 국가적으로는 예상되는 이익과 손해를 다 따져 봐서 이익이 되기 때문에 이 협정을 발효시켰을 것이다. 그런데 현실 경제에서는 '시장의 실패'에서 보듯 원칙이 제대로 작동하지 않고 엉뚱한 결과를 초래하기도 한다.

한미 FTA가 발효되면 이익이 되는 산업과 손해를 보게 되는 산업이 생길 것이다. 이익이 되는 분야는 더욱 발전할 것이고 손실이 발생하여 피해를 보게 되는 분야는 산업으로서의 소임을 마치게 될지도 모른다. 경지 면적, 생산 기반, 기후 조건, 정부 정책, 시장 여건 등 모든 여건에서 미국에 뒤지고 있는 우리의 농업 분야의 피해가 크게 우려되고 있다. 지금, 반만년 우리의 역사를 유지할 수 있도록 민족의 먹을거리를 책임진 농민들이 크게 동요하고 있다. 혹 농업을 포기하고 문전옥답이 잡초밭으로 변하지나 않을까 하고 걱정이 이만저만이 아니다. 농경시대의 전통문화를 계승·

발전시켜 온 우리 농촌 사회가 완전히 붕괴할지도 모른다는 두려움에 떨고 있다. 농업 부문의 협정 내용을 보면 미국으로부터 수입되는 농축산물 가운데 쌀을 제외한 모든 품목의 관세가 즉시, 또는 15년, 길게는 20년 안에 모두 철폐된다. 정부가 지난 2011년 8월 국회에 보고한 자료에 의하면, 한미 FTA가 발효될 경우 농어업 생산 감소액은 15년간 연평균 8,445억 원, 총 피해 규모는 12조 6,683억 원에 달할 것으로 추정했다. 축산 분야가 7조 2,993억 원, 과수 3조 6,162억 원, 채소 특작 9,828억 원, 곡물 3,270억 원, 수산업 4,431억 원의 피해가 예상된다.

FTA 발효 전 충분한 피해 보완 대책이 마련되지 않는다면 우리 농어업의 미래는 절망적일 수밖에 없다. "상대를 알고 자신을 알면 백 번 싸워도 위태롭지 않다."라는 의미의 '지피지기(知彼知己) 백전불태(百戰不殆)'라는 명구가 《손자병법》에 있다.

한국 농업이 미국과 비교했을 때 아무리 열세라고 하더라도 우리와 미국의 농업 현실을 바르게 알고 대응한다면 피해를 최소한으로 줄일 수 있을 것이다.

정부는 2007년 한미 FTA 체결 시 마련한 21조 1,000억 원의 국내 보완 대책에 최근 여건 변화를 고려하여 1조 원을 증액한 22조 1,000억 원의 지원 대책을 내놓았다. 그리고 추가로 국회에 마련된 여·야·정 협의체에서 13개 대책을 중심으로 논의되고 있다.

　지금이야말로 "한국 농업이 죽느냐? 사느냐?" 하는 중차대한 갈림길에 서 있다. 충분한 대책을 마련하여 우리 농업을 살려야겠다. 과거에 그래왔듯이 앞으로도 국민의 식탁에 안전한 우리 농산물을 올려 우리 국민의 건강을 지켜야겠다. 대책의 수립도 중요하지만, 이 대책이 착실히 실행되어야 한다. 시간이 가면서 감각이 무디어지고 위기의식에 대한 내성으로 유야무야(有耶無耶)되어서는 결코 안 된다. 비 온 뒤에 땅이 더 굳어지듯 이번 기회를 통해서 우리 농업의 구조 개선과 국민의 의식 개혁을 이루어 우리 농업의 경쟁력을 강화하자. 우리 식탁에 오를 미국 농산물에 대해 걱정도 해야겠지만 우리 농산물을 미국인의 식탁에 올릴 방안도 같이 마련했으면 한다.

　최선의 방어는 공격일 수 있다. 낙심천만, 불안에 떨고 있을 수만은 없다. 대책을 마련해서 실행하기 위해서는 시간이 많지 않다. 지혜를 모아 우리 농업 강화 방안을 마련하고 이를 반드시 실천하자. 그래야 우리 농업을 살릴 수 있지 않겠는가? 디데이(D-Day)가 내일인데 우리는 네 탓, 내 탓만 할 것인가? "호랑이에게 물려가도 정신만 바짝 차리면 살 수 있다."라는 속담을 지금 이 순간 우리 모두의 가슴속에 깊이 새기자. 그리고 20년 후, 30년 후에 "우리가 한미 FTA 출범 시 대비를 철저히 잘 해서 한국 농업이 살아남았구나."라고 말하며 크게 웃을 수 있도록 지금 정신 바짝 차리고 철저하게 대비하자.

미국과 자유무역협정(FTA)
재협상, 당당하게 임하자

ⓒ 전북도민일보(2017년 7월 26일 수요일 황의영 경제학박사)

2017년 7월 12일 미국 무역대표부(USTR)가 우리 정부에 특별 공동위원회를 열자고 통지해 왔다. 미국이 FTA를 재협상하자고 정식으로 한국 정부에 요청한 것이다. 이제 형식이 '재협상'이든 우리 정부가 얘기하는 '일부 조항의 개정과 수정'이든 간에 2012년부터 발효, 시행된 한미 FTA 협정문 내용을 바꾸는 협상을 할 수밖에 없게 됐다.

동 협정문에 의하면 일방이 특별공동위원회 개최를 요구하면 상대방은 거절할 수 없다. 개최를 요청받은 날로부터 30일 이내에 회의가 열린다. 협상에 응하지 않으면 FTA는 파기된다.

미국의 경우 협정의 전면 개정 시 행정부가 협상 개시 90일 전에 의회에 통보해 협상 권한을 위임받아야 하고, 30일 전에는 협

개방시대의
농업과 대응

상 목표와 전략 등을 의회에 보고해야 한다. 다음 달, 특별공동위원회가 열려 한미 FTA 개정 필요성이 인정된다면 2017년 연내에 협상이 착수될 것이다.

화살은 시위를 떠났다. 한미 FTA 재협상은 열린다. FTA 재협상은 경제 전쟁이다. 이제 전쟁은 시작됐다. '지피지기(知彼知己)는 백전불태(百戰不殆)'라 했다. 나를 알고 적을 알면 지지 않는다는 얘기다. 지피지기 상태에서 전쟁을 이기기 위해서는 병사와 무기·병참 지원, 전술과 전략이 필요하다. 잘 훈련된 병사, 화력이 강한 최신 무기, 적소·적기에 원활한 병참 지원, 전투에서 이길 수 있는 전술을 총괄하여 전쟁에서 이길 수 있게 하는 전략과 국민의 성원이 있다면 전쟁에서 반드시 승리한다. 군인은 물론 국민도 "반드시 이길 수 있다."는 정신 무장이 필요하다. 정부나 모든 국민이 이번 한미 FTA 재협상에 당당하게 임해야 한다. 패배 의식에 사로잡혀 있다면 미국의 의도대로 협상이 끝나게 될 것이다.

협상은 상대가 있기 때문에 일방적일 수 없다. 무역 협상은 '제로섬 게임(zero-sum game)'이 아니라 '주고받기(give and take)' 원리로 진행되므로 쌍방이 수긍하는 선에서 결정된다. 이번 한미 FTA 재협상에 임하면서 우리 병사인 협상팀을 꾸릴 때 경험이 풍

부한 전문가들로 구성해야 한다. 전장에 나갈 장수인 통상본부장
이 공석인데 조속히 임명해야 한다. 전쟁이 벌어졌는데 참모총장
이 없는 격이다. 무기 및 병참 지원에는 미국과 상품 무역뿐만 아
니라, 자본 이동, 서비스·이전 수지, 무기수입 등 상품 무역 이외
의 돈이 오가는 모든 거래도 협상 테이블 위에 모두 올려놓아야
한다. 돈이 어떻게 흘러서 누구에게 이익이 됐는가를 명확히 밝혀
야 한다. 이와 관련된 정부와 단체, 기업 등이 보유하고 있는 자료
와 경험, 전략을 모두 내놓아 한데 모아야 한다.

다음은 전략과 전술이다. 미국 트럼프 대통령은 기업을 크게 일

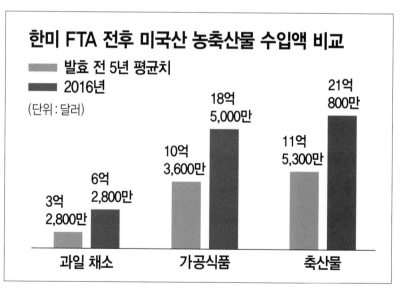

한미 FTA가 발효된 이후 농축산물 수입액이 2배 이상 늘었다.

군 세계적인 기업가다. 협상의 달인이다. 협상에서 사람을 어르고 달랠 줄 아는 사람이다. 그에게 당하지 않기 위해서는 그의 말과 행동을 추적 분석하여 거기에 맞는 전략과 전술이 수립돼야 한다. 그는 보호무역주의자다. 대선 후보 시절부터 FTA 때문에 미국 공업이 쇠락하고 실업자가 생겨 미국 경제가 나빠졌다고 했다. 특히 우리나라의 자동차·철강 수출이 자국의 관련 산업을 무너뜨렸다고 보고 있다. 미국은 법률 시장과 방송 분야 개방에 대하여도 불만을 품고 있다.

우리도 2011년 한미 FTA 국회 비준을 앞두고 지금 여당인 민주당에서 10+2 요구안을 주장한 바가 있다. 10가지 요구안은 쇠고기에 대해 일정 기간 관세 철폐 유예, 중소 상인 적합 업종 특별법 등 보호 장치 확보, 친환경 무상급식 정책 안정성 확보, 의약품 분야의 특허 연계 폐지, 금융 세이프가드 실효성 강화, 투자자 국가 소송 제도 폐지, 서비스 시장 개방 리스트 포지티브 방식 전환, 역진 불가 조항 폐지 등이었다. 이를 검토해서 이빈에 다시 요청할 수 있는 항목이 있다면 재협상에 포함하자. 그리고 우리에게 이익이 되는 새로운 분야가 더 있다면 이를 포함하여 재협상을 요청하자.

특별공동위원회에서 우리는 한미 FTA 시행 효과를 공동 조사·분석·평가하여 양국 간 무역 불균형의 원인과 한미 FTA가 양국에 미친 효과를 따져 봐야 한다. 이를 바탕으로 재협상이 이루어져야 한다.

FTA는 궁극적으로 국민에게 득이 되어야 한다

어느 특정 기업이나 계층에게만 이익이 되어서는 안 된다. 우리가 얻을 것은 적극적으로 주장하여 얻어 내야겠지만 미국이 요청하는 것 중에서도 우리 국민에게 이익이 되는 것이 있다면 특정 이익 집단의 반대가 있더라도 과감하게 받아들여야 한다. 그것이 진정한 FTA의 이익이고 효과다. 가능성을 모두 열어 두고 차분하게 빈틈없이 준비하자. 이번에 협상을 잘한다면 우리 경제가 다시 한번 더 도약할 기회가 될 것이다. 이를 간절히 기대한다.

현실로 다가오는
애그플레이션(Agflation)

ⓒ 전북도민일보(2011년 3월 9일 수요일 황의영 NH무역 대표이사)

세상이 시끄럽다. 지구촌 곳곳에서 난리다. 북아프리카에서 장기 독재를 무너뜨리는 민주화 열풍이 들불처럼 번져 간다. 뉴질랜드에서는 지진 발생으로 수백 명이 목숨을 잃었다. 북아메리카에서는 폭설과 한파가 기승을 부린다. 중국 화북지방에서는 눈이 오지 않아 겨울 가뭄이 심하다. 2010년 여름 우크라이나와 러시아에서는 폭염과 가뭄이 강타해 밀 생산량이 대폭 감소했다. 아프리카 북부 시하라 사막 근치에는 십수 년 동안의 가뭄으로 사막이 늘어나고 물이 말라 동식물이 죽어 간다. 자연이, 인간 스스로 살아가는 환경을 점점 더 어렵게 만들어 가고 있다.

애그플레이션(agflation) : 농업(agriculture)과 인플레이션(inflation)의 합성어
농산물 가격 급등으로 일반 물가가 상승하는 현상

434
·
435

소비자 물가가 치솟고 있다

국내로 눈을 돌려 보자. 삼백 수십만 마리의 소, 돼지를 생매장 했는데도 구제역 종결 소식은 들리지 않는다. 폭설과 한파로 비닐하우스가 무너지고 양식장 물고기가 떼죽음을 당하고 남쪽의 월동 배추가 얼어 버렸다. 전셋값이 뛰고 기름값이 오르고 농수축산 식자재 값이 인상됐다. 2011년 2월 소비자 물가가 27개월 만에 가장 높은 4.5% 상승했다. 1월에 4.1% 오른 데 이어 2개월 내리 물가 관리 목표선인 4%를 넘었다. 정부가 물가를 잡기 위해 관련 업계를 윽박지르며 행정력을 동원하고 있지만, 실효성이 의문이다. 농산물 21.8%, 축산물 12.3%, 수산물 11.4% 등 먹을거리 가격이 많이 뛰었다. 북아프리카와 중동지방의 정세 불안으로 석유류 가격도 12.8%나 올랐다. 배추, 삼겹살, 달걀 값이 크게 올랐을 뿐만 아니라 서울에서는 휘발유값이 L당 2,200원을 웃도는 주유소도 생겼다. 이렇게 물가가 치솟고 있는 데는 폭설과 이상 한파, 구제역 등 내부 요인과 중동 사태 등 외부 요인이 복합적으로 작용했기 때문이다. 생활 물가가 크게 오르면서 그렇지 않아도 팍팍한 중산층과 서민의 삶이 더 힘들어지고 있다. 주부들이 장보기가 무섭다고 한다. 물가가 너무 올라 살 것이 마땅찮기 때문이다. 아직 밀가루와 설탕은 값이 오르지 않았으나 오를 준비를 하고 있다. 이것들을 원료로 하는 식품 가격도 줄줄이 인상될 것이다.

앞으로 물가가 내려 서민들의 생활이 좋아질 것인가? 자신 있게 "예!"라고 말할 수 있는 상황이 아니다. 일시적 현상으로 수급에 차질을 빚어 가격이 오른 일부 품목을 제외하고는 구조적인 문제로 가격이 오른 품목이기 때문에 가격이 내려가기가 쉽지 않다. 월동 배추 부족은 봄배추가 출하되는 4~5월이면 안정될 것이다. 그러나 구제역 때문에 부족해진 소, 돼지고기의 값은 고기를 수입해 온다고 하더라도 당분간 가격이 내려가기가 쉽지 않을 것이다. 무엇보다 중요한 것은 우리가 임의대로 생산을 조절할 수 없는 품목 중 우리 생활에 필수 불가결한 재화인 원유, 옥수수, 콩, 원당, 면화 등이 문제다.

장기적인 수급 계획을 수립하여 실행하자

그러면 우리는 어떻게 해야 할 것인가? 그저 오르는 물가를 바라보면서 물가 타령만 할 것인가? 늦었다고 생각할 때가 가장 빠르다는 말이 있듯이 지금이라도 근본적인 대책을 수립하여 미래를 준비해야 한다. 곡물 메이저의 손에 우리의 식량 안보를 맡겨 놓을 수는 없다. 지난날 비교 우위를 주장하던 일부 경제학자들은 지금 우리 국민이 겪고 있는 물가고로 인한 고통을 무어라고 말할 것인가? 아직도 우리나라에서는 밀과 옥수수, 콩, 쌀 등의 생산비가 많이 들기 때문에 수입해 와야 한다고 주장할 수 있겠는가? 아

밀가루 가격이 오르면 밀가루로 만든 제품의 가격도 오른다.

니다. 결코 아니다. 기후와 환경의 변화는 농업 생산을 점점 더 어렵게 만들고 있다. 앞으로 화석 연료의 고갈은 인간의 생존을 더욱 힘들게 할 것이다.

과거 소련이 무너지고 지금 북아프리카에서 재스민 혁명이 번지고 있는 것은 물가가 올라 국민의 생활이 어려워 잘살게 해 달라는 몸부림이다. 먹고사는 문제가 우선이다. 먹고사는 문제를 안정시키는 정책을 수립하고 국민도 이에 적극적으로 호응하여야 한다. 쌀 생산 기반이 더이상 붕괴하지 않도록 하고 밀, 옥수수, 콩, 그 외의 잡곡과 채소, 과일도 자급은 어렵더라도 일정 수준의 생산을 유지하여야 한다. 국제 곡물 메이저의 창고 속에 수천 종의 우리 토종 종자들이 저장돼 있고 우리나라에서 이 종자들이 멸종된다면 우리에게 엄청난 대가(代價)를 요구하면서 역수입될 것이다. 소비자인 국민도 이러한 보이지 않는 무서운 음모가 있다는 사실을 깨닫고 국내 생산 기반이 붕괴하지 않도록 국산 농산물을 애용하는 것이 앞으로 우리 목을 조르게 될 애그플레이션(Agflation)에 대응하는 길이라는 인식을 같이했으면 한다. "우선 먹기는 곶감이 달다."는 속담이 있다. 이는 우리에게 오늘의 만족도 중요하지만, 미래를 위해 현재 만족의 일부를 유보하라는 가르침이 아닐까? 생각해 본다.

애그플레이션
약(藥)인가 독(毒)인가?

© 전북도민일보(2007년 10월 24일 수요일 황의영 전북농협 본부장)

국제 곡물 시장에서의 농산물 가격이 가파르게 상승하면서 인플레이션을 우려하는 목소리가 커지고 있다. 농산물 가격 급등이 인플레이션을 유발하는 현상, 즉 애그플레이션이 머지않아 현실화될 것이라는 전문가의 견해가 나오고 있다. 미국 농업부의 2007년 7월 국제 곡물 가격 동향 발표에 따르면 최근에 세계 곡물 재고율이 1986년도 35% 수준에서 2007년에는 15%대까지 하락할 것으로 전망하고 있다. 그리고 시카고 상품 거래소에서 옥수수와 대두 가격이 각각 전년 동기 대비 53.4%, 56.1%까지 치솟는 가파른 상승세를 보이고, 또 밀 가격도 60% 이상, 쌀 가격도 10% 정도의 상승률을 보인다.

개방시대의
농업과 대응

농산물 가격을 상승시키는 요인으로는 인구 증가, 소득 및 식품 소비량 증가, 경작지 감소, 지구 온난화, 바이오 에너지 열풍 등을 들 수 있다.

지역별 요인으로는 크게 미국의 이상 가뭄과 서리로 인한 밀 생산량이 20% 정도 줄었고, 중국의 사료값 급등에 따른 사육 감소로 돼지고기값 급등, 중국과 인도의 인구 증가 및 가처분 소득의 증가로 인한 식품 소비량의 증가, 유럽과 미국의 바이오 연료 수요 증가 등이 가격 상승을 유발한다고 볼 수 있다.

밀, 옥수수 가격이 국제 곡물 가격 주도

특히 지구 온난화 등 이상 기온으로 인한 미국과 유럽, 러시아의 밀 생산량 감소는 국제 시장에서 곡물 가격 상승을 주도하고 있다. 이러한 밀과 옥수수에 대한 수요의 증가는 다른 농산물과의 경합이나 대체 효과를 통해 여타 농산물에 대한 생산 감소와 가격 상승을 유발하고 있다. 즉, 옥수수 가격 상승은 옥수수 재배 면적의 증가를 통한 토지 가격 상승과 생산비 상승을 일으키며, 축산물 사료값 상승은 사육 두수 감소 또는 축산물 고기 가격의 상승으로 나타나고 있다. 최근에는 급등한 곡물 가격에 세계적인 곡물 메이저 업체들이 가격 상승을 이용한 곡물 확보에 적극적으로 나서고 있고, 선진 주요국의 투자 금융 회사들이 국제 곡물 가격의 장기적 상승세를 전망하며 애그리비즈니스 펀드(농축산물에 관련된 1, 2, 3차 산업에 투자하는 펀드)에 투자하는 등 농산물 가격 상승으로 인한 인플레이션에 대해 전 세계가 주목하고 있다. 특히 곡물 수요는 빠르게 증가하는 데 반해 지구 온난화 및 농업의 특수성으로 인해 공급을 늘리는 데는 한계가 있어 공급 부족 현상은 당분간 지속할 것으로 전망되어 애그플레이션에 대한 현실적 우려가 점차 커지고 있는 것이 사실이다.

식량 안보의 중요성을 강조한다

국제 곡물 가격 상승이 우리 농업에 어떠한 영향을 미치고 있는가? 2004년 기준 우리의 쌀 자급률은 96.5% 수준이지만 주식용 자급률은 65.3%, 사료용을 포함한 곡물 자급률은 26.8%에 불과하다. 1970년의 곡물 자급률이 86%에 달하던 것에 비하면 3분의 1수준으로 급감한 것이다. 이것은 농산물과 식품 원재료 부문의 수입 의존도가 그만큼 커졌다는 것을 말해 주고 있다. 극단적으로는 식량 공급에 심각한 위기가 닥치게 되면 국가 간에도 식량을 무기화할 수 있는 식량 전쟁의 상황도 배제할 수 없을 것이다.

최근 러시아가 밀 수출을 사실상 중단할 것이라는 전망이 나오면서 주요 수입국들이 수입 물량을 늘리고 있어 밀 가격이 폭등하여 식량 무기화에 대한 우려가 증폭되고 있다. 우리는 북한이나 아프리카 등 식량 부족 국가들이 정치적으로나 경제적으로 많은 고통과 어려움을 겪고 있다는 것을 잘 알고 있다. 최근의 자유무역협상(FTA)을 진행하면서 미국이나 유럽이 자국의 농업 보호를 얼마나 중요한 문제로 다루고 있는지 생각해 보자. 지금의 우리 농업이 전기·전자제품, 자동차 등 수출 산업에 밀리고 봇물 터지듯 밀려들어 오는 수입 농축산물에 그 터전을 점차 잃어 가고는 있지만, 농업의 중요성과 가치가 결코 훼손되거나 폄하되어서는 안 될 것이다. 우리가 농업에 대한 중요성과 가치를 인정하고 미래에 다가올 위기에 대해 미리 준비하고 대비한다면 애그플레이션은 우리 농업에 약이 될 것이다. 그렇지만 국가 간, 산업 간 단순 비교 우위 논리만 강조하여 농업을 경시하면 결코 약이 아니라 독이 될 것이 아닌가!

우리도 이제는 농업을 식량 안보라는 관점에서 바라보고 농업 보호를 위해 다 같이 노력하어 국제적으로 경쟁력을 강화하자.

개방시대 농·축산 농가를 위한 제도 정착과 생존 전략

© 전북도민일보(2008년 9월 2일 화요일 황의영 전북농협 본부장)

수입 소의 광우병 우려 논란으로 온 나라를 떠들썩하게 했던 미국산 LA갈비가 4년 7개월 만에 수입이 재개되었다. 미국산 수입이 재개된 2008년 7월 말의 국내산 한우 암송아지 가격은 협상 이전인 지난 4월 이전보다 25% 이상 하락한 것으로 나타났다. 값싼 가격 경쟁력을 가진 미국산 쇠고기가 기존 호주산이나 뉴질랜드산을 대체할 뿐만 아니라 우리 한우 소비 시장까지 잠식해서 한우 가격이 하락할 것이라는 우려가 많이 작용했던 것으로 보인다.

우리 축산업이 생존하기 위한 전략과 선택은 무엇일까?

문제의 핵심은 우리 축산 농가들이 사료 선택에서부터 친환경적인 사양 관리를 통해 우수한 육질의 한우를 생산해서 안전성과 품질에 대한 소비자의 신뢰를 확보해 가는 것이다. 어느 지역에서 어느 농가가 어떠한 사양 관리를 통해 생산하였고, 어떠한 가공과 유통 경로를 거쳤는지, 안전성에는 문제가 없는지 등 소비자에게 투명하게 알려 신뢰를 구축하는 것이 필요하다.

이러한 신뢰는 먼저 '쇠고기 이력 추적제'의 완전한 정착을 통해 실현이 가능하다. 생산자와 판매자가 아무리 국내산 한우라고 주장하더라도 소비자의 신뢰가 형성되지 않는다. 출산에서부터 사육과 출하를 거쳐 가공 판매에 이르기까지 공인된 인증 기관의 역할과 단계별 정보가 기록되어 소비자에게 제공되어야 한다. 이를 위해서는 생산 및 유통 과정에 관한 이력과 정보가 소비자에게 명확하게 전달되어야 한다.

다음은 '원산지 표시제'가 이른 시일 내에 정착되어서 국내산과 외국산을 명확히 구분하여 안전한 국내산을 소비자가 믿고 찾을 수 있어야 한다. 이를 정착시키기 위해서는 판매점이나 음식점, 급식업체 종사자 등에게 제대로 이행하고 준수할 수 있는 제도의 실천과 교육이 있어야 한다. 100㎡ 이상 대형 음식점에 대한 동 제도의 시행에 대하여 1년여 동안 계도와 홍보 기간을 두고 본 시행 시점에서 제대로 이행되고 있는지를 식품의약품안전처와 국립

농산물품질관리원, 지자체가 합동으로 조사해 본 결과, 2008년 4월 1차 조사에서는 위반율이 10.7%로 높게 나타났다. 그 후 단속과 점검이 강화되고 행정 처분이 뒤따르면서 2008년 6월에 시행된 2차 조사에서는 1.4%로 현저하게 개선되고 있는 결과를 바라보면서 자율적 이행이 이익과 연계되는 오늘날 시장 사회에서 얼마나 어려운 일인지 짐작하게 한다. 선량한 소비자의 건강과 안전성을 확보하고 축산 농가들의 생존을 지키기 위해서는 '원산지 표시제'의 조기 정착과 엄격한 법 적용이 필요하다.

원산지 관련 법령의 개정으로 쇠고기는 지난 2008년 7월 8일부터 전 업소가 시행에 들어갔고, 쌀은 100㎡ 이상 업소에 대해 시행 단계를 거치고 있으며, 연말에는 돼지고기, 닭고기뿐만 아니라 배추김치에 이르기까지 주요 식품에 대해 본격적으로 '원산지 표시제'의 적용을 받게 된다. 이 제도의 빠른 정착과 국내 농축산 농가들을 보호하기 위해 농협이 국립농산물품질관리원과 손잡고 전국의 농협 지역본부와 시군지부에 〈원산지 부정 유통 신고 센터〉를 설치 운영키로 한 것도 제도의 중요성과 정착의 시급성을 말해 주고 있다고 볼 수 있다.

우리는 미국산 쇠고기 수입 재개와 관련한 광우병 위험 논란을 놓고 국민과 소비자들이 식품의 안전성에 관한 의식 수준이 어느 정도인지 느낄 수 있었다. 비단 쇠고기 관련해서 뿐 아니라 지난 봄 조류인플루엔자 발생으로 가격 폭락과 함께 관련 음식점과 판매점 등이 사육 농가 이상 혹독한 시련을 겪었던 것을 기억한다. 중요한 것은 국내산이든 외국산이든 식품의 안전성에 문제가 있다면 소비자가 바로 등을 돌리고 외면해 버린다는 사실이다. 값싼 수입 농축산물이라도 안전성에 문제가 있다면 국내 소비 시장에 들어와도 경쟁력이 없다는 것을 누구나 알 수 있다.

이제는 품질과 안전성에 승부를 걸어야 한다

제도의 정착과 보완도 중요하지만, 더 중요한 것은 우리 생산 농가들이 국민의 식품 안전성에 대한 눈높이를 맞춰 우수한 품질과 안전 농축산물을 생산하는 데 주력하여 신뢰를 확보하는 것이다.

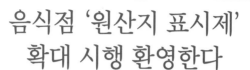

음식점 '원산지 표시제'
확대 시행 환영한다

ⓒ 전북도민일보(2007년 12월 18일 화요일 황의영 전북농협 본부장)

음식점 원산지 표시 의무제 확대 시행을 담은 식품위생법 일부 개정안이 2007년 11월 22일 비로소 국회 본회의를 통과했다는 반가운 소식이다. 한미 FTA 협상이 마무리되고 EU와의 협상이 진행되는 등 자유무역협정의 확대로 농축산물 시장 개방에 의한 농업의 어려움이 가중되고 있는 시점에서 새로운 희망과 용기를 주는 최소한의 제도적 장치라 평가하고 싶다.

농촌경제연구원의 연구 자료에 따르면 지난 한미 FTA 협상 타결로 15년 후에는 농업 부문에 피해가 1조 361억 원에 달하고,

---

농식품 원산지 표시제 : 국내에서 판매되는 농식품, 조리 음식에 원산지를 표시하여 생산자와 소비자를 보호하는 제도

특히 축산 부문의 쇠고기, 돼지고기의 생산 감소액이 5,000억 원이 넘는 것으로 추정되고 있다. 최근에 진행되고 있는 한-EU와의 협상에서 돼지고기는 최대의 관심 품목으로 냉동 삼겹살의 경우 가격은 미국산의 1/4수준인 톤당 3,120달러 정도이며, kg당 가격도 국내산 가격의 절반에도 못 미치는 것으로 파악되고 있다.

적용 범위 및 대상 품목 확대로 실효성 높여

이번에 통과된 법안의 핵심 내용은 원산지 표시 대상 음식점 규모를 기존에 300㎡ 이상에서 100㎡ 이상으로, 적용 품목도 기존에 쌀과 쇠고기 2개 품목에서 돼지고기, 닭고기, 김치, 수산물까지 확대하고 있어 법안의 시행에 대한 효율성을 높였다. 지난여름 국립농산품질관리원이 300㎡ 이상 음식점 526곳을 대상으로 원산지 표시 의무 위반 여부를 단속한 결과, 22.4%인 118곳이 위반한 것으로 조사되었고, 서울여자기독교청년회 소비자정보센터에서는 897개소를 대상으로 조사하였는데 43.3%가 표시 의무를 위반하고 있는 것으로 나타난 바 있다.

현행 57만 3,000여 개소에 달하는 전국의 음식점 가운데 시범적으로 적용되고 있는 300㎡ 이상 음식점의 수는 전체의 2%에 불과할 뿐만 아니라 학교 급식이나 집단 급식업소가 적용 대상에 포함되지 않고 있다. 또, 이력 추적 시스템의 정착 및 유통 과정상 투명성 확보를 위한 제도적 장치의 미흡으로 시범으로 하고 있는 음식점 '원산지 표시제'가 실효성을 거두지 못하고 있는 것으로 평가되고 있다. 하지만 이번에 개정된 법률안은 적용 대상 범위와 대상 품목의 과감한 확대로 전체 업소의 절반가량이 '원산지 표시제' 대상에 포함되어 제도의 안정적 정착을 위한 보완과 노력이 가속화될 것으로 보인다.

소비자와 생산자를 보호하는 제도적 장치

이번에 국회를 통과한 식품 위생법 개정안은 소비자와 국내 농축산 농가를 보호하는 최소한의 제도적 장치라는 점에서 큰 의미가 있다. 아울러 소비자에게는 알 권리를 보호하고 국민의 건강을 위한 안전한 농축 식품 유통 질서를 마련했다는 좋은 평가를 하고 싶다. 우리 식단의 주된 품목인 쌀, 쇠고기, 돼지고기, 김치는 국내 농업의 대표적인 품목이며, 시장 개방으로 생산 부문의 피해가 크게 예상되는 핵심 품목임엔 틀림없다. 특히 농산물 시장 개방으로 가격보다는 품질로써 경쟁을 해야 하므로 국내산과 외국산이 투명하게 구분 유통되는 유통 질서 확립이 무엇보다도 중요한 시기라 할 수 있다. 또한, 최종 소비 단계인 음식점에서 음식의 재료가 국내산인지 외국산인지 불분명해 중간 유통 과정에서의 국산으로 둔갑하는 많은 부작용을 가지고 있음은 주지의 사실이다.

이번에 개정된 법률안이 실효성을 거두기 위해서는 구체적이고 이행 가능한 제도적 보완과 식품의 제조에서 판매 단계에 이르기까지 단계별 정보를 기록 관리하는 식품 이력 추적 관리 시스템을 전면적으로 시행하여 식품의 안전성 확보와 식품 유통 질서를 마련하는 계기가 되어야 한다. 또, 애초 취지대로 불량 외국 농축산물의 유통을 막고 소비자들을 보호하기 위해서는 지도 단속 업무가 제대로 이뤄져야 한다.

대다수 국민은 우리 농촌에서 키우고 생산된 농축산물의 우수성을 잘 알고 있다. 또한, 우리 농업·농촌을 사랑하고 우리 몸에 맞는 우리 농산물을 먹기를 원한다. 이번 식품 위생법 개정안의 국회 통과를 바라보면서 이 제도를 마련하기 위해 애써 주신 고마운 분들에게 감사하며, 우리 농업·농촌에 새로운 용기와 활력이 되기를 기대한다.

원산지 표시제

● 원산지는 음식명 또는 원산지 표시대상 바로 옆이나 밑에 표시한다. 원산지가 같은 경우에는 일괄 표시할 수 있다.

● 원산지의 글자 크기는 메뉴판이나 게시판 등에 적힌 음식명 글자 크기와 같거나 그 보다 커야 한다.

● 원산지가 다른 2개 이상의 동일 품목을 섞은 경우 섞음 비율이 높은 순서대로 표시한다.

● 쇠고기·돼지고기·닭고기 및 오리고기 등을 섞거나 넙치·조피볼락 및 참돔 등을 섞은 경우 각각의 원산지를 표시한다.

● 원산지가 국내산인 경우에는 '국내산' 또는 '국산'으로 표시하거나 해당 농수산물이 생산된 자치구명으로 표시할 수 있다.

● 농수산물 가공품을 사용한 경우에는 그 가공품에 사용된 원료의 원산지를 표시한다.

● 농수산물과 그 가공품을 조리해 판매 또는 제공할 목적으로 냉장고 등에 보관·진열하는 경우 제품 포장재에 표시하거나 냉장고 앞면 등에 일괄 표시한다.

기존	개정
메뉴판 1. 돼지갈비……8,000원(국내산) 2. 삼 겹 살……8,000원(국내산) 3. 삼 계 탕……8,000원(국내산) 4. 배추김치(배추 국내산) * 삼계탕용 닭은 국내산과 중국산 * 쌀은 국내산만을 이용합니다.	**메뉴판** 1. 돼지갈비(국내산)……8,000원 2. 삼 겹 살(덴마크산)……8,000원 3. 삼 계 탕(국내산)……8,000원 4. 삼 계 탕(중국산)……5,000원 5. 배추김치(배추 국내산, 고춧가루 중국산) * 쌀은 국내산만을 이용합니다.

'원산지 표시제' 개정 전 메뉴판과 개정 후 메뉴판

개방시대의
농업과 대응

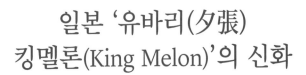

일본 '유바리(夕張) 킹멜론(King Melon)'의 신화

ⓒ 전북도민일보(2012년 5월 14일 월요일 황의영 NH무역 대표이사)

　"'유바리 킹멜론'은 초매시(初賣時)에 개당 80만 엔씩 받고 있습니다. 지금은 아닙니다만, 예전에는 저도 출하하면 멜론 한 개에 3~4만 엔을 받은 적도 있습니다." 검붉은 얼굴을 한 초로(初老)의 이케다(池田) 씨는 자신감에 넘치는 자세로 우리에게 말했다.

　2012년 4월 26일 이케다 씨 농장을 방문했을 때 그는 비닐하우스에서 '유바리 킹멜론(夕張, King Mellon)'을 본포에 옮겨 심고 있었다. 그는 200평 비닐하우스 10동에 멜론을 재배하고 있다. 우리를 비닐하우스마다 견학시키며 현재의 발육 상태와 재배 방법, 멜론에 대한 자기의 소신과 경험을 얘기해 줬다.

　유바리(夕張)시는 일본 홋카이도(北海道) 도청 소재지인 삿포로

(札幌)시에서 동남쪽으로 100여㎞ 떨어진 곳에 있다. 유바리다케산(夕張高山) 등 고산준령 속에 있는 자그마한 산촌이다. 산이 깊어 탄광이 많았으나 지금은 폐광이 되어 특별한 산업도 없는 가난한 농촌 지역이다. 대부분 지역이 해발 500m 이상 되고 산과 산이 붙어 있어 농지가 거의 없다. 위도 43°에 있어 매우 추운 지방이다. 우리가 방문했을 때가 4월 말경인데도 산에는 많은 눈이 쌓여 있었다.

이런 산골 마을 유바리시에는 일본에서도 모르는 사람이 없을 정도로 유명한 것이 두 가지 있다. 지방자치단체 유바리시의 재정 상태가 어려워 파산했다는 것과 향과 맛이 일본에서 제일 뛰어난 멜론을 생산하고 있다는 것이다. '유바리 킹멜론'은 일본에서 거래되고 있는 멜론 중에서 제일 비싸게 팔리고 있으며 이곳 멜론을 먹은 사람들은 '나도 이렇게 좋은 멜론을 먹었다.'라는 자부심을 가질 정도로 유명하다고 한다. 유바리 멜론은 당도가 12~13브릭스(Brix)이고 당산비(糖酸比)가 조화를 잘 이루어 아주 맛이 좋다고 한다. 향이 강하고 과육이 부드러워 숟가락으로 떠먹는다고 한다.

유바리 멜론은 약 40여 년 전에 인근의 구리야마(栗山)시 농가 30명과 유바리시 농가 10명이 작목반을 조직해서 재배했다고 한다. 유바리시 작목반은 반원을 계속하여 늘려나갔으며 구리야마 시 작목반은 신규 반원을 받아들이지 않았다고 한다. 그래서 지금 은 '유바리 킹멜론' 작목반은 반원이 늘어나 180명의 농가가 참여 하고 '구리야마 킹멜론' 작목반은 반원이 줄어들어 지금은 10명의 농가만이 멜론을 생산하고 있다고 한다. 처음에는 구리야마시 농 가들이 주도적으로 작목반을 운영하였는데 지금은 완전히 역전되 어 유바리시 작목반이 주도권을 가지고 있고 소비자들도 유바리 멜론은 잘 아는데 구리야마 멜론은 잘 모른다고 한다. '유바리 킹 멜론'은 유바리농협에서 상표 등록 및 의장 등록을 하여 유바리농 협 외에는 '유바리 킹멜론'이라는 문자나 호칭을 사용할 수 없다 고 한다.

유바리 멜론은 물 빠짐이 좋은 검은 사질토(沙質土)에서 재배한 다. 비닐은 투과성이 아주 좋은 것을 사용하는데, 1년만 사용한다 고 한다. 우리가 방문했을 때는 3중 비닐하우스 속에서 멜론 묘목 이 네 줄로 자라고 있었다. 묘목의 양옆으로는 온수 파이프가 있 어 가온하고 바닥 전체를 비닐로 깔아 열 손실을 줄이고 있었다. 또한, 묘목의 옆으로 물과 영양을 공급할 파이프가 설치돼 있었 다. 통상 한 그루에 2개의 측지를 유인하여 한 줄기에 멜론 1개씩 을 달리게 하는데 기술이 좋은 농가에서는 3개의 측지를 유인하여 한 그루에 3개의 멜론을 생산하기도 한다. 멜론을 재배하는 데는 재배지의 물 빠짐과 주·야간 일교차가 매우 중요하다고 한다. 멜론 묘목에는 자연적인 수분이 공급되지 않게 하기 위해 하우스 밖에 하수구를 깊이 파서 물 빠짐이 좋게 하고 묘목이 심어질 땅속에는 지하 1m 지점에 지름 40㎝의 구멍을 내어 조릿대, 모기장 등을 넣어 땅속 환기와 물 빠짐을 좋게 하고 있다고 한다. 일교차가 비교적 적은 해안가는 재배 적지가 아니고 해발고도가 높은 고랭지의 산골짜기의 물 빠짐이 좋은 모래땅이 재배 적지라고 한다. 이런 조건이 유바리시에는 완비되어 있어 고품질의 '유바리 킹멜론'을 생산할 수 있다고 한다.

　유바리농협에서는 작목반 반원들이 매뉴얼에 의해 농사를 지어 균일한 품질을 유지하도록 생산지도를 철저히 하고 있었다. 성가(聲價)를 유지하기 위해 구매한 씨앗의 수만큼 묘목이 자라고 있는지를 농협에서 농가별로 조사하는 등 '유바리 킹멜론' 종자 관리도 철저히 하고 있었다. 판매는 완전히 농협에서 책임지고 있는데 경매는 하지 않고 철저히 주문에 의한 판매만 한다고 한다. 공산품처럼 가격을 공급자인 농협에서 결정하여 판매한다고 한다.

　유바리 멜론의 신화는 적어도 수십 년간을 농민과 농협 지자체 등 지역 사회가 하나가 되어 열정으로 일구어 낸 결정체였다. 이루어내겠다고 하는 농민들의 피눈물 나는 노력과 작목반 조직을 확장하며 우수한 농산물이 생산되도록 품질을 높이는 생산 지도와 전량 판매, 지역 사회가 똘똘 뭉쳐 일본 최고의 대표적인 브랜드가 될 수 있도록 지원해 준 행정 기관 등 농민, 농협, 행정이 삼위일체가 되어 만들어 낸 걸작이었다.

우리도 할 수 있다

얼마든지 할 수 있다. 멜론이 아니면 어떤가. 사과, 고추, 수박, 인삼, 배, 복숭아, 토마토 등 수없이 많은 농산물이 있지 않은가. 이들 중 한 품목이라도 대한민국에서 제일가는 특산품이 되도록 만들 수가 있지 않겠는가. 우리 농민, 농협, 행정이 마음을 맞추고 힘을 하나로 모은다면 '유바리 킹멜론'의 신화가 아니라 우리 농산물의 신화가 만들어질 것이다. 그날이 어서 오기를 기다려 본다.

미국의 딸기류(Berries)전문 생산판매 회사 드리스콜스(Driscoll's)에 가다

ⓒ 진안신문(2012년 3월 19일 월요일 황의영 NH무역 대표이사)

2011년 6월 농산물유통공사 미국 연수단 연수 시 캘리포니아 주 왓슨빌(Watsonville)에 있는 딸기류(Berries) 전문 생산판매 회사인 드리스콜스(Driscoll's)를 방문했다. 이 회사는 1900년대 초부터 인근 농가들과 같이 생산한 딸기, 블루베리, 블랙베리, 라즈베리(나무딸기)를 전문적으로 판매하고 있는 전통적인 생산판매회사이다. 이 회사는 창업 이래 100여 년 넘게 회사를 운영해오면서 자체 직영농장에서 생산한 딸기류뿐만 아니라 캘리포니아 주, 워싱턴 주, 애리조나 주, 미시간 주, 뉴저지 주, 텍사스 주, 플로리다 주에서 생산한 딸기류도 판매하고 있다. 더 나아가 캐나다, 멕시코, 칠레, 아르헨티나에서 생산한 딸기류도 판매한다. 드리스콜스가 딸기류 전문 생산판매회사로는 세계에서 가장 규모가 큰 회사라고 한다. 이 회사를 통해서 생산물을 판매하는 전체 농가 수가 300여 호가 넘는다고 한다. 회사에 도착한 우리 연수단을 안내하고 회사를 소개해 준 수출 담당 직원 케니 쿠스모토(Kenney Kusumoto) 씨는 아버지 때부터 2대째 이 회사에 근무하고 있다고 한다.

이곳에서 생산 판매하는 딸기류는 미국 전역으로 판매되고 있을 뿐만 아니라 아시아와 유럽으로도 수출되고 있다고 한다. 세계를 시장으로 본격적인 수출을 시작하게 된 것은 10여 년 전부터라고 한다. 이 회사에서는 연 52주, 즉 365일 매일같이 딸기류를 공급할 수 있는 생산 조직을 보유하고 있다고 한다.

이 회사와 거래하고 있는 회사들은 국내에서는 미국 전역의 도매상, 대형 마켓, 대형 체인 레스토랑 등이라고 한다. 국내에는 멀리 플로리다까지 4일, 뉴욕 등 동부지역도 4~5일이면 배송이 완료된다고 한다. 미국은 세계에서 네 번째로 국토 면적이 넓은 나라이다. 동서로 3,000㎞, 남북으로 2,000㎞나 된다. 농산물을 실은 트레일러는 운전사 두 명이 교대로 쉬지 않고 계속 달려, 뉴욕과 플로리다에 간다고 한다. 또한, 지역별로 수집되는 농산물은 그 지역에 배송하고 나머지 농산물은 인접한 다른 지역으로 보낸다고 한다.

세계 각국으로 수출하기 위해 포장된 드리스콜스의 딸기

    이 회사는 직접 직영 농장에서 생산도 하지만 농가와 계약을 맺고 납품을 받아 판매하기도 하는데 농가들은 독립적으로 경영하며 금융 등의 지원은 없다고 한다. 생산은 드리스콜스가 농가들과 계약을 맺고 엄정하게 관리한다고 한다. 품종, 생산 시기, 비료, 농약 등의 사용 등 모든 생산 과정이 계약에 의해 진행된다고 한다. 정부에서 금지하고 있는 농약을 농가에서 잘 알고 있기 때문에 농가 스스로 사용하지 않는다고 한다. 캐나다, 칠레, 멕시코, 아르헨티나 등의 외국 농가에서도 드리스콜스가 제작한 매뉴얼에 의해서 적절하게 딸기류를 생산하기 때문에 품질에는 전혀 문제가 발생하지 않고 있다 한다.

판매 가격은 수요와 공급의 원칙에 의해서 거래되는 시점에서 결정된다. 회사에서 2일 전에 농가에 출하 통지가 되면 작업하여 다음 날 출하한다고 한다. 완전 위탁판매 방식을 사용하는데 수수료는 품종과 조합원의 이용도에 따라서 8~12%를 받는다고 한다. 블루베리에 대해서는 장래가 매우 밝다고 전망하고 있었다. 블루베리의 항산화 작용이 건강에 아주 탁월한 효능이 있어서 수요가 많아지리라 전망했다. 이곳에서는 철저하게 품질 관리를 하고 있었다. 외관(外觀), 색깔, 모양, 맛 등이 중요한 평가 요소 중 하나라고 한다. 상태 기준도 중요하게 생각해서 부패, 타박상이나 상처, 부드러움 등을 본다고 한다.

품질 관리는 원칙적으로 농가 자체적으로 하는데, 간혹 농가들이 교체해서 검사를 하기도 하고 회사에서 샘플을 무작위(無作爲)로 추출하여 검사한다고 한다. 이 검사 기준은 생산 농가의 신뢰를 평가하는 데 중요한 척도가 된다고 한다. 딸기류는 온도를 떨어뜨리는 것이 매우 중요한데 신선도를 제대로 유지하기 위해서는 수확한 후 2시간 안에 1℃로 내려야 한다고 한다. 이 회사에서는 온도를 낮추는 최신 시설을 보유하고 있었으며 해외 수출품이나 장거리 운송품은 팰릿(pallet) 작업한 것을 비닐로 래핑(lapping)하고 그 속에 탄소(C)를 주입하여 장기간 신선도를 유지할 수 있도록 한 후 국내외로 운송하고 있었다. 이 회사에서는 매일 딸기류를 10만 상자 이상 판매하고 있었다.

　이 회사가 판매량도 많을 뿐더러 연중 공급 가능한 생산 시스템을 구축하고 국내외 전역을 판매 권역으로 하는 것이 한없이 부러울 따름이었다. 우리가 이 회사처럼 방대한 생산 시스템을 구축할 수는 없다고 하더라도 작지만 우리 실정에 맞는 생산 판매 조직은 구축할 수 있을 것이다. 전국을 하나로 하는 생산 조직을 만들고 품종과 생산 시기, 생산량을 시장 상황에 맞도록 매뉴얼을 제작·배포하고 생산자가 이를 적극적으로 실천하게 하는 등 철저한 품질 관리를 통해 우수한 농산물을 생산해 낸다면 국내뿐만 아니라

미국 캘리포니아에 있는 베리류(Berries) 전문회사 드리스콜스(Driscoll's)의 간판

외국에서도 경쟁력이 분명히 있을 것이다. 이는 2012년 3월부터 구조 개편을 통해 판매 농협을 지향하고 있는 농협이 책임을 지고 농민 조합원을 설득하여 이룩해 내야 할 과제라고 생각한다.

또한, 농업인 조합원들도 농협을 믿고 농협과의 계약을 철저히 이행하는 의식의 대전환이 필요하다. 어떤 일이든 변화하는 데는 고통이 수반된다. 혹독한 추위가 없으면 매화꽃이 향기롭지 못하고 힘든 산고(産苦)를 겪지 않으면 어머니가 될 수 없다. 우리 농업인이 잘 살 수 있도록 농업인 조합원과 농협이 고민하고 땀 흘리며 노력해 보자. 그래야 우리 농촌에도 미래가 있지 않겠는가?

레몬 생산회사
리모네이라(Limoneira)에 다녀와서

ⓒ 진안신문(2012년 2월 13일 월요일 황의영 NH무역 대표이사)

2011년 6월 농수산물유통공사에서 수출 선도 조직 대표자에게 연수를 보내 주어 미국 서부지역을 견학했다. 미국에 몇 번 다녀오기는 하였으나 세계 제일의 농업 대국의 농업 현장, 농장과 유통 시설을 견학하기는 이번이 처음이어서 호기심과 설렘에 가득 차 출발했다. 미국의 농업은 광활한 농지에서 기계에 의한 조방적 농업을 경영한다는 얘기만 들었지, 실제로 그들의 영농 현장을 본 적은 없었다.

견학한 곳은 미국 서부지역 캘리포니아 주 내에 있는 농장과 유통 시설이었다. 캘리포니아 주는 멕시코령(領)이었으나 멕시코와의 전쟁의 승리로 1850년 미국의 31번째 주가 되어 미국의 영토가 됐다. 캘리포니아는 1848년 불어닥친 골드러시(gold rush)에 의해 인구가 급격히 유입됐고, 불어난 사람들이 서부 개척에 본격적으로 뛰어들게 됨으로써 발전하게 되었다.

　캘리포니아 주는 태평양에 접해 있고 길이가 남북으로 1,980㎞, 동서로 400㎞이며 면적은 한반도의 두 배 가까운 40만 3,971㎢이다. 샌 안드레아스 지층으로 바다가 융기해서 육지가 됐으며 융기 시 심해수가 땅에 많이 스며들어 물이 특히 좋다고 한다. 기후는 크게 4개의 기후구로 나뉘는데 남부에서 중부까지의 해안 일대는 지중해성 기후이고 북부는 대부분 서안 해양성 기후, 남부 내륙부는 사막 기후이다. 1970년 이후 미국 최대의 인구를 가진 주가 되었고 미국 제1의 농업주(農業州)이다.

　남부 지중해성 기후 지역에서는 각지에 근대적인 관개 시설을 설치하여 과수와 채소 등을 재배한다. 포도, 복숭아, 서양배, 레몬, 살구 등의 과실류와 사탕무 생산은 미국 제1위, 오렌지는 플로리다에 이어 제2위, 목화와 감자는 제3위이다. 어획량은 알래스카에 이어 제2위인데 참치 외에 70종의 어패류가 어획된다.

　닭, 칠면조 사육도 제1위이며 북서부 준 산간지역을 중심으로 목초지가 잘 조성돼 목축이 발전하여 목축 소득면에서는 아이오

와 주에 이어 미국 제2위이다. 낙농과 밀, 벼의 재배도 성하고 소나무, 전나무 등 임산 자원이 풍부하여 북부와 시에라네바다산맥의 서쪽 기슭이 임업지를 이룬다.

로스앤젤레스를 출발, 북쪽으로 1시간 30분을 달려 산타 폴라(Santa Paula)의 대평원에 있는 세계 제1의 레몬 생산판매회사인 '리모네이라'에 갔다. 끝이 보이지 않는 레몬 농장 가운데로 난 길을 따라 20여 분을 달려 회사 공장 앞에 도착했다. 공장 건물은 19세기 서부 개척 당시에 건립한 모습 그대로였다.

이 회사는 서부 개척의 일환으로 1874년부터 이곳 토양과 기후에 적합한 과일인 레몬을 심기 시작했다. 매년 심은 레몬나무는 이제 7,000에이커의 대단위 농장을 이루고 있다. 연도별로 식재한 과수의 수령(樹齡)이 각각 다르기 때문에 지역별로 나무의 크기도 다르다. 고령인 나무는 베어 내고 묘목을 다시 심어 과수원의 최적 생산량이 유지되도록 관리하고 있다.

이 농장은 사막 기후 지역에 있어 일조량이 많아 아주 양질의 레몬이 생산된다. 이 레몬은 유럽, 아시아, 오세아니아 등 세계 각국에 수출되고 있다. 1910년대에 건립된 패킹하우스는 옛 모습 그대로 유지하고 있고 수확되어 입고된 레몬을 세척, 린스, 광택 처리한 다음 색깔과 크기별로 자동 선별한다. 선별된 레몬은 포장하여 출하한다.

지하에는 거대한 저장고가 있는데 10℃를 유지하고 광택 처리한 레몬을 컨테이너에 넣어 6개월 이상 보관하고 있다가 출하할 때 다시 한 번 더 세척, 린스, 광택한 후 포장하여 출하한다.

선별장과 저장고의 시설과 100여 년 전 건립 시에 사용했던 목재 등의 자재가 아직도 그대로 유지되고 있어 보는 사람에게 역사와 전통을 느끼게 하고 회사에 대한 신뢰감을 높여 줬다. 멀쩡한 시설도 시간이 지나면 촌스럽다고 뜯어 버리는 우리의 일반적 행태하고는 사뭇 다르다. 연간 20㎏들이 100만 상자를 판매한다고 한다. 판매 가격은 시기와 품질에 따라서 다르지만 방문할 당시에 20㎏ 박스 당 5~20달러 선에서 판매되고 있었다.

개척 당시에 사용하던 기계, 장비, 도구, 문서, 사진 등을 모아 박물관을 개설하여 운영하고, 개척 당시 이용하던 역마차, 역참, 우체국, 종업원 숙소, 종업원 자녀를 위한 학교 등의 시설이 그대로 보존되고 있어 학생들에게는 산교육장이, 일반인에게는 꼭 들러 봐야 할 관광 코스가 되고 있으며 서부 개척 영화 촬영장으로

미국 캘리포니아에 있는 레몬 생산회사 리모네이라(Limoneira)

도 활용되고 있다. 농장이 생산 현장뿐 아니라 교육장과 관광 명소, 촬영장으로 이용되는 등 다방면으로 부가가치를 창출하고 있어 마냥 부럽기만 했다.

'리모네이라'에서는 자체 생산한 레몬뿐만 아니라 인근의 농가들과도 조합을 결성하여 '리모네이라' 브랜드로 그들이 생산한 레몬을 판매해 주고 있다고 한다. 한때는 세계적 협동조합 기업인 '썬키스트' 이름으로 판매되었으나 지금은 자체 '리모네이라'의 이름으로만 판매하고 있는데 품질면에서 세계 제일이라는 자부심이 대단하다.

농업에도 이제는 경영 의식이 반드시 도입돼야 한다. 하다가 안 되면 버리는 것이 아니라 한 평 한 평 사막을 일구어 한 그루 한 그루 레몬나무를 심었던 '리모네이라' 선구자들의 개척정신과 같은 불굴의 의지를 가지고 우리의 농업도 한 걸음 한 걸음 앞으로 나아갔으면 좋겠다. 우리도 한국 시장을 넘어 세계 시장에 수출하여 당당히 겨뤄 볼 수 있는 우수한 농산물을 생산해 보자. 그들이 하는데 우리가 못 할 이유가 없지 않은가?

6·25 전쟁의 폐허 속에서도 맨손으로 세계 10대 경제 대국을 일구어 낸 우리가 아닌가. 우리는 농업에서도 반드시 기적을 이룰 수 있을 것이라 믿어 의심치 않는다.

제9장

농민의 활로(活路)
농산물 수출

어떻게 미국에 우리 농산물
수출을 많이 할까?

ⓒ진안신문(2012년 8월 6일 월요일 황의영 NH무역 대표이사)

2012년 6월 하순에 농산물 판매를 증대시켜 보려고 미국에 다녀왔다. 뉴욕과 워싱턴 D.C.에 갔다. 비행 거리가 편도 1만 1,000km가 넘으니 왕복하면 지구의 반 바퀴보다 더 먼 거리를 돌았다는 얘기가 된다.

사람은 비행기를 타고 인천에서 뉴욕까지 14시간 반 만에 갈 수 있다. 그러나 농산물과 그 가공품은 부피가 크기 때문에 항공으로 운송할 경우 운송료가 비싸서 대부분 컨테이너에 의한 해상 운송이 일반적이다. 미국 로스앤젤레스 등 서부지역은 20여 일이 소요되고 뉴욕 등 동부지역은 1개월 정도 걸린다. 특히 동부지역을 가기 위해서는 적도에 인접한 파나마 운하를 통과해야만 한다.

수출하는 물건들은 부패를 막기 위해 일정 온도 이하가 유지되도록 냉장 컨테이너를 이용해서 미국으로 보내지는데 워낙 장기간이고 열대지역을 통과해야 하므로 변질되어 클레임(Claim)에 자주 걸린다. 신선 농산물과 식품은 변질되면 상품으로서의 가치가 없어진다. 그렇기 때문에 미국에 우리 농산물과 농식품을 수출하기가 쉽지 않다.

미국은 세계에서 네 번째로 넓은 국토를 가지고 있고 인구 3억 명이 넘는 강대국이다. 국민총생산액(GDP)이 세계 제1위국이다. 이 나라에 우리 교포들이 200만 명 넘게 살고 있다. 시장으로 보면 세계에서 제일 크고 여건이 좋은 시장이다. 이런 좋은 시장에 우리는 열심히 물건을 팔아 왔다. 우리나라는 2011년도에 무역 1조 달러를 달성했다. 무역 대국으로 성장한 것이다. 우리나라는 2011년도에 미국과의 교역에서 수출 562억 달러, 수입 445억 달러를 기록했다.

우리나라가 수출하는 나라 중에서는 두 번째로 실적이 많은 나라이고 수입하는 나라 중에서는 세 번째로 실적이 많은 나라이다. 미국은 우리와의 교역 상대국 중에 없어서는 안 될 아주 중요한 상대이다. 올해 들어 6월까지 미국에 수출을 306억 달러, 수입은

233억 달러를 하였다. 세계 경제의 불확실성이 높아져 가는 가운데 작년보다 교역량이 증가하고 있는 것은 대단히 고무적인 현상이다. 작년도에 우리 회사는 미국에 과실류와 농식품류를 1,270만 달러를 수출했다.

품목을 보면 매우 다양하다. 배, 사과, 감귤, 포도, 생밤, 무, 새송이버섯, 팽이버섯, 가공나물, 마른미역, 고춧가루, 김치, 인삼, 잡곡, 음료, 다류, 면류, 유자가공, 양념류, 장류 등을 수출했다.

우리 회사는 올해 2012년 6월 말까지 390만 달러를 수출했는데 작년도보다 매우 부진하다. 부진한 이유를 보면 작년도 이상기온을 들 수 있다. 사과, 배 등 과일이 흉년이 들어 국내 가격이 높아져 수출 물량을 확보할 수 없었다. 그 여파로 올해 초에 수출하지 못했다. 또한, 제주도 월동 무를 3월 말까지는 수출하는데 품질이 문제가 되어 할 수 없었다. 거래를 하려면 우선 가격이 맞아야 한다. 그리고 품질이 좋아야 한다. 국내 가격이 높아지면 수출은 할 수 없다. 우리 물건을 열심히 팔아 주던 바이어도 우리 가격이 높아지면 다른 나라에서 같은 품목을 저렴한 가격으로 수입해 자기의 거래처에 납품한다.

수출을 지속하다가 어떠한 연유로든지 거래가 끊기게 되면 다시 거래를 회복하기는 몹시 어렵다. 무역은 지속해서 물건을 공급해 주는 것이 매우 중요하다. 우리 농산물을 수입해 가는 바이어들은 수출자인 우리 회사에 동일한 품질을 유지하면서 될 수 있으면 같은 가격으로 오래도록 공급해 주기를 요청한다. 그러나 우리의 현실은 바이어들의 바람과는 전혀 상관없이 풍흉(豊凶)에 의한 국내 공급 물량의 과소(過少)에 따라 가격이 등락(騰落)하기 때문에 일정한 양을 수출하기가 어렵다. 수출 계약을 체결하였더라도 국내 가격이 높으면 수출하지 않고 국내 시장에 판매하는 농가들이 아직도 많이 있다. 그리고 생산이 과잉되어 국내 가격이 내려가면 수출해 달라고 요청이 쇄도한다.

그러나 어느 시장의 구조가 나 편할 대로만 움직여 주겠는가? 거래는 상호 신뢰에 의하여 이루어진다. 점심을 먹더라도 평소에 맛이 있고 친절한 식당으로 가게 되는 것은 너무나 당연한 현상이다. 평소 우리 농식품의 품질을 인정하는 소비자들이 많이 있어야 우리 물건이 잘 팔리기 때문에 바이어들의 주문이 늘어나게 되는 것이다. 국내 가격이 높다고 이번에는 수출하지 않고 다음에 국내 가격이 떨어질 때 수출하려고 하면 그 물건이 많이 팔리겠는가? 시장을 개척하는 것도 중요하지만 개척한 시장을 유지하는 것은 더욱 중요하고, 바람직한 현상은 시간이 가면서 우리 물건의 거래 규모가 점점 더 커지는 발전 방향으로 진전되는 것이다.

농민의 활로(活路)
농산물 수출

지금 미국 경제도 미래를 예측할 수 없을 정도로 혼돈 속에 빠져 있다. 실업률이 10% 가까이 다다르고 있다. 이번 출장 중 만난 바이어들은 미국에 우리 농산물과 농식품 수출을 확대하기 위해서는 좋은 제품을 저렴하게 공급하고 주기적으로 판촉 행사를 하여 소비자들의 관심을 유지하는 것이라고 한결같이 얘기했다. 우리 농산물과 가공식품을 미국 시장에 많이 팔기 위해서 농가에서는 신선하고 안전한 좋은 농산물을 생산하여야 하고 행정에서는 이런 농산물이 생산되어 수출할 수 있도록 경쟁 우위에 있는 품목을 선정하여 수출 단지를 조성하고 육성 지원하여야겠다.

우리 회사 같은 수출 회사는 세계 여러 나라에 우리 농산물과 그 가공식품의 우수성을 적극적으로 홍보하여 각국 소비자들의 관심을 높이고 소비를 진작시켜야 할 것이다. 대자연의 청정함이 살아 숨 쉬는 우리 고향 진안에서 생산된 우수한 농산물을 세계인의 식탁에 올릴 수 있도록 노력해 보자. 농업인과 농협, 그리고 행정이 머리를 맞대고 땀 흘려 보자. 우수한 진안의 농산물과 그 가공식품을 많이 수출해 보자.

미국 시장에 우리 농산물을
많이 팔자

ⓒ 전북도민일보(2011년 7월 14일 목요일 황의영 NH무역 대표이사)

2011년 6월 농림수산식품부가 주관하는 수출 선도 조직 선진지 운영 사례 조사 연수차 미국에 다녀왔다. 생산 단체, 농가, 대형 마켓 등 유통 시장을 견학했다. 시간을 쪼개 우리 회사와 거래하고 있는 바이어들도 만났다. 3억 800만 국민이 있는 거대한 시장, 세계 4위의 국토 면적을 가지고 있는 강대한 나라, 광활한 농경지를 소유하고 있으며 방대한 규모의 축산업을 하는 세계 제일의 농업 대국 미국을 2주간의 연수로 얘기한다는 것이 '장님 코끼리 다리 만지기'일 수 있다. 그러나 그 짧은 기간의 경험일지라도 가 보지 않았을 때보다는 낫지 않겠는가? 미국 전체를 보기 위해서가 아니라 농산물 생산과 유통, 시장 상황을 알아보기 위해서 갔으니 현장 상황을 바르게 인식하고 대응 방안을 모색하는 등 그런대로 의미가 있었다.

캘리포니아 해변에 펼쳐진 대평원에 조성된 농장들의 끝이 보이지 않는다. 레몬을 생산·선별·저장·판매하는 '리모네이라(Limoneira)'에 갔다. 1893년에 설립되어 7,000에이커에서 레몬을 자체 생산하여 세계 각국에 판매하는 농장이다. 생산된 레몬을 자동 세척, 왁싱하고 선별기로 색상과 크기별로 분류하여 시장에 출하하거나 저장한다. 시장 변화에 맞춰 많은 면적을 유기농으로 생산한다고 한다. 딸기, 블루베리, 블랙베리, 산딸기 등을 생산·판매하는 드리스콜스(Driscoll's)에서는 미국, 캐나다, 멕시코 등 200여 농가와 판매 계약을 맺고 신선도를 유지하기 위해 냉장 시스템을 완비하고 대형 마켓과 대형 체인 음식점에 출하하며 유럽, 아시아 등에도 수출하고 있었다. 연중 52주를 생산한다고 하니 1년 내내 생산이 끊이지 않는 셈이다.

스완턴(Swanton)의 딸기 농가에서는 유기농법만으로 재배하고 있었다. 200에이커의 농지를 다섯 구역으로 나누어 5년씩 휴경하면서 토양을 개량해서 농사짓고 있었다. 방문했던 농장들에서는 시장 수요에 맞춰 일반 생산도 하지만 유기농법으로 생산하여 웰빙(Wellbeing)을 추구하는 새로운 시장 변화에 대응하고 있었다. 또한, 유기농 제품만을 판매하는 홀 푸드 마켓(Whole Foods

Market)에도 가 봤다. 매장의 규모가 일반 대형마트와 같고 유기농 제품 농축수산물과 그 가공품만을 판매하는데 발 디딜 틈이 없이 고객들이 북적거리고 있었다.

뉴욕과 로스앤젤레스에서 우리 농산물을 열심히 팔아 주고 있는 바이어들을 만나고 그들이 운영하는 마트도 방문했다. 주로 교포를 상대로 장사하는 분들이지만 그중에는 미국인이 주 고객인 주류(主流) 시장을 대상으로 열심히 장사하고 있는 분들도 있었다. 이제 교포를 대상으로 하는 시장은 성장하는 데 한계에 도달했다고 한다. 지금까지 수출이 대부분 우리 농산물과 국내에서 유통되고 있는 가공품을 있는 그대로 미국 시장에 내놓고 사려면 사가라는 식으로 이루어졌다.

앞으로는 주류 시장을 개척하여 우리 농산물과 그 가공품을 팔아 대미 수출을 늘려야 할 시점이라고 한다. 주류 시장에서 성공하기 위해서는 시장의 특성을 충분히 이해하고 철저히 그들의 성향에 맞춰야 한다. 목표로 하는 소비자를 유럽 이민자, 중국인, 히스패닉 등 누구로 할 것인지 정하고 그들의 문화, 성격과 인습, 식습관 등을 철저히 연구하여 그들의 가슴속으로 들어가 마음을 움직여야 할 것이다. 그리고 그에 맞는 식품으로 접근해야 한다.

농민의 활로(活路)
농산물 수출

앞으로 미국 내 주류 시장을 통해 우리 농산물을 많이 팔기 위해서는 다음과 같은 전략이 필요하다고 생각한다. 첫째, 우리 농산물의 판매 대상인 소비자를 어느 민족(民族)으로 할 것인지 목표를 명확히 설정한다. 둘째, 소비자의 성격, 인습, 식습관을 이해하고 이에 맞는 제품을 개발한다. 셋째, 그들의 입맛을 우리의 맛에 맞추려 하지 말고 그들의 입맛에 우리의 농산물과 그 가공품의 맛을 맞춘다. 넷째, 포장재의 디자인과 포장 방법을 그들이 좋아하는 것으로 바꾼다. 다섯째, 맛과 조리 방법, 함유된 성분 등을 그들이 쉽게 알아볼 수 있도록 그들의 문자로 표기한다. 여섯째, 조리하고 먹는 방법이 그들의 문화와 전통에 부합되게 한다.

요즘 한식의 세계화를 목표로 우리 음식을 외국인들이 많이 먹을 수 있게 하려고 정부와 민간에서 큰 노력을 하고 있다. 그것도 중요하지만 이에 앞서 우리 농산물과 가공품을 맛볼 수 있도록 주류 시장에서 이를 판매하는 것이 더욱더 중요하지 않을까 생각한다. 그리고 시장 규모가 점점 더 커가고 있는 유기농산물 시장 등을 목표로 우수한 품질의 우리 농산물과 가공품을 수출한다면 세계 제일의 농업 생산국인 미국 시장에서도 우리가 당당히 자리 잡을 수 있을 것이라는 확신을 하게 되었다.

정부와 농협 등의 생산자·품목별 단체, 농업인들이 뜻을 세우고

힘을 모은다면 우리 농산물이 미국의 소비자들로부터 많은 사랑
을 받게 될 날도 머지않았다고 생각한다. 그날을 위해 우리 함께
땀 흘리며 노력했으면 좋겠다.

농민의 활로(活路)
농산물 수출

배(梨) 팔러 하와이에
다녀왔어요

ⓒ 전북도민일보(2013년 1월 9일 수요일 황의영 NH무역 대표이사)

"한국 뱁니다. 달고 맛있어요. 맛보세요." 판촉하는 하와이 원주민 아가씨가 목청을 돋운다. 깎은 배를 받아 입에 넣고 맛을 본 고객들의 탄성이 터져 나온다. "맛있어요! 좋아요! 한국 배 정말 좋아요!"를 연발한다.

2012년 12월 24일 하와이 호놀룰루 중심가 카헤카(Kaheka)에 자리한 하와이 제일의 유통 체인 돈키호테(Don Quixote) 매장에서 전주(全州)에서 준비해 간 배를 홍보하며 팔았다. 많은 사람이 맛을 보고 좋은 반응을 보였고 맛을 본 사람들이 대부분 서너 개씩 카트에 담았다. 간혹 선물한다며 한 상자를 카트에 올려놓는 고객도 있었다.

이번 행사는 대미 배 수출 농협, 한국배연합회, 농협중앙회 그

하와이 카헤카 돈키호테 매장에서 한국 배 판매 증대를 위한 시식회 행사, 2012. 12. 24

리고 우리 회사가 주관하여 호놀룰루 시내에 있는 돈키호테 3개 매장에서 3일 동안 실시했다.

상하(常夏)의 섬, 하와이에서 우리 과일을 판다는 것이 여간 어려운 일이 아니다. 일 년 내내 열대성 기후가 지속되기 때문에 저렴한 가격의 열대과일이 풍부하다. 이런 곳에 고가(高價)의 한국산 신고배를 판다는 것은 쉽지 않은 일이다. 우리 기준으로만 본다면 신고배의 맛은 세계 제일이다.

한 입 베어 문 배에서 흘러나오는 달콤하면서 시원함을 지닌 풍부한 과즙은 가히 환상적이다. 이 세상 어디에 이보다 더 맛있고

농민의 활로(活路)
농산물 수출

좋은 과일이 있을 수 있을까? 그러나 아무리 좋은 과일이라도 맛을 봐야 좋은지 나쁜지를 알 수 있는 것 아닌가? 이번 행사의 목적은 하와이 사람들에게 우리 배의 우수성을 알려 앞으로 우리 배를 많이 사랑해 달라는 의미였다.

배는 맛이 좋은데 먹기가 쉽지 않다. 우선 크기가 크기 때문에 한 손에 들고 먹을 수 없다. 껍질이 두껍고 단단해서 반드시 깎아 먹어야 한다. 과도가 있어야 하고 깎은 배도 조각을 내어 포크 등으로 찍어 먹어야 한다. 이런 번거로움 때문에 여행하거나 가볍게 소풍 갈 때 가져가기가 쉽지 않다.

대부분 배는 집이나 식당에서 식사 후에 디저트로 먹는다. 하지만 식당에서 식후 디저트로 내놓기에는 값이 너무 비싸서 여간 고급 식당이 아니고는 디저트로 내놓지 못한다. 외국에서 배가 팔리는 곳은 대부분 중국 화교들이 많이 사는 지역이다. 화교들은 가족의 안녕과 사업의 번창을 빌기 위해 매달 음력 초하루 보름으로 집 안에 있는 사당에 제사를 모시는데 이때 배를 꼭 제물로 올린다고 한다. 앞으로 외국에 배를 팔려면 조상께 제사를 올리기 위한 제물뿐만 아니라 몸에 좋은 건강식품으로 배가 탁월하기 때문에 먹어야 한다는 인식을 하게 하여야 한다.

배는 열매 중 먹을 수 있는 부분이 약 80%인데, 수분이 85~88%, 열량이 약 50kcal이다. 알칼리성 식품으로 주성분은 탄수화물이고 당분이 10~13%, 사과산·주석산·시트르산 등의 유기산, 비타민 B와 C, 섬유소, 지방 등이 들어 있다.

기관지 질환에 효과가 있어 감기, 해소, 천식 등에 좋으며, 배변과 이뇨 작용을 돕는다. 가래와 기침을 없애고 목이 쉬었을 때나 배가 차고 아플 때 증상을 완화해 주며 종기를 치료하는 데도 도움을 준다. 그 밖에 해독 작용이 있어 숙취를 없애 준다. 날로 먹거나 주스, 통조림, 잼, 배숙 등을 만들어 먹는다.

특히 배잼은 여러 음식과 잘 어울려 다양한 요리의 재료로 쓴다. 연육 효소가 들어 있어 고기를 연하게 할 때 갈아서 넣기도 한다. 수분도 많고 맛도 좋으면서 다양한 효능까지 있으니 과일 중의 과일이라고 해도 과하지 않을 것이다. 이렇게 좋은 배의 성분과 효능을 소비자들에게 잘 홍보하여 한국의 신고배를 외국에 많이 팔아야 하겠다.

그러나 수출에는 여러 가지 제한 요인이 있다. 먼저, 가격이 적정하여야 하는데 그렇지 못하다. 지난해 수확을 목전에 두고 태풍이 와 배가 많이 떨어져 생산량이 급감하였다. 생산량이 감소하니 가격이 오르고 수출 가격도 전년 대비 35% 이상 인상됐다.

농민의 활로(活路)
농산물 수출

가격이 인상되니 주문량이 전년도의 60%로 줄었다. 그나마도 수출 가격보다 국내 시장 가격이 더 높기 때문에 농가에서 수출을 꺼려 주문량마저도 다 보낼 수 없었다. 설상가상으로 이번 하와이에 수출한 배를 통관시키는 과정에서 벌레가 나와 네 개의 컨테이너가 반송되기도 했다.

검역 시 통관 불합격 처분을 당하지 않기 위해서는 선적할 때 소독을 철저히 해야 할 뿐만 아니라 수출할 작물을 재배할 때도 상대방 국가에서 금지하는 농약을 사용하지 않아야 한다. 또한, 시장에서 요구하는 우수한 품질의 농산물을 보내야 한다.

신선도와 빛깔, 당도와 크기 등 바이어가 요청하는 조건을 충족시키는 물건을 보내야 경쟁력이 있어 소비자들의 사랑을 많이 받아 수출이 더 늘어날 수 있다.

자연재해의 영향으로 수확량이 감소하는 경우가 있긴 하지만 청과가 대부분 국내 수요를 충족시키고 남아서 수출을 하고 있는데 국내 가격 폭등으로 수출을 안 한다면 상대국 소비자의 수요에 부응하지 못하게 된다.

그렇게 되면 풍작이 되어 국내 가격이 하락했음에도 외국에서 수요가 없어 우리 농산물을 수출할 수 없게 된다. 그렇기 때문에 국내 가격이 수출 가격보다 높다고 하더라도 수요량을 전량 공급하지는 못하겠지만 공급을 끊어서는 안 되겠다.

　귀국하는 비행기 속에서 "우리 한국 신고배를 세계인이 최고의 건강 과일로 평가해 줄 때까지 우리는 신고배의 우수성을 계속 홍보해야겠다."는 각오를 다지며 하와이에서의 판촉 활동 장면을 되새겨 본다.

사지(死地)에 왜 오셨습니까?

ⓒ 전북도민일보(2011년 5월 10일 화요일 황의영 NH무역 대표이사)

실물 경제에 문외한(門外漢)이 무역회사의 경영을 맡았다. 두렵기도 하고 잘할 수 있겠다는 확신도 없었다. 그러나 맡겨진 일이기 때문에 열심히 해 보자는 의욕만은 대단했다. "무식하면 용감하다."는 말이 있다. 지금까지 40여 년 동안 농협에서 농업인 조합원과 고객을 섬기듯 바이어(Buyer)를 섬기면 되지 않겠는가? '평소 아무리 어렵고 힘든 일일지라도 누군가 해야 한다면 내가, 언제라도 해야 한다면 지금 하자.'는 소신으로 일해 왔기에 이번 무역회사의 경영도 그런 요량으로 일하면 되지 않을까 하는 생각으로 맡았다.

우리 회사는 농산물 수출을 위주로 영업을 한다. 우리 농산물을 외국에 수출하기는 쉽지 않다. 국내 생산비가 많이 들어 가격 경쟁력에서 뒤지기 때문이다. 이런 불리한 조건으로 경영을 해야 하므로 성과가 좋지 않아 회사 경영이 어렵다. 어려운 여건에서도 20여 년을 한결같이 세계 20여 개국 시장에 우리 농산물의 우수성을 홍보하고 판매하는 데 열과 성을 다해 왔다. 주로 일본과 미국, 동남아에 우리 농산물과 그 가공품을 판매한다. 우리 회사 주요 수출품은 과일, 채소, 화훼, 농산 가공품 등이다. 세분하면 과일은 배, 사과, 단감, 밤, 감귤, 포도 등이고 채소는 무, 배추, 파프리카, 풋고추, 오이, 토마토, 멜론, 딸기, 참외 등이다. 화훼는 백합, 장미, 선인장 등이고 농산 가공품은 김치, 유자차, 고추장, 된장, 과일음료 등이다.

일본 시장에 비상이 걸리다

우리 회사 수출품의 절반을 일본 시장에 판다. 그런데 2011년 3월 11일 일본 동북 대지진(東北大地震) 때문에 일본 국민들의 소비가 감소해 예년보다 수출이 격감하고 있다. 일본의 3월은 각급 학교의 졸업기로 꽃 소비가 많아 우리가 꽃 수출을 많이 했다. 그러나 올해에는 대지진과 후쿠시마 원전 파괴로 인한 방사능 오염에 대한 공포로 꽃 소비가 격감해서 수출을 못 했다. 그래서 한국의 꽃 재배 농민들은 경제적으로 큰 고통을 당했다. 쓰나미(津波,

지진 해일) 피해를 입은 동북지방에서는 물류 유통망이 무너지면서 파프리카, 장미, 김치, 홍삼차, 유자차 등의 한국산 농식품의 수출이 격감했다. 우리 회사는 비상 상황에 처하게 된 것이다.

일본 바이어들에게 우리 회사 전 임직원의 간절한 염원을 담은 위문편지를 보냈다. 어려움에 부닥치면 더욱 강해지는 일본 특유의 국민성을 발휘해 이번 재해를 극복하도록 간절히 기원했다. 감사하다며 재기의 힘을 모아 재해를 극복하겠다는 답신을 보내 왔다. 바이어들을 직접 만나 위로하고 시장 상황을 알아보기 위해 2011년 4월 일본에 갔다. 자연재해로 입은 상처를 조속히 치유하기를 바라고 힘내라고 격려했다. 그들은 진심으로 고마워했다. "방사능 피해를 우려해 도쿄에 거주하던 많은 외국인이 떠났는데 당신은 이 사지(死地)에 왜 왔느냐? 바보가 아니냐?"고 물었다. 일순간 답변할 적당한 말을 찾지 못해 말문이 막혔다. "우리나라 옛말에 인명은 재천이라 했다. 이는 죽고 사는 것이 운명이라는 것이다. 내가 살 운명이면 도쿄에 와도 살고, 죽을 운명이면 서울에 있어도 죽는다. 다만 우리와 20여 년을 거래한 바이어들을 위로한다는 생각밖에 없었다."라고 말하니 그들은 진정으로 고마워하며 마음의 문을 열었다.

시장 상황에 적극적으로 대응하고 불만에 귀 기울여야

동북지방의 유통경제 현상과 전망에 대하여 상세하게 설명해 주었다. 일본 국민들의 소비 감소는 장기간 지속할 전망이고 이곳에서 생산되던 농산물은 생산이 제한되어 한국 농산물의 대체 수요가 예상될 것 같다는 조심스러운 관측이다. 그러면서 우리 회사와 거래 시 불만 사항들을 얘기해 줬다. 첫째, 품질에 대한 불만이었다. 샘플과 다른 것도 있고 표기된 내용과 다른 경우도 있다고 한다. 둘째, 규격에 대한 불만이다. 중간 크기(M사이즈)를 요구했는데 대형 크기(L사이즈)가 담겨 있기도 하고 1등품에 등외품이 섞여 있기도 했다고 한다. 셋째, 납품 시기에 대한 불만이다. 필요한 시기에 필요한 물량이 도착하지 않는 경우가 있다고 한다. 넷째, 일정 물량의 주기적인 공급을 희망한다. 연중 필요 물량을 계속해서 주기적으로 공급해 줄 것을 바랐다. 다섯째, 일정 기간 고정 가격 유지를 희망한다. 수시로 가격이 오르내리면 안정적인 거래를 할 수 없다고 한다. 이 외에도 요구와 불만이 더 있었다.

물건을 팔면서 사는 사람의 요구 사항을 경청하여 이를 수용하면 거래량이 늘어날 것이고 수용치 않으면 거래가 끊길 것이다. 세계 각국과 자유무역협정(FTA)를 체결하고 있는 이때 우리 농업의 활로를 '수출'에서 찾는다면 바이어가 얘기하는 불만의 목소리에 귀 기울여야 한다.

우리 회사는 앞으로 농업인과 손잡고 경쟁력 있는 품목의 국내 생산 단지를 집중적으로 육성하여 수출에 적극적으로 나설 것이다. 농업인들의 열성과 우리 회사의 의지가 농산물 수출 한국을 이룩하는 데 크게 기여했으면 좋겠다. 일본의 초밥집이나 미국의 스테이크 하우스에서도 한국의 농산물로 요리된 음식을 먹는 날이 빨리 오기를 기대해 본다.

노(老) 경영인
사토 회장의 결의(決意)

ⓒ 진안신문(2012년 5월 21일 월요일 황의영 NH무역 대표이사)

2012년 4월 하순 농산물 수출을 증대하기 위해 일본 출장을 다녀왔다. 출장 중 도쿄에서 우리 회사와 20여 년 가까이 거래해 오고 있는 토프코(TOFCO)의 사토순지(佐藤俊治) 회장님을 만났다. 머리카락이 많이 빠져 듬성듬성 남아 있는 백발과 이마에 깊게 파인 주름이 여든을 넘긴 노(老) 경영인의 연륜을 말해 주고 있는 것 같다.

"작년에는 후쿠시마 원전 사고로 인하여 사업이 매우 어려웠다. 그러나 올해부터는 사업이 서서히 회복되고 있으니 NH무역과도 예전처럼 사업이 활성화될 것입니다."라고 힘주어 말했다. 사토 회장님의 토프코는 우리 회사에서 파프리카를 수입하여 일본 내 대형 유통업체에 납품하고 있다.

대만에서 바나나를, 중국에서 생강, 무, 배추 등의 채소를 수입하여 일본에서 판매하고 있으며, 일본산 사과 등의 과실을 대만, 홍콩, 중국에 수출하고 있다. 그 외에도 자기 회사에서 만든 식품 첨가제를 국내외에 판매한다. 특히 토프코는 우리 회사의 파프리카를 돌(Dole)사와 버금갈 정도로 많이 수입해서 판매하고 있는 중견 식품기업이다. 우리 회사는 토프코에 많은 양의 파프리카를 판매해 오고 있다.

2011년 3월 11일 대지진이 발생하고 엄청난 쓰나미가 밀려와서 후쿠시마 원자력 발전소가 침수되고 원자로가 폭발하여 방사성 물질이 유출되고 있어 지금 반경 20㎞ 이내 인근 지역에는 사람이 살지 못한다. 근접한 지방에서 생산한 농산물은 소비자의 외면을 받고 있어 후쿠시마 현(福島縣)의 농업이 존폐기로에 놓여 있으며 이곳의 농민들은 큰 시련을 겪고 있다. 토프코가 중국에 농산물을 수출할 때 중국 정부가 '원자력 안전 증명서'를 첨부할 것을 요구하는데 일본 어느 곳에서도 '원자력 안전 증명서'를 발급해 주는 곳이 없다고 한다. 결국, 중국 정부가 일본산 농산물 수입을 실질적으로 막기 위해서 취한 조치였다고 한다.

토프코는 더는 중국에 농산물을 수출할 수 없게 되었고 수출한 농식품에 대한 대금도 1/3 정도밖에 받지 못하여 경영상 큰 타격을 받았다고 한다. 중국과의 교역 규모가 컸기 때문에 다른 사업에는 신경을 쓸 마음의 여유가 없었다고 한다. 그래서 우리와의 거래도 많이 줄어들었다. 실질적으로 중국과의 거래가 끊기다 보니 회사의 경영 상태가 어려워졌다고 한다. 고정비와 인건비는 거래가 많든 적든 일정 기간이 지나면 지속 반복적으로 지출되어야 한다. 현금 흐름도 사업 계획에 따라 진행되어야 하는데 조달 창구 한 곳이 막히니 자금을 집행할 시기와 금액이 엉망이 될 수밖에 없었다.

경영은 점점 더 어려워졌고 이 회사를 끌고 가는 사토 회장은 지난해가 본인이 사업을 시작하고 난 이후 가장 어려웠던 한 해였다고 한다. "경영이 어렵다, 힘들다."는 소문이 나게 되면 거래처에서는 거래를 줄이거나 끊으려고 할 것이고 금융기관에서도 자금 조달이 수월하지 않기 때문에 조기에 이를 수습하지 않으면 경영이 선로를 이탈한 기차처럼 곤두박질쳐 넘어질 수밖에 없다. 이런 최악의 상황을 맞지 않기 위해서 지난해 사토 회장은 뼈를 깎는 고통을 감수하며 경영을 혁신시켰다고 한다. 어둠 속에서 불빛이 더욱 밝게 비치듯 유능한 경영자는 어려울 때 더 크게 능력을 발휘하게 되는 것이다. 50여 년을 넘게 농수산 식품 사업을 영유

토프코의 사토 회장과 사장인 그의 아들을 2011. 4. 24에 면담했다.

해 온 사토 회장의 진면목이 발휘되어 풍전등화(風前燈火) 같았던 회사의 경영이 올해부터는 제자리를 잡게 되었다고 한다.

2011년에 파프리카는 국내 생산이 적어 공급이 수요를 충족하지 못하여 가격이 상승했다. 생산 농가들은 재미를 봤으나 국내외 소비자들은 비싼 파프리카를 먹을 수밖에 없었다. 국내 시장 가격이 좋으니 외국에 수출을 안 하려고 해서 수출 물량을 확보하는 데 애를 먹기도 했으며 결과적으로 주문량을 다 보낼 수 없었다. 일부 외국 시장에서는 한국산 대신 네덜란드산과 뉴질랜드산으로 대체되기도 하였다. 토프코도 한국산 파프리카 가격이 높아 지난 해 많은 물량을 취급할 수 없었다고 한다.

특히 일본인들은 파프리카의 크기가 작은 S사이즈를 좋아하고 색깔도 붉은색을 좋아하는데 우리가 수출한 파프리카는 크기가 L 사이즈 비율이 높고 색상도 노란색이 많아서 애로사항이 많았다 고 한다. 올해부터는 이를 개선해 달라고 점잖게 요구하셨다.

2012년에는 사토 회장이 키를 잡고 성난 파도를 헤쳐 나가며 항해하고 있는 토프코 호(號)가 경영 정상화의 변곡점을 돌아 순항 을 하게 되는 항로에 분명히 들어서게 될 것이다. 사토 회장의 노 련미와 경륜이 어려움을 잘 극복했고 굳어진 땅에 물이 고이듯 미 래의 새로운 어려움에 대한 대비도 전보다 더욱 철저히 하게 될 것이다. 돌다리도 두들겨 보고 건너듯 리스크 관리도 철저히 할 것이다. 예전의 토프코로 되돌아갈 날도 머지않은 것 같다.

토프코의 회생은 우리에게도 좋은 결과를 가져다줄 것이다. 파 프리카뿐만 아니라 토마토, 멜론 등 우리의 채소와 과실을 더 많 이 취급하시겠다고 한다. 토프코사를 비롯한 많은 일본 내 바이어 들의 사업이 활성화되면 우리 회사의 수출량이 늘어나고 우리 회사 경영도 더욱 탄탄해질 것이다. 우리 농산물의 수출이 늘어나면 우리 농가들의 소득도 높아질 것이다. 그렇게 되면 우리 농산물은 외국 농산물에 비해 경쟁력이 뒤떨어진다고 하는 일반인들의 편견도 깨질 것이고 세계 시장에서 우리 농산물은 더 많은 사랑을 받게 될 것이다. 이는 농가, 농협, 행정이 하나가 되어 농업을 지원해야 가능하다. 우리 회사는 더욱 열심히 농산물 수출에 앞장서야 할 것이다. 그날이 어서 오기를 기원해 본다.

이런 공직자가 있어 살맛 납니다

© 전북도민일보(2012년 12월 12일 수요일 황의영 NH무역 대표이사)

무역회사 경영자인 나는 해외 출장이 잦은 편이다. 무역 1조 달러 클럽에 우리나라가 아홉 번째로 가입하는 데 우리 회사도 일조했다는 자부심으로 외국에 나가 바이어들에게 우리 농산물의 우수성을 설명하고 그들의 의견을 경청하며 상담을 한다. '사막에 난로를 팔고 남극에 냉장고를 판다.'는 광고 문구처럼 우리 회사도 이런 정신으로 업무에 임하고 있다. 우리 회사는 상하(常夏)의 동남아시아 국가인 말레이시아, 인도네시아, 필리핀, 싱가포르, 홍콩 등에 한국에서 생산되는 사과, 배, 단감, 포도, 복숭아, 밤, 딸기, 토마토 등의 과일과 열매채소를 수출하고 있다. 최근에는 시험적으로 보낸 수삼(水蔘)과 금년산 사과, 배, 단감의 판촉을 위해 인도네시아와 필리핀에 다녀왔다. 인도네시아에서는 한국계 롯데마트에서 한국산 농축산물 판촉전을 진주시와 같이 전개했다. 우리의 우수한 배, 단감, 새송이버섯과 기타 가공품을 가지고 가서 시식회를 하는 등 홍보도 하고 인도네시아 주부들을 초청해서 한국 요리 경진 대회도 개최하면서 한식 세계화에도 기여하였다.

한편, 필리핀에서는 한국의 식품을 수입하여 현지에서 판매하고 있는 바이어 '아씨필' 신종철 회장을 만났다. 그는 교포인데 자체 매장을 9개나 가지고 있으며 현지인 마켓에도 한국 식품을 공급하고 있는 야심 찬 경영인이었다. 십여 년 전에 필리핀에 진출, 각고의 노력 끝에 현재의 경영체를 일구어 냈다. 그런데 이번 대한민국 국회의 식약청 국정 감사 시, 벤조피렌이 검출된 라면을 리콜 조치하고 재검사하겠다고 답변한 내용을 필리핀 언론이 대대적으로 보도하고 필리핀 식약청은 관련 제품들을 즉각 수입 금지했다.

필리핀 언론에서는 연일 극성스럽게 이를 보도하면서 한국산 식품 전체에 문제가 있는 것처럼 호도했고 필리핀 국민은 마치 한국 식품이 병을 유발하는 원인 물질이라도 되는 것처럼 인식해서 한국 식품을 외면하기 시작했다. 한국 식당에는 손님이 줄고 유통업체 매장에서 한국 식품의 매출이 뚝 떨어졌다. 한국 식약청에서 문제의 라면에서 벤조피렌이 기준치 이하로 검출되어 전혀 문제

가 없다는 발표를 했음에도 필리핀 정부는 금수 조치를 풀 기미가
없었다.

'아씨필'의 경우, 이미 주문을 해서 필리핀에 도착해 통관을 기
다리는 한국산 농식품과 추가로 도착한 물건들이 쌓여 약 한 달
간 21개의 컨테이너가 세관에 적치돼 있었다. 최대의 경영 위기임
을 감지한 신 회장은 이를 해결하기 위해 주필리핀 한국 대사관을
찾아가 이혁 대사님을 면담, 자초지종을 설명한 다음 정부 대 정
부의 문제로 본 사건을 해결해 달라고 건의했다. 이 대사는 "하루
만 시간을 달라."고 하고 본인이 밤새워 인터넷을 통해 필리핀 언
론의 보도 내용을 파악하고 필리핀 정부의 조치가 부당하다는 것
을 인식하였다. 다음 날 아침, 참사관과 서기관 등 참모들과 회의
를 마치고 필리핀 정부에 정식 외교 문서로 관세청장, 식약청장을
동반한 보건부 장관의 면담을 요청하였다. 다음 날인 11월 12일
양 청장과 보건부 장관을 면담하게 됐고, 이때 한국 식약청에서
발표한 자료를 제공하면서 "필리핀 정부가 한국 농식품의 통관을
부당하게 금지하고 있으니 즉시 수입 금지를 해제하라."고 강력하
게 요청하였고 필리핀 정부는 당일 자로 한국 농식품의 수입 금지
를 해제하였다.

농민의 활로(活路)
농산물 수출

일반적으로 생각할 때 대사라는 직책은 외교 사절로서 근엄하게 행사에 참석하거나 외교 안보 등 중요한 업무에서 국가를 대표하는 자리라고 이해되어 실용적인 면에서는 좀 멀리 떨어져 있을 것으로 생각했다. 필리핀 주재 한국 대사관 직원들은 이번 사태를 한 개인의 일로 간주할 수도 있었을 것이다. 그러나 이혁 대사, 임재훈 참사관, 김동곤 서기관 등은 이를 개인의 일이라 생각하지 않고 국가의 일로 판단하여 신속하고 명쾌하게 처리함으로써 국민의 공복으로 국가로부터 부여받은 소임을 충실히 수행한 공직자라고 생각한다. 많은 공직자가 대한민국 정부 내에서는 물론 세계 각국에서 국익을 위해 밤잠을 거르면서 열심히 일하고 있기 때문에 우리나라도 이제 선진국 대열에 당당히 진입했다고 자랑스럽게 이야기할 수 있을 것 같다.

'아씨필' 신 회장에게서 필리핀 대사관의 본 건 업무 처리 소식을 접하면서 가슴이 쿵쾅거리기 시작했다. 대한민국에 이렇게 훌륭한 공직자들이 있다는 것이 참으로 자랑스러웠다. 이런 좋은 소식을 듣고 다른 사람들에게 전할 수 있는 나 자신도 진정으로 행복한 사람이라고 생각했다. 그리고 내가 하는 일, 농산물 수출이 보람 있는 일이라는 생각을 하면서 마닐라에서 귀국하는 세 시간의 비행시간이 즐겁고 행복했다. 더욱 열심히 한국의 농산물과 그 가공품을 해외에 팔아야겠다는 각오를 더욱 굳게 다졌다. 이번 출장은 참으로 보람 있고 행복했다.

허리케인 '샌디' 농산물 수출에 영향 끼치고 있다

ⓒ 전북도민일보(2012년 11월 18일 일요일 황의영 NH무역 대표이사)

2012년 10월 30일 퇴근 중 한 라디오 방송에서 미국의 허리케인(대서양과 태평양 북동부 등에서 발생한 태풍) 소식을 전하는 아나운서의 목소리가 떨리고 있었다.

"최대 풍속 시속 175㎞의 강풍을 동반한 허리케인 '샌디'가 뉴욕과 뉴저지를 지나면서 엄청난 피해를 주고 있다. 가로수와 전주가 넘어져 교통이 마비되고 전기가 끊겨 뉴욕 시내가 지금 암흑천지가 됐다. 지하철이 침수되고 주택가에 화재가 발생하여 시민의 발이 묶이고 다수 이재민이 발생했다. 정부에서는 뉴저지와 뉴욕, 펜실베이니아 등 10개 주를 재난 지역으로 선포했다." 등의 미국의 허리케인 피해 소식을 전했다.

집에 도착하여 뉴욕과 뉴저지에 있는 우리 농산물을 수입해 가는 바이어들에게 전화해서 피해 상황을 묻고 재난을 위로하고 힘내어 잘 극복하자고 했다. 먼저, 미국 내에서 대형 슈퍼마켓을 60여 개 운영하는 바이어에게 전화했다. "비바람이 몰아쳐 교통이 통제되고 있어 정확한 피해 현황은 파악하기가 어렵지만, 잠정적으로 파악한 결과 6개 매장에 전기가 끊겨서 냉동·냉장 식품이 변질할 우려가 크고 20여 개의 매장이 문을 닫고 있는데 언제 문을 열지 모르겠다. 허리케인이 지나간 다음에 정확한 피해 상황을 파악해야 할 것 같다."

또한, 우리 농산물을 수입하여 유통업체에 납품하는 수입상인 바이어는 "물류창고가 정전됐는데 창고까지 갈 수 없어 아직 피해 상황을 파악하지 못하고 있다."고 한다. 홍삼을 수입해 가는 바이어는 "교통이 통제되어 매장에 나갈 수 없어서 피해 상황을 파악할 수 없다."고 하며 엄청난 자연재해 앞에 인간의 나약함을 토로하고 있었다. "피해액이 크게 발생하지 않기를 기원한다. 힘내서 이 위기를 극복하자."고 의례적인 말로 위로할 수밖에 없는 나 자신이 원망스러울 뿐이었다.

2012년 9월 28일에서 30일(현지 시각)까지 허리케인 '샌디'가 미국 동부지역을 지나갔다. 동부 12개 주에 영향을 미쳤지만, 특히 미국 최고의 경제 중심지 뉴욕과 뉴저지를 강타했다. 지금까지 미국 역사상 가장 위력적인 허리케인으로 기록되는 '샌디'가 지나간 자리에서는 사망자와 각종 피해 상황이 전해졌다. 로이터 등 외신에 의하면 이번 태풍으로 매사추세츠, 메릴랜드, 코네티컷, 뉴저지, 펜실베이니아, 버지니아, 뉴욕 등 7개 주에서 최소 40명이 목숨을 잃고 특히 뉴욕 주에서만 18명이 사망한 것으로 전해졌다. 현지 언론들은 '샌디'로 최소 800만 가구가 정전되고 뉴저지 등 동부 해안가의 수백만 호의 주택이 침수 피해를 보고 화재로 80여 채의 주택이 소실됐다고 한다. 뉴욕에서는 지하철이 침수되어 폐쇄되기도 했다. 공공기관과 학교가 문을 대부분 닫고 휴무하였다. 재난 위험 평가 업체들은 손실액이 최소 100억 달러에서 최대 500억 달러가 될 것으로 전망하기도 했다. 대선을 일주일밖에 남겨 놓지 않은 상황 속에서도 민주당 후보인 버락 오바마 대통령과 공화당 후보인 미트 롬니 주지사도 선거 유세를 중지하고 재난 지역으로 달려가 재난 방지와 이재민 위로 활동을 전개했다.

'나비 효과'(나비의 날갯짓처럼 작은 변화가 폭풍우와 같은 커다란 변화를 유발하는 현상, 예를 들어 서울에서 공기를 살랑이게 한 나비의 날갯짓이 다음 달 북경에서 폭풍우를 몰아치게 할 수 있다는 것)라고 했던가? 뉴욕의 유통업체가 허리케인의 피해를 보아 매장을 개장하지 못하고 있으니 우리 농산물을 팔 수 없고 주기적으로 시행되던 주문도 끊겼다. 그렇지 않아도 2012년 8월 하순에 15호 태풍 '볼라벤'이 우리나라를 강타하고 지나가 큰 피해를 줬다. 특히 수확기를 앞둔 농작물에 큰 피해를 주어 농업인을 한숨짓게 하고 농업인에게 시름을 안겨 주었다. 이삭이 피어나는 벼의 수분을 빼앗아 가서 백수 현상이 나타나 30여 년 만에 가장 적은 쌀 생산량을 기록할 것으로 예상한다. 갓 파종을 끝낸 김장 채소밭을 강타하여 어린 배추와 무가 녹아서 김장 배추와 무 생산량이 줄어들어 지금 배추가 금추가 되는 상황이 발생하고 있지 않은가. 다 익은 배와 사과를 떨어뜨려 우리 회사가 수출하는 과일값이 전년 대비 무려 20~30%까지 인상됐는데도 수출 물량을 확보할 수 없어 수출 주문을 맞추어 줄 수 없게 됐다.

'자연이 인간에게 주는 시련이 아닌가' 하는 생각이 든다. 미국에서든 한국에서든 인간은 자연의 위대한 힘 앞에서는 미약한 존재일 뿐이라는 사실을 우리는 이번 두 나라를 휩쓸고 지나간 태풍을 통해서 다시 한번 더 실감하게 됐다. 인간은 자연 앞에 더욱 겸손해져야 한다. 자연에 거스르지 않고 순응하여 살아야겠다. 농사도 마찬가지다. 통상적으로 태풍의 발생 시기를 과거의 통계 자료를 통해서 알 수 있다. 이것을 참고하여 수확기를 정하고 파종을 하며 비닐하우스 등 영농 시설이 태풍에 견딜 수 있도록 튼튼하게 지어야겠다. 비배 관리도 작물과 나무가 쓰러지거나 꺾이지 않도록 해야겠다. 품종을 선택할 때도 태풍 피해가 적은 품종을 선택해야겠다.

자연은 인간의 삶의 원천을 제공하고 있지만 때로는 시련을 주어 더욱 강하게 만들어 주기도 한다. 미국의 허리케인 피해가 조속히 원상 복구되어 우리의 농산물이 많이 팔려 나가 미국인의 식탁에 오르기를 기원해 본다. "미국 국민 여러분! 전 국민이 힘을 모아 하루속히 허리케인 '샌디'의 피해를 극복하시어 종전처럼 한국의 농산물과 그 가공품을 많이 애용해 주세요. 멀리 한국에서 농업인을 비롯한 많은 국민이 성원하겠습니다. 힘내세요! 미국 국민 여러분!"

중국에 농산물 수출을 확대하자

ⓒ 전북도민일보(2012년 6월 18일 월요일 황의영 NH무역 대표이사)

"농산물을 수출하면서 여러분이 겪고 계시는 어려움 중에서 정부에서 해야 할 일이 있다면 적극적으로 지원하도록 하겠습니다." 2012년 5월 25일 농식품부 대회의실에서 열린 농림수산식품부 주관 '2012년도 제6차 수출 대책 회의'에서 장관님이 인사말을 통해 수출업체 참석자들에게 하신 말씀이다. 3일 연속 이어지는 황금연휴가 시작되기 2시간을 앞둔 금요일 오후 4시가 조금 넘은 회의장은 뜨거운 열기로 가득하다. 외벽이 햇볕을 받아 회의장의 실내 온도가 올라가기도 했지만, 장관님을 비롯한 모든 참석자의 열의가 대단했기 때문이었다. 수출 회사 관계자, 농림수산식품부와 그 산하 관련 기관의 고위급 공직자와 관계 직원 그리고 농촌경제연구원과 대외경제정책연구원의 연구원들이 참석한 가운데

회의가 진행되었다.

농림수산식품부는 농식품 수출 확대를 위해 매월 수출 현장과 본부를 돌아가면서 대책 회의를 개최하여 수출 현장의 현황과 애로사항을 파악하고 제도의 개선 등 적극적인 현장 지원 행정을 추진하고 있다. 특히 지난달에는 대중국 농식품 수출 확대 방안에 대한 회의가 열렸다. 이날 회의는 중국 시장에 어떻게 우리의 농산물과 그 가공품을 더 많이 팔아 볼 것인가를 의논하는 자리였다.

중국은 우리의 최대 교역국이다. 2011년 우리나라는 중국에 1,342억 달러를 수출했으며 반대로 중국으로부터 864억 달러를 수입했다. 중국과의 수출과 수입이 국가별로 볼 때 각각 1위를 차지했다. 그 규모가 우리나라 전체 교역액의 20%가 넘는 2,206억 달러에 달한다. 농림 수산 식품을 보면 2011년 중국에 11억 9,000만 달러를 수출하여 진년 동기 대비 51%가 증가하였다. 이는 2011년 3월 일본의 원자력 발전소 사고 이후 일본산 농산물의 대체 수요가 증가하였고 한류 확산 등의 영향을 크게 받은 것으로 분석되었다. 2012년에는 4월까지 전년 동기 대비 7.5% 증가한 3억 5,000만 달러를 수출하였다. 중국 경기가 둔화하고 일본산 대체 효과의 약화가 증가세를 하락시켰다. 올해 4월까지 중국에 수출한 주요 농식품으로 인삼이 전년 동기 대비 22.7% 감소한 1,300만 달러, 오징어는 23.7% 감소한 1,000만 달러, 유자차는 7.9% 성장한 600만 달러, 설탕은 8% 증가한 3,900만 달러를 수출하였다. 이들 주 수출품 수출 실적이 역조되거나 부진한 사유를 보면, 인삼은 한국인삼공사 중국 현지 법인이 2011년 수입한 재고가 미소진(未消盡)되어 재고로 남아 있어 전년 대비 역조되었고, 설탕은 중국 측 수입 쿼터 배정이 늦어졌고, 오징어는 재고 부족과 중국 수출 단가 하락으로 전년 대비 성장이 역조됐다. 유자차는 2011년산 유자 생산량 감소로 수출 원가가 높아지고 저가 중국산과의 경쟁이 심화하여 성장이 둔화하였다.

여러 가지 장애 요인을 극복하고 중국 시장에 우리 농식품 수출을 늘리기 위해서는 다음과 같은 차분한 접근이 필요하다고 생각한다. 기존 주력 품목의 수출 확대를 위해서는 새로운 바이어를 발굴하고 이들을 초청하여 생산·가공 현장을 견학시켜 한국 농식품이 위생적이고 안전성이 높은 우수한 식품임을 인식시켜 수요를 증대해야겠다. 중국 내 대형 유통 매장에서 주기적이고 반복적으로 우리 농식품 판촉전을 전개할 뿐만 아니라 중국에서 개최되는 식품 박람회에 적극적으로 참여하여 우리 농식품의 품질 우수성과 안전성을 홍보하여 현지인 시장을 개척했으면 좋겠다. 아울러 한류스타를 활용한 홍보와 안테나샵 등 다양한 방식의 시장 접근 노력을 강화해야겠다. 또한, 소비 트렌드를 반영한 신규 유망 품목 개발과 연구 활동 등에 정부가 지원을 강화했으면 좋겠다.

한국은 현재 중국 내에 저온 유통 물류 체계 구축을 통해 적극적인 시장 개척을 하려는 계획이 있는데 여간 반갑지 아니하다. 또한, 비관세 장벽을 해소해 신규 품목의 수출을 개척하려는 정부의 노력이 지속해서 추진되고 있다. 중국은 발효 식품인 김치에

NH무역 임원들이 중국 상하이 대형마트에 입점해 있는 한국 유자차 판촉행사에 참석했다. 2012. 11. 28

살균 절임 채소 위생 기준을 적용하고 있어 한국 김치의 중국 수출 불가로 2011년 1억 달러의 적자를 시연하였다. 2012년 5월에 개최된 한·중·일 정상 회담에서 발효 식품 검역에 관한 협의 진행을 중국 측에 촉구하였으며 한·중 보건장관 회의, 한·중·일 농업장관 회의에서도 김치 위생 규정 개정을 요구한 바 있다. 이에 중국 측에서는 한국 측 요청 사항을 포함 중국 내 절임 채소에 대한 기준을 개정하고 있다고 한다. 중국은 생막걸리와 같은 비살균 발효주에 대한 별도의 위생 기준이 없어 기타 발효주인 황주(黃酒)의 기준이 적용되어 생막걸리가 통관될 수 없으나 제4차 한·중 식품 기준 전문가 협의회시 막걸리 위생 기준의 조속한 공포 및 시행을 요청하여 중국의 막걸리 위생 기준 변경 절차가 모두 완료되어 2012년 6월 중 최종 기준이 공포될 예정이라고 한다. 그러면 생막걸리의 중국 수출이 이루어질 것이다. 인삼도 뿌리삼은 6년근 홍삼만 의약품으로 등록되어 저년근은 수출할 수 없다. 또한, 인삼 가공품은 보건 식품 등록 비용 부담이 크고, 임상 시험에 2년 이상 소요되기 때문에 수출에 어려움을 겪고 있다. 그래서 정부는 제4차 한·중 식품 기준 전문가 협의회에서 인삼 제품 보건 식품 등록 시, 한국 정부 인증 검사 기관의 실험 증명서로 갈음할 것을 요청하는 등 농식품 중국 수출 확대를 위해 발 벗고 나서고 있다.

농업인들도 질 좋은 우수한 농산물을 생산하고 농식품 가공업체도 양질의 우수한 제품을 생산하고 우리 회사 같은 무역회사도 더욱 적극적으로 마케팅 활동을 전개하여 톈산산맥(天山山脈)보다 더 높고 만리장성보다 더 긴 중국의 무역 장벽을 넘어 중국인의 식탁에 우리 농산물로 만든 식품을 많이 올려 보자. 농민과 기업, 그리고 정부가 손잡고 중국 시장 진출에 더욱 박차를 가해 보자.

중국에 농산물 수출
전진 기지를 세우다

© 전북도민일보(2012년 2월 22일 수요일 황의영 NH무역 대표이사)

2011년 11월 28일 중국 상하이시에서 총영사관 고위 관계자, 한국 상사 주재원, 중국 유통업자 등 200여 명이 참석한 가운데 NH무역 중국 현지 법인 개소식을 조촐하게 개최했다. 한국에서는 농협중앙회 농업경제 대표이사와 필자를 포함한 NH무역 임원진과 실무자들이 참석했다. 행사는 조촐했지만 참석한 한국농협 측 관계자들의 결연한 의지는 세계 제2위 경제 대국인 중국 농산물 시장을 점령이라도 하겠다는 듯 행사장을 팽팽한 긴장감으로 감돌게 했다. 중국인들의 식탁에 한국의 농산물을 원료로 한 식품을 올려놓고 말겠다는 각오가 대단하다. 소리 소문 없이 우리 국민의 식탁 점유 비율을 높여 온 중국 농산물을 원료로 한 식품에 대응하여 중국 고소득자들의 식탁에 웰빙(Wellbeing) 우리 농산물

중국 상하이 NH무역 중국 법인 개소식 장면, 2012. 11. 28

을 반드시 올려놓겠다는 열기가 뜨겁다.

2010년 말 중국은, 인구가 13억 4,000만 명이다. 면적은 한반도보다 43배 큰 960만㎢다. 명목 GDP는 5조 8,786억 달러, 수출은 1조 5,779억 달러, 수입은 1조 3,948억 달러로 무역 흑자가 1,831억 달러, 외화 보유액은 2조 8,500억 달러이다. 1인당 국민소득은 5,000달러지만 해안지역 주요 도시민의 소득은 1만 달러를 넘고 있다. 중국은 1978년 개혁 개방 이후 지속해서 10% 이상 고성장을 유지하고 있다.

    2010년 우리나라와 중국의 수출입 현황을 보면, 우리는 중국에 1,168억 달러를 수출했고 716억 달러를 수입했다. 2010년 우리나라의 무역 수지 흑자가 417억 달러인데 중국에서의 흑자가 452억 달러여서 전체 무역 흑자 규모의 108%를 중국 시장에서 얻었다. 중국은 이제 우리나라 제1의 교역 상대국이다. 우리 경제가 발전하고 침체하는 것이 이제는 중국에 의해 크게 좌우될 수밖에 없을 정도로 중국은 중요한 국가가 됐다.

    농축산물의 경우, 수입액이 수출액보다 압도적으로 많아 만성적인 적자 구조를 이루고 있다. 농축산물 수입액은 2000년 11억 7,500만 달러에서 2010년 19억 99만 달러로 대폭 증가했다. 수출은 같은 기간 6,200만 달러에서 4억 7,000만 달러로 소폭 증가했다. 중국은 우리나라 제2의 농축산물 수출입 대상국이다. 2010년 우리나라 농축산물 수입 총액 171억 1,100만 달러 중 미국이 30.7%, 중국이 11.7%이다. 한편, 2010년 우리나라 농축산물 수출 총액 38억 6,800만 달러 중 점유 비중은 일본 25.6%, 중국 12.2%, 미국 9.4% 순이다. 중국에서 들여오는 농축산물은 쌀·옥수수 등의 곡물, 전분박, 대두박 등의 박류(粕類), 사료, 건고추·마늘·당근 등의 채소류, 김치, 소스류, 주류 등이다. 중국으로 수출하는 농축산물은 자당, 라면, 커피류, 소스류 등의 가공식품이 주이나, 금액은 미미하지만 난초, 밤, 홍삼, 유자차, 팽이버섯 등의 신선 농산물도 있다. 2010년 신선 농산물 수입 현황은 고추가 15만 톤(1억 900만 달러), 마늘 6만 4,000톤(1억 100만 달러), 당근 8만 6,000톤(4,000만 달러), 김치 19만 3,000톤(1억 2,000만 달러), 소스류 5만 9,000톤 (7,900만 달러), 주류 8만 2,000톤(6,500만 달러)이다. 수출 현황은 자당 15만 7,000톤(9,700만 달러), 커피류 4,200톤(4,600만 달러), 라면 3,200톤 (2,800만 달러)이다.

대중국 농축산물 교역의 특징을 보면 농축산물 수입액이 수출액보다 압도적으로 많은 불균형적 수입 초과 상태가 만성적으로 지속하고 있다. 동식물 방역법상 수입 규제 조치로 중국산 신선 육류와 과일 및 채소류 수입이 금지되어 있으나 곡물류, 양념 채소류, 엽채류, 근채류, 화훼류, 특용 작물 등의 수입량은 해를 거듭할수록 늘어나고 있다. 품목 수가 늘어날 뿐만 아니라 검역 문제로 수입이 규제되는 품목도 냉동, 건조, 제조 과정 등 단순 가공을 통해 수입 규제를 피하는 방식으로 수입이 늘어나고 있다. 수출은 대부분 외국 농산물을 원료로 쓰는 가공식품이 주류를 이루고 있어 대중국 농산물 수출이 농가 소득 증대와는 거의 무관하다. 중국에 수출되는 농축산물의 소비 계층이 현지인이 아닌 교민이나 유학생이어서 수출 시장 확대에는 한계가 있다.

낮은 가격 경쟁력은 대중국 농산물 수출을 제약하는 결정적 요인으로 부분적으로 물류비와 생산비를 절감하는 방식으로는 해결할 수 없다. 대중국 수출 확대를 위한 자금 지원과 노력을 다수 품목으로 분산시키는 것보다 고소득 소비자 계층을 겨냥하여 수요가 확대되는 품목과 품질 경쟁력을 갖춘 품목을 중심으로 수출 전략 품목을 육성할 필요가 있다.

또한, 최근 급부상하고 있는 한중 FTA 시대를 대비하여 수출과 수입에 세밀한 전략과 대응이 요망된다. NH무역 상하이 현지법인도 대중국 수출 전진 기지가 되어 우리 농축산물 수출 확대에 기여해야 할 것이다. FTA 체결 이후 중국 경제 발전에 따른 고품질 안전 농산물 수요 확대 등 여건 변화가 예상됨에 따라 이에 대한 사전 준비를 철저히 해서 대응해야 할 것이다. 우리 다 같이 지혜를 모아 14억 중국인의 식탁을 고품질 안전 농산물인 우리 한국 농산물로 채우도록 노력하자. 그날이 하루빨리 오기를 기대해 본다.

청정지역 뉴질랜드에
우리 농산물을 팔아 보자

ⓒ 전북도민일보(2012년 3월 20일 화요일 황의영 NH무역 대표이사)

이 지구상에 자연이 가장 많이 숨 쉬고 있는, 자연의 보고(寶庫)인 청정의 나라, 인간의 손길에 때 묻지 않은 자연을 고스란히 간직하고 있는 나라가 뉴질랜드(New Zealand)이다. 뉴질랜드 하면 청정한 자연, 맑은 공기, 인간과 자연이 조화롭게 살아가는 나라라는 생각이 먼저 든다.

뉴질랜드는 남서 태평양에 남위 30도에서 55도 사이에 길쳐 있는 섬나라로, 북섬과 남섬 두 개의 섬으로 이루어진 본토와 여러 섬 및 제도(諸島)를 국토로 한다. 1840년 와이탕기 조약에 의해 영국 식민지가 됐다가 1907년에 독립하여 영연방의 일원으로 형식적으로 영국 국왕을 국가 원수로 하는 입헌 군주제를 유지하고 있으나 실질적으로는 의원 내각제 형태를 취하고 있다. 면적은 한반도의 1.2배 정도인 26만 8,680㎢이며 인구는 530만 명으로 인구밀도가 매우 낮다. 뉴질랜드는 적도 남쪽에 있어 우리나라와 계절이 정반대로 12월부터 2월까지가 더운 여름이고 6월부터 8월까지가 겨울이다. 그래서 크리스마스와 새해 새 아침을 해안가 백사장에서 해수욕을 즐기며 맞는다고 한다. 이곳은 남쪽으로 갈수록 기온이 떨어지는데 남섬 끝에는 만년 설산이 있고 빙하가 흐르는 동토가 있다. 그러나 북섬 북쪽은 아열대 기후여서 여름과 겨울의 기온 차가 많이 나지 않는다.

뉴질랜드에 우리나라 농산물을 많이 팔아 보려고 2012년 2월 중순에 다녀왔다. 뉴질랜드는 우리의 우방으로 상호 긴밀한 협조 체제를 유지하고 있다. 6·25 전쟁 때 우방으로 참전한 16개국 중 한 나라로 육군과 해군 5,350명이 영국 연방군의 일원으로 참전하여 자유 민주주의를 지키게 했다. 우리나라와는 1962년에 정식으로 수교했다. 1978년 양국 간 무역 협정이 체결됐고, 1979년부터 해마다 통산장관 회담이 열리며 1980년부터는 양국 간 이중 과세 방지협정이 체결됐다. 우리나라는 뉴질랜드에 자동차, 철강, 석유 제품 등을 주로 수출하고 뉴질랜드로부터 목재, 축산물, 유기 화학품 등을 수입한다. 2011년 우리나라는 뉴질랜드에 11억 300만

농민의 활로(活路)
농산물 수출

ASI(아시아유통)본사 물류창고에서 출하를 대기 중인 경북 의성의 '의로운 쌀', 2012. 2. 7

달러를 수출했고 14억 7,400만 달러를 수입하여 3억 7,100달러의 무역 적자를 냈다. 무역을 하면 입초(入超)가 될 수도 있고 출초(出超)가 될 수도 있다. 그러나 입초의 경우 무역 적자이기 때문에 흑자를 내기 위해서 경제 주체들이 끊임없이 노력해야 한다.

우리 회사에서는 2011년 뉴질랜드에 28만 달러의 농산물과 그 가공품을 수출했다. 쌀, 잡곡류, 유자차, 건나물류 등을 수출했다. 우리 바이어는 뉴질랜드 제1의 도시 오클랜드에서 무역상을 하는데, 그 회사 물류 창고에는 한국산 제품이 산더미처럼 쌓여 있었다. 한국에서 생산되는 식품은 없는 것이 없다. 그가 납품하고 있는 매장을 견학하고 담당자들과 우리 농산물에 대한 평가와 소비자의 반응, 전망에 대하여 이야기했다. 오클랜드에는 2만여 명의 교포들이 살고 있는데 한국인 교포를 상대로 하는 교포마켓 몇 군데를 가 보고 현지인 대형마켓에도 가 봤다. 한국인마켓은 완전히 한국에 있는 슈퍼마켓과 같았다. 일부 제품을 제외하고는 모두가 한국산이다.

농협에서 생산한 제품들은 100% 한국산 농산물을 원료로 제품을 만들기 때문에 외국산 원료를 사용해 만든 다른 제품보다는 값이 비싸다. 그러나 교포들이 제품의 안전성을 인정해서 다소 비싸더라도 한국산 농산물을 원료로 한 농협 제품을 많이 찾는다고 한다. 쌀도 판매하는데 한국산 쌀이 미국산 쌀, 대만산 쌀, 호주산 쌀과 같이 경쟁하고 있으며 가격이 미국산 쌀보다 몇 배 정도 더 비싼데도 잘 팔리고 있었다. 다만, 교포 수가 많지 않기 때문에 소비 물량을 늘리는 데 한계가 있다. 기존 수출품의 수량을 늘리는 것보다 경쟁력 있는 새로운 품목을 개발하여 수출하는 것이 더욱 적합할 것 같다. 교민 시장에서는 김치, 된장, 고추장과 마늘 등의 농산물과 그 가공품의 추가 수요가 예측됐다. 현지인 마켓에서 우리나라 식품은 고작 라면과 유제품이 안 들어간 빙과류 등이 진열돼 있을 뿐이었다. 사과 음료, 알로에 음료, 유자차 등의 가공식품이 입점하게 되면 잘 팔릴 것으로 평가됐다.

가장 환경친화적인 국가 뉴질랜드에 우리의 우수한 농산물과 그 가공품을 많이 팔기 위해서는 농가에서 더욱 친환경적으로 농사를 지어야 하겠다. 우리나라 농산물 가격이 국제 가격과 비교하면 비교적 높은 편인데 거래에서는 가격이 높으면 팔리지 않는다. 수출 가격을 인하하기 위해 노력해야겠다. 영농 자재를 생산하는 농업 관련 회사들은 제품 가격을 떨어뜨리기 위한 경영 쇄신에 발벗고 나서고 농업인들도 합리적인 영농으로 생산 원가를 줄이고 새로운 영농 기술을 습득하여 양질의 농산물을 생산해야 한다. 지방자치단체나 정부도 농가 경영을 튼튼하게 하는 정책을 도입하고 지원해 줘야 한다. 그리고 중앙회의 사업을 분리하여 경제사업을 강화하고자 하는 농협에서도 농산물 유통에 더욱 진력하여 유통 비용을 절감시켜 농가 소득을 높여 줘야 한다.

그렇게 된다면 외국 시장에서 우리 농산물의 경쟁력이 향상돼 수출이 늘어날 것이다. 가뭄을 대비하여 봄에 우물을 팠던 선조들의 지혜를 거울삼아 과잉 생산으로 국내 농산물 가격이 폭락할 때를 대비하여 안정적인 수요를 가진 외국 시장을 확보하는 것이 필요하다. 오늘의 이익도 중요하지만, 미래의 더 큰 이익을 위하여 외국 시장을 확보하고 우리 농산물을 많이 수출하자. 청정 자연의 나라 뉴질랜드 사람들의 식탁에 우리 농산물로 만든 음식을 많이 올려 보자. 그렇게 되면 우리 농업이 살고 농업인도 잘 살게 될 것이다. 그 날이 어서 오기를 기대하며 이를 위해 다 같이 노력하자.

러시아에 우리의 농산물을 팔아 보자

ⓒ 전북도민일보(2011년 11월 21일 월요일 황의영 NH무역 대표이사)

2011년 11월 초 농산물을 팔기 위해서 러시아 연해주에 다녀왔다. 연해주의 주도인 블라디보스토크와 연해주 물류의 중심 도시인 우수리스크에 갔다. 사과를 가지고 가서 대형마켓에서 판촉 행사를 했다. 사람들이 많이 드나드는 주 출입구 안쪽에서 "맛 좋은 한국 사과 많이 드세요"라는 입간판을 세워 놓고 고객들에게 시식을 하게 했다. 아르바이트생들과 같이 어깨띠를 두르고 러시아 소비자들에게 한국의 사과를 홍보했다. 아가씨들에게는 "한국산 사과를 먹으면 피부가 아름다워진다."고 하고 중년 아주머니들에게는 "한국 사과는 성인병을 예방한다."고 이야기했다. 시식용 사과를 맛보도록 권했더니 반응이 좋다. 사과를 맛보신 분들은 한국 사과가 맛있다고 좋아한다. 가격을 묻기에 kg당 125루블이라고 했더니 반응이 싸늘하다. 같은 장소에서 같은 종류의 중국산 사과가 70루블에 팔리고 있었다. 중국산 사과도 우리가 가지고 간 것과 같은 품종인 후지 사과이고 크기도 같다. 봉지를 씌워서 재배했기 때문에 색깔도 같고 맛도 거의 비슷했다. 그런데 가격은 두 배 정도 한국 사과가 비싸다. 잘 팔리지 않았다. 품질이나 맛에서 차이가 없는데 중국산보다 가격이 너무 비싸기 때문이다.

우수리스크 농산물 도매 시장 거래 물량 90% 이상 중국산

우수리스크는 인구 20만 명의 농촌형 도시지만 중국과의 국경에 인접하고 있어 중국으로부터 물자의 유입이 많다. 중국과 러시아의 육상 무역 요충지다. 이곳에 집산된 식료품 등 생활용품은 철도와 육로의 육상 교통은 물론 블라디보스토크나 나홋카의 항구를 통해 하바롭스크, 이안, 오호츠크, 사할린, 캄차카반도까지 배송되고 있다 한다. 거래되는 물동량이 어마어마하게 많다. 도매시장에서는 주로 대형 컨테이너 트럭을 이용하여 물건을 실어 나르고 있다. 드나드는 트럭들이 꼬리에 꼬리를 물고 있다. 이곳 상권을 대부분 중국인들이 잡고 있다 한다. 거래되는 물건도 90% 이상이 중국산이다. 시장에서는 러시아말보다 중국말이 더 자주 들리고 소리도 더 크게 들린다. 거래되고 있는 농산물은 무·배추·상추·시금치·양배추 등의 엽채소류, 무·당근·마늘·양파 등의 뿌리채소, 토마토·오이 등 열매채소, 사과·배·오렌지 등의 과일인데 점포마다 산더미처럼 쌓여 있다. 일부 열대 과일을 제외하고는 모두 중국산이다.

한국산 과일과 채소는 하나도 없다. 현실적으로 이곳 농산물 도매 시장을 한국산 농산물로 가득 채울 수는 없을 것이다. 그러나 일부 품목이라도 이 시장에 내놓고 당당히 중국산과 겨루어 봤으면 좋겠다고 하는 생각이 마음에 가득하다. 그렇게 하기 위해서는 크게 두 가지가 바뀌어야 한다. 첫째는 우리 농산물의 가격을 중국산과 같거나 낮게 해야 한다. 둘째는 우리 농산물의 가격이 다소 비싸더라도 품질이 우수하고 안전하기 때문에 사야겠다고 하는 소비자의 구매 욕구를 높여 주어야 한다. 그러나 이 두 가지 모두 쉬운 과제는 아니다. 그렇지만 실현 불가능한 과제도 아니다. 노력한다면 이루어 낼 수 있는 사안이라고 생각한다.

블라디보스토크는 공사 중

블라디보스토크 농산물 시장도 둘러봤다. 블라디보스토크는 1860년에 개항한 이래 러시아 극동 정책의 역할을 충실히 수행해 온 도시다. 1916년 블라디보스토크에서 모스크바까지 장장 9,288㎞의 시베리아의 횡단 철도가 개통됨으로써 유럽과 경제적

러시아 블라디보스토크 대형마트에서 열린 한국 사과 판촉 행사, 2011. 10. 27

문화적으로 원활하게 연결된 도시가 됐다. 현재는 인구 70만 명의 대형 도시로 2012년 APEC 정상 회담이 열릴 예정이다. 시내는 산을 깎아 길을 내고 기존 도로를 넓히며 바다를 가로질러 다리를 놓고 건물을 신축하거나 리모델링(Remodeling)을 많이 하고 있었다. 좀 과장하면 블라디보스토크의 모든 것을 다 뜯어고치고 있었다. 도시 전체가 공사 중이며 살아서 꿈틀거리고 있었다. 경제가 빠르게 신장하고 있는 새로운 시장으로 우리에게 다가오고 있었다. 비행기로 인천에서 두 시간 남짓한 거리에 있는 매력적인 연해주 시장을 우리 농산물을 가지고 적극적으로 공략할 필요가 있다.

농민의 활로(活路)
농산물 수출

대형 유통 매장에서는 손님이 빽빽이 모여들고 있었다. 슈퍼마켓 청과 코너에서 우리 사과를 홍보하면서 팔았다. 맛을 보며 관심을 표했으나 가격을 확인하고는 잘 사지 않는다. 가격 높은 것도 문제지만 우리 농산물의 진가가 이곳 소비자들에게 잘 알려지지 않아서일 것이다.

이 두 가지 문제점을 해결하기 위해 생산 농가와 수출 회사인 우리 회사, 그리고 정부에서도 관심을 가지고 노력과 지원을 아끼지 말아야 하겠다. 생산 유통비를 절감하는 노력과 이곳 소비자들에게 우리 농산물의 우수성을 알리는 홍보 활동, 바이어를 많이 발굴하고 판촉을 강화하는 비즈니스를 더욱더 적극적으로 실시했으면 한다. 우리 조상이 말달리며 기상을 드높였던 이곳 연해주에 사과뿐만 아니라 배, 감귤, 멜론 등 우수한 우리 농산물을 많이 팔도록 온갖 노력을 다할 것을 다짐해 본다. 러시아인들의 식탁에 우리 농산물을 많이 올라가게 하여 러시아인들에게는 건강을 선물하고 우리 농민들에게는 소득을 증대시켜 크게 웃음 짓는 그날이 빨리 왔으면 좋겠다.

수출할 과일이 없습니다

ⓒ진안신문(2013년 1월 19일 토요일 황의영 NH무역 대표이사)

2012년 12월 10일 오전 11시 6분 지식경제부는 금년도 무역 규모가 1조 달러를 넘어섰다고 밝혔다. 수출이 5,128억 달러, 수입이 4,871억 8,200만 달러로 흑자 규모는 256억 3,600만 달러다. 이로써 우리나라는 2년 연속 '무역 1조 달러'를 기록하며 사상 처음으로 세계 무역 8강에 올라서는 기염을 토했다.

유럽발 재정 위기로 시작된 글로벌 금융 위기는 세계 각국의 경기를 후퇴시키고 있는 상황 속에서 일구어 낸 성과이기에 의미가 남다르다. 특히 2012년은 어려운 여건 속에서도 연간 기준으로 이탈리아를 제치고 사상 처음으로 8강에 진입한 것이다. 2002년 13위에서 불과 10년 만에 5단계나 도약한 것이다.

농민의 활로(活路)
농산물 수출

지식경제부는 이러한 성과의 주요 원인으로 자유무역협정(FTA)의 효과적 활용, 중소기업의 약진, 신(新)시장 개척, 무역 주요 13대 품목 외의 다른 품목의 선전 등을 꼽았다. 무역 1조 달러 두 해 연속 달성과 무역 세계 8위국 진입은 자원이 풍부하지 않은 우리나라로서는 참으로 값진 성과이고 땀의 결정체인 것이다. 1964년 수출 1억 달러를 달성한 이후 47년 만인 2011년 5,552억 달러의 수출 실적을 높였다. 수출 품목도 초창기 가발, 양송이, 생사, 조개류 등의 농수산물 위주에서 지금은 석유·화학, 전자·IT 제품 등 첨단 공업 제품으로 변경됐다. 경제적 후진국형 무역에서 선진국형 무역으로 변형된 것이다.

부존자원이 없는 우리나라로서는 경제 발전을 이룩하기 위해서 대외 의존형 경제 체제를 구축하지 않을 수 없다. 국가가 수출 진흥 정책을 추진하면서 수출 기업에 대하여 각종 혜택을 부여하며 수출을 독려했다.

그 결과 우리나라는 세계 어느 나라도 따라올 수 없는 경제적 신화를 이룩했다. 다른 나라들은 200년 걸려 진입한 선진국 대열에 우리나라는 50년 만에 진입하는 기적의 역사를 새롭게 썼다. 이러한 쾌거를 이룬 것은 우리 국민의 근면함과 정부 정책의 일관성에 기인했다고 생각한다.

대외 의존도(무역액/국민 총생산액)가 95% 이상 되어 경제 구조가
너무 대외 의존형이긴 하나 우리나라는 내수 시장이 협소하기 때
문에 수출이 잘 돼야 경제 성장을 이룰 수 있는 나라다. 어떻게 해
서든 수출을 늘려야 잘 먹고 잘 살 수 있는 것이다. 올해 우리 회사
도 수출을 많이 하려고 임직원 모두가 발이 닳도록 뛰어다녔다.

　　농산물과 그 가공품을 위주로 수출하고 있기 때문에 영농 현장
에 들러 수출할 농작물의 작황을 살피고 농업인들과 해외 시장 상
황에 대한 대응 방안을 협의하여 조금이라도 좋은 조건에서 수출
하려고 노력했다. 눈이 오나 비가 오나 주문받은 상품이 제날짜에
바이어에게 도착할 수 있도록 컨테이너 작업을 하는 데 밤을 새우
기도 했다.

　　해외에 나가 바이어를 만나고 식품 박람회 등에도 참석하여 우
리 농산물과 그 가공품의 우수성을 홍보하거나 대형 유통업체 매
장에서 프로모션을 하기도 했다. 때로는 보낸 과일이 썩기도 하고
김치, 된장, 고추장이 흘러넘치기도 하여 클레임이 걸리기도 했다.
농산물과 그 가공품은 사람이 먹는 식품이기 때문에 살아 있는 생
명체와 같다. 부패하거나 변질된다면 상품으로서의 생명력을 잃
는 것이다. 그래서 다른 공산품의 거래보다 까다로울 뿐만 아니라
조심스럽고 어렵다. 만약에 식품 사고라도 일어난다면 감당할 수

없는 어려운 처지에 봉착하게 된다. 그래서 수출품을 선별할 때는 항상 각종 규격에 맞도록 엄격하게 선별하고 정성을 다하여 조심스럽게 취급한다.

어머니가 자식을 위하여 좋은 밥상을 차리듯 우리도 그런 마음으로 수출 농산물을 정성스럽게 선별하고 포장하여 수출한다. 지난여름에는 예년보다 태풍이 많았고 위력도 강했다. 더욱이 과일이 다 익어 가고 곡식의 낟알이 여물어갈 때 태풍이 와서 과일의 낙과 피해가 컸고 곡식도 쓰러지거나 물에 잠겨 충실하게 여물지 못하여 수확량이 형편없이 줄어들어 흉년이 들었다. 그러다 보니 농산물 가격이 많이 올라 소비자들의 부담이 커지고 있다. 우리 회사가 수출하는 과일도 2012년보다 가격이 많이 오른 품종은 40% 가까이 인상되기도 했다.

가격이 오르면 소비가 덜 되기 때문에 잘 팔리지 않는다. 수출 가격이 40% 인상된 과일의 경우 지난해보다 60% 정도만 주문이 들어왔다. 그런데도 이를 공급해 줄 수 없다. 국내 가격이 비싸기 때문에 수출 농가들이 내수로 판매처를 바꿀 뿐만 아니라 이번 설 때 가격이 더 오를 것이라는 기대감으로 수출 물량을 농가에서 내놓지 않고 있기 때문이다. 그러나 과거 경험을 통해서 보면 시장

사과나 배 등 국내 과일 가격의 인상으로 수출 채산성이 떨어져 수출 물량 확보가 지난하다.

은 우리의 의지대로만 움직여 주지 않는다. 항상 내수 시장 가격
이 좋을 수만은 없다. 과거의 사과와 배 등이 그랬듯 풍년이 들어
국내 가격이 폭락할 때 수출을 통해서 어느 정도 공급 과잉을 해
소할 수 있었다.

그런데 국내 가격이 좋다고 하여 해외 시장에 물건을 주지 않아
우리 농산물과 그 식품의 해외 유통 체계가 무너진다면 외국 소비
자들은 가격의 고하간에 우리 농산물을 구입할 수가 없고 앞으로
는 우리 농산물과 그 가공품을 외면할 것이다. 해외 시장보다 국

내 시장에서 가격을 더 높게 받는다고 하면 나라고 하더라도 국내 시장에 물건을 팔 것이다. 그러나 최소한 계약한 물량은 수출 쪽으로 돌려줘야 앞으로 우리가 필요할 때 바이어나 외국 소비자들에게 아쉬운 부탁을 할 수 있을 것 아닌가? 나 아쉬울 때만 부탁한다면 누가 그 사람의 부탁을 들어주려고 할 것인가? "사람(人)은 정(情)이 있어야 하고 거래(商)에는 믿음(信)이 있어야 한다."고 얘기하던 일본의 원로 바이어와의 대화 내용이 생각나 씁쓸한 웃음을 지어 본다.

제10장

농민을 위한
농협이

뭉쳐야 산다

ⓒ 전북도민일보(2008년 10월 9일 목요일 황의영 전북농협 본부장)

지난 1980년대와 1990년대 중반까지만 해도 우리는 농산물 순회 수집과 공동 판매를 산지에서 농산물 유통의 절대적 사업 방식으로 강조하고 추진해 왔음을 기억한다. 농업인이 생산한 농산물을 마을을 돌며 수집하고 품목별로 모아서 5톤 트럭에 싣고 대도시 공판장에 출하 경매하는 도매 시장 판매 중심의 형태였다. 통상 그날그날의 반입 물량과 품질에 따라 등급과 가격이 결정되었고 농가도 시세가 그러려니 하고 당연하게 받아들였다.

국민의 정부가 들어서면서 불합리한 유통 구조를 개선하기 위해 유통 단계와 중간 마진을 줄여 소비자와 생산자에게 이익이 되게 한다는 명분으로 직거래가 강조되기 시작했다. 농협 직원들이 차량에 산지 농산물을 싣고 아파트와 주택가를 돌며 직접 농산물 판매에 나섰다. 그 과정에서 아파트 부녀회와 상가, 정육점 등과 크고 작은 실랑이가 벌어지기도 하였고, 오후 늦게는 품질이 저하해 원가 이하로 팔아넘기기도 하였다.

그 후 산지와 소비지 간 직거래는 두 가지 형태로 발전하기 시작했다. 첫 번째는 물류와 인터넷의 발전으로 생산자와 소비자 간 인터넷 택배 형태 방식의 직거래로 발전하게 되었고, 두 번째는 이마트(E-mart), 홈플러스(Home plus), 롯데마트(Lotte mart) 등 대형 유통업체의 출현으로 주산지와 유통업체 간의 규모화된 물량이 직접 거래되는 형태로 발전하게 되었다.

특히, 대형 유통업체의 등장으로 산지와 직거래를 통한 구매 방식의 변화는 농산물 유통 시장에 지각 변동을 가져오는 계기가 되었다. 취급 물량의 확대로 시장 지배력을 높여 가면서 산지 간 경쟁을 통해 구매력과 가격 결정력을 주도하기 시작했다. 이러한 소비 시장의 변화는 고품질의 균질한 규모화된 농산물을 공급해 달라고 요구하게 되었고, 산지는 소비지 유통업체의 다양한 요구를 맞추어 내는 것이 경쟁력을 확보하는 중요한 과제가 되고 있다. 공급이 부족해서 농사만 지으면 파는 데 문제가 되지 않았던

농협이 멜론 등 특수작물 재배 단지를 조성하여 조합원 소득 증대에 기여해야 한다.

1970, 1980년대와는 전혀 다르다. 거래 방식도 농가가 직접 농사지어 공판장에 출하하거나 대형마트에 공급할 수 있는 상태도 못된다. 기회비용이 너무 크고, 소비지의 요구를 맞추어 낼 수 없기 때문이다.

 2008년에 좋은 성과를 내는 진안 동향의 '웰빙 수박 작목반' 운영 사례를 눈여겨볼 필요가 있다. 2004년 16농가 4헥타르(ha)로 출발한 작목반이 올해는 126농가가 참여하고 생산 면적도 57헥타르(ha)에 이르는 규모화된 작목반으로 성장해 매출도 20억 원에 이른다. 깨끗한 자연환경과 일교차가 큰 고랭지 생육 환경으로 맛과 당도가 높고 과질이 단단하여 저장성이 뛰어나다는 평을 받는 것이다.

웰빙 수박 작목반은 지난해 진안군 농협연합사업단이 시장 출하와 마케팅을 담당하면서 본격적인 성과를 내기 시작하였다. 작목반 조직 당시 결속력을 높이기 위해 가입금을 10만 원에서 100만 원으로 늘리고, 출하 금액의 0.5%를 자조금으로 출연하는 등 자본금을 확충하여 적극적인 시장 마케팅을 펼치고 있고, 가격 급락 시에도 농가에 대한 손실 보전 장치도 만들어 놓고 있다.

또, 성수기 집중 출하로 인한 문제점을 보완하기 위해 정식 시기를 사전에 조정하고, 출하 시기 분산과 공동 계산을 통해 가격 변동의 위험을 최소화하여 참여 농가의 불만을 예방하고 있다. 올해에는 작목반장이 자기 소유의 부지를 무상으로 제공하여 지방자치단체와 농협의 지원을 받아 비파괴 자동 선별 라인이 도입된 300여 평 규모의 수박 선별장을 건립 가동하여 생산지 농가 조직화에 새로운 모델을 만들어 내고 있다. 진안 동향의 '웰빙 수박 작목반'의 성공 사례에서 보듯이 우선은 먼저 품목별로 주산지에 속해 있는 농가들이 스스로 힘을 모으고 체계적인 출하 조직을 만들어 물량의 결집력과 시장 출하 교섭력을 확대해 시장에서의 안정적이고 지속적인 거래 관계를 유지해 나가는 과정이 필요하다고 본다. 여기에는 열정과 헌신적 노력이 겸비되는 작목반장의 역할과 반원들의 적극적인 협력이 수반되어야 한다.

다음은 그동안 경험과 마케팅 능력을 갖춘 농협이 유통의 주체가 되어 개별 조합별 시장 출하보다는 품목별로 시군단위 규모로 운영되는 연합 사업 판매 형태가 바람직하다고 본다.

결론적으로 말하면 농가는 조직화를 통해 높은 품질의 농산물을 생산해서 출하하고, 농협은 농가 수취 가격 향상을 위한 마케팅과 시장 관리 등에 집중하고, 농업기술센터는 새로운 영농 기술의 보급과 교육에 힘쓰고, 행정은 전체적인 산지 유통 시스템이 성공적으로 유지될 수 있도록 투자하고 지원하는 등 산지 주체 간의 협력 시스템이 체계적으로 이뤄져야 성공할 수 있을 것이다.

여기저기에서 유능한 리더와 우수한 생산 조직들이 성공의 불씨를 피워 내고 퍼져 간다면 우리 농업에도 희망이 있다고 자신 있게 말할 수 있지 않을까 생각해 본다

1조합 1품목 특화로 우리 농업의 경쟁력을 키우자

ⓒ 전북도민일보(2007년 6월 12일 화요일 황의영 전북농협 본부장)

2006년 2월 협상 출범 선언 후 1년 2개월만인 2007년 4월 2일 한미 FTA 협상이 종결되었다. 쌀을 제외한 거의 모든 농산물의 개방이 기정사실로 되었으며, 향후 국회 비준 과정을 거쳐 협상의 효력이 발동될 것으로 예상한다.

이제 본격적인 농산물 시장 개방화 시대에 접어든 것이다. 하지만 가만히 앉아서 걱정만 하고 있을 때가 아니다. 위기는 곧 기회라는 옛말이 있듯이 우리 농업에 종사하는 모든 이들이 머리를 맞대고 대응 방안을 연구하고 실천에 옮기는 슬기로움이 요구된다.

우리 전북농협에서는 한미 FTA뿐만 아니라 앞으로 계속될 한-EU 간, 한중 간, 한일 간 FTA 등에서 다룰 농산물 부문 협상에 적극적으로 대처하기 위해 FTA 태스크포스팀을 구성하여 대응책을 마련하고 있다. 그중 하나의 대응 방안이 1조합 1품목 특화 사업이다.

1조합 1품목 특화 사업은 우리 전북농협이 독자적인 계획을 수립하여 추진하고 있는 사업이다. 주요 골자는 말 그대로 우리 지역에 있는 100개의 조합에서 한 품목 이상을 특화, 육성시켜 경쟁력을 키워 나가자는 것이다.

원예 작물, 양곡, 축산물, 인삼 등 모든 농산물 중에서 지역 실정에 맞는 소득 작목을 발굴하여 조합별로 규모화시키고, 품목에 따라서는 향후 조합별 연합을 통하여 시군 단위, 더 나아가서는 우리 도의 특화 작목으로 육성시켜 개방화 시대에 걸맞은 경쟁력 있는 농산물을 만들어 내자는 취지다.

연초부터 추진해 온 계획에 따라 모든 조합에서 품목 선정을 완료하고 사업을 본격적으로 추진하기 위한 준비를 하고 있다.

1품목을 육성하기 위해서는 철저한 사전 준비와 이에 따르는 시간이 필요하기 마련이다. 올 한해 사업 추진으로 성과를 본다는 단기적인 시각에서 벗어나 장기적인 프로그램을 가지고 차근차근 사업을 추진하자는 것이 우리의 계획이다.

앞에서도 언급했듯이 우리 전북농협의 1조합 1품목 특화 사업

목적은 우리 지역 농산물의 경쟁력 강화에 있다. 농산물의 경쟁력을 갖추기 위해서는 생산에서 유통 단계까지 해결해야 할 과제가 산적해 있다.

첫 번째 과제는 농가를 새로운 형태로 조직화할 필요가 있다는 것이다.

기존의 마을 단위 작목반 조직에서 벗어나 생산에서 유통까지 뜻을 같이하는 생산자 조직, 즉 유통형 작목반을 결성하여야 한다. 작목반이 결성되면 구성원들의 합의를 통하여 품종을 단일화하고 재배 기술을 통일시켜 고품질 농산물을 생산해 내야 한다. 이를 위해 조합원 생산기술 교육 및 신 유통 질서를 이해하기 위한 선진지 견학 등의 유통 교육이 필요하며, 사업을 주도적으로 추진해야 할 조합의 사업 추진 방향 설정을 위한 컨설팅이 필요하다. 이러한 일련의 노력을 우리 농협이 앞장서서 실행한다는 것이 1조합 1품목 특화 사업의 주요 내용이다.

두 번째 과제는 농산물을 규모화하는 것이다.

농산물의 규모화는 개방화 시대에 필수적으로 요구되는 선결 과제이며, 이를 위해서는 공동 선별, 공동 계산을 하는 생산자 조직화가 선행되어야 한다. 공동으로 선별 기준을 마련하고 일정 품위 이상의 농산물만을 상품화해서 소비자 시장에 출하해야만 소비자들의 선택을 받을 수 있다. 산지 유통 시설을 중심으로 물량을 규모화하여 공동 선별, 공동 수송 및 공동 계산을 하는 것이 품질을 향상하고 비용을 절감하는 방안인 동시에 개방화 시대에 우리 농산물의 경쟁력을 갖추는 방법이다. 물론 품목에 따라서는 공동 선별단을 운영하여 농산물의 품질을 향상하는 방법을 적용할 수도 있다.

세 번째 과제는 유통 분야의 문제다.

우리 농협에서는 철저한 역할 분담을 통해 농가는 생산에 전념하고, 조합은 선별 및 상품화, 중앙회는 마케팅을 전담하는 연합 마케팅 사업을 농산물 유통 과제의 해결책으로 제시하고 있다. 농협 연합 마케팅 사업은 익산연합의 '날씬이고구마'와 고창연합의 고창 수박 사례에서도 보듯이 지역 사회 및 생산 농가들로부터 긍정적인 평가를 받는 것이 사실이다.

또한, 남원·김제지역의 감자와 고창·부안지역의 김장철 무·배추의 도 단위 연합 마케팅 사업을 전개하여 품목별 광역 연합의 사례를 제시하기도 했다. 품목별 전국 네트워크를 구성하여 대형 유통업체에 납품하는 전국 단위 연합 사업도 진행되고 있다. 향후 우리 전북농협은 1조합 1품목 특화 사업을 바탕으로 연합 마케팅 사업을 더욱 발전시켜 나갈 예정이다. 위에서 언급한 모든 과제는 결국 우리 지역의 농산물을 규모화하여 국제 경쟁력에 맞는 농산물을 만들어 내자는 공동 목표를 가지고 있다.

우리 전북농협은 사명감과 책임감을 느끼고 의욕적으로 추진하고 있는 1조합 1품목 특화 사업을 성공적으로 마무리하기 위해 최선의 노력을 기울일 것이며, 생산 농가 및 농업 관계 종사자분들의 적극적인 지지와 성원을 부탁드리는 바다.

농협 상호금융!
내 고향 농촌 발전에 불씨가 돼라!

ⓒ 전북일보(2009년 7월 2일 수요일 황의영 농협중앙회 상호금융총본부장)

고향에 대한 기억을 떠올리면 내 의식 속의 시간은 1960년대로 거슬러 올라간다. 아마도 1960년대 중반쯤 상급 학교에 가기 위해 고향을 떠나왔기 때문일 것이다.

그 당시 우리 농촌은 매우 어려웠다. 몇 되의 쌀과 보리를 시장에 내야 삽과 괭이 등의 농기구를 구할 수 있었으며, 계란 꾸러미라도 들고 가야 고무신이나 학습장을 얻을 수 있었던 시절이었다. 이런 상황이니 얼마 안 되는 학교 등록금조차 기한 내에 내는 학생이 손에 꼽을 정도였다. 또한, 농촌 지역에는 제도권 금융 기관이 없다 보니, 농민들은 급히 돈이 필요하면 월 5부 이상의 고리 사채를 얻어야 했다. 하지만 고리 사채는 이를 갚기 위한 빈곤의 악순환으로 이어져 가난의 굴레를 더욱 고착화하는 원인이 되었다. 결국, 어쩔 수 없이 말 그대로 식구라도 줄이기 위해 많은 농촌의 아들딸들이 남의집살이를 가야 했고, 공장의 근로자로 떠나야 할 만큼 어려웠다. 드라마나 영화 속의 한 장면 같지만, 실제 사실이었다.

이런 현실을 타개하여 후손들에게는 가난을 대물림하지 않기 위해 그 당시 국가적으로 근대화 사업과 새마을 운동이 대대적으로 추진되었다. 전국 각지에 공업 단지가 조성되어 중화학 공업을 강력하게 추진했으며, 자조·자립·협동의 새마을 운동을 통해 변화를 추구했다.

이 시기에 농협은 그런 국가적 시책에 부응하여 1969년 7월 20일 전국의 150개 지역농협에서 여·수신의 신용사업을 처음으로 시작했다. 그 당시 농촌에 만연하고 있던 고리 사채를 해소하고 농업인 스스로 자금의 나머지와 부족을 해결하기 위한 상호금융이 시작된 것이다.

초창기 상호금융은 근면·성실 내핍 정신에 기반을 둔 새마을 부녀회의 절미(節米)운동 등을 통하여 저축 증대 운동을 추진했다.

마땅한 저축 재원이 없었던 그 시절 우리의 어머니들은 끼니때마다 한두 숟가락의 쌀을 좀도리 쌀통에 모으고 일정 기간이 지나면 마을 회관에 쌀통을 가져와 한데 모아 팔아 농협에 저축했다.

이렇게 시작한 농협의 상호금융 예수금이 40주년을 맞이한 2009년에 170조 원을 넘었다. 국내 은행들과 비교해도 당당할 만큼 성장했다. 특히 농촌 지역의 고리 사채 해소, 영농 자금 지원 등 각종 정책 자금 지원 창구 기능, 서민 금융 기관의 역할 등을 병행하며 이룩한 성과라 더욱 의미 있다고 할 수 있다. 일부 경제 발전 론자들은 생산성이 낮아 경쟁력이 없으며 마치 경제 발전에 미운 오리 새끼쯤으로 여겼지만 농업 분야의 발전에 든든한 자금줄 역할을 톡톡히 해 왔다.

그러나 여전히 도시민들과 비교하면 농업인들은 아직도 열악한 환경에 놓여 있다. 한눈팔지 않고 열심히 일했는데도 도시에 사는 사람과 비교하면 여전히 어려운 형편이다. 농업이 갖는 한계나 특수성이 있다고는 하지만 혹 우리의 관심과 사랑, 지혜 그리고 노력이 부족했는지 생각해 볼 일이다. 누구에게나 정서적 이유뿐만 아니라 믿을 수 있는 먹을거리 확보 측면에서도 농업은 필요하기 때문이다.

특히, 농협의 상호금융을 총괄하는 필자에게는 더욱 무거운 의미로 다가온다. 고향을 생각하며, 농협이 농업 생산의 종잣돈이 되고 내 고향 농촌을 회생시키는 불씨가 되도록 더욱 노력해야겠다는 의지를 다시 가다듬어 본다. 내가 나고 자란 고향을 묵묵히 지키고 있는 우리의 정다운 이웃, 농업인들이 함박웃음을 짓는 그날을 기대하며…….

새로 당선된 조합장에게 바란다

ⓒ 전북도민일보(2015년 4월 2일 목요일 황의영 전북대학교 무역학과 강의전담교수)

2015년 3월 11일 '제1회 전국 동시 조합장 선거'가 농림어업인의 높은 관심 속에 대단원의 막을 내렸다. 농·축협 1,109개, 비회원 6개, 수협 82개, 산림조합 129개 등 1,326개 조합에서 조합장이 모두 뽑혔다. 이번 전국 동시 선거는 개별적으로 치러지던 종전과 달리 전 국민의 관심을 불러 모으며 공명선거 문화의 초석을 놓았다는 평가를 받고 있다. 중앙선거관리위원회는 이번 전국 조합장 동시 선거의 투표율이 80.2%라고 밝혔는데 이는 농림어업인이 이번 선거에 높은 관심을 보여 주었음을 증명하는 것이다.

먼저 조합장 당선자들에게 축하드리며 앞으로 조합 운영에 대하여 몇 마디 부탁의 말씀을 드리고자 한다. 먼저 협동조합을 화합의 장(場)으로 만들어야 한다. 선거는 반드시 승자가 있고 패자도 있다. 승자는 패자를 따뜻한 가슴으로 안아 주고 품어야 한다. 특히, 협동조합은 상조상부(相助相扶)적 단체로 조합원의 화합과 단결을 추구하는 조직이다.

조합원이 승자와 패자의 지지자로 갈려 갈등(葛藤)과 반목(反目)하면서 시시콜콜 집행부를 비방하고 민원이나 제출하면서 딴죽이나 걸고 훼방을 놓는다면 조합의 발전은 요원(遙遠)할 것이다. 당선자는 승자로서 아량을 베풀어 어떻게든 낙선자를 조합 운영의 훼방꾼이나 방관자가 아니라 적극적인 참여자로 만들어야 한다. 모든 조합원이 하나로 뭉쳐 조합 사업에 적극적으로 참여하고 조합의 발전에 기여할 수 있도록 하여야 한다.

다음으로는 직원들이 천직의식(天職意識)을 갖고 조합원과 고객을 위하여 열심히 일할 수 있도록 리더십을 발휘하여야 한다.

직원들은 통상적인 월급쟁이다. 월급쟁이는 소명 의식이 없으면 편한 것을 추구하고 힘든 일은 멀리한다. 그들에게서 구도자(求道者)적 근무 자세를 기대할 수 없다. 조합의 최고 어른으로서 앞장서서 솔선수범하며 모범을 보이고 직원들이 따라오도록 해야 한다. 일방적인 지시나 강요만으로 감흥(感興)을 주어 상대의 행동을 변화시키기는 낙타가 바늘구멍을 통과하는 것만큼이나 어려울 것이다. 용기를 주고 격려하여 직원들이 신바람이 나서 일하게 해야 한다. 아무리 힘든 일이라도 죽을 둥 살 둥 모르고 열심히 일하는 직원들이 되도록 해야 한다.

다음으로 조합은 경영체이다. 조합장은 조합의 최고책임자로서 경영을 잘하여 조직의 발전을 이뤄 내야 한다. 조합원과 고객의 재산을 맡아 운영하는 협동조합이라면 조합장은 더더욱 책임이 무거울 것이다. 자산 운용을 잘하여 조합원과 고객의 재산을 늘려 줘야 한다. 윤리경영·투명경영으로 조합의 신임도를 높여야 한다. 경영에는 로또(lotto)가 없다. 한 방에 해결되는 홈런도 없다. 조합 경영에서는 일확천금을 노리는 투기성 경영은 절대 금물이다. 한 걸음, 한 걸음 열심히 오르다 보면 한라산 백록담에도 오르게 되는 것이다. 특히, 조합원의 인기에 영합하는 전시적(展示的) 사업이나 무리한 고정투자는 조합장이 금기해야 할 계율 중에 으뜸이다.

다음으로 생산자 협동조합의 경우, 조합원의 소득을 올려 주는 작목을 집중적으로 육성하여야 한다. 협동조합은 경제적 단체다. 구성원인 조합원들의 경제적·사회적·문화적 지위를 향상해 주는 것이 제1의 덕목이다. 조합은 적어도 1개 이상의 특화 작목을 육성하여 작목반을 구성하고 집중적으로 지원하여 조합원들이 돈을 벌게 해 줘야 한다. "꿩 잡는 게 매다."라는 얘기가 있다. 꿩을 잡기 위해서 매를 훈련하고 기르는 것이지 매가 꿩을 잡지 못하면 매를 키우는 의미가 없다. 조합원에게 돈을 벌어 주지 못하는 조합은 아무짝에도 쓸모가 없다는 말이다. 다음으로 생산자 조합은 조합원이 생산한 생산물은 조합이 다 팔아 주어야 한다. 조합원 개개인은 시장 교섭력이 없다. 조합원은 시장에 대한 정보도 어둡고 판매하는 데 걸리는 시간을 감내(堪耐)할 여유도 없다. 생산과 판매에 정력을 분산시키면 그만큼 경쟁력이 뒤질 수밖에 없다. 협동조합의 전신인 중세 유럽의 길드(guild)도 조합원의 경제력을 증대시키기 위하여 협동 생산, 공동 판매를 통하여 시장 교섭력을 증대시켰다.

다음으로 조합원의 노령화 속도가 매우 빠른 요즈음 조합원의 건강과 부동산 등 재산 관리에도 관심을 가지고 조합에서 적극적으로 도와주어야 한다. 정기적인 건강검진은 물론 일정한 간격을 두고 주기적으로 전화나 가정 방문을 통해 홀로 사는 조합원의 안부를 묻거나 말동무가 되어 주는 사업 등 노후 조합원의 삶의 질 향상에도 조합이 적극적으로 참여했으면 좋겠다. 조합원의 부동산이나 가옥의 매매, 임대차 등 조합원의 부동산 관리에도 조합의 여력을 보탰으면 한다. 찾아보면 이 밖에도 조합원을 위한 사업은 많을 것이다. 조합의 여건 안에서 차근차근 실행해 나가기를 바란다.

조합장이 어떤 생각을 하고 조합 경영에 임하느냐에 따라 조합원을 최고로 섬기는 복지 조합이 되기도 하고 일반적인 평범한 조합이 되기도 할 것이다. 조합장은 조합의 최고 경영자다. 최고 경영자는 막중한 권한을 가지고 있을 뿐만 아니라 권한보다 더 크고 무거운 의무를 지고 있음을 한시도 잊어서는 안 된다. 퇴임하는 그날까지 권한보다 책임이 더욱 막중하다는 평범한 진리를 한시도 잊지 말기를 바란다. 퇴임 후에도 조합원의 뇌리에 오래 기억되는 조합장이 되기를 기원해 본다.

"아니오(No)"라고 말할 수 있는
조합장을 뽑자

ⓒ 전북도민일보(2015년 2월 3일 화요일 황의영 전북대학교 무역학과 강의전담교수)

2015년 3월 11일은 전국적으로 농협 등 협동조합의 조합장을 뽑는 선거일이다. 협동조합은 자조·자립·협동하는 경영체이다. 경제적 약자들이 자본가에게 대응하기 위하여 협동조합을 결성하여 출발했다. 그 근원(根源)이 영국 '로치데일 공정자조합'이다.

우리나라에도 현대적 협동조합의 모체라고 할 수 있는 광주금융조합이 1907년에 설립되었으니 100년이 넘는 협동조합의 역사를 가지고 있다. 한국의 협동조합은 조합원의 참여와 국민의 뜨거운 사랑으로 세계에서 으뜸가는 협동조합으로 발전하게 됐다. 그러나 조합원의 불만과 국민의 질책을 받은 적도 여러 번 있었다. 한국의 협동조합은 시행착오를 거듭하면서 괄목할 만한 성장을 거듭해 왔다.

조합장은 조합의 최고 의사 결정자이고 집행자이자 경영자다. 경영자는 냉정하리만큼 경영 원칙에 따라 행동하여야 한다. 조합원과 고객의 재산을 맡아서 관리와 경영하고 있는데 그 규모가 어마어마하다. 자산 규모가 수조 원에 이르는 협동조합도 여러 개 있다. 조합장이 경영을 어떻게 하느냐에 따라서 조합원과 고객의 재산을 날려 버릴 수도 있다.

필자는 과거 직장에서 '조합구조 개선 업무'를 담당했던 적이 있다. 조합장이 경영을 잘못해서 조합이 망해 해산, 청산, 합병, 계약 이전 등의 방법으로 조합이 사라지는 경우를 자주 봤다. 조합이 망하면 자본금이 잠식되어 없어지기 때문에 조합원이 출자금을 떼이게 된다. 조합원의 재산이 날아가 버리는 것이다. 금융업을 하는 협동조합이라면 고객의 금융 자산까지도 날리게 된다.

조합장이라는 자리가 참으로 중요한 자리다. 우선으로 조합장은 경영 능력이 있어야 한다. 조합장은 시대의 흐름을 읽고 미래에 대한 투자를 적절하게 할 줄 알아야 한다. 한 방에 해결하려고 하는 모험가가 돼서는 안 된다. 조합장은 합리적 판단을 하는 사람이어야 한다. 조합장은 누구에게나 예(Yes), 예, 해서는 안 된다. 조합의 경영과 조합원 모두에게 이익이 되는 합리적인 일에서만 예, 예, 하고 결단해야 한다.

조합장은 솔선수범하는 사람이어야 한다. 협동조합은 조합원의 힘을 하나로 모아서 조합의 동력으로 삼아 일해야 하는 조직이다. 조합원들은 성격, 생활 환경, 경영 형태, 경영 규모 등이 매우 다양하다. 이렇게 다양한 조합원들의 흩어진 에너지를 한 곳으로 모을 수 있는 지도력이 조합장에게 요구된다.

조합장은 조합의 사업에 적극적으로 참여해 왔고 앞으로도 조합을 위해 헌신할 수 있는 사람이어야 한다. 조합은 상부상조하는 인적 단체이고 자조·자립·협동하는 경제적 단체다. 과거에 조합 사업에 참여도 하지 않고 관심도 없던 사람이 별안간 조합장을 하겠다고 하는 사람은 훌륭한 조합장의 요건을 갖추었다고 볼 수 없다.

또한, 조합장이라는 자리는 지방자치단체나 정치에 뜻이 있는 사람이 징검다리로 이용하는 자리가 아니다. 그런 사람이 조합장이 되면 경쟁자들이 조합 발전에 진정으로 도움을 주고 사랑을 주겠는가? 어떻게든 훼방을 놓으려고 할 것이다. 조합장은 한눈팔지 않고 오로지 조합의 발전에 헌신하며 조합에 뼈를 묻겠다는 각오를 한 사람이 되어야 한다.

조합장은 "아니오(No)."라고 말할 수 있는 사람이어야 한다. 사람은 합리적으로 행동하려고 한다. 평상시에는 좋은 일도 많이 하고 올바르게 판단하고 행동한다. 그러나 본인의 이익이 충돌하게 되면 자기의 이익을 포기하는 사람은 흔치 않다. 조합장은 조합의 이익에 반하여 자기 이익만을 앞세우는 조합원이 있다면 단호하게 "아니오(No)."라고 말할 수 있어야 한다.

표(票)에 흔들려서 옳은 길이 아닌데도 그것이 아니라고 말하지 못하는 사람은 훌륭한 조합장이 될 수 없다. 조합장은 도덕적으로 깨끗하고 인품이 높은 사람이어야 한다. 조합장은 조합원과 고객의 재산을 맡아서 관리하는 사람이고 사심 없이 일해야 하는 자리이기 때문이다. 훌륭한 조합장의 자격을 말하자면 이 밖에도 한도 끝도 없이 많을 것이다.

이번 조합장 선거 업무를 중앙선거관리위원회가 맡아 공명선거가 되도록 최선을 다하고 있다. 최근 일부 지역에서 조합장 선거에 대한 부정적인 내용이 보도되고 있다. 불법·부당선거를 하게 되면 부적격자가 조합장으로 선출되고 그런 조합은 조합원을 위한 사업을 활발하게 추진할 수 없다.

결과적으로 조합원들이 피해를 보게 된다. 선거와 관련하여 금품을 수수하게 되면 후보자는 법에 따라 형사 처벌을 받게 되고, 받은 사람도 징벌적으로 범칙금을 배상하여야 한다. 준 사람이나 받은 사람이나 모두 패가망신하게 된다. 금품은 주지도 말고 받지도 말자.

모처럼 실시하는 이번 전국 조합장 동시 선거가 자주적 단체인 협동조합의 축제가 되어 잔치 속에 치러지기를 기대한다.

황의영 박사 칼럼집 ❶
농업 전문 칼럼니스트 황의영 박사

오늘의 농업을 이야기하다

초판 1쇄 펴낸날 2017년 11월 25일
초판 2쇄 펴낸날 2018년 1월 5일

글 황의영
펴낸이 서경석
편집 류미진, 김설아 | **디자인** 최진실
마케팅 서기원 | **영업, 관리** 서지혜, 이문영

펴낸곳 청어람M&B
출판등록 2009년 4월 8일(제313-2009-68)
주소 경기도 부천시 부일로483번길 40 (14640)
전화 032)656-4452
팩스 032)656-4453

ISBN 979-11-86419-36-6 04300
     979-11-86419-35-9(세트)

이 도서의 국립중앙도서관 출판예정도서목록(CIP)은 서지정보유통지원시스템
홈페이지(http://seoji.nl.go.kr)와 국가자료공동목록시스템(http://www.nl.go.
kr/kolisnet)에서 이용하실 수 있습니다.(CIP제어번호: CIP2017026900)